Wolfgang Fritz Haug

Hightech-Kapitalismus in der Großen Krise

Wolfgang Fritz Haug

Hightech-Kapitalismus in der Großen Krise

Argument

Berliner Beiträge zur kritischen Theorie
Band 14

Die Deutsche Bibliothek verzeichnet diese Publikation in der Deutschen Nationalbibliografie; detaillierte bibliografische Daten sind im Internet über http://dnb.ddb.de abrufbar.

www.inkrit.de

Glashüttenstraße 28, 20357 Hamburg
Telefon 040/4018000 – Fax 040/40180020
www.argument.de
Lektorat: Jan Loheit
Umschlag und Satz: Martin Grundmann, Hamburg
Druck: Freiburger Graphische Betriebe
Gedruckt auf säure- und chlorfreiem Papier
ISBN 978-3-88619-339-4

Inhalt

Viertes Kapitel

Die Zeit der Spekulation

Fünftes Kapitel

Was meint »Finanzialisierung«?

Sechstes Kapitel

Flucht aus der Geldform in die Geldwarenform

Teil II
Die Hegemoniekrise

Siebtes Kapitel

Achtes Kapitel

Rekonstruktion der US-Hegemonie unter Obama?

Neuntes Kapitel

Hegemoniekämpfe im eigenen Land

Zehntes Kapitel

Chimerika – das amerikanisch-chinesische Paradox

Elftes Kapitel

China und die Welt nach Chimerika

Einleitung

1. Worum es geht

Nie zuvor in der neueren Geschichte fiel eine Rezession
mit so immensen geopolitischen Veränderungen zusammen.
JAVIER SOLANA (2012)

Den transnationalen Hightech-Kapitalismus hat seine Große Krise[1] im gleichen Alter ereilt wie achtzig Jahre zuvor den Fordismus die seine. Und wie damals dieser hat er seine Potenziale noch nicht ausgereizt. Eher als das von manchen vermutete Endspiel des Kapitalismus stehen die Weiterbildung seiner Ordnungsmuster im Weltmaßstab und seine innergesellschaftliche Einbettung an. Noch ist nicht gesagt, ob und wie diese krisengetriebene geschichtliche Agenda mit Erfolg abgearbeitet werden wird. In den Jahren nach 1929 gebar die Große Depression in Deutschland die Ungeheuer des Nazismus, der Judenverfolgung und des Zweiten Weltkriegs. In den USA verhinderte der New Deal »allenfalls politische und soziale Aufstände […]. Niemand bekam in den 1930er Jahren die Krise wirklich in den Griff.« (Hobsbawm 2009) Erst aus der mit Schulden finanzierten Kriegswirtschaft, dem Sieg der Alliierten sowie in den vom Krieg hinterlassenen Trümmern und in der antagonistischen Ordnung des Kalten Krieges konnten die knapp drei ›goldenen Jahrzehnte‹ des Fordismus mit seinem Sozialstaatskompromiss hervorgehen – parallel, bei allen Unterschieden, im Westen und Osten des geteilten Europa.

Wir können nicht wissen, was aus der neuen Großen Krise folgt. Aber wir können Triebkräfte, Strukturen, Bewegungsformen und Tendenzen der computerbasierten Produktionsweise und der von ihr in den Veränderungssog gezogenen Staatenwelt studieren.

1 Unter »Großer« im Unterschied zu »konjunktureller Krise« verstehe ich mit Elmar Altvater eine »strukturelle« oder »Formkrise« (1983, 94), die als solche nie nur eine ökonomische, sondern immer auch eine gesellschaftliche Krise ist und die Formen stört, »in denen sich Hegemonie reproduziert« (97). Sie leitet einen umfassenden Restrukturierungsprozess ein, der »alle gesellschaftlichen Bereiche, das Insgesamt von Politik und Ökonomie und infolgedessen die Strukturen kapitalistischer Vergesellschaftung« betrifft (ebd.).

Unsere Benennung dieser Produktionsweise als transnationaler Hightech-Kapitalismus zieht zwei Einwände auf sich. Der erste bezieht sich auf den Begriff des Transnationalen. Ist nicht der Nationalstaat nach wie vor ein durch nichts ersetzbarer Akteur? Und sind nicht die tonangebenden Konzerne, auch wenn transnational aktiv, nach wie vor primär national verankert, und haben sie nicht in ›ihrem‹ Staat – in Europa allenfalls der EU – die Instanz, die ihnen im Zweifelsfall national oder auch gegenüber anderen Staaten beispringt? Überdies scheint die Globalisierung ins Stocken gekommen und die Entwicklung auf Regionalisierung oder auch »Kontinentalisierung« (Zinn) in einer multizentrischen Welt zuzulaufen. Das hat alles seine Richtigkeit. Dennoch ist »ein kohärenter Zusammenhang von Produktion, Verteilung und Konsumtion auf nationaler Ebene weniger denn je gegeben«, und vieles deutet darauf hin, dass man »im Grunde [...] von einem globalen Akkumulationsregime sprechen« muss (Sablowski 2009, 118). Freilich kann dieses an Dichte und Standardisierung dem noch nationalstaatlich geprägten Regime des Fordismus nicht gleichen. Unzweifelhaft aber ist die nationale Ebene für den Einsatz der Produktivkräfte und mehr noch für die epochal dominanten Kapitale zu eng, und die Weltmarktakteure zögern nicht, andere Standorte gegen ihren angestammten auszuspielen.[2] Der Begriff des Transnationalen ist bescheidener als der des globalen Regimes. Er ist offen dafür, die globale Ordnung als unfertig und nur partiell umfassend und innerhalb ihrer die Verschachtelung relativ selbständiger, ja sogar in gewissen Grenzen rivalisierender Regime zu denken.

Ein zweiter Einwand hakt beim Begriff der Hochtechnologie ein mit dem bereits im ersten Buch (HTK I, 12f) erörterten Argument, die Höhe einer Technologie sei etwas Relatives. In der Tat mag einer

2 Die drei großen US-Hightech-Konzerne Apple, Google und Microsoft fakturieren ihre außerhalb der USA anfallenden Umsätze (mehr als zwei Drittel ihres Gesamtumsatzes) in Ländern wie Puerto Rico, Singapur und Irland, wodurch sie ihrem Stammland den Löwenanteil der dort fälligen Gewinnsteuer entziehen. Entsprechend Inditex, einer der wenigen der mitten in der Krise weltweit erfolgreichen Konzerne Spaniens, der in Irland fakturieren lässt. Es bedurfte eines nationalen Skandals, um Inditex dazu zu bringen, wenigstens die innerspanischen Umsätze im Inland zu fakturieren und damit auch zu versteuern. Auch den Regulierungen pflegen die Weltmarktakteure auszuweichen. So 2012 der BASF-Konzern, der auf das EU-Verbot von Freilandversuchen mit gen-veränderten Pflanzen kurzerhand mit der Verlagerung seines damit befassten Betriebsteils in die USA antwortete.

künftigen Epoche das Niveau unseres technischen Arsenals und seiner Anwendungen einmal niedrig vorkommen. Auf medizinischem, generell biotechnischem Gebiet etwa hat die hochtechnologische Zukunft erst begonnen. So unbestreitbar das ist, muss es uns nicht daran hindern, die aus dem Sprachgebrauch der Gegenwart aufgegriffene Hightech- oder Hochtechnologie-Kategorie zum Begriff auszuarbeiten.[3] Denn die Informationstechnologie hat einen qualitativen Niveausprung der Produktivkräfte ausgelöst, dessen Reichweite und verändernde Wirkung auf Basis, Überbau und Lebenswelt der Gesellschaften noch kaum absehbar sind. So wenig Marx sich den Computer vorzustellen vermochte, so wenig können wir Heutigen uns schon einen weiteren Produktivkraftsprung vorstellen, der die Entwicklung über das in der Breite und Vielfalt seiner künftigen Anwendungen und Umwälzungsfolgen noch unauslotbare Prinzip der mikroelektronisch gestützten und informationstechnisch erschlossenen Produktivkräfte hinausheben könnte.

Wie in der Produktion die Arbeitsmittel in Wechselwirkung mit den Produktionsverhältnissen Epoche machen, so in der Geschichte der zwischennationalen politisch-ökonomischen Beziehungen die organisatorisch-kommunikativen Techniken und Apparate in Wechselwirkung mit den militärischen und politisch-kulturellen Kräfteverhältnissen. Die »informatischen ›Metamaschinen‹, die wir Computer nennen und die zur revolutionären Allgemeinmaschine geworden sind« (KV II, 169), haben nicht nur die Welt der Produktion, sondern auch den Weltmarkt, seine kapitalistischen Akteure, Verkehrsformen und Ordnungselemente umgepflügt. Die mit diesen Entwicklungen einhergehende tektonische Verschiebung der globalen Konkurrenz- und Kräfteverhältnisse wird nicht zuletzt mit technologischen Innovationen ausgefochten. Die Fragen von Hegemonie und Herrschaft, von Imperialismus oder Imperium stellen sich seither neu. Im Folgenden werden wir uns zunächst

3 Die im Vergleich zu Buch I veränderte Schreibung (statt ursprünglich »High-Tech« nun »Hightech«) trägt der zwischenzeitlichen Einbürgerung des Ausdrucks und seiner Schreibung in einem Wort Rechnung. So findet er sich nicht nur in Wikipedia, sondern auch auf der Internetseite des Bundesministeriums für Bildung und Fortschritt, wo die Bundesregierung erklärt, Ziel ihrer »Hightech-Strategie« sei es, »Deutschland zum Vorreiter bei der Lösung globaler Herausforderungen zu machen« <www.hightech-strategie.de/de/81.php>. »Vorreiter« steht für die Fähigkeit, die Konkurrenz der anderen Länder zu schlagen.

mit den hochtechnologisch basierten Bewegungsformen der Krise befassen, um uns dann den Veränderungen der inneren und äußeren Hegemonieverhältnisse der USA, sodann den Formen und Folgen des chinesischen Aufstiegs und schließlich der europäischen Krisendynamik zuzuwenden.

Ungeachtet dieser Abfolge geht es uns gerade um den Zusammenhang der Geschehensebenen. Da hierfür jenes Zusammenhangsdenken benötigt wird, das Theorie genannt wird, beschäftigen uns auf dem Weg durch die Ereignisfolgen immer auch die im Umlauf befindlichen und auf diese Realebene sich beziehenden Analysen und ihre theoretischen Konzepte. Wenn im ersten Teil geläufige Diagnosen wie »Finanzialisierung« oder »finanz(markt)getriebener Kapitalismus« auf den Prüfstand rücken, so im zweiten Teil der gramscianische Hegemoniebegriff in seinem Verhältnis zu Theorien imperialistischer vs. imperialer Herrschaft, wobei die Konkretisierung und Weiterbildung der damit zusammenhängenden Begrifflichkeit am Material eine der durchgängigen Linien bildet.

2. Was hat sich seit dem ersten Buch verändert?

Wenn in Zeiten weltgeschichtlicher Umwälzungen zu einem Gegenwartsthema im Abstand von einem knappen Jahrzehnt ein zweiter Band erscheint, ist ein Blick auf seither eingetretene Veränderungen fällig. Die Verschiebungen in den politisch-ökonomischen Weltverhältnissen im ersten Jahrzehnt des 21. Jahrhunderts sind kaum weniger dramatisch als die 1989 vom Fall der Berliner Mauer besiegelten. Dieser Einschnitt schloss die erste Phase des aufsteigenden Hightech-Kapitalismus ab und leitete die Epoche der beschleunigten kapitalistischen Globalisierung ein, deren virtuelle Infrastruktur in den 1990er Jahren erdumspannend zusammenschoss. In Gestalt des Internet dient sie seither nicht nur der Wirtschaft und den Staaten, sondern begleitet den Alltag von Milliarden von Menschen.

Indem das Ausscheiden des staatssozialistischen Systemkonkurrenten die USA als einzige Supermacht übrig ließ, schuf es die Voraussetzung des Projekts eines »American Century«, für dessen militärisch akute Phase die Terrorakte vom 11. September 2001 das Signal gaben. Inzwischen ist die daraus hervorgegangene Politik des Griffs nach »Herrschaft ohne Hegemonie« unter George W.

Bush gescheitert und hat einer Rückkehr zu einer Politik multilateraler Aushandlung Platz gemacht. Der Zusammenbruch des Finanzmarkts, der das militärische Fiasko der USA im Irak und in Afghanistan überlagerte, trieb die Verschiebungen unerbittlich voran. Der »Konsument letzter Instanz« laborierte am Rande zur Zahlungsunfähigkeit, und das noch immer mit großem Abstand mächtigste Land der Welt, dessen Präsidenten seit dem Zusammenbruch des Systemantagonisten immer zugleich eine informelle Weltpräsidentschaft zufällt, rang kraft der Obstruktionspolitik des republikanischen Extremismus mit innenpolitischer Lähmung. Auch die europäische Gemeinschaft taumelte in die von der Rezession unterlegte Hegemoniekrise. Der Widerspruch zwischen transnationaler Vereinheitlichung von Markt und Geld bei nationaler Zersplitterung von Wirtschafts- und Finanzpolitik stellte sie vor die Notwendigkeit eines nachholenden politischen Integrationsschubs bei Strafe des ökonomischen und politischen Auseinanderbrechens. Kaum beeindruckt von der Wirtschaftskrise, entwickelte sich der ostasiatische Wirtschaftsraum zum neuen Gravitationsfeld des Weltkapitalismus, mit China als dem »hauptsächlichen neuen Wachstumszentrum der Weltwirtschaft als solcher« (Gowan 2007, 169).

Explosiv gewachsen seit dem ersten Buch unserer Analysen zur hochtechnologischen Produktionsweise ist weltweit die Rolle der sozialen Netzwerke. Was das Ambient-Marketing nutzt (vgl. KdWÄ, 273f), nutzen auch die politisch Unzufriedenen, vor allem die Angehörigen derjenigen Generationen, denen in ihren besten Jahren der Kapitalismus kaum Perspektiven bietet. Während die Arbeiterbewegung, traditionell die wichtigste Kraft des sozialen Protests, zumindest im Westen noch immer geschwächt ist, nachdem der Umbruch der Produktionsweise und die Globalisierung die Kräfteverhältnisse zu ihren Ungunsten verändert hatten, ist dem Kapitalismus eine nach klassischen Kriterien schwer fassbare Hightech-Rebellion erstanden. Ihr Medium ist das Internet, in dem sich ihre Informations-Guerilleros wie Fische im Wasser bewegen und ihre Scharen sich durch die elektronische Buschtrommel zur Aktion zu rufen gelernt haben.

Emblematisch für eine andere Form netzbasierter Gegenmacht ist die 2006 ans Netz gegangene Enthüllungsplattform Wikileaks. Wenn die gemeinnützig betriebene Wikipedia mit ihrer netzgeborenen Kooperationsform, die auch vom kommerziellen »Crowd

Sourcing« genutzt wird, Allgemeinwissen frei zur Verfügung stellt, so verteilt dieser Robin Hood des Netzes geheimen Informationsreichtum der Herrschaftsmächte an die Allgemeinheit. Er tut dies in ständigem Räuber-und-Gendarm-Spiel mit den Internet-Polizeien, die unterm Mantel der Verfolgung von Kinderpornographie und des Schutzes intellektueller Eigentumsrechte der Kontrolle des Netzes zustreben. Die Staatsgeheimnisse, die hier, solange sich im Netz noch Freiräume dafür finden lassen, ans Licht kommen, entstammen dem Archiv jenes verdeckten staatlichen Handelns, das in Walter Benjamin angesichts des Nazismus die Erkenntnis aufblitzen ließ, die »Tradition der Unterdrückten« belehre uns, »dass der ›Ausnahmezustand‹, in dem wir leben, die Regel ist« (GS I/2, 697). Die staatliche Nutzung der Informationstechnologie hat mit der digitalen Archivierung der gegenwartsnahen Dokumente, die den Zugang der Staatsmacht ortsunabhängig machte, auch den Einbruch ins Archiv und das Zuspielen der Dokumente an die Medien ins Netz verlagert. Wie die digitale Naturalform der Informationsgüter die Warenform dieser Güter in die Krise stürzte (HTK I, 81ff), so hier ihre Geheimhaltungsform. Als Ende 2010 der US-Geheimdienst den Wikileaks-Zugang blockierte, stellten dessen Unterstützer binnen Tagen Hunderte, ja Tausende Spiegelserver auf die Beine, wo US-Verschluss-Sachen offengelegt waren.

Die Geheimhaltungskrise der US-Diplomatie erschütterte Hegemonieverhältnisse weltweit. Vor allem (aber nicht nur) in den mit diktatorischer Gewalt von Kleptokratien regierten Klientenstaaten des Westens fügte sie der objektiven Schande das Bewusstsein der Schande hinzu. Jetzt genügte ein letzter Übergriff, um das Maß des von den Bevölkerungen Ertragenen voll zu machen und den Protest auszulösen, der die Situation zum Kippen brachte. In der arabischen Welt war es der Selbstverbrennungstod des 26jährigen Tunesiers Mohamed Bouazizi, der sich und seine Angehörigen als Gemüsehändler mit einem fahrbaren Stand durchzubringen versuchte und dem die Polizei dieses sein Subsistenzmittel genommen hatte. »Seine Tat war der Funke, der den Flächenbrand entzündet und letztlich die ganze arabische Welt verändert hat.« (Ibrahim al-Koni)[4] Im zivilen Aufstand für Demokratie, Rechtstaat und soziale Gerechtigkeit erwuchs dem Dschihadismus, den die USA

4 *Tagesspiegel*, 1.3.2011.

einst gegen die Sowjetunion hochgerüstet und nach deren Verschwinden zum neuen Weltfeind Nr. 1 erklärt hatten, eine kraftvolle Konkurrenz. Der Selbstmordrebell entkleidete den Selbstmordattentäter des reaktionären Antiimperialismus seiner Aura. Die sozialen Netzwerke machten den Anfang, und das Satellitenfernsehen ermöglichte vollends, dass »die Bevölkerungen der gesamten [arabischen] Region ›virtuell‹ am ägyptischen Aufstand teilnahmen: alle waren sie auf Kairos Tahrir-Platz«, und wenn die Repression die TV-Kameras außer Funktion setzte, traten die Handy-Kameras ungezählter Demonstranten an ihre Stelle, deren Bildmaterial über YouTube an die Weltöffentlichkeit ging; so hingen markante Züge dieser revolutionären Demokratiebewegung »direkt mit der globalen informatischen Revolution zusammen« (Achcar 2012). Der so aufgestoßene neue öffentliche Raum sah »die fluchbeladene Dreiheit der arabischen Politik (Klasse, Geschlecht, Religion)« auf dem Rückzug (Gómez García 2011, 648). Die Fronten des Weltkrieges gegen den islamistischen Terror begannen zu veralten, wie die der beiden Weltkriege des 20. Jahrhunderts veraltet waren.

3. Zum Problem philosophischer Gegenwartsgeschichte

> Wir Historiker schreiben die Verbrechen und den Wahnsinn
> der Menschheit auf, wir erinnern an das,
> was viele Menschen vergessen wollen.
> Eric Hobsbawm (2009)

Der Versuch, philosophisch reflektierte Gegenwartsgeschichte zu schreiben, scheint etwas Unmögliches zu wollen. Er setzt dazu an, eine Entwicklung zu historisieren, die noch unabgeschlossen ist. In ontologischer Hinsicht ließe sich erwidern, dass alle Geschichte als Erkenntnisgegenstand wesentlich unabschließbar ist. »Prozesse kommen in Wirklichkeit überhaupt nicht zu Abschlüssen«, heißt es in einer Notiz von Brecht. »Es ist die Beobachtung, die Abschlüsse benötigt und legt.«[5] Kein Schluss auf diesem Gebiet ist ein für alle mal. So unentbehrlich die in der historischen Bibliothek angehäuften Wissensmassen und Deutungsansätze sind, so trügerisch

5 Brecht fährt fort: »Im Großen werden natürlich Entscheidungen getroffen (und angetroffen), gewisse Bildungen ändern oder verlieren gar ihre Funktionen, ruckweise zerfallen Qualitäten, ändert sich das Gesamtbild.« (GA 22.1, 458)

ist die Vorstellung, gewesene Geschichte ließe sich besitzen und einschließen wie ein Museumsstück. Reliquien des Geschichtsprozesses mögen gesichert sein, ihr Sinn ist es nicht. Das macht, dass Geschichte Seinsmodus eines Seienden ist, dem es »*in* seinem Sein *um* dieses Sein selbst geht« (Heidegger, SuZ, 12), und dass, »wie Vico sagt, die Menschengeschichte sich dadurch von der Naturgeschichte unterscheidet, dass wir die eine gemacht und die andre nicht gemacht haben« (K I, 23/393, Fn. 89). Mehr noch: indem ›wir‹ unsere Geschichte ›gemacht‹ haben, hat unsere Geschichte uns zu dem gemacht, was wir sind, ohne am Ziel zu sein. Das macht den von Ernst Bloch immer wieder abgewandelten Einsatz des Philosophierens aus: »Wir sind. Aber wir haben uns nicht. Darum werden wir erst.« Dieses unabschließbare Werden im Widerspruch lässt auch die vergangene Geschichte nicht in Ruhe. Was Geschichte heißt, ist eine zusammenfassend deutende Auswahl von Fakten. Nur ein infinitesimaler Teil des Geschehenen findet Eingang. Nicht nur die von der Forschung festgestellte Faktenlage, sondern auch die forschungsleitenden Deutungsmuster geben den Ausschlag. Dies liegt beschlossen in der radikalen Geschichtsimmanenz, die Antonio Gramsci »absoluten Historizismus« nennt (Gef 7, 1781). Wir Menschen sind geschichtliche Wesen. Die Wissenschaft kann Fakten in den Grenzen des Informationszugangs und des Forschungsstandes objektiv feststellen oder, wie Marx sagt, »naturwissenschaftlich treu konstatieren« (13/9). Doch was sie bedeuten, kann nicht anders als tastend und im Meinungsstreit herausgehoben werden, weil ihr Sinn in der geschichtlichen Praxis und der durch sie angestoßenen Veränderungsprozesse ankert. In diesen Prozess einzugreifen, macht den Geschichtsschreiber zum Akteur, der mithandelt und damit ›ins Objekt fällt‹. Wir sind mit von der Partie. Daher dreht das Geschichtsverständnis sich untergründig stets um den »geschichtlichen Springpunkt«[6] der jeweiligen Gegenwart, auch wenn es sich im Bewusstsein zumeist anders darstellt. Der Glaube, Vergangenes historisch zu artikulieren, heiße zu erkennen, »wie es denn eigentlich gewesen ist«, bezeichnet folglich für Walter Benjamin »im Geschichtsbild des Historismus genau die Stelle, an der es vom historischen Materialismus durchschlagen wird« (GS I.2, 695).

6 Marx über Ricardo: »So sehr ihm der geschichtliche Sinn für die Vergangenheit fehlt, so sehr lebt er in dem geschichtlichen Springpunkt seiner Zeit.« (26.3/46)

Wenn es darum geht, »die Erfahrung mit der Geschichte ins Werk zu setzen, die für jede Gegenwart eine ursprüngliche ist« (II.2, 468), so stellt sich diese Aufgabe im Bezug auf Gegenwartsgeschichte noch einmal anders. Hier heißt es, die Erfahrung der Gegenwart mit sich selbst als geschichtliche ins Werk zu setzen. Das bloße Jetzt aber ist leer und gibt den geschichtlichen Springpunkt nicht her. Ihn aus einem Projekt, gleichsam als Wechsel auf eine angestrebte Zukunft zu ziehen, landet bei haltloser Spekulation. Handfest gibt der geschichtliche Springpunkt sich nur in negativer Form, indem wir »die Geschichte nicht anders denn als eine Gefahrenkonstellation betrachten« können, die wir, »denkend ihrer Entwicklung folgend, abzuwenden jederzeit auf dem Sprunge« sind (V.2, 587). Zweifellos werden wir dabei immer wieder über unsere Hoffnung stolpern, wo Gefahr wächst, wüchse das Rettende auch. Dass Hoffnung und Wunsch sich zum Vater des Gedankens machen, können wir nicht vermeiden. Wohl aber erhalten sie nie das letzte Wort. Schon der nächste Moment kann sie widerlegen.

Was soll uns dann ein Buch und der Versuch, einen theoretisch fundierten Zusammenhang in die Zerfahrenheit der Erscheinungen und Meinungen zu bringen? Ist nicht durch die Buchform und die durch den Druck erreichte Existenzdauer unser Text mit einem Anspruch auf »›Wahrheit‹ und ›Sein‹ assoziiert«, der einer »seit zwei Jahrhunderten obsolet gewordenen« Illusion aufsitzt? Das gibt Michael Jäger zu bedenken (2009, 246).[7] Gilt nicht Wahrheit »jetzt als werdende Wahrheit«, so dass ich »auch nur meinem werdenden Gedanken Dauerhaftigkeit wünschen« kann? (Ebd.) Ja, so ist es. Aber daran ist nichts paradox. Es unterscheidet Bücher und Theorien, seit es sie gibt, ob das werdende Denken für sie vor dem gewordenen rangiert oder ob sie es in ihm verschwinden lassen. Worauf es ankommt, ist, wie wir früher sagten, »nicht so sehr das Fertige als die Verfertigung. Mehr als die alte Wahrheit zählt die neue Bewährung. Und das Wesen ist für uns nicht vor allem, was gewesen ist, sondern wesentlicher ist uns das Werden, sowohl der Erkenntnis wie, auf andere Weise, der Sache selbst« (KV I, 12). Die Buchform »fesselt« nicht den Gedanken, wie Jäger meint (247), sondern fordert

7 Angesichts der endlosen Flucht solcher Momente scheint ihm ein Medium wie die »Bloggosphäre« als Textquelle vieler Subjekte statt des einen Autors angemessener.

ihn zur Anstrengung des Begriffs heraus. Und wenn die werdende Wahrheit, die in unserem Sinn die dialektische heißen kann, durchs wirkliche Werden überholt wird wie ein Erwarten durchs Eintreten des Unerwarteten, dann werden wir dies nicht durch nachträgliches Umschreiben ausradieren. Die Darstellung mag in dem Maße philosophisch genannt werden, in dem sie Einsicht ins Sein des Werdens gewährt. Das meinen wir, wenn wir von Historisierung der Gegenwart sprechen.

4. Arbeiten an künftiger Erinnerung im Material der Zeit

> It may be more productive, then, to combine all the descriptions
> and to take an inventory of their ambiguities –
> something that means talking as much
> about fantasies and anxieties as
> about the thing itself.
> FREDRIC JAMESON (2000)

In diesem Buch werden wir uns das politisch-ökonomische Drama der Gegenwart und ihre Zukunftserwartungen als unvollendete Vergangenheit, in der Form künftiger Erinnerung erzählen, um sie als geschichtliche zu verstehen. Während zur Fiktion des Objektivismus die Zeitlosigkeit gehört, entfaltet sich unsere Erkundung in eben der Zeit, in welcher der historische Prozess weitergeht, den vorigen Moment korrigiert und der Wahrnehmung ständig neue Rätsel aufgibt. Unsere Dokumente sind aus dem Geschehen auftauchende Sichtweisen, und die Fakten, die wir anführen, zählen immer auch als von bestimmtem Standpunkt aus gesehene. Die kritischen Zeugen, die wir als Personen dadurch deutlicher hervortreten lassen, dass wir ihnen in den verschiedenen Etappen unserer Geschichte das Wort geben, sollen die Möglichkeit stiften, an ihnen das Kontinuum aufzubrechen. Ihre Namen sind immer dieselben, nicht aber die Namen, die sie den Verhältnissen und den in ihnen Agierenden geben. Wenn »Qualitäten ruckweise zerfallen« und das Gesamtbild sich ändert, ändern sich die Sichtweisen. Im Moment der bruchartigen Umschwünge erfasst diese Wechselhaftigkeit im Bewusstsein der Zeitgenossen die Geschichte selbst. Als 1989 der sowjetische Demokratisierungsversuch unter Gorbatschow in die

Krise kam, konnte man die Erfahrung machen, »dass sich heute in der Sowjetunion nichts so schnell bewegt wie die Vergangenheit« (PJ, 15). In solchen Sichtänderungen lässt sich die Erfahrung der Beteiligten erfahren und zugleich auf jene Distanz bringen, die wir historisch nennen. Meinungen scheinen in ihrer Wetterwendigkeit auf eine Weise historisch wie historische Kurse an der Börse. Im Extrem mag man sie für Windfahnen halten. Aber als solche zeigen sie die Windrichtung an. In ihrer Subjektivität spiegeln sie etwas Objektives. Dessen unmittelbar habhaft werden und Geschichte subjekt- und damit zeitlos schreiben zu wollen, ist illusionär. Je ferner der historische Gegenstand liegt, desto sicherer kann sich der Historiker in diesem illusorischen Glauben wiegen. Der Autor gegenwartsgeschichtlicher Betrachtungen kann es nicht. Für ihn gibt es keinen Standpunkt »über dem Getümmel«, wie Romain Rolland ihn 1915 für sich reklamierte. Für ihn gibt es solches Heraustreten allenfalls in dem Sinn, dass er, der sich auf demselben geschichtlichen Feld tummelt wie die Personen, die in seinem Bericht auftauchen, mit seiner subjektiven Sicht weder hinterm Berg hält, noch sie als objektive Gewissheit ausgibt, sondern sie beobachtbar macht, indem er den Fortgang sie relativieren lässt. Das Wort hat nicht der allwissende Erzähler, sondern der Forscher, der aus dem Getümmel seiner Zeit heraus deren Tendenzen auf den Begriff zu bringen sucht.

Friedrich Engels hat die Grenzen »der Beurteilung von Ereignissen und Ereignisreihen aus der Tagesgeschichte« an der Unmöglichkeit festgemacht, »den Gang der Industrie und des Handels auf dem Weltmarkt und die in den Produktionsmethoden eintretenden Änderungen von Tag zu Tag derart zu verfolgen, dass man für jeden beliebigen Zeitpunkt das allgemeine Fazit aus diesen verwickelten und stets wechselnden Faktoren ziehen kann, Faktoren, von denen die wichtigsten obendrein meist lange Zeit im Verborgenen wirken, bevor sie plötzlich gewaltsam an der Oberfläche sich geltend machen« (1895, 8/511). Jeder Versuch »einer zusammenfassenden Tagesgeschichte« schließe »unvermeidlich Fehlerquellen in sich«, fährt Engels fort, »was aber niemanden abhält, Tagesgeschichte zu schreiben« (512). Weiter geht der Gefangene Gramsci in seinen *Gefängnisheften*, wenn er davor warnt, es könnte »sich gerade das Gegenteil des Geschriebenen als wahr herausstellen« (Gef 6, 1367). Auch wir, die wir uns unter unvergleichlich besseren Bedingungen an der »Tagesgeschichte« versuchen, verhehlen uns nicht, dass unser

Bericht »bestimmt Ungenauigkeiten, falsche Annäherungen, Anachronismen enthalten« wird (ebd.).[8]

Gerade indem wir dieses Risiko eingehen, widerstehen wir jenem »markttechnischen Determinismus«, der Gedächtnislosigkeit generiert, von dem Armand Mattelart spricht.[9] Wenn die kommerzialisierte Kultur unterhaltender Zusammenhangslosigkeit uns als zerstreute Konsumenten möchte, so hat das Internet einen ähnlichen Effekt. Eine schlichte Frage an die Suchmaschine überflutet den Fragenden mit Antworten, die ihm immer neue Eingänge weisen. Hier lässt sich erfahren, was schlechte Unendlichkeit heißt. Alles scheint erreichbar, nichts greifbar. Ein jedes ist dazu bestimmt, alsbald dem nächsten Platz zu machen.

In dieses Meer der Meinungen wirft begriffliches Denken den Rettungsring der Erfahrung. Es stellt den Zusammenhang der Phänomene in der Gegenwart her, wie die Erinnerung ihren Zusammenhang auf der Zeitachse. Nach der Verwünschung des Wissens in Information, geht es ihm darum, Information zum Wissen zu erwecken und dieses zum Nachdenken zu bringen. Da mit der Ökonomie der tonangebenden Ökonomen, die über keine Krisentheorie verfügen, sich in der Großen Krise nichts Vernünftiges anfangen lässt und da »in den letzten 30, 40 Jahren eine rationale Analyse des Kapitalismus systematisch verweigert« worden ist (Hobsbawm 2009), schalten wir nach einer ersten Phänomenbeschreibung der Krise ein Kapitel über marxsche Krisentheoreme ein. Ohne eine elementare Kenntnis derselben würde unsere im Material der Zeit arbeitende Erkundung unverständlich. Theoriegeleitet zu verfahren, heißt nicht, aus Theorie abzuleiten. Wir brauchen die

8 Zu den eher harmlosen Ungenauigkeiten werden die Zahlen gehören, die im Folgenden immer wieder auftauchen werden. Die den Tagesveröffentlichungen entnommenen Summen und Prozentsätze dienen als Anhaltspunkte, an denen sich Entwicklungstendenzen ablesen lassen. Da wir keine wirtschaftshistorische Abhandlung, sondern einen Beitrag zum philosophisch reflektierten Gegenwartsverständnis vorlegen wollen, trösten wir uns mit Paul Krugmans Diktum, Wirtschaftsstatistik sei eine Form von Science Fiction, bloß nicht so unterhaltend. »All economic statistics are best seen as a peculiarly boring form of science fiction, but China's numbers are more fictional than most. I'd turn to real China experts for guidance, but no two experts seem to be telling the same story.« (Krugman 2011f)

9 Vgl. Mattelart 2003, 141. »Der Diskurs, der die Informationsgesellschaft begleitet, hat das Prinzip der tabula rasa zum Gesetz erhoben. Es gibt nichts, was nicht veraltet wäre.« (Ebd.)

Theorie teils da, wo sie das Material ins rechte Licht rückt, teils dort, wo das Material die theoretischen Deutungen zurechtrückt. Vom Material ausgehend, experimentieren wir mit theoretischen Annahmen und unterziehen diese der Wirklichkeitsprobe. In diesem Sinn gehen wir zum Beispiel im ersten Teil mit dem marxschen Begriff der »Überakkumulation von Kapital« (25/261) oder im zweiten Teil mit Gramscis Begriff der Hegemonie ans reale Geschehen heran.

Wird sich die Idee vor der Wirklichkeit oder die Wirklichkeit vor der Idee blamieren? Das kommt darauf an, was wir unter Wirklichkeit verstehen. Denken wir sie als Faktizität, mag es so aussehen, als blamierten sich die Begriffe. Denken wir Wirklichkeit als Wirkendheit, kann die faktische sich vor dem Begriff blamieren wie eine stümperhafte Politik vor der Idee der Hegemonie, der ein Bild glückender Politik innewohnt. Die das Geschehen begrifflich durchdringende Darstellung wird dann zur Kritik. Denn in begrifflichem Denken spielt der schwache utopische Impuls, dass es vernünftig zugehe in der Welt. Freilich ist die Wirklichkeit des Vernünftigen, wie Hegel sie verkündet, »nichts Vorausgesetztes, sondern ein unablässiges fortschreitendes Gemacht-Werden« (Gef 5, 1120), wie Gramsci sagt, und dazu eines, das in der antagonistischen Gesellschaft sich ein ums andere Mal durchkreuzt findet und jederzeit auf dem Sprung zu sein hat, neu zu entspringen.

Um solcher Durchkreuzung zu entgehen, hat Slavoj Žižek der Occupy-Bewegung empfohlen, keine konkreten Forderungen zu erheben, weil »jede im Hier und Jetzt geführte Debatte notwendigerweise immer eine Debatte auf feindlichem Gebiet bleiben« müsse (2011). Doch die Auswanderung aus dem Hier und Jetzt ins Nie und Nimmer ist nicht die Lösung. Es ist wahr, wir brauchen einen utopischen Atem, um uns nicht im Hier und Jetzt zu erschöpfen. Doch den Ort der Gefahr, die es zu wenden gilt, können wir nicht fliehen. Bewegt sich unsere Untersuchung auf »feindlichem Gebiet«? Man wird sehen, dass diese Ortsbeschreibung zu simpel wäre. Gewiss, wir verlassen die Gefahrenzone nirgends. Doch sie ist nicht unumstritten in der Hand jenes »Feindes«, von dem Benjamin sagt, dass er »zu siegen nicht aufgehört hat« (I/2, 695). In der Zeit, von der wir handeln, hat dieser Feind die Gestalt der Auslieferung des menschlichen Gemeinwesens und seines Lebensraumes an die ›Märkte‹ angenommen.

Danksagung

Am Ende bleibt mir die angenehme Pflicht, all denen Dank zu sagen, die aus den unterschiedlichen Wissensgebieten, die unser Thema berührt, mit fachkundigem Rat geholfen haben. Wolfgang Küttlers geschichtstheoretische Bemerkungen waren wichtig für die Reflexion des Problems der Gegenwartsgeschichte und der formationstheoretischen Aspekte. Bei der Bearbeitung der ökonomischen Passagen waren die kritischen Kommentare und Anregungen von Karl Georg Zinn und Mario Candeias eine herausfordernde Hilfe. Fachmännische Ratschläge zur Behandlung der finanztechnischen Aspekte kamen von Stefan Böhmerle von der Berenberg Bank und Alexander Henke von der Kreissparkasse Esslingen-Nürtingen. Jan Rehmann und Ingar Solty gaben mit ihren ortskundigen Einwänden und Vorschlägen wichtige Hinweise zur Überarbeitung der USA-Kapitel, deren erste zwei schon in einer früheren Fassung den Gesprächen mit Andreas Novy viel verdanken. Beim Chimerika-Kapitel haben mich Ivo Hammer und, mit sinologischer Kompetenz, Wolfram Adolphi unterstützt. Viel zu danken habe ich Jan Loheit, der das gesamte Buch lektoriert, das Namensregister erstellt und – wie auch Juha Koivisto – mich mit Literatur versorgt hat. Frigga Haug hat die Entstehung des Buches von Anfang an mit begeistert-herausforderndem Echo unterstützt und mir in der Schlussphase zudem den Rücken freigehalten. Martin Grundmann hat mit bewährter Sorgfalt Umschlag und Typographie gestaltet. Ihnen allen gilt mein Dank.

Los Quemados, im Februar 2012 Wolfgang Fritz Haug

Teil I

Die Finanzkrise

Erstes Kapitel

Erscheinungsformen der Krise

> Der 15. September 2008, der Tag, an dem die Lehman-Bank zusammenbrach, wird den Lauf der Geschichte mehr verändern als der 11. September 2001, als die Türme des World Trade Centers zusammenbrachen.
> Eric Hobsbawm (2009)

> Oder wie kommt es, dass der Handel, der doch weiter nichts ist als der Austausch der Produkte verschiedener Individuen und Länder, durch das Verhältnis von Nachfrage und Zufuhr die ganze Welt beherrscht – ein Verhältnis, das, wie ein englischer Ökonom sagt, gleich dem antiken Schicksal über der Erde schwebt und mit unsichtbarer Hand Glück und Unglück an die Menschen verteilt, Reiche stiftet und Reiche zertrümmert, Völker entstehen und verschwinden macht ...
> Karl Marx und Friedrich Engels (1845)

1. Chronik eines angekündigten Zusammenbruchs

Als schliefe das Ungeheuer noch und könnte durch ein weniger verstörendes Wort im Schlaf gehalten werden, zog noch im vierten Krisenjahr »die Mehrheit der Politiker und Journalisten es vor, von ›Rezession‹ zu sprechen« (Jackson 2011).[10] Doch es scheint eher ihr eigener Schlaf gewesen zu sein, den sie mit dieser Illusion zu schützen versuchte.

Die Ereignisse folgten der Chronik eines immer wieder angekündigten Zusammenbruchs, der dennoch überraschend kam. Unerwartet waren zumal der Hauptschauplatz und das Ausmaß. Eine

10 Immanuel Wallerstein dagegen sagte 2009 voraus: »The depression into which the world has fallen will continue now for quite a while and go quite deep. It will destroy the last small pillar of relative economic stability, the role of the U.S. dollar as a reserve currency of safeguarding wealth.« (Wallerstein 2009, 13) Dann werde es den Regierungen überall auf der Welt darum gehen, »to avert the uprising of the unemployed workers and the middle strata whose savings and pensions disappear.« (13f) Auch Joachim Hirsch erkannte in der Krise »auf jeden Fall die Dimensionen ihrer Vorgängerin in der ersten Hälfte des 20. Jahrhunderts« und prognostizierte, sie werde »dazu führen, dass der Kapitalismus eine ganz neue Gestalt annimmt« (2009b).

1999 im Argument erschienene Soros-Besprechung beginnt mit den Worten: »Seit dem Ausbruch der asiatischen Finanzkrise 1997 befragen wir uns [...] über die Natur des Hurrikans, der die Transitions- und Schwellenländer von Südostasien über die Ex-UdSSR bis Lateinamerika heimsuchte. Handelt es sich um eine globale Finanzkrise oder vielmehr um Einzelphänomene [...]? Bleiben wir, das ›Zentrum‹, von der Krise der ›Peripherie‹ unberührt?« (Nies 1999, 624) Schon ein halbes Jahr später erhielt die Frage eine erste Antwort. Im März 2000 wurde das neue Jahrhundert mit dem Platzen der »Dot.com-Blase« eingeleitet. So hieß die Spekulationswelle, die sich im ›Zentrum‹ des Weltkapitalismus am explosiven Wachstum des Internet in den 1990er Jahren und an den darauf bezogenen Firmengründungen und Phantasien einer ganz neuartigen, ununterbrochene Konjunktur versprechenden Wirtschaftsweise, der »New Economy«, entzündet hatte. »Mobiltelephonie, Computersoftware oder Medienbusiness« zogen die Anleger an; vor allem das Internet als die tendenziell global sich vernetzende informationelle Infrastruktur erschloss neue Geschäftsfelder, und wie es schien, »lauerten in diesem noch unaufgeteilten Markt selbst für Newcomer große Expansions- und Gewinnchancen« (Wagenknecht 2008, 72). Doch dann zirkulierten »Todeslisten« für Internetfirmen, und an den Börsen regierte die Kapitalvernichtung. Dieser Krisenauftakt und seine Bewandtnisse sind im Ersten Buch unserer Untersuchung (HTK I, 92ff) ebenso analysiert wie die sich überschlagenden Illusionen vermeintlicher Krisenfestigkeit der »Neuen Ökonomie«.

Frei nach Hyman Minskys Theorie der Finanzblasen glaubten die Finanz- und Wirtschaftspolitiker der Vereinigten Staaten, auf die nächste Spekulationswelle umsteigen und darauf weitersurfen zu können. Nach dem Platzen der Internetaktienhausse und den Terrorakten vom 11. September senkte die US-Notenbank, die Federal Reserve (Fed), ihren Leitzins auf 1 Prozent, um die Konjunktur über die Konsumnachfrage am Laufen zu halten. Nachdem nun auch der Leitzins für langfristige Hypotheken sank, kündigten Millionen Hausbesitzer ihre Hypothek, was in den USA ohne Strafzins möglich ist, und refinanzierten sie zum günstigeren Zins. Die Haushalte hatten folglich mehr Geld für ihren Konsum zur Verfügung. Viele erhöhten zudem die Hypothek auf ihr Haus und kauften mit dem zusätzlichen Geld »japanische Autos, Küchen aus Deutschland oder einen Anbau ans Eigenheim« (Fehr 2008).

Hinzu kam der Effekt der Carry Trades. In Japan, wo »die kurzfristigen Zinsen von der Zentralbank – wegen Deflationsgefahr – extrem niedrig gehalten« wurden, wurden Kredite zu einem Zins »nahe am offiziellen Notenbankzins von 0,25 Prozent« aufgenommen und u.a. gegen US-Dollar getauscht, was deren Kurs hochtrieb (Flassbeck 2007). Dieser Transfer trug in den USA zur Verbilligung der Kredite und damit zur Vermögenspreisinflation bei.[11] Mit dem geliehenen Geld kauften Investoren »rund um den Globus Aktien, Unternehmens- und Schwellenländeranleihen, Rohstoffe, ganze Unternehmen« und trieben dadurch »die Preise der Vermögenswerte nach oben«[12]. Die Immobilienpreise stiegen scheinbar unaufhaltsam, und das zweistellig. Mit ihnen wuchs der Kredit der Hausbesitzer. Das System nährte sich selbst. Jede Wertsteigerung wurde zum Hebel für die nächste. Es war, als hätte man endlich das Perpetuum mobile des Kapitalismus erfunden. Die Hauspreise dienten als Basis aller möglichen neuen Konsumentenkredite.[13] In der Konkurrenz ums Geldanlegen nahmen die Banken diese Buchwerte als Sicherheiten für weitere Kredite. Das Finanzsystem pumpte sich voll mit Krediten, die Hausse nährte die Hausse. Die Realökonomie boomte, die Rohstofflieferanten gediehen. In den USA wuchs mit der Immobilienhausse der Bausektor. Dort entstanden viele Millionen neue Arbeitsplätze. Das war hochwillkommen. Denn durch die Globalisierung gingen gleichzeitig ungezählte Arbeitsplätze verloren. Den jungen Paaren und den Immigranten in den USA, die bei den hohen Hauspreisen nicht mithalten konnten, offerierten die Banken die nachmals berüchtigten »Subprime«-Hypothekenkredite. Die Zinsen waren zunächst niedrig, sollten erst nach 2-3 Jahren angehoben werden. Fehr hebt das aktive Gewährenlassen seitens der Regierung und der diversen damit befassten Staatsapparate hervor: »Die Aufsichtsbehörden schauen zur Seite. Die Regierung, die einen unpopulären Krieg im Irak führt, will die Bürger über eine gut laufende Wirtschaft bei Laune halten.«

11 »Mit dem künstlich überbewerteten Dollar kaufen Amerikas Konsumenten im Ausland ein, was das Zeug hält. Das US-Leistungsbilanzdefizit steigt auf 6 % der Wirtschaftsleistung.« (Fehr 2008)

12 Dies und das Folgende nach Fehr 2008.

13 »Über zusätzliche zweitrangige Hypothekenkredite (Home Equity Lines) ermöglichen es die Banken Haushalten, den erhöhten Wert des Eigenheims in Bargeld umzumünzen. [...] Der kreditfinanzierte Konsumrausch grassiert, die Sparquote geht gegen null.« (Fehr 2008)

So schien die Immobilienblase die Explosionsfolgen der vorangegangenen Internetblase aufs Wunderbarste wettzumachen. Basierend auf der Doppelfunktion des US-Dollars, nicht nur als nationale Landeswährung, sondern zugleich als Weltwährung zu fungieren, wurden die US-Banken im Zeichen des »Dollar-Wallstreet-Regimes« (Gowan 2007, 156) zum ertragreichsten Wirtschaftssektor des Landes. Unter anderem bündelten sie Millionen von Hypotheken zu einer neuen Form handelbarer Wertpapiere, für die sie beim anlagesuchenden Finanzkapital aus aller Welt reißenden Absatz fanden. Zu sagen, dies sei »unbedrängt von staatlicher Kontrolle« (Kohler 2008) geschehen, verschließt die Augen vor der Komplizenschaft der Regierung, die dies durch ›Deregulierung‹ ermöglicht und die Banken schließlich geradezu bedrängt hatte, den Kreditrahmen auszuweiten. Kurz, die neoliberale Politik drückte mit der einen Hand die Lohnquote und förderte mit der anderen das Konsumniveau durch Konsumentenkredite. Wir kommen darauf bei der Frage nach den Charakteristika des in die Krise geratenen politisch-ökonomischen Systems zurück. Eben dieses Zentrum, mit der Londoner City im Gefolge, wurde zum Ort, an dem die Große Weltfinanz- und Weltwirtschaftskrise ausbrach.

Der Krach kam auf leisen Sohlen und durch die Haustür von Millionen US-amerikanischer Eigenheimbesitzer. Im Immobiliensektor, aus dem der Kredithandel eine derart einträgliche Geldquelle gemacht hatte, begann das System zu kränkeln. Bereits 2006 wurden in den USA 1,2 Millionen Häuser zwangsversteigert, 45 Prozent mehr als 2005 (FAZ, 14.3.07, 21). Bis dahin hatten billige Kredite die Hauspreise hochgetrieben und hatte der Kredit den Kredit genährt. Doch jetzt, als angesichts der Inflation die Leitzinsen hochgesetzt wurden und die Hypothekenzinsen stiegen, kamen viele Schuldner in Bedrängnis. Sofern sie nicht der Zwangsräumung zum Opfer fielen, kündigten sie scharenweise ihre Hypotheken, indem sie ihr Haus der Bank überließen und schließlich räumten. Die Hauspreise fingen an zu sinken. Der Immobilienmarkt brach ein. Damit kehrte sich das Wundergesetz um. Hatte bisher der Kredit den Kredit genährt, so nährte nun die Krise die Krise. Jeder Niedergang zog den nächsten nach sich. Zuerst schien der Einbruch sich auf den Sektor der zweitklassigen Schuldner (»Sub-Prime«) zu beschränken. Doch dann weitete er sich in Schüben vom Immobiliensektor des Kreditwesens aufs Kreditwesen des US-Finanzsektors insgesamt aus. Wenig später sprang die »Wallstreet-Krise« auf den Weltmarkt über und schwoll zur weltweiten Banken- und Finanzkrise an.

Mitte März 2008 brach Börsenpanik aus. »Das Vertrauen in die Weltleitwährung Dollar schwindet«, hieß es in der FAZ (Fehr), gefolgt von der bangen Erwartung, dies werde »vielleicht eines Tages in den Geschichtsbüchern als Symbol des Niedergangs der amerikanischen Hegemonie in Wirtschaft und Finanzen vermerkt werden« (Braunberger). Der Öffentlichkeit dämmerte, es mit der ersten Weltfinanzkrise zu tun zu haben. In den USA beherrschten Insolvenzen, Verstaatlichungen und Übernahmen den Bankensektor. In der Bundesrepublik brüstete sich der Finanzminister Peer Steinbrück noch, die deutschen Banken seien »robust«, während die Kanzlerin die strengere Regulierung des Finanzsektors ablehnte, um »dem Finanzplatz Deutschland nicht zu schaden«. Wie der Blitz schlug am 15. September die Nachricht vom Zusammenbruch der US-Bank Lehman Brothers ein. Nun war kein Halten mehr. Die Kreditkette riss zuerst in den USA, dem Erbhof des Weltkapitalismus und Sitz der Zentrale seines Finanzsystems, unmittelbar gefolgt von der Londoner City und den britischen Großbanken, aber auch von Island, dessen Banken zuletzt über Goldesel zu verfügen schienen.[14] Der Krach sparte auch die Schweiz als einen der ›sicheren Häfen‹ des Finanzkapitals nicht aus. Ihre beiden Großbanken UBS und Crédit Suisse gerieten an den Rand des Zusammenbruchs. Unter wildestem Auf und Ab an den Börsen der Welt, begleitet von Bankenzusammenbrüchen und -übernahmen, hatte die Finanzkrise den Nexus der bürgerlichen Gesellschaft, das Geldsystem, an den Rand des Abgrunds geführt.

Die blinde Dialektik dieses Prozesses zeigt sich darin, dass es die vermeintliche Entschärfung des Risikos war, die das Risiko schließlich unkontrollierbar machte. Die Kreditgeber verteilten die unsicheren und ungesicherten Forderungen auf viele fremde Schultern. Sie bündelten ihre Darlehen zu handelbaren Wertpapieren, in denen alles Konkrete der Beziehung zwischen Schuldner und Gläubiger

14 »Iceland adopted neoliberal financialization and speculation to the hilt and saw an excessive growth of its banking and finance sectors with total assets of its banks growing from 96 percent of its GDP at the end of 2000 to nine times its GDP in 2006« (Foster/Magdoff 2008; dt. 2009b, 28).

ausgelöscht und auf den einzigen Punkt reduziert war, dem Käufer des Kreditbündels eine bestimmte Verzinsung zu versprechen. Die Rating-Agenturen, Standard & Poor's an der Spitze, versahen die Bündel mit Bestnoten. Die Banken, die solche lukrativen Pakete fast überall in der Welt begierig abkauften, schlossen Kreditausfall-Versicherungen ab (CDS), die ihrerseits gehandelt und so weiterverteilt werden konnten. Auf der Spur dieser weltweiten Streuung des Risikos mündete die Kettenreaktion der Finanzkrise in den Flächenbrand des globalen Finanzwesens. In ihrer abgeleiteten und handelbar gemachten Form hatten die Schuldenbündel plötzlich keinen Preis mehr, weil niemand mehr zwischen werthaltigen und wertlosen Schuldverschreibungen zu unterscheiden vermochte. Die Banken mussten die entsprechenden Activa in ihrer Bilanz auf null setzen. Stillstand des Ausleihverkehrs zwischen den Banken war die Folge. Weltweit erstarrte die Kreditvergabe.

Im August 2008 schätzte der Hedge-Fonds Bridgewater die Summe der gefährdeten Kredite auf 27 Billionen USD (SZ, 9.8.2008). Das war fast das Fünfhundertfache der geschätzten Zahlungsausfälle von sog. Sub-Prime-Schuldnern. Die Investitionsbanken hatten ihr Kapital mit einem Hebel von durchschnittlich 1 zu 24 eingesetzt, Bear-Stearns sogar im Verhältnis von 1 zu 35. In der Kontraktion wirkten die Kredithebel umgekehrt. »Für jeden Dollar, den sie mit Subprime-Papieren verlor, musste die typische Investmentbank […] andere Vermögenswerte im Wert von 24 Dollar verkaufen« (Eichengreen 2008). Jeder Notverkauf erzwingt in solchen Fällen weitere Notverkäufe. Nun brach eine jener Geldkrisen aus, von denen Marx in einem Zusatz zur 3. Auflage von Kapital I sagt, dass »deren Bewegungszentrum das Geld-Kapital ist, und daher Bank, Börse, Finanz ihre unmittelbare Sphäre« seien, während sie »auf Industrie und Handel nur rückschlagend« wirken (23/152, Fn. 99). Allerdings taten viele Industrien in den USA sich seit langem schwer, und der Welthandel produzierte ein immer größeres Ungleichgewicht. Der Boden in der Produktionsökonomie war also bereitet für einen jener schweren Einbrüche, bei denen in den Worten von Marx »auf entgegengesetzten Polen […] unbeschäftigtes Kapital auf der einen und unbeschäftigte Arbeiterbevölkerung auf der andren Seite« stehen (K III, 25/261). Im Sommer 2009 stand ein Drittel der US-Kapitalausrüstung still, während 17 Prozent der Arbeitskräfte entweder arbeitslos oder in Teilzeit beschäftigt waren, wenn sie es nicht überhaupt aufgegeben hatten, Arbeit zu suchen (Harvey 2009).[15]

Dass die Finanzkrise im Weltzentrum des Kapitalismus, den USA, ihren Ausgang nahm, machte es unmöglich, sie wie ihre Vorgängerinnen auf die asiatischen und anderen Schwellenländer abzuschieben. Es war nur eine Frage der Zeit, bis das Einfrieren der Kreditflüsse von der Finanzsphäre auf Industrie und Handel zurückschlagen und die Weltwirtschaft in eine allgemeine Krise stürzen würde. Der partiellen Vernichtung fiktiven Kapitals folgte die von industriell fungierendem Kapital mitsamt den an diesem hängenden Arbeitsplätzen auf dem Fuße.

2. Neoliberalismus – momentan »mit null multipliziert«

Momentan schien es, als hätte für Ideologie und Praxis des Neoliberalismus die letzte Stunde geschlagen. Nach den dreißig ›goldenen Jahren‹ des fordistischen Keynesianismus hatte er die darauf folgenden dreißig Jahre des Übergangs zum transnationalen Hightech-Kapitalismus beherrscht. Im Leitartikel der Frankfurter Allgemeinen war zu lesen, der »amerikanische Kapitalismus« habe, »weitgehend unbedrängt von staatlicher Kontrolle, seine eigenen Selbstmordattentäter hervor[gebracht], deren Sprengsätze, die Derivate, selbst noch die Wirkung der fliegenden Bomben der Dschihadisten übertreffen. Nicht nur New York, die ganze Welt hat einen neuen ›Ground Zero‹[16]: Wallstreet.« (Kohler 2008) Stand eine Revolution vor der Tür? »Sieben Tage, die den Kapitalismus erschütterten«, überschrieb El País, die globale spanischsprachige Tageszeitung, ihre Wirtschaftsbeilage in Anspielung auf John Reeds Zeitzeugenbericht über die Oktoberrevolution von 1917. Kündigte sich der Zusammenbruch des Kapitalismus an? Für den neoliberalen Marktfundamentalismus jedenfalls war laut Joseph Stiglitz

15 Die unter Clinton reformierte US-Arbeitslosenstatistik führt nicht nur die Resignierten, sondern auch alle diejenigen nicht mehr auf, die in der letzten Woche einen Minijob hatten.

16 Zur Erinnerung: »Ground Zero« hieß in der Sprache der US-Armee das von ihr nuklear vernichtete Hiroshima. In einem Akt sprachlicher Opferenteignung übertrug man den Term nach 11/9 auf die Trümmerstätte der New Yorker Zwillingstürme.

die Bankenkrise, »was für den Kommunismus der Fall der Berliner Mauer war« (16.9.08).

Aus dem bürgerlichen Lager der Bundesrepublik hat einer der FAZ-Herausgeber, Frank Schirrmacher, dem Moment der politisch-ökonomischen Doppelkrise den schärfsten Ausdruck verliehen: »Was Aktienbesitzern jetzt schwant, dass sie nach Jahren der Akkumulation nichts mehr besitzen, gilt ebenso für unser Handeln und Denken.« (2008a) Zur Jahrhundertwende hatte er noch den mythischen Allmachtphantasien der »New Economy« rhetorischen Auftrieb gegeben, die Internet-Spekulationsblase geistig verdoppelt und die Goldgräberstimmung der Informationsrentensucher[17] angeheizt (vgl. HTK I, 89ff). Doch nun, im Moment der Panik vom Herbst 2008, verzeichnete er wie ein Seismograph das Tiefenbeben, dessen Fernwirkungen anderswo noch nicht so deutlich registriert worden waren. »Während sich jetzt linksintellektuelle Milieus in den Katastrophen der bestehenden Ordnung bestätigt fühlen können und daraus Folgen für den Geschichtsverlauf ableiten, hat das deutsche Nachkriegsbürgertum, das sich in den großen Volksparteien sammelte, keine nennenswerte Utopie entwickelt, die über den US-amerikanischen Traum und das Urvertrauen in dessen demokratische Garantien hinausginge.«

Schirrmacher registrierte den »Entzug dieses Fluchtpunkts« als momentanen politischen Nihilismus. »Bush multipliziert uns mit null.« Als Linker hatte man die analoge Erfahrung gemacht, vom moralischen Ruin des Sozialismus politisch mit null multipliziert worden zu sein. Doch die Kapitalismuskritik und die Perspektive solidarischer Vergesellschaftung waren dadurch nicht ausgelöscht, während hier die Perspektive ausgelöscht schien. Es waren vor allem Reflexionen John Bergers aus Le Monde diplomatique vom Februar 2003 über den von der Regierung Bush praktizierten Machttypus, denen Schirrmacher sich unterm Eindruck der Krise nicht mehr verschließen mochte: »Jenseits der Ideologie«, hatte Berger über die USA geurteilt, »basiert ihre Macht auf zwei Drohungen. Die erste ist die Intervention aus dem Himmel durch den am stärksten bewaffneten Staat der Erde. Man kann es [nach dem Kürzel für den Langstreckenbomber der US-Luftwaffe] die Drohung B 52

17 Als »Informationsrente« begreift Roberto Verzola »eine spezifische Form der Mehrwertaneignung, begründet mit sog. intellektuellen Eigentumsrechten. Mikroelektronik und Digitalisierung haben die Bedeutung der Informationsrente explosiv gesteigert.« (Ralf Krämer, »Informationsrente«, HKWM 6/II, 1100)

nennen. Die zweite ist rücksichtslose Verschuldung, Bereitschaft zum Bankrott und, angesichts der Wirtschaftsbeziehungen in der Welt, dadurch ausgelöste Verarmung und Hunger. Man kann diese Drohung ›Drohung null‹ nennen.« Im Krisenherbst des Jahres 2008 sah nun Schirrmacher »die Phase der Null [...] im Begriff, zu einem historischen Ereignis zu werden«. Was den bürgerlichen Liberalen bleibe und sich mit der staatssozialistischen Hypothek vergleichen lasse, sei »die beschämende Erfahrung der tiefen Untreue gegen uns selbst, das überwältigende Erlebnis der Ohnmacht«. In John Bergers Worten: »In den sich ständig wiederholenden Reden, Erklärungen, Pressekonferenzen und Drohungen sind die immer wiederkehrenden Begriffe Demokratie, Gerechtigkeit, Menschenrechte, Terrorismus. Jedes dieser Worte bedeutet in seinem Kontext exakt das Gegenteil, was es einst bedeutete. Jedes ist [...] ein Mafia-Wort geworden, das der Menschheit gestohlen worden ist.«

3. Wiederkehr des Interventionsstaats

Der drohende Zusammenbruch schien quasi über Nacht zu bewirken, was keiner noch so scharfsinnigen Kritik gelungen war: einen Paradigmenwechsel im Verhältnis von Staat und Finanzkapital, ja schließlich von Staat und Wirtschaft schlechthin. Im Wirtschaftsteil der Frankfurter Allgemeinen sah man »das ideologische Pendel [...] in atemberaubendem Tempo in Richtung eines Neoetatismus« schwingen (Plickert 2008). Staatsinterventionismus war über Nacht vom Schimpfwort zur rettenden Losung geworden. Die Politik, glaubte man, würde ihren Vorrang im Verhältnis zum Kapital zurückgewinnen. Nun wurde vielstimmig von der Reparatur, ja »Neugründung« (Sarkozy) des Kapitalismus geredet. Diese Rhetorik übersah, dass Kapitalismus, anders als jeder denkbare Sozialismus, keine Gründung, sondern »Ergebnis menschlichen Handelns, aber nicht menschlichen Entwurfs« (v.Hayek 1967) ist. Das mögliche neue kapitalistische Akkumulationsregime konnte nur eine »historische Fundsache« sein, um es in der Sprache der Regulationsschule zu sagen. So ›fand‹ die deutsche Bundeskanzlerin, die noch am Vorabend der akuten Phase der Finanzkrise die strengere Regulierung des Finanzsektors abgelehnt hatte, gleichsam über Nacht wie die anderen Regierungen der Welt, dass die globalisierten Ströme und

Kreditverschachtelungen des Finanzkapitals kontrolliert werden müssten. Die Akteure der Weltpolitik ›fanden‹ ferner, dass sie dazu eine globale Behörde brauchten. Vor der Öffentlichkeit mussten Präsident Bush und die Banker als Sündenböcke herhalten, um den Kapitalismus zu exkulpieren. Sie hatten es verbockt. Bush stand für Inkompetenz, die Banker für (allgemeinmenschliche) Gier. Bush wurde auf dem ersten Höhepunkt der Finanzkrise abgewählt, und die Banker? Sie sollten Geld vom Staat nehmen und dafür ihr Einkommen auf eine halbe Million Euro pro Jahr beschränken lassen. Selbst der Chef der Deutschen Bank drängte darauf, reguliert zu werden, und bekannte, »vom Saulus zum Paulus geworden« zu sein. Auf die neoliberale Globalisierung mit ihrer trinitarischen Formel Deregulierung[18], Privatisierung, Marktfreiheit folgte tatsächlich nun zunächst die Verstaatlichung (der Verluste). Angekündigt wurde ein gewisses Regime globaler Regulierung. Das Tabu der Staatsverschuldung war gebrochen, Konjunkturprogramme rückten weltweit auf die Tagesordnung.

Wenn der bis gestern verdrängte Keynes plötzlich wieder aktuell war, wenngleich zunächst »ganz überwiegend ohne Erwähnung [...] des Namens« (Zinn 2008a, 24), so hallte dieser Name nun wieder in den Kommentaren der »Wirtschafts-Intellektuellen, einer neuen Branche, die sich im Augenblick hoher Nachfrage« erfreute (Schirrmacher 2008b). »Wir sind jetzt alle Keynesianer«, gab Josef Stiglitz, der sich als einer der in dieser Linie Denkenden »über drei Jahrzehnte lang [...] beinahe gemieden« gefühlt hatte, Ende 2008 ironisch zu Protokoll. »Selbst der rechte Flügel in den Vereinigten Staaten hat sich dem keynesianischen Lager mit ungezügelter Begeisterung angeschlossen.« (Ebd.) Und Sahra Wagenknecht bestätigte: »Der Ruf nach Deregulierung, Privatisierung und Marktorientierung, das Mantra des Neoliberalismus, wirkt plötzlich so altbacken und unzeitgemäß wie in den 90er Jahren die Forderung nach Verstaatlichung zentraler Wirtschaftsbereiche, die damals nur wenige Linke noch vorzutragen wagten.« (2008, 7)

18 Die Rede von der »Deregulierung« ist allerdings irreführend, wie Leo Panitch (2011) gezeigt hat. Die wirkliche Frage lautet: *welche Regulierung*. Die USA haben das »regulierteste Finanzsystem« der Welt. »But that system is organized in such a way as to facilitate the financialization of capitalism, not only in the U.S. itself, but in fact around the world.« Ohne das wäre die Globalisierung des Kapitalismus in den letzten Jahrzehnten nach Panitchs Ansicht nicht möglich gewesen.

Horrende Summen, den Banken von den Regierungen zur Verfügung gestellt, ermöglichten vor allem im US-Bankenwesen den Konzentrationsprozess und verhinderten weitere Zusammenbrüche. Dennoch verharrten in den westlichen Metropolen das Kreditwesen und damit der ökonomische Prozess insgesamt wie gelähmt. »Die Konsumenten konsumieren nicht, die Arbeitgeber stellen keinen ein, die Anleger legen nichts an, und die Banken geben keine Darlehen«, beschrieb Ende 2008 der Chef der spanischen Nationalbank, Miguel Ángel Fernández Ordoñez, die Situation nicht nur seines Landes. »Es herrscht eine fast totale Lähmung, der sich niemand entziehen kann.« An allen Ecken und Enden sprachen die Frühindikatoren dieselbe Sprache. Der Seetransport-Index (»Baltic Dry Index«) war seit Mai 2008 um 95 Prozent zurückgegangen (Crespo 2008), das heißt, die Frachtpreise waren ins Bodenlose gefallen.[19] Dabei gilt dieser Kurs im Gegensatz zu dem von Wertpapieren und Rohstoffen als unbeeinflusst durch Spekulation. Der Welthandel war tatsächlich dramatisch eingebrochen. Das lag nicht primär an schrumpfender Nachfrage, sondern am Ausbleiben von Krediten für den Außenhandel. Die Waren zirkulieren ja erst, wenn sie bezahlt sind; doch der Erlös kann erst kommen, wenn sie am Zirkulationsziel sind. Der Seetransport braucht aber Zeit. Und der Empfänger braucht weitere Zeit, bis Geld aus der Verwertung der betreffenden Güter an ihn zurückfließt. Die Überbrückung leistet der Kredit. Da dieser nun stockte, stockte bei Industrieausrüstungen, Rohstoffen und Halbfertigfabrikaten nicht nur der Handel, sondern auch die Produktion, und sie stockte an beiden Enden der Transaktionskette, dem der Lieferanten wie dem der Belieferten. Am Weltmarktpreis der Basisressource des globalen kapitalistischen Zivilisationsparadigmas, des Rohöls, ließ sich die Wirkung ablesen. Seit dem Sommer 2008 war er binnen eines knappen halben Jahres um rund 75 Prozent abgesackt. Nun ging das Gespenst der Deflation um – die Ökonomen befürchteten den Übergang von der »Rezession« zur »Depression«. Die Zentralbanken antworteten mit einer Politik des billigen Geldes. Auch der Zinsfuß des Geldes, das sie den Geschäftsbanken zur Verfügung stellten, war quasi »mit null multipliziert«. Aber hatte nicht gerade billiges Geld im Vorfeld das Krisenpotenzial weiter aufgepumpt?

19 Allerdings von einem aufgrund des Ölpreises vom Frühjahr/Sommer 2008 sehr hohen Niveau.

4. Die Finanzmacht interveniert in den Staat

Bruch und Wende in der herrschenden Politik und Ideologie waren nicht von den verschreckten Menschen ausgegangen, sondern diese hatten sich vorderhand um ihre Regierungen geschart, die es darauf anlegten, aus dem Krisenmanagement hegemonialen Honig zu saugen. Sieht man von der im Nachhinein wie eine Fata Morgana wirkenden Mobilisierungsphase des Wahlkampfes von Barack Obama von 2008 ab, dessen Sieg als »Eroberung des Winterpalastes in moderner und US-amerikanischer Version« (Caño 2008) gefeiert worden ist – wir kommen darauf im 8. Kapitel zurück –, so hatte die notgetriebene Wandlung der neoliberalen Regierungen vom Saulus zum Paulus sich als passive Revolution vollzogen. Eine ›Revolution‹ war es, weil die regierende Rechte in einer abrupten Wende der von links geforderten Rückkehr zum Staatseingriff ins ökonomische Geschehen nachkam. Passiv war sie im doppelten Sinn. Die arbeitende Bevölkerung wurde mit paternalistischen Gesten, die ins Steuergeld gingen, stillgestellt, ihr Zorn wurde mit populistischer Rhetorik aufs Stereotyp des gierigen Bankers abgelenkt. Dies war die eine Seite. Den mit Steuergeldern geretteten Banken gegenüber jedoch blieb es, was die im Gegenzug durchzusetzenden sozialen Ansprüche anging, bei Worten. Indem ihre Verluste mit öffentlichen Mitteln verstaatlicht worden waren, hätten ja eigentlich die Banken selbst unter öffentliche Kontrolle kommen müssen. Stattdessen wurden sie staatlicher Nichteinmischung versichert. In der Sache einer Umorientierung des Kreditwesens im öffentlichen Interesse blieben die Regierungen passiv. Jede fürchtete, regulatorische Aktivität würde in der allgemeinen Standortkonkurrenz zur Abwanderung profitabler Finanz-Geschäftszweige führen. Denn die G20 hatten ihren Schwur vom September 2009 in Pittsburgh, in koordinierter Aktion finanzregulatorisch aktiv zu werden, gebrochen.[20] Erst recht taten sie nichts gegen die Ungleichgewichte im Welthandel. Die allgemeine Konkurrenz dominierte ihr Verhalten. Der ökonomische Ausnahmezustand hatte nicht dazu geführt, die nationale Konkurrenz in weltwirtschaftlicher Perspektive auszusetzen.[21]

20 »The Pittsburgh announcement could go down in history as the beginning of the G-20's journey toward sheer irrelevance […]. Reform of financial systems has proceeded unilaterally, not cooperatively.« (Brown/González/Zedillo 2011)

21 »It should have been obvious at the outset that the largest contributors to the global macroeconomic imbalances – such as the United States, China and Germany

Diese Passivität in den entscheidenden strategischen Fragen war es, was den Prozess ins Gegenteil umschlagen ließ. Der Staat rettete die Banken. Damit rettete er die Finanzmärkte. Aber er rettete sie auf die paradoxe Weise, sich bei diesen zu verschulden. »Im Effekt verschob sich die Hauptlast der Krise von den Banken auf die Staatsschulden.« (Harvey 2011, 262) Letztere machten einen »Quantensprung« durch.[22] War die Krise eine des privaten Kreditwesens, so wurde sie wiederum durch Kredit nicht gelöst, sondern auf die dieses rettende öffentliche Hand verschoben. In der Folge machte sich der Zeitsinn der Bankenrettung durch Staatsverschuldung geltend, momentanen Frieden mit dem vorgezogenen Konsum künftiger Ressourcen und um den Preis künftiger Konflikte zu erkaufen. Die Zukunft der Nöte und der diesen entspringenden Konflikte begann schon am folgenden geschichtlichen Tag. Die »Märkte« wurden zum Pseudonym einer »dunklen Macht«[23], von der man mit einem Wort Wilhelm Liebknechts, einem der marxistischen Gründungsväter der Sozialdemokratie, sagen kann, dass sie die Staaten an der Schlinge der Schuldknechtschaft führten. Dabei hatte sich die Staatsverschuldung seit Liebknechts Zeiten vervielfacht, so dass selbst »kleine Zuwächse im Zinssatz [...] fiskalisches Unheil« anzurichten vermögen (Streeck 2011, 22). Was immer ein Staat in dieser Lage tun würde, er würde es ›im Griff der Märkte‹ tun, die ihn aufs Signal der Rating-Agenturen hin mit Zinserhöhungen vor sich hertrieben.

Dieser Passivität, die zum Leidensweg nicht nur der auf den Sozialstaat Angewiesenen, sondern der großen Mehrheit der Gesellschaftsmitglieder werden sollte, lag die Parteilichkeit für die Aktiva zugrunde, die als ungeheurer Überbau über der Wirtschaft lasteten – als Buchvermögen an fiktivem Kapital, das am Vorabend der Lehman-Pleite eine Gruppe ehemals führender Politiker aufs »Fünfzehnfache des Bruttoinlandprodukts aller Länder« geschätzt

– would try all along the way to influence the process in order to minimize their respective share of correcting those imbalances which are standing in the way of sustained growth.« (Brown/González/Zedillo 2011)

22 »The quantum leap in public indebtedness after 2008, which completely undid whatever fiscal consolidation might have been achieved in the preceding decade, reflected the fact that no democratic state dared to impose on its society another economic crisis of the dimension of the Great Depression of the 1930s, as punishment for the excesses of a deregulated financial sector.« (Streeck 2011, 20)

23 »Vor allem in den letzten beiden Jahrzehnten haben ›die Märkte‹ als eine dunkle Weltmacht agiert, die übers Schicksal des Ganzen entscheidet.« (Carrillo 2011b)

hatte (Delors/Santer 19.5.2008; vgl. Kap. 4). Solange dieser Alp aus kapitalisierten Zahlungsansprüchen auf der Ökonomie lastete, würde kein Ende der Krise in Sicht kommen (Rogoff 2011). Zurückhaltenden Schätzungen aus dem Anlage-Management der Deutschen Bank zufolge hatte im Jahrzehnt vor der Großen Krise allein der US-Finanzsektor »etwa 1,2 Billionen ›Exzess‹-Gewinne im Verhältnis zum nominellen Brutto-Inlandsprodukt gemacht«, die »ausgelöscht« (*wiped out*) gehörten, damit die Ökonomie wieder Boden fände (Reid 2008). Solange nichts von alledem politisch planmäßig herbeigeführt würde, bliebe der Schrumpfungsprozess katastrophischen Verlaufsformen überlassen.

5. Düstere Aussichten und ein Arbeitsprogramm dagegen

Den nächsten Akt beherrschte »das Drama demokratischer Staaten, die in Schulden eintreibende Agenturen im Interesse einer globalen Oligarchie von Investoren verwandelt wurden« (Streeck 2011, 28). Die Politik unterwarf sich aufs Neue und mehr denn je der Diktatur der ›Märkte‹. Die Schuldigen bedienten sich der Schulden, die zu ihrer Rettung gemacht worden waren. »Dieselben Institutionen, welche die Krise ausgelöst haben und unbeschädigt und ökonomisch gestärkt aus ihr hervorgegangen sind, haben demokratische Instanzen wie die USA oder Europa mit dem Rücken zur Wand gedrängt.« (Escudero 2011) Gerade jetzt, da der Staat gebraucht wurde, sollte er sich durch die Austeritätspolitik der konjunkturpolitischen und zugunsten künftiger Leistungsfähigkeit investierenden Handlungsfähigkeit begeben. In Europa schloss sich ein Teufelskreis: die Austerität drückte die Konjunktur nach unten und die Arbeitslosigkeit nach oben, produzierte wachsende Sozialausgaben bei sinkendem Steueraufkommen und durchkreuzte so die vorgebliche Absicht, das Staatsdefizit zu verringern. Kein Wunder, dass es unter solchen Bedingungen bei der »unaufhaltbaren Ausbreitung und Hartnäckigkeit der Krise« (Kessler 2011, 7) blieb.[24]

24 Kessler blendet die Halbheit der Maßnahmen zur Krisenbekämpfung und die nicht mehr in der Finanzsphäre gründenden tiefenökonomischen Krisendimensionen aus und redet um das Problem herum, wenn er schreibt: »Die klassischen Krisenmechanismen wie die Bereitstellung von Liquidität oder konzertierte Aktionen seitens der Zentralbanken zeigten sich fast alle wirkungslos angesichts der fort-

Nur die Arenen ihrer Austragung wechselten, und deren Formen unterschieden sich von Staat zu Staat.

Die westliche Führungsmacht erweckte bald den Eindruck der Unregierbarkeit. Der von extremer politischer Polarisierung gelähmte Staat entging ein ums andere Mal nur mit knapper Not der Zahlungsunfähigkeit. Der Demokratische Präsident war belagert von Republikanischen Präsidialprätendenten, die mit Programmen um die Nominierung rangen, die aus dem Tollhaus zu stammen schienen, ohne dass dies dem Beifall ihrer prospektiven Wähler Abbruch zu tun schien.[25] Die EU, immer nur mit halben oder viertel Maßnahmen und immer hinter den je neuen Krisendiktaten der ›Finanzmärkte‹ herhinkend, schien denen Recht zu geben, die sie als politisch gewolltermaßen totgeborenes Kind betrachteten, oder gar als Konstruktion, die »einzig die Desiderate der nationalen Monopolkapitalismen übernommen« und Deutschland die Möglichkeit gegeben habe, »Europa zu beherrschen«, also mittels der Ökonomie zu erreichen, was auf dem Wege der militärischen Eroberung zweimal gescheitert war: »ein ›deutsches Europa‹« (Amin 2011, 71). Der so sprach, erinnerte daran, dass die erste lang anhaltende Systemkrise des Kapitalismus der Monopole erst nach dreißig Jahren des Krieges und der Revolutionen eine Lösung fand. Er sah keinerlei Grund anzunehmen, dass die Katastrophe diesmal anders verlaufen würde. Während William Carroll (2010) eine »bessere Globalisierung« anstrebte, zielte Amin auf den Untergang der bestehenden als Voraussetzung einer möglichen späteren Rekonstruktion auf anderen Grundlagen. Daher lautete seine Losung: Die EU und die gesamte existierende Weltordnung – in unserer Sprache: das Imperium des transnationalen Hightech-Kapitalismus – müssen weg, damit auf ihren Trümmern etwas Besseres kommen kann! Unausgesprochen deutete er an, dass erst deren Untergang in einem neuen

schreitenden Ereignisse. Dabei wird deutlich, dass sich die Finanzkrise einer einfachen, monokausalen Erklärung entzieht. Vielmehr besteht die Krise aus einer Mehrzahl sich überlappender Dynamiken und Felder. Als erste Annäherung lassen sich insbesondere drei Themenfelder identifizieren: die Herausbildung und das Zerplatzen der Spekulationsblase auf dem amerikanischen Immobilienmarkt, die Ausbreitung der Finanzkrise, angetrieben durch neue Finanzprodukte, und die sich einstellenden diskursiven, institutionellen und regulatorischen Veränderungen.« (2011, 7)

25 Dem Tollhaus der republikanischen Präsidentschaftskandidaturen werden wir in Kapitel 9 einen Besuch abstatten.

und nun wirklich globalen Weltkrieg den Ausgang aus der Großen Krise bringen könnte (76). In dem Maße, in dem solche Vorhersagen, deren Radikalität nicht durch Realanalyse erhärtet ist, auf Menschen einwirken, werden sie Teil der Wirklichkeit und fügen ihr Gewicht der Wahrscheinlichkeit hinzu, dass sie sich erfüllen. Wir ziehen es vor, mit den weiterentwickelten Denkmitteln der Kritik der politischen Ökonomie uns in die Phänomene und die auf sie antwortenden Deutungsversuche zu vertiefen. Das mag dazu beitragen, durch Stärkung der kognitiven Ich-Kräfte und der praktisch-politischen Wir-Kräfte der pessimistischen Lähmung entgegenzuwirken und der Handlungsfähigkeit der auf ein solidarisches Gemeinwesen gerichteten sozialen Bewegungen zuzuarbeiten.

Zweites Kapitel

Theoretisches Intermezzo: Marxsche Krisenbegriffe

Karl Marx had it right.
Nouriel Roubini

Der Weg von den Erscheinungsformen zu ihrer begrifflichen Analyse fängt nie von Null an. Zu allen Zeiten gilt Spinozas Feststellung, dass wir »bereits wahre Vorstellungen« haben. Dabei räumen wir ein, dass Wahrheit sich zwar nicht, wie die wahrheitslose Postmoderne es wollte, in bloßem Für-wahr-gehalten-werden erschöpft, aber doch ein Prozess ist.

Was unsere Untersuchung angeht, sind wir vor allem Anfang im Besitz von theoretischen Begriffen und Thesen. Besonders die marxsche Kritik der politischen Ökonomie bietet sich an, uns beim Verständnis der Phänomene auf die Sprünge zu helfen. Aber wir werden nicht so tun, als hätten wir dank Marx immer schon alles gewusst. Unsere Untersuchung führt an die offenen Ränder der geschichtlichen Materie, und wir tun gut daran, uns auf dem Weg durch die Landschaft des Hightech-Kapitalismus in der Großen Krise nicht gänzlich der Naivität zu entschlagen, mit der Grimmelshausen einst seinen Simplizius sich durch die Landschaft des Dreißigjährigen Krieges bewegen ließ. Wir werden also auch nicht immer schon klüger sein als die Akteure und ihre Beobachter, denen wir auf unserem Weg begegnen. Wir werden im Zuge des gegenwartsgeschichtlichen Prozesses unsere Begriffsinstrumente an den Phänomenen messen und prüfen, ob und wie diese sich mit jenen gedanklich aufschließen lassen. Mit einem Bilde gesprochen, das Sigmund Freud liebte, werden wir so verfahren, wie man beim Bau eines Tunnels verfährt, nämlich von beiden Seiten zu bohren. Nachdem wir auf der Erscheinungsseite begonnen haben, wenden wir uns zunächst in entgegengesetzter Einseitigkeit dem theoretischen Vorwissen zu, bevor wir in den folgenden Kapiteln einzelne Wirklichkeitsbereiche im Lichte unserer Leitfragen durchforschen.

1. Marx als Kritiker des Kapitalismus

Über Marx als Kritiker des Kapitalismus sprechen heißt über seine Kritik der politischen Ökonomie sprechen. Was bedeutet hierbei Kritik? Sie meint vor allem anderen Analyse und Theorie, nicht Anschwärzung. Darin ist Kants Kritikbegriff aufgehoben. In der *Kritik der reinen Vernunft* ging es um die Untersuchung der Bedingungen und Grenzen der Möglichkeit apriorischer Erkenntnis. In China habe ich mir die Schwierigkeit erklären lassen, diesen Kritikbegriff zu übersetzen. Das Wort bzw. das Schriftzeichen, das bereitsteht, bedeutet etwa »jemanden das Gesicht verlieren machen«. Was Marx zu leisten beansprucht, ist die »Kritik der ökonomischen Kategorien oder [...] das System der bürgerlichen Ökonomie kritisch dargestellt«, und zwar auf eine Weise, die »zugleich Darstellung des Systems und durch die Darstellung Kritik desselben« ist (29/550). Der Ansatz ist gesellschaftstheoretisch, nicht binnenökonomisch. Er umfasst zugleich die von den Menschen »zur Produktion ihres Lebens eingegangenen Verhältnisse«, für die Marx den Begriff Produktionsverhältnisse in die Sprache eingeführt hat, und die Bewusstseinsformen, die dem Verhalten in diesen Verhältnissen entspringen. In dem Maße, in dem zwar wir in den Verhältnissen, die Verhältnisse aber nicht in unserem Bewusstsein sind, ist letzteres, gemessen an der Analyse und im Hinblick auf den Gesamtzusammenhang, falsches Bewusstsein. Zur Kritik wird die Analyse also bereits, indem sie den Alltagsverstand seiner Täuschungen innewerden lässt. Zur Ideologiekritik wird sie, indem sie in den herrschenden Vorstellungen die Vorstellungen der Herrschenden aufweist oder Anspruch und Wirklichkeit miteinander konfrontiert. Wenn sie auf diese Weise parteilich wirkt, so ist sie nicht parteiisch. »Soweit solche Kritik überhaupt eine Klasse vertritt«, schreibt Marx im Nachwort zur 2. Auflage von *Kapital* I (23/22), kann sie nur die lohnabhängig Arbeitenden vertreten, »das Proletariat«. In jenem Soweit-überhaupt drückt sich eine prinzipielle Distanz des Wissenschaftlers Marx zur Arbeiterbewegung und ihrer Politik aus, der er im Rahmen der Internationalen Arbeiter-Assoziation, der später so genannten Ersten Internationale, zugleich dient. Diese Distanz mit ihrer Ferne zu Agitation und Propaganda macht erst die nachhaltige Wirkung möglich, mit der uns das Werk von Marx immer wieder entgegentritt.

2. *Kritik als Fähigkeit, die Widersprüchlichkeit des Kapitalismus zu denken*

»Man kann kaum umhin«, schrieb Ralf Dahrendorf 2001 – die Dot.com-Blase der Hightech-Spekulation war gerade geplatzt –, »an die dramatische Analyse im Kommunistischen Manifest von Marx und Engels zu erinnern.« Folgen wir dem Wink. Erstens zur Entwicklung der Technologie: »Die Bourgeoisie«, heißt es im *Manifest*, »kann nicht existieren, ohne die Produktionsinstrumente, also die Produktionsverhältnisse, also sämtliche gesellschaftlichen Verhältnisse fortwährend zu revolutionieren.« (4/465) Und folglich: »Die fortwährende Umwälzung der Produktion, die ununterbrochene Erschütterung aller gesellschaftlichen Zustände, die ewige Unsicherheit und Bewegung zeichnet die Bourgeoisieepoche vor allen früheren aus.« (Ebd.)

Zweitens zur globalen Expansion: »Das Bedürfnis nach einem stets ausgedehnteren Absatz für ihre Produkte jagt die Bourgeoisie über die ganze Erdkugel. Überall muss sie sich einnisten, überall anbauen, überall Verbindungen herstellen.« (Ebd.) Und folglich: »Die Bourgeoisie hat durch die Exploitation des Weltmarkts die Produktion und Konsumtion aller Länder kosmopolitisch gestaltet. Sie hat zum großen Bedauern der Reaktionäre den nationalen Boden der Industrie unter den Füßen hinweggezogen.« (466)

Drittens zur Krisenhaftigkeit: Die »moderne bürgerliche Gesellschaft, die so gewaltige Produktions- und Verkehrsmittel hervorgezaubert hat, gleicht dem Hexenmeister, der die unterirdischen Gewalten nicht mehr zu beherrschen vermag, die er heraufbeschwor. Seit Dezennien ist die Geschichte der Industrie und des Handels nur noch die Geschichte der Empörung der modernen Produktivkräfte gegen die modernen Produktionsverhältnisse [...]. In den Handelskrisen wird ein großer Teil nicht nur der erzeugten Produkte, sondern sogar der bereits erzeugten Produktivkräfte regelmäßig vernichtet. In den Krisen bricht eine gesellschaftliche Epidemie aus, welche allen früheren Epochen als ein Widersinn erschienen wäre – die Epidemie der Überproduktion.« (467f)

Im Urteil des US-Amerikaners Marshall Berman ist das *Manifest* – außer allem anderen – »the first great modernist work of art« (1988, 102). Kein bürgerlicher Autor, kein Prokapitalist hat jemals die geschichtliche Produktivität des Kapitals so besungen wie Marx. Ganz recht, erwidert Robert Kurz und spaltet Marx auf in einen der Öffentlichkeit zugewandten und einen geheimen (vgl. Haug 2002). Der öffentliche oder »exoterische« sei gleichsam bewusstloser Agent der kapitalistischen Modernisierung; der geheime aber, der »esoterische«, weise die Welt des Kapitalismus total und pauschal zurück. – An diesem Aufspaltungsversuch kann man im Gegenzug deutlich machen, was die marxsche Kapitalismuskritik auszeichnet: Sie malt nicht schwarz-weiß. Produktivität und Destruktivität des Kapitalismus hängen nach ihrer Einsicht untrennbar zusammen. Sie arbeitet die grundsätzliche Widersprüchlichkeit heraus. Das zeigt sich bereits in den ersten Sätzen des *Kapital*, wo Marx den Doppelcharakter der Ware sowie den der warenproduzierenden Arbeit analysiert. Ein diesbezüglicher Kernsatz, der dem Alltagsverstand gegen den Strich geht, lautet: »Als Gebrauchswerte sind die Waren vor allem verschiedner Qualität, als Tauschwerte können sie nur verschiedner Quantität sein, enthalten also kein Atom Gebrauchswert.« (52) Seine Analyse des »Doppelcharakters« der Waren produzierenden Arbeit, als konkret-nützliche Gebrauchswert zu bilden und als »produktive Verausgabung von menschlichem Hirn, Muskel, Nerv, Hand usw.« (23/58) oder »abstrakt menschliche Arbeit« Wert zu bilden (61), erklärt er zum »Springpunkt [...], um den sich das Verständnis der politischen Ökonomie dreht« (58).

Marx nimmt die falschen Einheiten des Alltagsverstandes auseinander, wie er zugleich dessen falsche Trennungen aufhebt. Er richtet besondere Aufmerksamkeit auf Übergänge. Er macht dies nicht nur beim Übergang von einer ökonomischen Kategorie zur anderen – etwa von der Ware zum Geld –, sondern achtet auch auf Keimformen und Potenziale des Übergangs zu einer anderen Organisationsform der Ökonomie. Er identifiziert »Elemente der neuen Gesellschaft im Schoße der alten« (vgl. HKWM 3, 251ff). Im Sinn für Widersprüche und Übergänge konkretisiert sich der dialektische Charakter seiner Arbeitsweise.

Wer die Spannung solcher »Doppelcharaktere« nicht aushält und die Phänomene nach einer Seite hin reduziert, für den verdoppelt sich Marx wie bei Kurz in einen, der der einen Seite anhängt, und einen, der die andere Seite repräsentiert. Dieser verdoppelte und dadurch entdialektisierte Marx hätte uns nichts mehr zu sagen. Zum Glück ist er ein Hirngespinst. Der wirkliche Marx des *Manifests* und des *Kapital*, der die fundamentale Widersprüchlichkeit der kapitalistischen Entwicklung analysiert, ist der noch immer aktuelle. Wir sind gut beraten, die radikale »Zwieschlächtigkeit« (Marx) der Phänomene im Auge zu behalten.

Die Finanzkrise hat diese Herausforderung verschärft. »Der Geldmarktsmensch«, sagt Friedrich Engels, »sieht die Bewegung der Industrie und des Weltmarkts eben nur in der umkehrenden Widerspiegelung des Geld- und Effektenmarkts, und da wird für ihn die Wirkung zur Ursache.« (37/488) Dem Alltagsverstand verdoppelt sich das Kapital ins schlechte Finanzkapital und das gute Realkapital. Doch das Eine ist ohne das Andere nicht zu haben. Das heißt nicht, dass der Kampf um die Regulierung der Finanzmärkte nicht wichtig und momentan sogar vordringlich wäre. Nur muss man seine Grenzen kennen. Wenn die Finanzverhältnisse zur Ursache einer Krise werden können, so nur als *bewirkte Ursache* oder *verursachende Wirkung* des Gesamtprozesses der kapitalistischen Produktion.

3. Alltagsverstand der Krise – populistisch ausbeutbar

Das Problem hat die Struktur eines Krimis. Zuerst glaubt man den Fall schon gelöst. Die tief verwurzelten, von Politikern und Medien genährten Alltagsvorstellungen kreisen mehr oder weniger um den Gedanken, schiere Gier habe die Banker dazu getrieben, das in sie gesetzte Vertrauen zu missbrauchen. Gibt man sich damit nicht zufrieden, erkennt man bald falsche Fährten. Und gräbt Schicht um Schicht tiefer. Gier gilt seit der Antike als Laster, christlich als Todsünde. Vertrauen alias Glaube gilt traditionell als Kardinaltugend; allerdings wird vor Vertrauensseligkeit gewarnt. »Gier« und »Vertrauensverlust« sind die Kategorien, mit denen man uns das Wesen der Finanzkrise erklärte. Zum Beispiel führte der Chefökonom des IMF, Olivier Blanchard, alles hierauf zurück. Den Vertrauensverlust selbst leitete er vom Zusammenbruch der US-Investmentbank Lehman Brothers her. Die praktische Relevanz dieses Gedankens besteht darin, der Regierung Bush mit ihrer Entscheidung, Lehman Brothers nicht wie vor- und nachher so viele andere Banken mit Steuergeldern zu unterstützen, die Schuld an der Lähmung des Weltfinanzsystems zu geben.

Extremfälle, wie sie die Finanzspekulation darbietet, lassen sich nach dem Rezept des Machiavelli verwenden. Mit ihnen füttert man die Bestie. Die Bestie, das sind wir, das Volk unterhalb der Konzernzentralen, Regierungen und Chefetagen der Medien, von deren Wortgewaltigen die Dramatik der Krise »buchstäblich mit jeder Woche neue rhetorische Maßnahmen verlangt«, wie Frank Schirrmacher 2008 zu Protokoll gegeben hat. »Vertrauen« und »Gier« als die Kategorien, in denen die Krise und ihre Bekämpfung ausgedrückt werden, setzen bei Regungen an, die im »Innern« eines jeden von uns vorgehen. Das macht sie uns plausibel. Als theoretische Begriffe eingesetzt, sind sie falsch, wenn man unter einem theoretischen Begriff das zu veränderndem Eingreifen befähigende Begreifen eines Zusammenhangs versteht. Was nun »Vertrauen«, »Gier« und andere Regungen dieser Art betrifft, so erhalten sie ihre konkrete Bedeutung – und das heißt ihre Wirkungsmöglichkeiten – vom gesellschaftlichen Rahmen. Nehmen wir ein Beispiel: Dass wir gegen bedruckte Papierzettel unsere Lebensmittel eintauschen können, ist eine Frage des Vertrauens. Vertrauen ist bereits von Adam Smith als Existenzbedingung von Papiergeld begriffen worden: »Wenn die Menschen eines bestimmten Landes ein derartiges Vertrauen in das Glück, die Redlichkeit und Besonnenheit eines bestimmten Bankiers haben, dass sie zu der Ansicht gelangen, dass er jederzeit auf Wunsch bereit ist, alle ihm vorgelegten Schuldscheine zu begleichen, haben diese Schuldscheine den gleichen Stellenwert wie Gold- und Silbergeld. Grund ist das Vertrauen, dass dieses Geld den Kunden jederzeit zur Verfügung steht.« (Zit.n. Sen 2009) Wir vertrauen darauf, dass der Staat dieses Zahlungsmittel garantiert; zugleich darauf, dass die anderen auf diese Garantie vertrauen; und endlich, dass, wie es die Frankfurter Allgemeine ihren Lesern erklärt hat, »die Zahl der Zettel in einem gesunden Verhältnis zur Menge der produzierten Güter und Dienstleistungen steht« (Ruhkamp 2009). Anlass für die Zeitung, darüber nachzudenken, war die besondere Vertrauenskrise, die im Herbst 2008 die Reichen erfasst hatte. Diese bangten nicht um ihren Arbeitsplatz, sondern um den Kurs ihrer Wertpapiere sowie, vorausschauend, um die Kaufkraft ihres Geldes. Angesichts der drohenden Inflation, mit der sie als Folge der Staatsverschuldung zur Refinanzierung der Banken rechneten, bot sich die Flucht aus dem Geld in Sachwerte an. In der Tat vervielfachten sich die

Umsätze der Münz- und Edelmetallhändler seit Oktober 2008, ja sogar der Ankauf landwirtschaftlicher Nutzfläche rückte ins Visier, während bei Bloomberg des Nachts darüber geredet wurde, wie der für etwas später zu erwartenden Inflation durch spekulative Anlagen in Nahrungsmitteln und Rohstoffen auszuweichen sei. Offensichtlich drückte sich darin eine unter Anlegern weit verbreitete Einschätzung aus, denn in der Folge schnellte der Ölpreis in die Höhe.

Papst Benedikt wünschte dagegen, wir möchten in der weltweiten Finanzkrise die Vergänglichkeit alles Materiellen erkennen. »Mit dem Zusammenbrechen der großen Banken«, erklärte er, »sehen wir jetzt, dass Geld verschwindet – es ist nichts.« Er fuhr fort: »Wer auch immer sein Leben auf dieser Realität aufbaut, auf materiellen Dingen, auf Erfolg, der baut sein Haus auf Sand.« (Reuters, 6. Okt. 2008) Nur das Wort Gottes könne das Fundament für ein richtiges Leben bilden. Es fällt schwer, bei solchen Äußerungen der Versuchung zur Satire zu widerstehen. Doch hat der Vatikan uns in diesem Fall dieser Sorge enthoben. Denn ökonomisch mochte er offenbar nicht aufs Wort Gottes bauen. Eine Woche zuvor war durchgesickert, dass er »eine Tonne Gold gekauft«, in Rohstoffe investiert und dafür Aktien abgestoßen hatte. Es geht dabei immerhin um ein Kapitalvermögen, dessen ausgewiesener Teil 2007 einen Buchwert von 1,4 Milliarden Euro besaß.[26]

Kategorien wie »Vertrauen« und »Gier« sind gesättigt mit alltäglicher Erfahrung und daher fest verankert in dem, was man etwas voreilig den gesunden Menschenverstand nennt. Sprechen wir mit Gramsci lieber vorsichtiger vom Alltagsverstand. Diesem möchte man Hamlets Worte vorhalten, als ihm der Geist seines ermordeten Vaters begegnet ist: »Es gibt zwischen Himmel und Erden mehr Dinge, als eure Schulweisheit sich träumen lässt.« Nur dass es hier um in Geld ausgedrückte Werte geht, also, wenn man so will, um die Geister toter Arbeit, Geld, das seine Besitzer für sich arbeiten lassen, damit es sich übernatürlich vermehre.

Ein bescheidenes Beispiel, um den Horizont unserer Schulweisheit zu testen: Die Außenstände der österreichischen Banken in

26 Davon Devisen: 340 Mio; Anleihen und Aktien 520 Mio; Immobilien 424 Mio. So laut *The Tablet*, wo man die offiziellen Zahlen von 2007 ausgewertet hat. (»Vatikan investiert verstärkt in Gold«, FAZ, 29.9.2008, 14)

Osteuropa entsprechen in etwa dem Bruttoinlandsprodukt Österreichs, das heißt, definitionsgemäß, dem Gesamtwert aller Güter (Waren und Dienstleistungen), die innerhalb eines Jahres in Österreich hergestellt worden sind. Nun müssen die Österreicher ja von diesen Produkten leben. Wie kann es sein, dass sie diese Produkte aufessen und auf sonstige Weise verbrauchen und zugleich ihren »Wert« weggeben? Nun gut, sie mögen zehn Jahre lang jeweils zehn Prozent der Erlöse gespart und nun verliehen haben. Um dem Problem etwas mehr von seinem wirklichen Gewicht zu geben, zitiere ich aus einem Brandbrief, den eine Gruppe ehemaliger EU-Kommissare und Regierungschefs am 19. Mai 2008 an den Präsidenten der europäischen Kommission gerichtet hat und den neben Jacques Delors nicht nur Helmut Schmidt, sondern sogar Otto Graf Lambsdorff, Urgestein des Wirtschaftsliberalismus, unterschrieben hat. Als das Problem der Probleme benennt der Brief die bisher in der EU herrschende Wirtschafts- und Finanzmarktpolitik, die »auf Unterregulierung, ungenügender Überwachung und Unterversorgung mit öffentlichen Gütern« basiert habe. Wer würde da widersprechen? Zumal im Moment studentischer Streiks für bessere Bildungsbedingungen. Auch Universität und freier Bildungszugang sind solche öffentlichen Güter. Und schließlich deuten Delors, Schmidt, Lambsdorff und andere auf das mysteriöse Ding zwischen Himmel und Erde, den alle Vorstellungen übersteigenden Kreditberg, den sie als *fiktives Kapital* bezeichnen, möglicherweise ohne zu wissen, dass Karl Marx diesem Begriff seine aktuelle Fassung gegeben hat: »Finanzanlagen repräsentieren nun das Fünfzehnfache des Bruttoinlandprodukts aller Länder.« Ihr Geldausdruck entsprach der Summe der Preise aller Produkte und Dienstleistungen, die die Menschheit in fünfzehn Jahren hervorgebracht und doch wohl auch größtenteils verzehrt hat? Erscheint uns hier der Geist des konsumierten Reichtums in der Gestalt von Finanzanlagen?

Mit dem »gesunden Verhältnis« des Geldes »zur Menge der produzierten Güter und Dienstleistungen«, von dem der vorhin zitierte FAZ-Autor träumte, kann es nicht weit her sein – und nicht erst seit dem Zusammenbruch von Lehman Brothers.

4. *Die Vorstellung vom »anständigen Kapitalismus« der »Realwirtschaft«*

Alles [...] Stehende verdampft
KARL MARX, *Kommunistisches Manifest*

Ohne weiter in den Wirkungszusammenhang einzudringen, der sich im Geisterbau des fiktiven Kapitals ausdrückt, beschworen Delors, Schmidt usw. die Rückkehr zum »anständigen Kapitalismus«. In dessen Bestimmung meint man ein leises Echo auf die Losung des Weltsozialforums, »die Welt ist keine Ware«, zu vernehmen: »Profitstreben ist das Wesen einer Marktwirtschaft. Doch wenn alles zum Verkauf steht, schmilzt der gesellschaftliche Zusammenhalt, und das System bricht zusammen.«

Gier, Spekulation und Kasinokapitalismus mit ihren jeden Bestand zum Verdampfen bringenden und heuschreckenartig alles Feste fressenden Akteuren haben uns dieser Erzählung zufolge in die Krise geführt. Aufatmend flüchten wir in die Welt der so genannten »Realwirtschaft«. Aber auch hier gibt das Problem keine Ruhe.[27] Hat nicht der Realunternehmer Merkle sich vor den Zug geworfen, nachdem er seine Börsenwette gegen den Finanzchef des ebenso realwirtschaftlichen Porschekonzerns verloren hat? Oder was ist mit Porsches VW-Spekulation? Der amerikanische Finanzanalytiker Henry Plodget beschrieb jüngst General Electrics als »gigantischen Hedge-Fonds, der auch Kühlschränke herstellt«.[28] Aber warum in die Ferne schweifen? Haben nicht schon vor Jahren Siemensleute ihren Konzern als eine Bank geschildert, die sich nebenbei auch noch eine Art Hobby-Werkstatt leiste? Wie Siemens jonglierte auch Volkswagen mit Milliardenbeträgen, um Währungsdifferenzen auszunutzen. BMW verzeichnete 2009 in der Automobilsparte einen Verlust von 265 Millionen Euro, während in der Sparte »Finanzdienstleistungen« 355 Millionen Euro Gewinn gemacht wurden. Was ist BMW? Eine profitable Bank mit notleidender Autoproduktion am Hals? So sah General Motors bis 2007 aus. Man tat sich schon lange schwer, mit Autos Geld zu verdienen; was den Konzern zuletzt in den Ruin trieb, waren die Finanzgeschäfte, die zuvor den

27 Die auf Realwirtschaft setzen, »forget that speculation is a fundamental activity of capitalism, not an optional one« (Katz 2011).

28 »G[eneral]E[lectric] sendet Krisensignale«, *Handelsblatt*, 26.9.2008, 1

Gewinn eingespielt hatten. BMW stand 2009 im Vergleich dazu wie einer der Sieger im Konkurrenzkampf da, bereits im Folgejahr des Ausbruchs der Finanzkrise Profit aus dem Kreditgeschäft ziehend. Kurz: Die Trennung von Finanzkapital und Industriekapital ist zwar nicht gegenstandslos, doch erstens besteht sie nur relativ und zweitens ist sie ein zu Erklärendes, das allein noch nichts erklärt.

Der US-amerikanische marxistische Wirtschaftshistoriker Robert Brenner hält die – in der linken Theoriedebatte seit den 90er Jahren vorherrschende – »Idee eines finanzgeleiteten Kapitalismus« für einen »Widerspruch in sich«, weil die Finanzerträge außer beim Kundenkreditgeschäft »auf fortwährende Gewinnerzielung in der Realwirtschaft angewiesen« sind (2009, 7). Kapital kennt viele Formen. Als industrielles Anlagekapital verkörpert es sich in Produktionsmitteln. Diese haben auf den ersten Blick etwas Beruhigendes. Man kann sie ansehen. Wo sie sind, gibt es auch Arbeitsplätze. Doch die Beruhigung täuscht. »Das Wesen ist in die Funktionale gerutscht«, heißt es bei Brecht. Man kann Fabriken fotografieren oder Maschinen. Doch ihren Kapitalcharakter hat man damit nicht aufgenommen. So wenig wie man Lohnarbeit als solche in einem Schnappschuss festhalten kann. Man kann nur Menschen fotografieren, die konkrete Arbeitstätigkeiten ausführen. Die gesellschaftliche Form der Arbeit, Lohnarbeit zu sein, sieht man allenfalls in Spuren, und wenn, dann nur, weil man bereits weiß, dass sie die gesellschaftlich herrschende Form ist.

Gleichwohl ist das Finanzkapital noch beunruhigender. Im Ausdruck »finanzielle Dienstleistung« spüren wir den Euphemismus: Allenfalls Selbstbedienung auf dem Wege der Fremdbedienung ist hier das ungeschriebene Gesetz. Jeder ist unter den gegebenen Verhältnissen sich selbst der Nächste. Wer sich darüber entrüstet, vergisst, dass dies genau genommen auch für jeden Brotfabrikanten, überhaupt für alle kapitalistische Realökonomie gilt, bloß dass es hier, wo nur Geldverhältnisse im Spiel sind, besonders krass hervortritt. In diesem Sinne sind alle Kapitalunternehmen »Selbstbedienungsläden«. Sie »dienen« der allgemeinen Bedürfnisbefriedigung nur in dem Maße, wie es ihnen selber dient. Was da wirklich für Dienste geleistet werden, ist eine Frage der Kräfteverhältnisse zwischen derart »Dienenden« und »Bedienten«, Kräfteverhältnisse, die sich, wie Nicos Poulantzas sagt, im Staat »verdichten« (vgl. Wissel 2010, 1948). Dies einmal von Grund auf begriffen, büßt

Peter Gowans umstandslose Absage an die Annahme, dass »Veränderungen der sog. Realwirtschaft sich auf einen vermeintlichen finanziellen Überbau auswirken« (2009, 5), ihren Sinn ein. Dass der finanzielle Überbau sich selbst zu bedienen strebt, enthebt ihn nicht des Überbaustatus.

Der Finanzmarkt muss als Moment des kapitalistischen Gesamtprozesses untersucht werden, aus dem er herauswächst und dem er seine Kreditvehikel zur Verfügung stellt – oder sie ihm vorenthält, wie in der Krisenphase der Stockung des Kapitalflusses zwischen den Banken. Die ›Banker‹ als solche sind nicht die Verursacher der Krise.[29] Wahr ist allerdings, dass der Finanzmarkt und sein Lieblingskind, das fiktive Kapital, nicht als Effekt der »Realökonomie« betrachtet werden dürften, würde man unter Realökonomie die Gebrauchswertseite der Wirtschaft verstehen. Denn wenn es unmöglich ist, »von den verschiednen Menschenracen direkt zum Bankier oder von der Natur zur Dampfmaschine« überzugehen (42/183f), so auch vom Gebrauchswert zu den Finanzverhältnissen. Wenn aber »Realökonomie« den realen Prozess der kapitalistischen Produktion bezeichnet, wenn man also die Verwertungsbeziehungen als zur Realität gehörend, ja mehr noch, als das Real-Herrschende begreift, dem mehr Realität zukommt als den beherrschten Gebrauchswerten, dann sind die Finanzmarktbewegungen tatsächlich Ausdruck der wirklichen Ökonomie und der ihr entspringenden Interessegegensätze und -konvergenzen. Denn die Gebrauchswertwirtschaft ist nicht die wirkliche Ökonomie. Sie ist deren passives Material, das nur insofern durchschlägt, als es in seiner stofflichen Materialität vorgibt, was sich mit ihm machen lässt. Eher könnte man sagen, dass der real herrschende Kapitalismus die für alle gesellschaftlichen Formen naturnotwendige Gebrauchswertwirtschaft als Geisel genommen hat.

29 Claudio Katz überzieht allerdings das Argument der systemischen Funktionalität der Finanzakteure: »Far from introducing a distortion into contemporary capitalism, they have acted according to the needs of this mode of production.« (2011) Er blendet aus, dass diese Produktionsweise vor sich selbst, ihren immanenten »needs«, beschützt werden muss. Dies als Staatsaufgabe begriffen zu haben, macht die Stärke der von Katz kritisierten Neokeynesianer aus. Er kritisiert sie von einem metaphysischen Standpunkt, wenn er es zum »principle« erklärt, »that the state is not an entity that serves the common good but is an organ of protection of the ruling class« (ebd.). Mit diesem Entweder-Oder sieht er nicht, dass der parlamentarisch-demokratische Staat ein umkämpftes Terrain und seine Politik das Ergebnis von Kräfteverhältnissen ist.

5. *Omnipräsenz der Spekulation im Kapitalismus (I)*

»Spekulation« ist »Mystik für den Verstand«
Karl Jaspers, *Philosophie*, 3, Met., 135

Allem kapitalistischen Handeln wohnt ein Moment von Spekulation inne. Für die Betrachtung kann es zurücktreten hinter den konkreten Herstellungsprozessen und ihren anlagemäßigen und persönlichen Verkörperungen. Doch insofern diese Prozesse markt- und gewinnorientiert sind, gilt allemal: »Wer spekuliert, versucht sein Glück mit dem Fetischcharakter der Ware Kapital. Das Machwerk, das Macht über die es Machenden hat (KV I, XI.5) und dessen Bewegung sich zwar aus ihrem Handeln speist, aber gegen dieses sich verselbständigt, erlaubt die Wette auf seine nächste Oszillation.« (KV II, 180)

Aber natürlich ist einer, dessen Handeln ein spekulatives Moment innewohnt, deshalb noch lange kein Spekulant im umgangssprachlichen Sinn. Hat es also nicht wenigstens einen Sinn, die »Spekulanten« zu verurteilen? Auf diese Frage lassen sich Antworten auf zwei Ebenen suchen. Die erste geht uns leichter ein, weil Wirtschaftspolitik angebbare Akteure und damit auch ›Schuldige‹ kennt, während die zweite Antwort systemisch ist und wir uns mit unserem moralischen Verlangen nach persönlich zurechenbarer Schuld schwer tun. Halten wir uns also zunächst an die Ebene der Politik. Hier stoßen wir, zumal bei der Hauptmacht des Kapitalismus, den USA, auf die wirtschaftspolitische Bemühung, »der unzureichenden Nachfrage durch die Förderung vermehrter Kreditaufnahme zu begegnen – im öffentlichen wie im privaten Bereich«. Robert Brenner, der so spricht (2009, 6), hebt hervor, dass bereits unter Clinton »private Verschuldung die Rolle [übernahm], die zuvor der öffentliche Kredit gespielt hatte. An die Stelle des traditionellen Keynesianismus trat etwas, was man ›Vermögenspreis-Keynesianismus‹ nennen könnte.« (Ebd.) »Keynesianismus« ist er freilich nur mehr in einem vulgarisierten Verständnis, da »Keynes zwar nachfragepolitisch gefördertes Wachstum befürwortete, aber die wesentliche Einschränkung machte, dass dies nur solange Sinn hätte, als damit noch merkliche Wohlstandssteigerungen zu erreichen sind. Auf längere Sicht hielt er hingegen die Stagnation für unausweichlich und damit auch eine Umorientierung weg vom Wachstum hin zu kürzeren Arbeitszeiten«

(Zinn 2008c, 39).[30] Bei der konjunkturpolitisch ausgenutzten Börsenblase dagegen dienen die momentanen Kurse von Wertpapieren sowie die Hauspreise als Basis für Konsumentenkredite. In der Folge ist die Konsumnachfrage »mehr denn je vom Auf und Ab der Kurse bestimmt« (Katz 2011). Unter der Präsidentschaft George W. Bushs hatte sich daran nur insofern etwas geändert, als nun auch der Staat auf Pump lebte, schon um zwei Kriege finanzieren zu können, ohne auf Steuergeschenke an die Reichen verzichten zu müssen. Nach dem Platzen der Dot.com-Blase zu Beginn des Jahrhunderts stützte der ›Vermögenspreis-Keynesianismus‹ der Konsumentenkredite sich einseitig auf den Immobilienmarkt. Dass einige Staaten und staatliche Notenbanken konjunkturpolitisch geradezu als Zuhälter der Spekulation gehandelt haben, erklärte die Frankfurter Allgemeine im März 2008 zur Folge des »Doppelschlags«, der die US-Ökonomie 2000/2001 getroffen hat: »Erst platzt die Internetaktienhausse, dann folgen die Terrorangriffe vom 11. September.« (Fehr 2008) Die Politik antwortete mit Kaufaufrufen, Zinssenkung und Krediterleichterungen, um, wie Peter Gowan (2009) gezeigt hat, das Platzen der Dot.com-Blase frei nach Hyman Minsky strategisch durch den Aufbau der Immobilienblase zu kompensieren.[31] »Wir haben daher«, fährt Brenner (2009, 6) fort, »während der letzten etwa zwölf Jahre das außergewöhnliche Schauspiel einer Weltwirtschaft erlebt, in der die Fortdauer der Kapitalakkumulation buchstäblich abhängig geworden ist von historischen Wellen der Spekulation, sorgfältig genährt und rationalisiert durch die staatlichen Entscheidungsträger und Behörden«. Keine Rede mehr von gierigen Bankern.

Und selbst noch 2009, da laut Weltbank die Große Krise noch immer keinen »Boden«, wie die Börsianer sagen, gefunden hatte, beschrieb der Leiter der Abteilung Volkswirtschaft der DZ-Bank die

30 Insofern »bedeutet der Keynesianismus nach dem Ende des Ost-West-Konflikts die stärkste wirtschaftstheoretische und ideologische Bedrohung für die neoliberale Gegenreformation« und »ist deshalb weit mehr als eine wirtschaftstheoretische Gegenposition zum Neoliberalismus; er ist die demokratische Alternative zur folter- und schießwütigen Inquisition des gegenwärtigen Kapitalismus, zum praktizierten ›Pinochetismus‹ der Kapitalstrategie der Gegenwart.« (Zinn 2008c, 38)

31 »Indeed, the operational belief systems of what might be called the Greenspan-Rubin-Paulson milieu seems to have been post-Minskian. They understood Minsky's theory of bubbles and blow-outs, but believed that they could use it strategically for blowing bubbles, bursting them, and managing the fall-out by blowing some more.« (Gowan 2009, 10)

Situation folgendermaßen: »Der zweifellos auf der Welt vorhandene Geldüberhang dürfte sein Ventil eher in einer neuen ›asset bubble‹ finden« (Jäckel), einer erneuten »Anlagen-Spekulationsblase« – das ist der Kern von Brenners »Vermögenspreis-Keynesianismus«.

Doch Vorsicht! Das moralische Schuldverlangen darf sich nicht vorschnell auf die US-Regierung festlegen. Denn die ganze Welt hat davon gezehrt. Ihr Geld vermehrt haben die einen, Lohnarbeit gefunden die anderen. Dass die USA in Folge jener Politiken zunehmend mehr verbrauchten, als sie herstellten, und als »Konsumenten letzter Instanz« wirkten, wurde zum Konjunkturmotor der Welt. Chinas Überproduktion bildete die komplementär-dynamische Gegenmenge zur US-Überkonsumtion. Dafür legte China seine Handelsüberschüsse vornehmlich in US-Staatsanleihen fest, zumal Direktinvestitionen von der US-Politik behindert wurden. Auf die dabei sich entfaltende Herr-Knecht-Dialektik kommen wir im »Chimerika«-Kapitel zurück.

6. *Überkapazitäten oder Kapital-Überproduktion?*

Sollte man angesichts des kreditbasierten Überkonsums der USA als anscheinend unentbehrlicher Konjunkturlokomotive womöglich statt vom finanzgetriebenen vom Konsumkredit-getriebenen Kapitalismus sprechen? Um solchen Schlagwörtern zu entgehen, wechseln wir die Analyseebene. Das Problem der Probleme, »die Hauptursache«, ist für Robert Brenner das Sinken der Profitrate. Wo er dieses Sinken auf »eine anhaltende Tendenz zur Überkapazität in der weltweiten verarbeitenden Industrie« zurückführt (2009, 5), unterscheidet Marx drei krisentheoretisch zu berücksichtigende Wirkungszusammenhänge. Den ersten fasst er als einen dem Verwertungsprozess innewohnenden Mechanismus der Produktivkraftentwicklung; den zweiten als Gesetz vom tendenziellen Fall der Profitrate; den dritten als Gesetz der Kapital-Überakkumulation. Es ist kein bloßer Streit um Worte, wenn wir uns mit der zunächst bequemer scheinenden Kategorie der »Überkapazität«, die sich auf einzelne Branchen und damit auf bestimmte Güterklassen (Gebrauchswerte) bezieht, nicht zufrieden geben und stattdessen versuchen, mit Marx ins innere Getriebe des Kapitalverwertungsprozesses im systemischen Ganzen vorzudringen.

6.1 Extraprofit als Magnet der Produktivkraftentwicklung

Dank einer dem Standard vorauspreschenden Produktivkraftentwicklung können Einzelkapitale einen Extraprofit erzielen. Die Konkurrenten müssen bei Strafe des Untergangs nachziehen, wodurch das neue Produktivitätsniveau zum Standard und der Extraprofit eingeebnet wird, sofern er nicht aus einer dem nunmehr neuen Standard wiederum vorauspreschenden Produktivkraftentwicklung neu entspringt. Das Kapital kann sich folglich im Ganzen nicht anders vermehren, als indem es zugleich seine Produktionsweise permanent umwälzt. Der letzte Große Sprung vorwärts dieser Art war der zur computergestützten Produktionsweise, der sich mit seiner Myriade kleinerer Sprünge in der Dynamik des transnationalen Hightech-Kapitalismus noch immer als Destabilisierung und Dynamisierung aller Produktions-, Politik- und Lebensverhältnisse auf Erden bemerkbar macht.

Produktivitätsschübe, die nicht durch Verkürzung der Arbeitszeit oder durch wachsende Nachfrage ausgeglichen werden, setzen Arbeitskräfte frei. Für den Fall, dass die durch technische »Steigerung der Arbeitseffizienz« bewirkte Freisetzung im Unterschied zur konjunkturellen Arbeitslosigkeit nicht durchs Wachstum neuer Branchen ausgeglichen wird, hat Emil Lederer zur Zeit der Großen Krise des Fordismus in den 1930er Jahren den keynesschen[32] Begriff der »technologischen Arbeitslosigkeit« weiter ausgearbeitet (1938/1981, 51ff).[33] Für uns Heutige bietet sich in der Großen Krise des Hightech-Kapitalismus der Begriff der hochtechnologischen Arbeitslosigkeit an. Wir können davon ausgehen, dass längerfristig »die Leistung je Beschäftigtenstunde (Arbeitsproduktivität[34])

32 »We are being afflicted with a new desease of which some readers may not yet have heard the name, but of which they will hear a great deal in the years to come – namely *technological unemployment*. This means unemployment due to our discovery of means of economising the use of labour outrunning the pace at which we can find new uses for labour.« (Keynes 1930, CW 9, 325; vgl. Kurz 2002, 340) Beruhigend fügt Keynes hinzu, jener Zustand sei aber nur vorübergehendem Anpassungsmangel geschuldet (ebd.).

33 Während Keynes und Lederer den Begriff der »technologischen Arbeitslosigkeit« gesamtwirtschaftlich anlegen, verengt Ralf Dahrendorf seinen Sinn betriebswirtschaftlich auf »Arbeitslosigkeit auf Grund des Preisvorteils der Technik gegenüber der Arbeit« (1983, 25ff; zit.n. Kurz 2002, 350).

34 Zu den Schwierigkeiten, Arbeitsproduktivität analytisch aus der bürgerlichen

schneller steigen wird als das Bruttoinlandprodukt«, mit der Folge, dass das benötigte »Arbeitsvolumen« weiter zurückgeht (Hickel 2004). Die Versuchung liegt nahe, angesichts ungünstiger Kräfteverhältnisse regressiv zu reagieren wie einst die Maschinenstürmer und die Rückkehr zu arbeitsintensiven Produktionsweisen zu fordern. Doch es führt nur zu unglücklichem Bewusstsein und politischen Niederlagen, wo nicht gar zum Umschlag in finstere Reaktion, einer illusionär verklärten Vergangenheit nachzujammern und das Alte zu »betränen«, wie Marx zu sagen pflegte. Wir wollen gegen unsere heutige geschichtliche Enteignung angehen. Das verlangt zunächst Verständigung darüber, was der Fall ist, welcher objektiven Möglichkeiten wir unter den bestehenden Verhältnissen beraubt werden.

6.2 Die These vom tendenziellen Fall der Profitrate

Auf der Produktivitätsdynamik fußt nun eine weitere, deren Effekt auf den ersten Blick verrückt erscheint: je mehr stofflichen Reichtum die menschliche Arbeit zu schaffen vermag, desto schwächer wird – im Kapitalismus, wohlgemerkt, und nur hier! – der Antrieb zur Reichtumsproduktion. Spezifischer Antrieb kapitalistischer Produktion ist ja nicht der stoffliche Reichtum an Gebrauchswerten, sondern der abstrakte, in Geld ausgedrückte Reichtumszuwachs, anders gesagt, der Mehrwert im Verhältnis zum eingesetzten Kapital. – Erinnern wir uns: Mehrwert entspringt der lebendigen Arbeit ab dem Moment, an dem sie den Wert der Arbeitskraft reproduziert hat. Alle Arbeitszeit über diesen Punkt hinaus ist Mehrarbeitszeit, und das erste Verhältnis, um das es dem Kapital geht, ist das Verhältnis der Mehrarbeit zur (für die Reproduktion der Arbeitskraft) notwendigen Arbeit bzw., in Wert ausgedrückt, das Verhältnis des Mehrwerts (m) zum (als Lohn gezahlten und, weil den wertmä-

Statistik herauszurechnen, welche die Daten in den empiristisch-gewinnorientierten Kategorien der kapitalistischen Praxis abbildet, vgl. Scherrer 2001. Alles scheint hier darauf angelegt, die hochtechnologisch gesteigerte Arbeitsproduktivität hinter der Profitrate verschwinden zu lassen. Dass diese sinken kann im Zuge des Fortschritts der Arbeitsproduktivität, entspricht einerseits dem marxschen Tendenzgesetz des Falls der Profitrate und wird verschärft durch die Zunahme der Konkurrenz und die dramatische Verkürzung der Amortisationsfristen. »Cutthroat competition demands shortening the life cycle of products and launching new designs before investments can be completely repaid.« (Katz 2011)

ßig variablen Kapitalteil darstellend, als v abgekürzten) Wert der Arbeitskraft, kurz: die Mehrwertrate (m/v). Das darauf aufbauende Verhältnis, ist das der Masse des angeeigneten Mehrwerts (M) zum Wert der insgesamt eingesetzten persönlichen (V) und sachlichen (C) Produktionsfaktoren, kurz: die Profitrate (M/C + V). Weil aller Wert vergegenständlichte Arbeit ausdrückt, umschreibt Marx das Verhältnis von V und C auch als das Verhältnis der lebendigen Arbeit zur toten Arbeit. Mit der Produktivkraftentwicklung schrumpft nun die lebendige im Verhältnis zur toten Arbeit, und mit der steigenden Komplexität der Anlagen tendiert deren Geldausdruck (Anlagekapital) im Verhältnis zu dem in Lohn ausgedrückten Kapitalteil nach oben. Sofern nun die »Wertzusammensetzung des Kapitals [...] durch seine technische Zusammensetzung bestimmt wird und deren Änderungen widerspiegelt«, spricht Marx von der »organischen Zusammensetzung des Kapitals« (23/640). Nehmen wir ein empirisches Beispiel: kostete 1970 eine Chipfabrik 30 Millionen, so zu Beginn des 21. Jahrhunderts annähernd das Hundertfache. Auch wenn für einen genauen Vergleich weitere Parameter einbezogen werden müssten und die zwischenzeitlich akkumulierte Inflation herauszurechnen wäre, deutet sich der gewachsene Investitionsbedarf pro Arbeitsplatz an. Wenn aber nur die Arbeit Mehrwert bildet und die Profitrate durch das Verhältnis des Mehrwerts zum eingesetzten Kapital bestimmt ist, ergibt sich das Gesetz, dass bei steigender organischer Zusammensetzung des Kapitals die Profitrate fällt. Das Beispiel der Chipfabrik zeigt aber auch, wie Produktivkraftentwicklung die Herstellung der Produktionsmittel erfassen und die Produkte verändern und zusätzlich verbilligen kann. Wenn sie die Lebensmittel im weitesten Sinn der zum Leben benötigten Gebrauchs- und Verbrauchsgegenstände ergreift, wozu inzwischen auch die zunehmend in den unterschiedlichsten Gebrauchsgütern fungierenden Chips gehören, kann Produktivkraftentwicklung die relativen Kosten der Arbeitskraft senken. Sofern nicht durch Arbeitszeitverkürzung wettgemacht, erhöht sich also der Anteil der Mehrarbeit am Arbeitstag und so die Ausbeutungsrate (Mehrarbeit/notwendige Arbeit). Diese beiden realen Möglichkeiten der Wertsenkung von C und V nennt Marx »entgegenwirkende Ursachen«. Er spricht daher vorsichtig vom bloß »tendenziellen« Fall der Profitrate. – Wie immer man das Sinken der Profitrate erklärt, der Wirtschaftshistoriker Robert Brenner kann zeigen, dass es sich dabei um eine langfristige Tendenz handelt. Auf diese Tendenz antwortete das Kapital, unterstützt von staatlicher Wirtschafts- und Finanzpolitik, mit einer Reihe von Profit-Forcierungspolitiken, deren Folgen sich in der Großen Krise entladen haben.

6.3 Das Überakkumulationsgesetz

Der kapitalistische Gesamtprozess wie alle private Warenproduktion regelt sich reaktiv aus der Verfehlung des Gleichgewichts, da der gesellschaftlichen Gesamtproduktion kein Plan zugrunde liegt. Das gilt auch für die kapitalistische Warenproduktion. Doch bei ihr kommt etwas Entscheidendes hinzu. Und zwar ist die Verfehlung der gleichgewichtigen Proportionalität ihrem bestimmenden Zweck und treibenden Motiv, der Aneignung von Mehrwert und seiner Verwandlung in zusätzliches Kapital, eingeschrieben. Kurz, die Kapitalverwertung tendiert zur Überakkumulation. Diese schlägt in unregelmäßigen Abständen um in Kapitalvernichtung.

Das wird deutlich, wenn man folgende Bewandtnisse der Kapitalverwertung vor Augen führt: Da Geld nur quantitativ zählt, kennt Geldvermehrung keine qualitative Grenze. Kapitalanhäufung heißt Akkumulation, und Marx bringt die Kapitaldynamik auf die Formel »Akkumulation um der Akkumulation willen« oder, als abgeleitete Notwendigkeit, »Produktion um der Produktion willen« (23/621). Man kann den Kapitalprozess daher »produktivistisch« nennen. Damit will man sagen, dass er an keiner Befriedigung gesellschaftlicher Bedürfnisse zur Ruhe kommt. Dieses dem Kapital wesensfremde Zur-Ruhe-Kommen könnte unter anderen Verhältnissen etwa so aussehen, dass Produktivkraftentwicklung in proportionale Arbeitszeitverkürzung umgesetzt wird, die den derart partiell Freigesetzten ermöglicht, sich im Sinne dessen, was Frigga Haug (2008) die »Vier-in-einem-Perspektive« genannt hat, als gesellschaftliche Individuen weiterzuentwickeln. Der kapitalistische Produktivismus dagegen mündet in ein stets wachsendes Mehrprodukt, und die kapitalspezifische Natur dieses Reichtums zeigt sich darin, dass er sich auch nur kapitalistisch, das heißt, als sich verwertender Wert oder Einsatz zwecks weiterer Reichtumsvermehrung realisieren lässt. Die gesellschaftliche Reproduktion ist vom Standpunkt des reinen Verwertungsprozesses nie Zweck, allenfalls Medium und Effekt der Selbstvermehrung des Kapitals. Sie dem Markt zu überantworten und Staat und Zivilgesellschaft aus der Verantwortung zu entlassen, stürzt sie daher unweigerlich in die Krise.

Die Selbstvermehrung des Kapitals muss nun eine Hürde überwinden, die ihr selbst entspringt. Bereits der Wert der Waren und damit der in ihm enthaltene Mehrwert bedarf seiner Realisation als Verkaufserlös – ein immer riskanter Vorgang, den Marx mit einem Salto Mortale in die Geldform vergleicht. Und nun verlangt der so realisierte Mehrwert nach einer zweiten Realisation, die seine dominante Bestimmung erfüllt, sich aus Geld wiederum in Kapital zu verwandeln. In neues Kapital verwandelt es sich, indem es sich in seine sachlichen und persönlichen Produktionsmittel umtauscht und in den Verwertungsprozess eintaucht. Der Produktionsdurchgang stößt wiederum in Waren gebundenen Wert (einschließlich Mehrwert) aus, dessen Realisation ihn aufs Neue als Geld erscheinen lässt. Doch bei jedem Durchgang erhebt sich auf wachsender Stufenleiter erneut die Frage, woher die zahlungsfähige Nachfrage nach jenem Mehr an Produkten kommt. Diese Frage hat Rosa Luxemburg aufgegriffen und ihrem ökonomietheoretischen Hauptwerk über die Akkumulation des Kapitals zugrundegelegt: »Wie ist es aber mit der Realisierbarkeit der Früchte jener Ausbeutung, mit den Absatzmöglichkeiten?« (RL 5, 418)

Jenes Mehr ließ das Kapital einzig für sich selbst produzieren. Nun zeigt sich, dass seine Umwelt, obgleich sie ihm an sich gleichgültig ist, ihm doch nicht in jeder Hinsicht gleichgültig sein kann. Sie dient dem Kapital als Realisierungsmittel. Doch der Witz des Kapitals ist, dass es die Realisierungsmittel gerade selbst aneignet, sie also der Gesellschaft vorenthält. Es ist, als ginge es darum, das englische Sprichwort zu widerlegen: »You can't have the cake and eat it«. Damit das Kapital diesen Kuchen kriegt, müssen andere ihn schlucken. »Gerade dass der ›Genuss‹ der Produkte auf *andere* übertragen wird, ist für das Kapital entscheidend«, sagt Rosa Luxemburg. »Denn der Genuss der eigenen Klassen: Kapitalisten und Arbeiter, kommt für die Zwecke der Akkumulation nicht in Betracht.« (RL 5, 373) Aber wie kann Warenwert von anderen fürs Kapital realisiert werden, wenn dieses die möglichen Realisierungsmittel gerade für sich behalten muss, weil anders sein Nachwuchs nicht in seine Fußstapfen treten und zu Kapital werden könnte und es damit auch seinem eigenen Kapitalcharakter an den Kragen ginge? Nicht die Realisierung der Gewinne, sondern die aus ihnen zu bestreitende Akkumulation des Kapitals bildet also die eigentliche Schwierigkeit. Denn das Kapital lebt einzig in der ewigen Unruhe des Verwertungsprozesses.[35]

Eine Menge finanztechnischer und wirtschaftspolitischer Instrumente sind erfunden worden, um zu verhindern, dass dieser Widerspruch explodiert. Im Zweifelsfall dient »Militarismus als Vollstrecker der Kapitalakkumulation« (RL 5, 385), wobei »die durch das Steuer-System in der Hand des Staates konzentrierten Mittel zur Produktion von Kriegsmitteln verwendet werden« (400f). Unter den Methoden zur Schaffung von Akkumulationsfeldern führt Luxemburg u.a. das »internationale Anleihesystem« auf (397).

Als Luxemburgs Akkumulationsbuch erschien (1913), war Papiergeld noch durch Gold gedeckt. Indem dieses für die Wertsubstanz des Geldes einstand, war dieses System letztlich auf von Banken gebündelte Ersparnisse angewiesen. Die Aufhebung der Golddeckung zunächst vorübergehend im Ersten Weltkrieg und schließlich, nach weiteren Wechselfällen, definitiv zu Beginn der 1970er Jahre emanzipierte mit dem Geld den Kredit von der Wertsubstanz. Die seither erfolgte Explosion der Kreditinstrumente und –derivate aller Art konnte die Grenzen der Kapitalakkumulation immer wieder hinausschieben. Doch den schließlichen Ausbruch der Krise konnte sie nur verzögern, und die Nebenwirkungen dieser Medikamente bilden ebenso viele neue Krisenpotenziale. Im *Manifest* beschreibt Marx, noch ohne schon die Feinanalyse des Krisenmechanismus geleistet zu haben und erst recht ohne Kenntnis der neuen Finanzinstrumente, die Folgen dieses Widerspruchs zweiter Ordnung: »Wodurch überwindet die Bourgeoisie die Krisen? Einerseits durch die erzwungene Vernichtung einer Masse von Produktivkräften; anderseits durch die Eroberung neuer Märkte und die gründlichere Ausbeutung der alten Märkte. Wodurch also? Dadurch, dass sie allseitigere und gewaltigere Krisen vorbereitet und die Mittel, den Krisen vorzubeugen, vermindert.« (4/468)

Im *Kapital* geht es dann vollends zur Sache. Hier wird der Boden, auf dem die Finanzkrise erwächst, begrifflich ausgemessen: Überproduktion von Kapital treibt immer mehr Geldkapital zur Anlage

35 Der »kreislauftheoretische Sachverhalt, dass Gewinne vor allem von den Ausgaben der Kapitaleigner als Klasse selbst, dann noch von den kreditfinanzierten Staatsausgaben und dem Leistungsbilanzüberschuss abhängen« (Zinn 2008c, 27), ist davon zu unterscheiden.

in Papiere, die handelbare »Ansprüche des Eigentums auf die Arbeit« (25/493), genauer gesagt: Rechtsansprüche auf künftiges Mehrarbeitsprodukt darstellen. Wenn ein periodischer Zahlungsanspruch (Miete oder andere Zinsen) gehandelt wird, errechnet sich sein Preis durch »Kapitalisierung«. Damit ist gemeint, dass berechnet wird, wie groß ein Kapital bei gegebener durchschnittlicher Ertragslage sein müsste, um genau diesen Ertrag abzuwerfen. Im Unterschied zum Einsatz von Realkapital in Gestalt sachlicher und persönlicher Produktionsfaktoren handelt es sich hier um fiktives Kapital. Fiktiv ist es, weil es nur einen selber produktionslosen Anspruch auf eine regelmäßige Zahlung ist, die ihrerseits ebensowenig der Produktion entspringt. In seiner Verknüpfung von Geld und mehr Geld über ein zeitliches Intervall hinweg bildet es nur ein Kapital-Analogon. Wird der Kurs solcher Aneignungsansprüche durch die Vermehrung anlagesuchenden Geldes nach oben getrieben, was, weil Kursgewinne winken, wiederum den Antrieb zur Anlage steigert, bläht das fiktive Kapital sich auf. Vervielfacht durch den Kredit, den es auf seine spekulativen Objekte zieht, beschäftigt anlagesuchendes Geldkapital sich gleichsam so lange mit sich selbst – bis die Kapitalfiktion platzt.

7. Omnipräsenz der Spekulation im Kapitalismus (II)

Der Kurs oder Anlagepreis in Relation zu antizipierter Veränderung ist das eigentliche Objekt der Spekulation. Über Kurse entscheiden, aufgrund bestimmter Erwartungen, die Fluktuationen von Angebot und Nachfrage. Die Subjekte ›spielen‹ dabei eine entscheidende Rolle, aber nicht individuell, sondern als Feld, auch nicht intersubjektiv, interaktiv, sondern interdependent. Sie verhandeln nicht darüber, sondern belauern einander. Das gilt auch und erst recht, wenn das Feld entscheidend von aggregierten Kapitalanlegern in Gestalt der Fonds bestimmt ist.

Handelt das Feld aufgrund einer Situationsbewertung so oder so, vernichtet es auch schon den bestimmten Ausgangswert, und zwar immer in der unterstellten Richtung. Die Spekulation ist unablässig dabei, die Differenz, von der sie sich nährt, aufzuzehren. Wird aufgrund der entgegengesetzten Erwartung mehrheitlich gekauft, ist der Preis immer schon gestiegen. Will das Feld mehrheitlich verkaufen, weil der Preis im Vergleich zum erwarteten Einbruch für noch günstig gehalten wird, ist der Preis auch schon gefallen. Die vorpreschenden Einzelfälle, bei denen die ursprüngliche Rechnung noch aufgeht, sind Teil des Anstoßes, der die massenhafte Wiederholung des Glückens durch andere entsprechend reduziert.

Ausschlaggebend fürs Verhalten des Marktteilnehmers ist also nicht eigentlich der Kurs, sondern das von ihm erwartete Kauf- und Verkaufsverhalten der anderen. Er wird kaufen, wenn er erwartet, dass sie kaufen, und verkaufen, wenn er erwartet, dass sie verkaufen. Er wird vertrauen, wenn er darauf vertraut, dass sie vertrauen. Der Teufel scheißt immer auf den größten Haufen. Es geht darum, das Feldverhalten zu antizipieren, um einen Vorteil daraus zu ziehen.

Denken, Verhalten und Verhältnisse schließen sich hier zu einem Rückkoppelungszusammenhang. Das Handeln fällt ins Objekt. Irgendwann schlägt dann das Irreale oder Real-Imaginäre dieser erwarteten Erwartungen oder begehrten Begierden, das von den stofflich investierten Kapitalprozessen an der langen Leine geführt wird, in die Krise um. Dies macht die Börse für Friedrich von Hayek zur »Parabel für seine Gesellschaftstheorie« (Seuß 1980), und wir könnten bescheidener sagen: zu einem Gleichnis für den Markt überhaupt. Nur dass bei der Börse alles vergrößert und wie im Zeitraffer erfolgt, während sich die Rückkoppelung beim Markt produzierter und reproduzierbarer Güter normalerweise unvergleichlich langsamer auswirkt, weil sie nicht nur durch die Produktionszeit hindurch muss, sondern zusätzlich durch die Zirkulationszeit, womöglich sogar durch die Zeit der Umrüstung von Anlagekapital. In der Krise kann der lähmende Rückschlag aufs industrielle und Handelsgeschehen dann aber fast augenblicklich – in Gestalt der Panik – erfolgen.

Trotz ihres eigenen Zeitregimes spiegelt die Börse, auch wenn sie ›verrückt spielt‹, den normalen Gang einer Prozessstruktur, die sich immer erst nachträglich, über ihre Resultate reguliert. Und wie das Geld, der abstrakte Reichtum, schließlich doch immer wieder zurück muss zum konkreten Reichtum, zieht es den Börsenverlauf, so surreal er sich gebärdet, endlich immer wieder zurück an den handfest-industriellen Verwertungsprozess des Kapitals. Wenn aber die Börsenkrise zurückschlägt auf den Gesamtprozess und mitten im überquellenden Reichtum die Not der allgemeinen Wirtschaftskrise über die Gesellschaft hereinbricht, zeigt sich ihr Surreales als das Herz der Realwirtschaft. Das Oszillieren ist nur die Form, in welcher der planlose Plan aller privat-arbeitsteiligen Produktion sich bewegt. Darin, dass dem Überfluss an Reichtum der allgemeine Mangel entspringt, drückt sich die »Plusmacherei« als Selbstzweck aus. In mehr oder weniger blinden Konvulsionen vernichtet das System, was es stört: überschüssiges Kapital und damit auch die »Überkapazität« Brenners. Dabei zerstört es Habe, Heimat und Lebenschancen der Völker, verwandelt sie, mit dem Wort von Ricardo, in »redundant population«, »überflüssige Arbeiterpopulation«,[36] und betrügt zumal die Jugend um ihre Zukunft.

8. Ein Blick über die Grenze des Kapitalismus

Selbst wenn tatsächlich »ein anderer Kapitalismus« das Maximum des in absehbarer Zeit Erreichbaren darstellen sollte, ist dieses doch nur zu erreichen, wenn über die Grenzen des Kapitalismus hinausgegangen wird. Sowohl in der Praxis als auch – weiter ausgreifend – in der Theorie. Marx kann klärend dazu beitragen, dass das Hinaus über den Kapitalismus nicht in ein bewusstloses Zurück umschlägt. Unsere Regierenden laborieren längst an den Grenzen des Kapitalismus. Sie tun es angesichts dessen, was Marx die »ergänzende Erscheinung« der Kapital-Überproduktion bzw. Überakkumulation nennt, nämlich der wachsenden Masse »unbeschäftigter Arbeiterbevölkerung« (25/261).

Ist Kapitalüberproduktion eine im engsten Sinn systemimmanente Störungsquelle, so die Erzeugung von Massenarbeitslosigkeit, ja die Erzeugung von auf Dauer »überflüssiger« Bevölkerung eine, die geeignet ist, kapitalistische Gesellschaften von innen auszuhöhlen und die Bedingungen für die Möglichkeit demokratischer Regierung zu untergraben. Werfen wir einen Blick auf diesen Effekt: Steigt die Produktivität durch Entwicklung der sachlichen Produktivkräfte, wird also weniger Arbeit fürs einzelne Produkt benötigt, so bleibt die Nachfrage nach Arbeitskräften auf dem Arbeitsmarkt

36 »Es ist eins der großen Verdienste Ricardos, die Maschinerie nicht nur als Produktionsmittel von Waren, sondern auch von ›redundant population‹ begriffen zu haben.« (Marx, K I, 23/430, Fn. 154) Im Haupttext setzt Marx »überflüssige Arbeiterpopulation« (ebd.). Kautsky fügt in der Fußnote in eckigen Klammern »überschüssige Bevölkerung« ein (Volksausgabe, Hamburg 1914, 351).

nur unter der Voraussetzung stabil, dass die Menge der insgesamt nachgefragten Produkte steigt. Produktinnovation und die dadurch bewirkte technische oder ästhetische Veraltung noch fungierender Güter ist *eine* Möglichkeit, zusätzliche Nachfrage zu stimulieren. Eine andere Möglichkeit besteht in der Erschließung neuer Märkte. Doch keiner dieser Wege kann unbegrenzt beschritten werden.

Stoßen Kapital und die zu seiner Unterstützung aufgebotene staatliche Wirtschaftspolitik auf diese Grenze, kompensieren demokratische Regierungen das Marktversagen durch allerlei Erfindungen, solange ihnen der finanzielle Spielraum bleibt. Ich-AG und Ein-Euro-Jobs sind noch in Erinnerung, und auch die Erfindung der Null-Kurzarbeit, mit der im Verein mit der Abwrackprämie die Deutschen bei der Stange gehalten wurden, verdient bei allem Bedrohlichen die fröhliche Kritik derer, die darin die Hilflosigkeit ihrer Oberen erkennen.

Die Fröhlichkeit endet, wenn in der Staatsschuldenkrise auch solche Manöver an der Grenze des Kapitalismus auf ihre Grenzen stoßen. Im marxschen *Manifest* heißt es: »Es tritt hiermit offen hervor, dass die Bourgeoisie unfähig ist, noch länger die herrschende Klasse der Gesellschaft zu bleiben und die Lebensbedingungen ihrer Klasse der Gesellschaft als regelndes Gesetz aufzuzwingen. Sie ist unfähig zu herrschen, weil sie unfähig ist, ihrem Sklaven die Existenz selbst innerhalb seiner Sklaverei zu sichern, weil sie gezwungen ist, ihn in eine Lage herabsinken zu lassen, wo sie ihn ernähren muss, statt von ihm ernährt zu werden. Die Gesellschaft kann nicht mehr unter ihr leben, d.h., ihr Leben ist nicht mehr verträglich mit der Gesellschaft« (4/473). Dass die Kapitalistenklasse das Proletariat »ernähren muss, statt von ihm ernährt zu werden«, ist die das Denken in die Gänge bringende rhetorische Überspitzung eines realen Widerspruchs. Im Ganzen unmöglich, ja absurd, macht sich diese Notwendigkeit doch immer wieder partiell geltend. Allerdings springt nicht die Kapitalistenklasse ein, sondern der Staat, und dieser schließt zuvor alle Lohnarbeitenden in einer Zwangsversicherung gegen die Notlage der Arbeitslosigkeit zusammen, um aus deren Kassen dann zumindest einen Teil des Proletariats zu ernähren, statt von ihm ernährt zu werden – Politik an den Grenzen des Kapitalismus. Bis dann dieser Politik der Geldhahn Stück um Stück zugedreht wird und das den »Langzeitarbeitslosen« gewährte, von vornherein kümmerliche Überlebensgeld beschnitten wird. In der

Bundesrepublik betrifft dies an die zehn Prozent der Bevölkerung, denn inzwischen stecken hier 6,7 Millionen Hartz-IV-Empfänger und ihre Familien »dauerhaft im Hartz-IV-System fest« (Heitmeyer 2010, 19). Als in der Großen Krise die südeuropäischen Länder begannen, am Rande des Staatsbankrotts zu lavieren, erfasste die Verarmung die Bevölkerungsmehrheit. In solchen Situationen bricht eine Zeit an, in der das gesellschaftliche Leben chaotisch an der Grenze des Kapitalismus aufläuft. Es stockt vor der notwendenden Möglichkeit, dass die Gesellschaft ihre Lebens- und Überlebensbedingungen dem Kapital als regelndes Gesetz aufherrsche. Widrigenfalls droht es zurückzufluten in Autoritarismus, wenn die manifeste Ohnmacht demokratischer Regierungen von deren Wählerschaft als die eigene erfahren und mit dem Wunsch nach dem Starken Mann und der Harten Hand kompensiert wird. Auf der anderen Seite der Grenze liegt die *terra incognita*, wo zu erwarten ist, dass die assoziierten Gesellschaftsmitglieder die Besorgung des für sie Notwendigen ohne Dazwischenkunft fetischistischer Mächte in die eigenen Hände genommen hätten.

Drittes Kapitel

Was ist neu an dieser Krise?

1. Was genau ist in Krise geraten?

Wir beginnen mit einer Frage, die sich zunächst selbst zu beantworten schien, sodass »niemand sie zu stellen für nötig hielt«.[37] An einer Krise Maß zu nehmen, ihre Dynamiken und die von ihr bedingten Handlungsmöglichkeiten auszuloten, setzt Klarheit über die Formation voraus, die da in Krise geraten ist. Mit ihrer historischen Neuartigkeit erst tritt die Materialität der Zeit in den Blick. Ohne diese Klärung wird man Entwicklungsphasen, die in allen Epochen auftreten, fürs Wesen der aktuellen Formationsbestimmtheit halten.

Die Antworten auf die Frage, was da eigentlich in Krise geraten ist, fließen in der Regel als nicht eigens begründete Benennungen ein. Ganz vorsichtig ist Karl-Heinz Roth, wenn er von der »ersten Weltwirtschaftskrise des 21. Jahrhunderts« (2009, 10) spricht. Das besagt nichts über die Sache selbst. Dagegen erklärt ein Dokument von Attac: »Es handelt sich dabei um eine Krise des finanzmarktgetriebenen Kapitalismus, der auf spekulativen Blasen beruht« (2011c). Das läuft auf die gewiss vernünftig klingende Perspektive hinaus, die Finanzmärkte auf eine Weise zu regulieren, die spekulative Blasen verhindere. Aber erstens sind Blasen in der Finanzgeschichte seit Jahrhunderten bekannt. Und zweitens bleibt es bei Symptombehandlung, solange wir die Prozesse ignorieren, deren Effekt die Dominanz der Finanzmärkte ist. Die These von deren Verselbständigung dichtet sich gegen die auf den ersten Blick paradox sich ausnehmende Möglichkeit ab, dass ihre anscheinende Verselbständigung etwas Unselbständiges ist, in dem sich Zusammenhänge ausdrücken, die nicht selbst schon wieder finanzieller Natur sind. So lässt sich die Macht der Finanzmärkte als Resultat einer Interessenkoalition beschreiben,

37 »... no-one bothered to utter it: What exactly is this a crisis of?« (Geoff Mann 2010, 174).

in welcher das Finanzkapital mit dem Industriekapital an einem Strang zieht.[38]

In diese einseitig ökonomische Diskussion bricht Wolfgang Streeck, dem sie ökonomistisch oder ›finanzistisch‹ hätte erscheinen können, mit seiner historisierten und sozial dynamisierten, die Nähe zu den Phänomenen suchenden Version einer institutionalistischen Betrachtung des Kapitalismus als konkreter Gesellschaft ein.[39] Seine Diagnose verortet das Problem auf der politisch-ökonomischen Ebene, nun aber im sonst abgeschliffenen Wortsinn der Beziehung zwischen Politik und Ökonomie, genauer zwischen parlamentarischer Regierungsform und kapitalistischer Betriebsweise oder zwischen gesellschaftlicher Selbstbestimmung und kapitalistischer Vergesellschaftung. In der Frage der »Institutionalisierung von sozialer Ordnung oder Gouvernanz *als solcher* im Kapitalismus als einem sozialen und ökonomischen System« (2010, 10) identifiziert er eine strukturelle Inkohärenz,[40] deren tektonische Basisspannung sich seit dem Niedergang des Fordismus, also seit der Strukturkrise der 1970er Jahre, in wechselnden Konfliktarenen entladen hat. Was Streeck nun vollends in Krise geraten sieht, ist nicht der Kapitalismus als solcher, sondern der »demokratische Kapitalismus«. Kurz, die aus dem Kollaps des US-amerikanischen Finanzsystems resultierende globale Krise müsse begriffen werden »im Rahmen der vor sich gehenden, inhärent konfliktiven Transformation der Gesellschaftsformation, die wir ›demokratischer Kapitalismus‹ nennen« (Streeck 2011, 5). Allgemein gesprochen, stößt in dieser Formation der demokratisch sich artikulierende Anspruch auf ein gutes Leben unversöhnlich zusammen mit dem die Kapitalsphäre leitenden Anspruch aufs ungehinderte Profitstreben. Streeck schildert den Zusammenstoß als analog zum Konflikt zwischen den Rechtsansprüchen der Arbeitskraftkäufer und denen der Arbeitskraftverkäufer. Marx hat ihn im *Kapital* folgendermaßen zusammengefasst: »Es findet hier also eine Antinomie statt, Recht wider Recht, beide

38 »Der Finanzkapitalismus stellt ein Regime dar, in dem das gemeinsame politische Interesse von Real- und Finanzkapital an einer Schwächung von Gewerkschaften und Sozialstaat einen größeren Stellenwert hat als der Gegensatz ihrer Interessen.« (Schulmeister 2010, 29)

39 Streeck verfolgt den »institutionalist approach closer to the particularities of contemporary capitalism« (2010, 7).

40 Auf den Begriff der Inkohärenzkrise kommen wir in Kap. 5.1 zurück.

gleichmäßig durch das Gesetz des Warenaustausches besiegelt. Zwischen gleichen Rechten entscheidet die Gewalt.« (K I, 249) Es ist, als wollte Streeck durch die Anspielung auf die marxsche Antinomie zu verstehen geben, dass im aktuellen Antagonismus wieder die Gewalt, sprich etwas in der Art des Faschismus lauerte. Diese Gefahr ist nicht von der Hand zu weisen, zumal dann nicht, wenn Streeck Recht hat, dass es auf Dauer schlechterdings keine Versöhnung zwischen Demokratie und Kapital, zwischen den einander widersprechenden Prinzipien der sozialen Rechte und den vom Markt beurteilten Gewinnmaximierungsstrategien des Kapitals geben kann.[41] Doch jener Vergleich hinkt. Demokratie und Kapital sind keineswegs »beide gleichmäßig durch das Gesetz des Warenaustausches besiegelt«. Wenn das Kapital den Charakter eines Fetischs hat, insofern es die »Macht der Machwerke« über die sie gemacht Habenden (KV I, 161f) repräsentiert, gründet die Demokratie in der konstituierenden Macht der Machenden selbst. Wir müssen Streeck nicht folgen, wo er die beiden Rechtsansprüche, den auf den Kapitalfetisch pochenden und den der Gesellschaftsmitglieder selbst, auf gleicher Ebene ansiedelt, wenn wir ihm zustimmen, dass die Akteure und ihre Politiken ebenso ins Bild gehören wie die Institutionen der sozialen Einbettung des Kapitalismus, ohne die dieser sich selbst zerstören würde, und die Kämpfe um die Regeln. Im zweiten Teil werden wir uns u.a. den Institutionalisierungsprozessen der transnationalen Kapitalverkehrsverhältnisse zuwenden und auch auf die Krise der widersprüchlichen Verbindung von Kapitalismus und Demokratie zurückkommen. Doch um diese Krise zu begreifen, müssen wir die endogene Krise des Kapitalismus ins Auge fassen und eine Sprache dafür finden. Nicht zuletzt müssen wir die epochale Spezifik erkunden, die dem aktuellen Geschehen ihren Stempel aufdrückt und die Handlungsmöglichkeiten bedingt. Daher macht es einen Unterschied ums Ganze, die Krise, wie wir es im ersten Satz des Vorworts getan haben, als *Große Krise des transnationalen Hightech-Kapitalismus* anzugehen.

Namen sind nicht nur Schall und Rauch. Selbst wo sie der Sache äußerlich sind, sind sie es nicht für diejenigen, die ihr den

41 Streeck fasst »the contradiction between social life and capitalist economic organization […] as inevitable and ineradicable« (2010, 31) und folgert: »… a lasting reconciliation between social and economic stability in capitalist democracies is a utopian project« (2011, 24).

Namen geben.[42] Mit ihrer Benennung zeigen sie, wo sie ansetzen. Damit tritt hervor, was geschichtlich an ihnen ist. Wer etwa die gesellschaftlichen Verhältnisse zu Beginn des 21. Jahrhunderts umstandslos als »Wissensgesellschaft« anspricht, schweigt vom herrschenden Kapitalverhältnis, wie man im Hause des Henkers vom Strick schweigt. Wer den aktuellen Kapitalismus Jahrzehnte nach dem Untergang des Fordismus noch als »Postfordismus« anspricht, ankert mit seinen Maßstäben im Vergangenen, wie wir bereits im ersten Buch »mit einer gewissen Ungeduld« (HTK I, 12) monierten. Die Rede vom »finanzgetriebenen« oder, im sprachlichen Pidgin, »finanzialisierten«[43] Kapitalismus scheint wie der von Engels beschriebene »Geldmarktmensch« am Geldpseudonym der Verhältnisse gesellschaftlicher Arbeit zu kleben und das epochal determinierende Basisverhältnis von hochtechnologischen Produktivkräften und transnationalisierten Produktionsverhältnissen auszublenden.

Für die Bezeichnung »Postfordismus« gilt, was Arif Dirlik von den inflationären »Post«-Formulierungen der Gegenwart sagt: »Sie bezeugen ein Widerstreben, die Zukunft zu benennen, und leiten ihre Bedeutung stattdessen vom Bezug auf eine Vergangenheit ab,

42 Ist nicht »der Name einer Sache«, wie Marx im *Kapital* beiläufig sagt, »ihrer Natur ganz äußerlich« (23/115)? Das kommt darauf an. Marx bezieht sich im Kontext auf den Preis als »den Geldnamen der in der Ware vergegenständlichten Arbeit« (116). Der Geldausdruck oder die Preisform des Werts verdeckt den Wesenszusammenhang der Wertbildung durch Arbeit. Das Problem spitzt sich zu beim Lohn als ›Preis der Arbeit‹. Die wissenschaftliche Übersetzung dieses Ausdrucks durch Marx lautet ›Preis der Ware Arbeitskraft‹. Die beiden Ausdrucksformen, die alltagssprachliche und die marxsche, unterscheiden sich wie die begriffslose Kategorie vom kategorialen Begriff (vgl. HKWM 7/I, 467-86). Das Beispiel vom Lohn zeigt aber auch, dass der kategoriale Ausdruck von »Daseinsformen, Existenzbestimmungen, oft nur einzelnen Seiten dieser bestimmten Gesellschaft« (42/40) Ausdrucksformen hervorbringt, die dem gesellschaftlichen Leben, das sich in ihnen ausspricht, keineswegs äußerlich sind. Wenn sie auch scheinhaft sind, rechnen sie doch zu jener Art von Schein, der nach Hegels Wort »dem Wesen wesentlich« ist (*Ästhetik*, W 13, 21) und auf den Marx »alle Rechtsvorstellungen des Arbeiters wie des Kapitalisten, alle Mystifikationen der kapitalistischen Produktionsweise« zurückführt (23/562).

43 Der englische Ausdruck »financialization« leitet sich, innersprachlich korrekt, von »financial« (finanziell) ab wie der französische Term »financiarisation« von »financier«. Als »Finanzialisierung« eingedeutscht ist er nicht weniger bewusstlos unterwürfig als die Rede von »Analysten« (von engl. »analyst«, Analytiker) oder von der »Kommodifizierung« (von engl. »commodity«, Ware) statt des marxschen »Zur-Ware-Werdens«.

die nicht in die Geschichte eingehen will und fortfährt, die Gegenwart heimzusuchen und sei es nur als eine Last auf ihr.« (2008, 180) Dirlik wendet sich dagegen, der Globalisierung eine »totalisierende Macht« zuzuschreiben, auch wenn das Kapital transnational und auch global operiere. Mit gutem Grund besteht er darauf, dass Kapitalismus mehr ist als ein Kapitalprozess und dass es keine Globalisierung des Kapitalismus »als Gesellschaftsformation mit homogenisierten gesellschaftlichen und politischen Verhältnissen« gibt (173). Stattdessen spricht er von »Globalisierung des Kapitals«, um der Globalisierung von »Kapitalismus als ökonomischer Praxis und Kapitalismus als Kapitalakkumulation« Rechnung zu tragen (ebd.). – Doch »Globalisierung des Kapitals« ist kein sinnvoller Begriff, denn globalisiert werden allenfalls Lohnarbeits- und Kapitalverhältnisse sowie Verwertungsprozesse, und Dirlik spricht denn auch, wo es darauf ankommt, von der »Globalisierung des Kapitalismus« im Unterschied zu dessen verschiedenartiger gesellschaftlicher, politischer und kultureller Gestaltung vor Ort.[44] Wie die Regulationsschule bezeichnet er den konkret-individuellen Mix einer bestimmten Gesellschaft zu bestimmter Zeit als »Gesellschaftsformation«. Aus dem marxschen Begriff fürs Abstrakt-Allgemeine, der all diese »Spielarten des Kapitalismus« als besondere Gestalten der kapitalistischen Gesellschaftsformation fasst, wird dabei der fürs Besondere.

2. *Naturgrundlage und Epochenspezifik*

Unter denen, die dieses Feld kritisch bearbeiten und dabei dem kapitalismusgeschichtlich Neuen den Epochennamen abzugewinnen versuchen, zeichnen sich zwei entgegengesetzte Denkrichtungen ab: eine historisch vergleichende, die regelmäßig wiederkehrende Ablaufmuster herausarbeitet, und eine, die in solchen Ablaufmustern das epochal Neue zu fassen sucht. Auch wenn der kritische Hauptstrom nicht auf ihrer Seite ist, hat die historisch vergleichende Richtung die besseren Karten. Zu der Frage aber, die uns bewegt, schweigen beide.

44 »In other words, the globalization of capitalism is accompanied by its disintegration into a variety of social, political, and cultural formations.« (Dirlik 2008, 180)

Das wirklich Neue spielt auf einer Ebene, wo die Entwicklung ebenso unwiderruflich wie wiederholungslos fortschreitet. Es ist die Ebene des produktiv-konsumtiven Stoffwechsels der gesellschaftlichen Menschheit mit der Natur, der sie umgebenden und der eigenen. Auf ihr kann der Mensch, wie Marx sieht, »nur verfahren wie die Natur selbst« (23/57). Um wie die Natur verfahren zu können, muss er die Natur erforschen und die Verfahren und ihr jeweiliges Instrumentarium entwickeln, in denen das Naturwissen sich produktiv für letztlich konsumtive Zwecke anwenden lässt. Nach beiden Seiten verändert er dadurch Natur, die ihn umgebende und die eigene, Gegenständlichkeit und Subjektivität. Für die naturverändernde Subjektseite hat Marx den Satz aufgestellt: »Nicht was gemacht wird, sondern wie, mit welchen Arbeitsmitteln gemacht wird, unterscheidet die ökonomischen Epochen.« (23/194f) Dieses Wie hat wiederum zwei komplementäre Seiten, deren widersprüchliche Einheit die Produktionsweise bestimmt: »Die Arbeitsmittel sind nicht nur Gradmesser der Entwicklung der menschlichen Arbeitskraft, sondern auch Anzeiger der gesellschaftlichen Verhältnisse, worin gearbeitet wird.« (195) Mit der Natur aber verhält es sich wie in der Geschichte vom Wettlauf des Hasen mit dem Igel. Sie ist immer »schon da«. Die uns umgebende und unser Dasein tragende Natur nennen wir »Erde« in einem Sinn, der das, was auf, unter und über ihr ist, Wasser, Luft und alles Lebendige umfasst. Sie ist unser »natürliches Laboratorium«, wie Marx in den *Grundrissen* sagt (42/383), »das große Laboratorium, das Arsenal, das sowohl das Arbeitsmittel wie das Arbeitsmaterial liefert wie den Sitz, die *Basis* des Gemeinwesens« (384). Jede Entnahme und jede Entsorgung der Abfälle sorgt für ihre Veränderung. Vieles am Erdverbrauch einer bestimmten gesellschaftlichen Lebensweise, abbildbar als das, was man den »ökologischen Fußabdruck« genannt hat (vgl. Wackernagel/Beyers 2010), ist unwiderruflich. Das gilt zumal für die Folgen der systemischen Akkumulation um der Akkumulation willen, die den Kapitalismus von allen bisherigen Gesellschaftsformationen unterscheidet.

Vom komplementär-gegensätzlichen Verhältnis der Produktion zur Konsumtion sowie zur Distribution als »Gliedern einer Totalität, Unterschieden innerhalb einer Einheit«, sagt Marx: »Die Produktion greift über, sowohl über sich in der gegensätzlichen Bestimmung [...] als über die andren Momente.« (42/34) Die gleiche Dialektik waltet im Mensch-Natur-Verhältnis. Natur ist nicht nur zu uns gegensätzliche Natur in Gestalt der ausgebeuteten Erde. Natur greift über, sowohl über sich in der gegensätzlichen Bestimmung als über die anderen Momente. Wir Menschen sind in ihr und sie in uns. Wir vermögen diesen Sachverhalt zu begreifen, doch werden wir dadurch nicht zum »übergreifenden Moment« (vgl. *Grundrisse*, 42/29). Marx leitete aus diesem Sachverhalt den kategorischen Imperativ ab, nur den Besitz, nicht jedoch das Eigentum an unserer Naturwelt,[45] dem allgemeinen Arbeitsgegenstand und Sitz des Gemeinwesens, der »Erde« zuzulassen, auch nicht das »aller gleichzeitigen Gesellschaften zusammengenommen«. Für sie soll gelten: »Sie sind nur ihre Besitzer, ihre Nutznießer, und haben sie [...] den nachfolgenden Generationen verbessert zu hinterlassen.« (25/784)

Wir Heutigen, mit unserem katastrophisch geschärften Bewusstsein, müssen uns eingestehen, dass dieses Postulat in seiner positiven Fassung, wenn es sich nicht auf bestimmte Hinsichten beschränkt, streng genommen als utopisch zu bezeichnen ist. Denn auch wenn Ressourcen »von der Natur gratis geschenkt« zu sein scheinen (23/630), so ist doch *in der Natur* nichts umsonst. Jedenfalls können wir uns nicht vorstellen, vielleicht noch nicht, wie sich ein entsprechendes gesellschaftliches Naturverhältnis mit Nachhaltigkeitsüberschuss (›verbessert‹) im Ganzen herstellen lassen könnte. Wohl aber können wir zwischen nachhaltigeren und zerstörerisch zurückschlagenden Praxen unterscheiden, und an dieser *ökologischen Unterscheidung* hat sich unser Handeln auszurichten.

Vom traditionellen Sprachgebrauch abweichend, mag man die Geschehensebene der gesellschaftlichen Naturverhältnisse in diesem Sinn, den Natur ›übergreift‹, als die der menschlichen Naturgeschichte bezeichnen. Ebenso unwiderruflich wie wiederholungslos schreitet auf dieser Ebene die Entwicklung fort. Die Natur an sich ändert sich nur, indem sie sich gleich bleibt, bzw. bleibt sich darin gleich, dass sie sich fortwährend ändert. Die Natur für uns, die wir die »Erde« nennen, ist mit uns auf einer Reise ohne Wiederkehr. Der ungeheure Produktionsapparat, den die gesellschaftliche

45 »Die Unterscheidung von Besitz und Eigentum, dem gesunden Menschenverstand nicht ohne weiteres zugänglich, ist in historischer und perspektivischer Hinsicht zentral. Sie erlaubt, vorrechtliche Gemeineigentumsformen, rechtlich kodifizierte Formen unterschiedlicher Verfügung und Aneignung von Besitz und Eigentum, sowie revolutionär zu rekonstruierende Formen von Gemeineigentum und Besitz zu thematisieren.« (Krader 1995, 172)

Menschheit für ihren »Stoffwechsel mit der Natur« errichtet hat und betreibt, wirkt mit seinen Abfällen und Ausscheidungen in der uns umgebenden Natur, verfahrend wie sie selbst. Wenn die Erdgeschichte Jahrmillionen dazu gebraucht hat, die sauerstoffbestimmte Atmosphäre herzustellen und die Reste der Organismen, die den Kohlenstoff gebunden und den Sauerstoff ausgeschieden haben, im Untergrund zusammenzupressen, so führt die industrielle Verbrennung solcher Reste den darin mineralisierten Kohlenstoff in einem Bruchteil jener Zeit als »Treibhausgas« wieder in die Erdatmosphäre zurück. Insofern macht die von den Ausscheidungen der Industriegesellschaft bewirkte Klimaveränderung Epoche nicht nur in der menschlichen, sondern auch in der Erdgeschichte.

Dass nach dem Satz von Marx auch das Wie, mit welchen Arbeitsmitteln der Naturstoff verändert wird, die ökonomischen Epochen unterscheidet, ist im Hauptstrom der kapitalismuskritischen und speziell der marxistischen Literatur unterbelichtet, wenn nicht schlicht abwesend. Das ist auf den ersten Blick erstaunlich, weil damit angestammtes marxsches Terrain preisgegeben wird. Auf den zweiten Blick treten besonders drei Gründe hervor. Der erste Grund für jene Abwesenheit ist der den Stalinismus als Begleitideologie der gewaltgegründeten Industrialisierung prägende Technikdeterminismus, der alles Gesellschaftlich-Politische und Kulturelle diesem Primat unterwarf. Der notwendige Bruch mit dieser Ideologie und Praxis hatte bei vielen die entgegengesetzte Einseitigkeit zur Folge, die den objektiven Möglichkeitsraum bestimmende Determinante der technischen Arbeitsmittel zu vernachlässigen. Ein zweiter Grund dürfte in der Abwehr der Ideologie der »Wissensgesellschaft« liegen, sofern diese vom Kapitalverhältnis schweigt. Im Eifer des Gefechts gegen die Kapitalbestimmtheit vergisst man, das vom Kapital Bestimmte, die Produktivkräfte, zu berücksichtigen. Auch in dieser Hinsicht hätten wir es mit einer reaktiven Einseitigkeit zu tun. Als dritter Grund kommt der Einfluss der nicht genuin marxistischen Regulationsschule in Betracht. Mit Recht betont sie die Notwendigkeit, durch die komplexe institutionelle[46] und politisch-kulturelle Einbettung des kapitalistischen Verwertungs-

46 Institutionen »regulate our economy by coordinating its decentralized decisions and integrating its separate activities into a unified structure« (Gutmann 1994, 56).

prozesses ein konkretes Akkumulationsregime herauszubilden, das die gesellschaftlichen Konflikte zu absorbieren und Produktion und Konsumtion aufeinander abzustimmen vermag. Mit dem theoretischen Defizit fast aller Vertreter dieser Schule, darüber die formative Bedeutung der Produktivkräfte und ihrer Entwicklung zu vernachlässigen, haben wir uns im ersten Buch auseinandergesetzt (vgl. HTK I, 29-34).

3. Produktivkräfte und Möglichkeitsräume von Herrschaft

Der Widerspruch zwischen Produktivkräften und Produktionsverhältnissen darf die Entsprechungen nicht vergessen lassen. Wie jede Herrschaft stützt auch die des Kapitals sich auf Herrschaftsinstrumente. Herrschaftstechnik ist ein geläufiger Begriff. Doch er ist besetzt vom Interesse an politischer Strategie und Taktik. Dass Herrschaft und Hegemonie ihre eigene Technobasis haben, tritt für gewöhnlich dahinter zurück. Der Einsatz der Produktionsmittel des materiellen Reichtums sowie derjenigen der Gewalt- und Hegemonieapparate bestimmt das Bild. Nicht weniger wichtig sind indes die Produktivkräfte organisatorischer Rationalität und Wirkungsmächtigkeit, die zu allen Zeiten staatlich reproduzierter Klassenherrschaft eine entscheidende Rolle in der Ökonomie der Macht gespielt haben. Sie muss als Ökonomie begriffen werden, denn auch Herrschaftsmächte ›wirtschaften mit knappen Mitteln‹, was sich zumal dann bemerkbar macht, wenn sie militärisch zusammenstoßen.

Die Dispositive der Digitalisierung haben nun deutlicher als frühere Technologien hervortreten lassen, dass auch die in den Produktionsverhältnissen verankerten Herrschaftstätigkeiten der Planung, Verwaltung, Kommunikation und Kontrolle darauf angewiesen sind, sich auf eigene Produktivkräfte zu stützen, die vom allgemeinen Stand der Produktivkraftentwicklung zehren und den Möglichkeitsraum kapitalistischen Handelns epochenspezifisch determinieren.[47] Auf US-amerikanischer Seite realisierte sich die

47 Folgt man diesem Gedanken, verweist bereits die Kategorie »Kapital« als das alte Wort für »Hauptsumme« auf die frühkapitalistische Buchführung als versachlichende Produktivkraft kapitalistischer Rationalität zurück.

erste Phase des Irakkrieges auf Basis der informationstechnischen Dispositive; nach dem Einsatz der mannlosen »Marschflugkörper« dominierte das an militärischen Massen ausgedünnte »elektronische Schlachtfeld« des Hightech-Krieges (vgl. HTK I, 227). Auch wenn es wie seit alters am Ende die Sprengstoffe waren, die das Zerstörungswerk vor Ort bewirkten, so war die satellitengestützte informatische Koordination das epochal Neue. In der zweiten Phase des Krieges, die den USA nach dem schnellen Sieg die ebenso langsam wie verlustreich sich abzeichnende Niederlage eintrug, schlug die Situation um. Auf die Fernlenkwaffen antworteten die ferngezündeten Sprengfallen, auf den hochtechnologischen Distanzkrieg der Nähekrieg der »Selbstmordattentäter«.

»Die Produktionsweise denken« – mit dieser Überschrift, die Aufforderung und Programm in einem zum Ausdruck bringt, beginnt das erste Buch. Vereinfacht gesagt, geht es dabei noch immer um die Frage, was für eine Gesellschaft der Computer auf kapitalistischer Grundlage ergibt. Dieses Wissenwollen stößt in der kapitalismuskritischen Literatur noch immer auf die fast durchgängige Abwesenheit der Produktivkräfte und der durch ihren kapitalistischen Einsatz bestimmten Arbeit. Das Zentrum des Erkenntnisinteresses besetzt zumeist das Finanzwesen. Gewiss ist die finanzkapitalistische Dimension von großer Bedeutung, zumal in einer Phase, in der die Finanzspekulation die Staaten des Euro-Raumes vor sich hertreibt. Nicht umsonst hat die Weltwirtschaftskrise als Finanz- bzw. genauer als Kreditkrise begonnen und macht sich bei jedem Schub der »Zweiten großen Kontraktion« (Rogoff 2011) fiktiven Kapitals als solche geltend. Allerdings ist diese Ablaufform als solche kein Alleinstellungsmerkmal der aktuellen Krise. Bleibt man bei der Analyse der Finanzverhältnisse stehen, wird Vernunft zu Unsinn. Eines der Geheimnisse dieser Verhältnisse scheint in den Worten des ehemaligen »Research«-Leiters der DZ-Bank auf: »Die jüngste Wirtschaftskrise ist keineswegs mit dem Begriff Finanzkrise hinreichend erklärt. [...] Die amerikanische Immobilienblase, übrigens die fünfte in den letzten sechs Rezessionen, war eine der realwirtschaftlichen Ursachen, die Subprime-Krise die finanzwirtschaftliche Übertreibung dazu. [...] Für eine konsumgetriebene Volkswirtschaft sind Wohnungsbau und Autos die wichtigsten zyklischen Faktoren. Wenn der Bau 2007 in die Krise gerät und die Autobranche ölpreisbedingt im Frühsommer 2008, braucht man sich nicht zu wundern, wenn die amerikanische Wirtschaft in eine Rezession fällt.« (Holzschuh 2010)[48] Ungeachtet des »astronomischen Umfangs« von Konsumkrediten[49] werden wir dennoch nicht von konsumgetriebener Volkswirtschaft statt von finanzgetriebener Akkumulation reden (vgl. Kap. 5). Was fürs mächtige Finanzkapital gilt, dürfte für die Konsumenten, die am schwächeren Hebel sitzen, allemal gelten. Wohl aber werden wir dem Wink folgen, dass der finanzielle Treiber selbst getrieben ist. Es sollte uns nicht wundern, wenn wir im politisch-ökonomischen Getriebe auf eine systemische Verkettung getriebener Treiber stoßen würden. Mit dem Bauplan dieses Getriebes werden wir uns zu befassen haben.

Hier könnte eingewandt werden, dass wir uns damit auf einer ganz allgemeinen Ebene der Kapitaltheorie bewegen, die nichts hightech-kapitalistisch Spezifisches hat. Das ist insoweit richtig, als die Mechanismen des Kapitalprozesses in gewisser Hinsicht Jahrhunderte lang den gleichen Grundmustern folgen. Die hochtechnologischen Produktivkräfte im Fahrwasser der elektronischen Datenverarbeitung ändern zwar alles, doch solange Kapitalismus herrscht, ändert sich auf dessen herrschender Seite auch wieder nichts, ohne noch mehr sich selbst zu gleichen. Innerkapitalistische Veränderungen sind Übersetzungen. Jedes neu unterworfene Gebiet verändert auch die Unterwerfung, aber ändert nichts daran, dass sie Unterwerfung ist. Was sich ändert, sind die Konkretisierungsweisen.[50]

48 Thomas Sablowski hebt hervor, dass es im »globalen Akkumulationsregime«, wie wir es unter dem Titel des transnationalen Hightech-Kapitalismus beschreiben, noch »keinen adäquaten Ersatz für die fordistischen Konsumnormen gibt, die um das standardisierte Wohnen und das Automobil zentriert waren. Darüber kann auch die Ausbreitung von Computern, Handys und anderen elektronischen Konsumgütern nicht hinwegtäuschen. Anders wäre schwerlich zu erklären, dass die gegenwärtige Krise vom Immobiliensektor und vom Automobilsektor ausging.« (2009, 122)

49 »Only the astronomical volume of these liabilities has maintained the buying cycle in a context of decreased savings.« (Katz 2011)

50 Individuelle Erfahrung und sozioökonomischer Sachverhalt treten hier auseinander. Für die Einzelnen hat sich je nach Lage tatsächlich etwas verändert. Ihnen haben sich neue Möglichkeitsfelder geöffnet. Man sollte jedoch Möglichkeit nicht arglos verstehen. Möglichkeit hat die Verwirklichung erst noch vor sich. Es hängt von der Klassenlage der Einzelnen ab, welche Hindernisse sie auf dem Weg zur Selbstverwirklichung überwinden müssen. Entgrenzte Konkurrenz macht es ständig ebenso möglich, dass man vom Zugang zu den neuen Möglichkeitsfeldern mangels bestimmter Ressourcen abgeschnitten wird.

Dass jene abstrakten Grundmuster aber in ihrer konkreten Ausprägung, ihrer Dynamik und ihrer gesellschaftlichen Bedeutung sich ändern mit den Produktivkräften und den Produktionsverhältnissen, also mit den beiden ungleichen, aber interdependenten Determinanten der Produktionsweise, lässt sich gerade auch an der Finanzsphäre ablesen. Auch die »Finanzindustrie« bzw. Finanzbranche – anders als die Industrie produziert sie ja nichts –, diese auf das »imperiale Dollarsystem« gestützte und neben der Informations- und Kommunikationstechnologie zweite neue Wachstumsbranche (Gowan 2007, 156), auf welche die Vereinigten Staaten noch einmal ihre ökonomische Hegemonie gründeten, beruht ja auf dem Einsatz neuartiger Produktivkräfte, und ihre Praxisformen und Akteure ändern sich mit diesen. Wir vergewissern uns dessen am Beispiel der Börse mit Blick auf Phänomene, die sich erst nach dem Erscheinen des ersten Bandes herausgebildet haben. Man stößt dabei sogleich aufs Verhältnis des kapitalismusgeschichtlichen Allgemeinen und seiner hightech-kapitalistischen Besonderung.

Vom transnationalen Hightech-Kapitalismus zu sprechen fordert dazu auf, an der epochal dominanten, auf dem kapitalistischen Einsatz von Informationstechnologie gründenden Produktionsweise Maß zu nehmen. Wenn Marx von den bestimmenden Akteuren und Produktionsverhältnissen einer Epoche sagt, dass sie »allen übrigen Rang und Einfluss« anweisen (42/40), so bedingt in der Gegenwart die Dominanz der Weltmarktakteure Rang und Einfluss der lokal oder national, ja sogar regional begrenzt aktiven Kapitale. Wir beschreiben die Weltmarktakteure als transnationale Konzerne,[51] auch wenn sie

51 »Tatsache ist, dass von den hundert größten Wirtschaftseinheiten der Gegenwart 51 Konzerne und 49 Staaten sind. Walmart produziert in mehr als 161 der 191 Nationalstaaten der Welt, und Mitsubishi produziert mehr als Indonesien, das Land mit der viertgrößten Bevölkerung der Welt.« (Escudero 2011) – In Deutschland ist seit unserem ersten Band die Transnationalisierung des Eigentums am Industriekapital rasant fortgeschritten. Um 2000 gehörten noch zwei Drittel der Dax-Konzerne deutschen Anlegern. 2011 waren 17 der 30 Dax-Unternehmen mehrheitlich in ausländischer Hand. Bei Siemens, Daimler, Bayer und Allianz hielten deutsche Anleger nicht einmal mehr ein Drittel der Aktien. Auch die Eigentümer von BASF, Eon und Deutsche Bank waren mehrheitlich Ausländer. (»Ausverkauf der Deutschland AG«, FAZ, 11.5.2011, 19) Ein Geflecht von Überkreuzbeteiligungen zwischen Großunternehmen hatte zuvor die »Deutschland AG« zusammengehalten. Das entsprach der fordistischen Bindung an den Nationalstaat. Die rot-grüne Bundesregierung stellte dann Beteiligungsverkäufe von der Steuer frei und setzte damit den Entflechtungsprozess in Gang. Die Unternehmensbeteiligungen kamen

weiterhin nationalstaatlich verortet und bis zu einem gewissen Grad gesichert sind,[52] weil sie »eine neue Phase des Monopolkapitalismus« prägen, »gekennzeichnet durch die Unterwerfung des Ensembles der betroffenen nationalen Produktionssysteme unter die Herrschaft dieser Monopole, die dadurch einen Gutteil des in den beherrschten Sektoren produzierten Mehrwerts absaugen« (Amin 2011, 73). Vor allem richtet »Produktionsweise [...] als Begriff für die widersprüchliche Einheit von Produktivkräften und Produktionsverhältnissen, die [von Marx] als ›ökonomische Struktur‹ begriffen wird« (HTK I, 31), die Aufmerksamkeit auf die Widersprüche zwischen den von der Arbeit bewegten Produktivkräften und den durch diese bedingten transnationalen Produktionsverhältnissen. Die Schicksale des Wissens, die der Name der »Wissensgesellschaft« illusionär anspricht, und die bis zu einem gewissen Grad verselbständigte Bewegungsform und Macht des Geldkapitals und seiner Kreditverhältnisse, die ein Name wie »Finanzmarktkapitalismus« hervorhebt, entscheiden sich in jenen widersprüchlichen Grundverhältnissen der »ökonomischen Struktur«, wenn auch nicht unmittelbar und in jedem einzelnen Moment.

auf den Markt. Der aber war dank der Liberalisierung des Kapitalverkehrs bereits Weltmarkt.

52 In Teil II wenden wir uns den Widersprüchen und Bewegungsformen der transnationalen Hegemonieverhältnisse und imperialen Strukturen zu, die für Weltmarktakteure notwendig sind.

Viertes Kapitel

Die Zeit der Spekulation

Bet' und arbeit'!, ruft die Welt.
Bete kurz, denn Zeit ist Geld!
GEORG HERWEGH, Bundeslied

1. Attraktion und Repulsion von Arbeitszeit

Die Kapitalisierung des Geldes beschreibt Marx phänomenologisch als Verwandlung des von diesem dargestellten Werts in ein »automatisches Subjekt«. Und zwar erscheint der Wert hier als »das Subjekt eines Prozesses, worin er unter dem beständigen Wechsel der Formen von Geld und Ware seine Größe selbst verändert, sich als Mehrwert von sich selbst als ursprünglichem Wert abstößt, sich selbst verwertet« (K I, 169). Stellt der Wert sich in dieser Bewegung »als eine prozessierende, sich selbst bewegende Substanz« dar (ebd.), so verlangt dieser Prozess nach einem persönlichen Träger, der sich auf deren Standpunkt stellt und insofern aufhört, »sich als Selbstzweck zu behandeln, vielmehr sich jenem verselbständigten Zweck-Selbst zur Verfügung stellen, sein Ich zum Ich des sich verwertenden Werts machen« muss (KV II, 102). Sein Verhalten entspricht dem Eigentumsbegriff der bürgerlichen Moderne als »Verfügung über fremde Arbeitskraft« (3/32), sei es unmittelbar über ihre Verwirklichung als lebendige Arbeit, sei es mittelbar über deren Resultate. Ohne Arbeitskraftverkäufer würde das Kapital erlöschen zu nichts als »verstorbener Arbeit«, die sich – direkt oder indirekt – erst »belebt durch Einsaugung lebendiger Arbeit und umso mehr lebt, je mehr sie davon einsaugt« (K I, 247). Damit kommt die Zeit ins Spiel. »Die Zeit, während deren der Arbeiter arbeitet, ist die Zeit, während deren der Kapitalist die von ihm gekaufte Arbeitskraft konsumiert.« (Ebd.) Im ›wilden‹ Kapitalismus, in dem noch keine Arbeiterbewegung die Beschränkung der Arbeitszeit erkämpft hat, »wird freie Zeit für eine Klasse produziert durch Verwandlung aller Lebenszeit der Massen in Arbeitszeit« (552). Doch auch der profitierende Betreiber dieses Prozesses entgeht nicht einer analogen Verwandlung seiner

Lebenszeit, womöglich mit dem Unterschied, dass er sein Dasein als personifiziertes Kapital nicht auf geregelte Arbeitszeiten begrenzen kann und ihm das ›Abschalten‹ und ›Ausspannen‹ noch weniger gelingt als dem von Joseph Weizenbaum 1980 beschriebenen Typus des »zwanghaften Programmierers« (vgl. HTK I, 22).

Die Tendenz zur Ausdehnung der Arbeitszeit pro gekaufter Arbeitskraft als Quelle zusätzlichen absoluten Mehrwerts geht einher mit der komplementären Quelle zusätzlichen relativen Mehrwerts dank maximaler Verkürzung der Arbeitszeit pro konkretem Arbeitsprodukt, sei es durch Potenzierung der gegenständlichen Produktionsmittel, sei es durch »dichtere Ausfüllung der Poren der Arbeitszeit, d.h. Kondensation der Arbeit« (23/432). Entsprechendes gilt für die Zeit zwischen Fertigstellung des Produkts und seinem Verkauf, die Zirkulationszeit und die damit verbundenen Transport- und Wartezeiten aller Art. Vor allem bewegt das Kapital sich zwischen Attraktion und Repulsion der lebendigen, Zeit verbrauchenden Arbeit, wenngleich auf verschiedenartigen Bezugsebenen. Der »Heißhunger nach Mehrarbeit« (249) als der Zeit der Verwertung geht einher mit dem ebenso unersättlichen Bestreben, den verwertungsnotwendigen Zeitbedarf zusammenzudrängen. Zuerst Mechanisierung und schließlich auf deren vorangeschrittenste Form gestützte Taylorisierung der Arbeitskraftverausgabung, dann Automation als Erübrigung tendenziell aller lebendiger Arbeitszeit zumindest im *unmittelbaren* Produktionsprozess machen auf der Ebene der kapitalistischen Produktionsweise Epoche. Da auch die Spekulation ihre eigentümlichen, dabei vom allgemeinen Entwicklungsstand zehrenden Produktivkräfte hat, markieren die entsprechenden Einschnitte ihre Geschichte nicht weniger als die der Produktion.

2. Zirkulation ohne Zirkulationszeit

»*Zirkulation ohne Zirkulationszeit* ist die Tendenz des Kapitals«, notiert Marx in den *Grundrissen* (Gr, 572; vgl. 560). Im Hightech-Kapitalismus verfolgt das industrielle Kapital dieses Ziel durch die computergestützte Rationalisierung der Logistik und Lagerhaltung im Zeichen der Lieferung zum produktionslogisch genauen Zeitpunkt (»just in time«). Das Transportwesen erfand sich neu als

»Logistik«. Während die Produktivkräfte der räumlichen Sachkapitalbewegung, sieht man von elektronischer Steuerung und Koordination ab, im Grundprinzip unverändert blieben, revolutionierte die Elektronisierung die Bewegung des spekulativen Finanzkapitals. Dieses näherte sich dem Ziel der zeitlosen Zirkulation bis an deren absolute physikalische Grenze. Damit schickte der Hightech-Kapitalismus sich an, das »automatische Subjekt« der Verwertung des Werts, von dem Marx spricht (K I, 169), aus seiner metaphorischen Existenz zu erlösen, indem er das lebendige Subjekt des Spekulationsarbeiters durch den Automaten ersetzte. Dieses Bestreben schlug sich nieder in der Ersetzung des Börsenmaklers durch »eine Maschine, die mit Maschinen kommuniziert« (Strobl 2010). So weit als möglich wurde die rastlose Bewegung des Wertverwertens in elektronische Netzwerke verlegt. Indem Computer vernetzt wurden und die entsprechenden elektronischen unstofflichen »Metamaschinen«, als die wir die Programme als prozessierende Schaltungskonfigurationen analysiert haben (HTK I, 112-15), miteinander wechselwirkten, schloss das Geräteensemble der Spekulation sich zu einem physikalischen System. Die Systembetreiber wurde »Hochfrequenz-Händler« getauft. Eines der Netzwerke nannte sich BATS. Zu seinen Eigentümern zählten u.a. die City Group, der Crédit Suisse, Morgan Stanley und die Deutsche Bank. Die Abkürzung BATS sollte an *bats*, »Fledermäuse«, denken lassen, da diese Tiere sich im Dunkeln mittels Echolot orientieren. Im elektronischen Handelssystem herrscht vom Standpunkt menschlichen Bewusstseins völliges Dunkel.

Als BATS 2006 gegründet wurde, wurden von der New Yorker Börse (NYSE) noch 70 Prozent der Geschäfte in gelisteten Kapitalgesellschaften abgewickelt; vier Jahre später waren es noch 20 Prozent. Im September 2010 gab BATS die Ausführungszeit für seine zweite Elektronische Börse »BATS Y-Exchange« (BYX) mit im Durchschnitt weniger als 250 Mikrosekunden und die Ergebnisanzeige mit 265 Mikrosekunden an, das sind 0,00025 bzw. 0,000265 Sekunden.[53] Nun wurde die Lichtgeschwindigkeit profitrelevant. Menschlichem Vorstellungsvermögen erscheint sie als unendlich groß; die Zeit, in der das Licht irdische Strecken zurücklegt, dagegen unendlich klein. Doch über große Entfernungen zeigt sich beider

53 <http://batstrading.com/byx/>.

Endlichkeit. Sie hat es erlaubt, kosmische Entfernungen in »Lichtjahren« zu messen. Für die Eliminierung bzw. Kompression der Zirkulationszeit des Finanzkapitals aufs absolute Minimum wurde angesichts der Konkurrenz die räumliche Entfernung der Handelscomputer vom Rechenzentrum der Netzbetreiber zur Schranke. Die Betreiber entdeckten in der Beseitigung des Hindernisses ein zusätzliches Geschäftsmodell. Sie boten den Händlern an, ihre Handelscomputer im Betreiberzentrum zu installieren. Die Kosten konnten sich nur die Großen leisten. »Kleinanleger [...] sind in diesem Spiel die geborenen Verlierer.« (Strobl 2010)

3. Spekulation als raum-zeitliches Differenzgeschäft

Wenn die elektronische ›Bewaffnung‹ der untereinander konkurrierenden Spekulationsakteure Mikrosekunden zur Profitbedingung gemacht haben, so ist dies nur die hochtechnologisch basierte Form, in der ein Urgesetz des Spekulationsgeschehens sich geltend macht. Generell werden nach Marx an der Börse »Differenzgeschäfte« getätigt, worin Geld umläuft, ohne dass dieser Geldumlauf einen »wirklichen Warenumsatz« ausdrückt (24/344; vgl. hierzu und zum Folgenden KV II, 179ff). Eine Variante des Differenzgeschäfts ist das Arbitragegeschäft. Der Name drückt das Moment des Arbiträren aus, das dabei ins Spiel kommt. Dieser Geschäftstyp nützt die Preisdifferenz von Waren gleicher Art auf unterschiedlichen Märkten aus und hat – zumindest im Modell des idealen Marktes – den Effekt, diese Differenzen einzuebnen. Arbitragegeschäfte dieser Art nützen Unterschiede des Ortes aus. Dabei wird unterstellt, dass die auf den Märkten wirkenden übrigen Faktoren sich nicht während der spekulativen Operationszeit und unabhängig von ihr ändern. Die Operation selbst und jede gleichartige seitens der Konkurrenten ändert dagegen die Relationen. Da jeder spekulative Akteur die räumliche Differenz ausnutzen und damit die Grundlage der Spekulation durch den Ausgleichungseffekt seines Eingriffs ganz oder partiell aufzehren kann, bildet das zeitliche Differenzgeschäft das eigentliche Terrain der Spekulation. Verdichtung der Spekulationszeit wird zur Erfolgsbedingung. Die Zeit der Spekulation erstreckt sich innerhalb der Spanne des Verschwindens jener Differenz, auf der die Gewinnmöglichkeit beruht. Zur synchronen Marktkenntnis eines gegebenen Moments kommt bei ihr die diachrone Markterwartung dynamischer Prozesse hinzu.

Die Struktur des »Differenzgeschäfts« ist nicht auf die Börse beschränkt. Marx weist sie bereits in der einfachen Zirkulation auf: »Die Trennung des Tauschs in Kauf und Verkauf macht es möglich, dass ich bloß kaufe, ohne zu verkaufen (accaparement [wucherischer Aufkauf] von Waren), oder bloß verkaufe, ohne zu kaufen (Akkumulation von Geld). Sie macht die Spekulation möglich.« (42/130) Spekulation zielt immer auf eine für den Spekulanten vorteilhafte Preisdifferenz. So bereits in der vermutlich ältesten schriftlich festgehaltenen Spekulationsgeschichte, der von Thales von Milet, dem Gründer der ionischen Philosophie. Dieser soll »in Voraussicht einer reichen Olivenernte alle Ölpressen gemietet und dadurch ein enormes Vermögen gewonnen« haben (Diogenes Laertios, I.26). Auf Grundlage kapitalistischer Produktion schließlich kann das Handelskapital »wie die plötzlich emporschießenden Paroxysmen der Spekulation in gewissen Lieblingsartikeln zeigen, mit außerordentlicher Schnelligkeit Kapitalmassen aus einer Geschäftsbranche ziehn und sie ebenso plötzlich in eine andre werfen« (25/218).

Was zu Marx' Zeiten außerordentliche Schnelligkeit war, ist von den elektronischen Geräten, mit denen das Finanzkapital arbeitet, inzwischen in neue Dimensionen katapultiert worden. Blitzartig lässt es sich mit ihrer Hilfe von einem Massengut aufs andere werfen, ohne dass sein Umlauf einen physisch »wirklichen Warenumsatz« ausdrückt. Die Inkubationszeit der Großen Krise des Hightech-Kapitalismus zeigte dies in Gestalt der extremen Preissprünge von Rohstoffen und Nahrungsmitteln (Erdöl, Getreide u.v.a.m.) aufs Doppelte, dann wieder auf einen Bruchteil in historisch kürzester Zeit. Die Differenzen, auf die bei solchen, nicht mit den physischen Stoffen, sondern Ansprüchen auf sie getätigten Geschäften spekuliert wird, sind erwartete Preisdifferenzen. Die Erwartung ist subjektiv, das Resultat des aus ihr folgenden Handelns objektiv. Die Spekulation richtet sich auf mögliche Kursveränderungen. Diese hängen vom Verhältnis von Angebot und Nachfrage ab. Die in Kauf- oder Verkaufsaufträge umgesetzte Erwartung verändert dieses Verhältnis unmittelbar. Die Aktion des spekulierenden Subjekts ›fällt ins Objekt‹. Der Vorgang zeigt das Muster einer sich selbst erfüllenden Prognose. Ist das Handelsvolumen gemessen am handelbaren Wert gering, hält sich der Effekt in den Differenzialgrenzen von etwas, das nur unmerklich größer als Null ist. Doch die Fonds und andere Großakteure des Börsengeschehens, die Milliarden US-Dollar bewegen können, lassen den Preis bereits in der erwarteten Richtung hochschnellen, zumal sie, eifersüchtig belauert von Ihresgleichen, alsbald Gesellschaft bekommen. Wer bei der Hausse nicht sofort und von Anfang an dabei ist, dem zerrinnt mit verrinnender Zeit der Differenzgewinn. Während »auf den Gütermärkten steigende Preise die Nachfrage [dämpfen] und fallende [sie] erhöhen«, gilt auf den Finanzmärkten »der umgekehrte Preismechanismus [...], bei steigenden Preisen zu kaufen und bei fallenden zu verkaufen« (Wagenknecht 2008, 92). Wer bei Baisse nicht sofort verkauft – und sei es nur, um womöglich bei weiter gefallenen Kursen wieder einzusteigen –, verliert.

4. Mannlose Spekulation

Die Hochtechnologie in der Hand der Berufsspekulanten ist dabei, diese seit Jahrhunderten wirkenden Mechanismen kurzfristiger Differenzspekulation, also der Spekulation auf Veränderungen in der Zeit gleichsam die Zeit selbst auszutreiben. Dabei werden die menschlichen Händler durch Mikrochips ersetzt oder auf Restfunktionen zurückgedrängt. Zugleich entsteht innerhalb der geschlossenen Welt der vernetzten Rechner die Möglichkeit eines Insidergeschäfts neuen Typs. Diesmal sind es keine menschlichen Eingeweihten, die ihr Wissen zu Geld machen, sondern »räuberische Algorithmen«. So heißen die anonym in den Handelsplattformen agierenden, unstofflichen und gleichwohl materiellen »elektronischen Metamaschinen« (HTK I, 112f), die in den Eingeweiden des menschenlosen Prozesses selbst »auf der Jagd nach Profit sind« (Strobl 2010). Sie sind die Piranhas der sog. »Latenz-Arbitrage«; sie fischen nach Wertdifferenzen, um in den winzigen Zeitintervallen »zwischen dem Eintreffen einer großen Kauforder und ihrer Ausführung«, wo Mikrosekunden zählen, »alles abzugrasen, was an Angebot zum aktuellen Kurs im Markt ist« (ebd.).

Die ›mannlose‹ Spekulation verändert das Erscheinungsbild bestimmter Börsenkrisen. Normalerweise ist sie nicht der Grund des Geschehens, wohl aber seines Modus. Sie potenziert die Ausschläge der Kurse, wie sie auf diesen Ausschlägen wiederum ihre Wellenreiterei praktiziert.[54] Die eigentümliche Form, die ihr entspringt, wo der Modus zum Grund wird, ist der »Blitz-Crash«. Angekündigt im »ersten Weltbörsenkrach der Geschichte« (Mandel/Wolf 1988, 30) vom Oktober 1987,[55] bei dem »die Kisten das Kommando« übernahmen, lässt der Effekt der seither fortgeschrittenen Prozess-Mikroisierung sich bei der Blitz-Baisse vom 6. Mai 2010 beobachten: Der Dow Jones verlor binnen weniger Minuten fast tausend Punkte. Ein geringfügiger Rückgang hatte quasi in Echtzeit die Verkaufsorder der Spekulationsmaschinen losgetreten. So erklärte sich der Sturz. Dass er zunächst fortdauerte, rührte nun ausgerechnet daher, dass Menschen dem mannlosen Betrieb wieder das Zepter aus der Hand nahmen, indem sie die Maschinen abschalteten. Was retten sollte, verschlimmerte den Schaden. Mangels öffentlicher Regulierung konnten die Betreiber jeder Handelsplattform nach eigenem Gutdünken entscheiden, ob (und wann) sie abschalten wollten. Nun aber schalteten viele von ihnen »ihre Computer während des Kurssturzes ab [...,] nachdem andere Programme im großen Stil Verkaufsorders platziert hatten, um von den fallenden Kursen zu profitieren«. Doch damit »stießen die Verkaufsorders nicht mehr auf Kauforders. Ein Tsunami von Verkaufsaufträgen drückte die Kurse vieler Aktien auf surreal niedrige Niveaus, das Papier der weltweit tätigen Beratungsgesellschaft Accenture zum Beispiel fiel von 41 Dollar auf einen Cent. Die Situation beruhigte sich erst wieder, als Händler aus Fleisch und Blut auf den Plan traten und wie in alten Zeiten Käufe und Verkäufe untereinander abwickelten.« (Strobl 2010)

Am Börsenplatz Frankfurt/M generierten »Algo-Trader« im Februar 2010 über 40 Milliarden Euro Handelsaufträge, fast die Hälfte des Gesamtumsatzes. Sie »haben ihre Computer so programmiert, dass sie nach bestimmten Mustern Aktien kaufen und verkaufen, sie zwischendurch oft nur Sekunden behalten und am Ende des Tages meist keine einzige Aktie besitzen.« Der Kursmakler entfällt. »Der Computer führt Angebot und Nachfrage zusammen und errechnet daraus einen Kurs. Das passiert innerhalb einer Sekunde etliche Male für eine einzige Aktie.« (Mohr 2010a) Im Februar setzte die Börse 97

54 Ausgangspunkt und Resultat für die high-frequency traders ist »a ›new normal‹ of permanently heightened volatility« (Story/Bowley 2011).

55 Seine Erscheinungsform und die damit einhergehenden Wahrnehmungsformen habe ich festgehalten im gleichnamigen Exkurs der *Neuen Vorlesungen zur Einführung ins »Kapital«*, 197-200.

Milliarden Euro über das elektronische System Xetra und nur 6 Milliarden auf dem Parkett um. Damit waren die Tage des Parketthandels gezählt. Der Börsenrat beschloss, ihn spätestens 2012 einzustellen. Von der ›Maschinisierung‹ über Xetra versprach man sich eine viel breitere Anlegerschaft aus ganz Europa mit »Zugriff auf 10000 Aktien und 30000 Anleihen, die bislang nur auf dem Parkett [...] und damit nur einem [...] nationalen Publikum zugänglich waren« (ebd.).

Eine weitere Folge der automatisierten Spekulation ist die Zunahme des Geld- und Devisenhandels. Sie markiert eine der Veränderungen seit 2003, als Band I erschien. Laut einer Erhebung der Bank für internationalen Zahlungsausgleich (BIZ) ist in den drei Jahren zwischen 2004 und 2007 der globale Devisenhandel um 71 Prozent gewachsen auf täglich 3,2 Billionen US-Dollar und zusätzlich 2,1 Billionen in Devisen- und Zinsderivaten (FAZ, 26.9.2007, 25). Beigetragen haben die bereits erwähnten spekulativen Zins-Währungsgeschäfte (Carry Trades), die Unterschiede im Verhältnis des Außenwerts einer Nationalwährung zum nationalen Zinsniveau ausnutzen, indem sie im Niedrigzinsland Geld borgen, um es im Hochzinsland anzulegen. Die Frankfurter Allgemeine erklärte die Zunahme zum anderen Teil damit, »dass elektronische Handelsplattformen Geschäfte ›per Mausclick‹ ermöglichen«. Man merkt dem Bericht noch das Erstaunen über den technologisch bedingten Systemwandel an, wenn er fortfährt: »Zum Teil werden Geschäfte sogar nur noch von Computern ausgelöst, die gleichzeitig fortlaufend mehrere Handelsplattformen auf kleine Preisunterschiede hin absuchen und ggf. – im Takt von Tausendstel Sekunden – Kauf- und Verkaufssignale auslösen, um von den Kursunterschieden zu profitieren.« Im Kassahandel stieg der Umsatz von 0,6 auf 1 Billion. Darin drücken sich die Kapital- und Warenströme aus. Die Diskrepanz zwischen dem Welthandelsvolumen in Warenpreisen und dem Welthandelsvolumen in Geld rührt zum Teil von der bis zur Großen Krise von 2008ff trotz aller US-Verschuldung kaum bestrittenen Funktion des Dollars als einer »Ersatz-Weltwährung« her.[56] Sie

56 Der Dollar »amounts to a surrogate world currency« (Foster/Magdoff 2008). Den Dollar »Weltgeld« zu nennen, löscht den Widerspruch zwischen dem formellen Zahlungsmittel eines Staates und einer informellen Weltmarktwährung. Bei Marx hängt der Begriff des »Weltgeldes«, mit dem er James Steuarts »money of the world« übersetzt (23/159), an dem der Geldware, die einen Selbstwert im Unterschied zum bloßen Wertzeichen darstellt..

bedeutet, dass fast alle Transaktionen zwischen anderen Währungen über ihn abgewickelt werden. »Ein Tausch von chinesischen Yuan in Euro wird also über einen Tausch von Yuan in Dollar und von Dollar in Euro ausgeführt.« Mit dem Effekt dieser Dollarfunktion einer Zwischenwährung summiert sich der Effekt des Zwischenhandels durch die Banken, da Angebot und Nachfrage auf diesem »Marktmacher-Markt« nicht direkt-zentral zusammentreffen wie an der Börse. Findet die Bank keinen Abnehmer, verkauft sie sofort an einen Großhändler. Im Schnitt entfiel in den drei Jahren ca. die Hälfte des Gesamtumsatzes am Devisenmarkt auf die an der BIZ-Erhebung teilnehmenden Großhändler untereinander.[57]

5. Hochfrequenz-Werbung

Das spekulative Moment der Ausspähung von Differenzen in der Zeit erobert auf Basis der fürs Börsengeschäft entwickelten Technologie auch den Internet-Werbemarkt. Wie die Konkurrenz um günstige Kurse bei spekulativen Objekten sich an die Grenzen der Zeit herantastete, so nun die Konkurrenz um die Verwandlung von Kundenwünschen in Verkaufschancen. Das Einwerben von Internet-Werbeaufträgen ist ein hart umkämpfter Markt. Was jene Einwirkungsform für die Unternehmen attraktiv machte, war der sinkende Wirkungsgrad der Streuwerbung. Nachdem immer mehr potenzielle Käufer sich primär übers Internet über Angebote informierten, öffnete die Rechentechnologie in drei Stufen den zeitlichen Mikrokosmos für individualisiertes »Echtzeit-Bieten«.

Im ersten Schritt entwickelte Google aus »dem Unterschied zwischen Werbeausstrahlung als solcher und in tatsächlicher Rezeption realisierter Werbung« ein Geschäftsmodell: »Immer und ausschließlich wenn die kleinen Textanzeigen bei Google angeklickt werden, entstehen Werbeeinnahmen. Die Kenntnisnahme quittiert den Empfang. Die Werbung ist selbst noch einmal eingepackt. Von außen verspricht sie noch nicht den Gebrauchswert, sondern ein

57 Stärker nahmen die »Devisenswaps« zu (im selben Moment Verkauf und auf später terminierter Rückkauf von Fremdwährungsbeträgen), von 0,94 auf 1,7 Bio, und die »Zinsswaps« von 0,6 auf 1,2 Bio. Bei Zinsderivaten lagen die Börsen mit 6,1 Bio vor dem Interbankenhandel aufgrund kurzlaufender Geldmarkt-Terminkontrakte wie dem Euribor-Future. (Ebd.)

Gebrauchswertversprechen. Google bekommt Geld, sobald sich jemand entscheidet, sich tatsächlich etwas versprechen zu lassen.« (KdWÄ, 266) Der zweite, für den Werbemarkt nicht weniger revolutionierende Schritt gründet auf der Auswertung des in den Supercomputern des Konzerns fixierten Internetverhaltens der einzelnen Nutzer. »Die Wahrscheinlichkeit, dass die Werbung vom Adressaten angeklickt wird und der Adressat sich für die Werbung öffnet, steigt sprunghaft, wenn es gelingt, Werbung auf die individuellen Käuferprofile hin zu flexibilisieren und schließlich sogar zu individualisieren.« (Ebd.)

Der dritte Schritt bringt die gleiche Hochfrequenztechnik zum Einsatz, die in der Spekulation eingesetzt wird. Für die Internet-Plattformen erschließt sich damit noch einmal ein neuartiger Werbemarkt. Was hier verkauft werden kann, ist die Chance, noch innerhalb der Sekunde zwischen dem Eintippen einer Internetadresse und dem Erscheinen der Seite auf dem Bildschirm »dem Nutzer die passende Werbung einblenden zu dürfen«; Echtzeit-Bieten (Realtime-Bidding) heißt dieses Verfahren, das »die Online-Werbung in den kommenden Jahren revolutionieren könnte« (Schmidt 2010a). Hochleistungscomputer in Verbindung mit schnellen Internetleitungen analysieren, ›entscheiden‹ und bewirken in Millisekunden, welcher Internet-Nutzer welche Werbung eingeblendet bekommt. Schmidt hebt in einer Begleitglosse zu seinem Bericht hervor, dass die »Märkte […] gar nichts davon ahnen, was und wie ihnen dabei geschieht«: »Werbung im Internet wird künftig in dem Moment gebucht, in dem der Nutzer […] ein Interesse an einem Produkt […] gezeigt hat. Das […] mindert Streuverluste. Graphische Werbung im Internet wird künftig in hohem Maße ein Technologieprodukt sein.« (2010b) Google ist der Vorreiter auf diesem Geschäftsfeld. Hochtechnologie wird zur Waffe, mit der Kapital anderes Kapital erschlägt: »Wer in zehn Jahren nicht abgehängt sein will, muss jetzt in Technik investieren.« (Schmidt 2010b)

Die US-Firma Appnexus ging 2010 mittels eines Rechenzentrums in Amsterdam den europäischen Markt »für die vollautomatisierte Form der Online-Werbung« an (Schmidt 2010a; hierher auch das Folgende). Erfassung der Kundengewohnheiten via Cookies ist die Voraussetzung. Mit einem Verfahren, das »Retargeting« (Wieder-zum-Ziel-Machen) heißt, »wird der Nutzer beim späteren Besuch einer anderen Internetseite wiedererkannt«. Soweit die Identifizierung und die Verknüpfung mit dem permanent aktualisierten individuellen Profil, einer Art digitaler Personalakte. Es folgt die mannlose Interaktion zwischen den Metamaschinen im Computerinnern der einschlägigen Marktinteressenten: »In rund 10 bis 20 Millisekunden findet dann eine Auktion zwischen mehreren Werbetreibenden um diesen Werbeplatz und diesen Nutzer statt.« Es geht nicht nur um den Zuschlag der Werbechance. Sondern die Ware eines Anbieters kann auch durch die entsprechende Ware eines konkurrierenden Anbieters unterboten werden. Ein weiterer Nebenmarkt erschließt sich: Datenhandel wird für Internet-Anbieter der betreffenden Produkte zu einem Nebenerwerb. – Als einer der Effekte dieser technologischen Innovation und der von ihr getragenen Geschäftsmodelle zeichnet sich der Transfer von Werbeetats aus dem Fernsehen ins Internet ab, wie zuvor aus den Druckmedien ins Fernsehen.

6. Die Spekulation verschlingt ihre Zeit

Die Zeit der Spekulation ist immer durch sie selbst begrenzt. Es ist vorübergehende Unterschiedszeit. Die Spekulation zehrt von ihr und zehrt sie auf. Sie sägt, kann man sagen, unaufhörlich den Ast ab, auf dem sie gerade sitzt, und sucht immer schon den nächsten. Als solche ist Spekulation im Kapitalismus allüberall am Werk. Es gibt keine spekulationsfreie Zone. Wenn der australische Ökonom Dick Bryan und seine beiden Koautoren Randy Martin und Mike Rafferty (2009, 467 u.ö.) weg möchten von der Fokussierung auf Spekulation, so beruht die konkurrenzgetriebene Kapital-Mobilisierung[58] auf nichts anderem als dem Differenzgeschäft, das die Spekulation ausmacht. Wo immer ein Energiestau im System ist, nützt sie das Energiegefälle, und wo ein Stillstand ist, hat sie die Differenz zur Bewegung im Auge. Die Spekulation wirkt als kapitalistische Rationalisierungsmacht, wobei freilich bei jedem Spekulationsgewinn »jemand anderes Verluste machen [muss], denn Spekulationen dieser Art sind Nullsummenspiele, was der eine gewinnt, verliert der andere« (Flassbeck 2007). Wenn Spekulation irrational wirkt, so

58 Für Bryan u.a. bildet die konkurrenzgetriebene Kapitalmobilisierung den Kern der sog. »financialisation«. Wir setzen uns mit diesem mehr verschleiernden als erklärenden Modewort im folgenden Abschnitt auseinander.

deshalb, weil die kapitalistische Rationalität dem »methodischen Individualismus« huldigt und gesamtwirtschaftlich, zumal auf die »Ökonomie des ganzen Hauses« (Negt 2001, 408; vgl. HTK I, 124) bezogen, selbst ›irrational‹ ist. Irrational ist der aller Kapitalverwertung eingeborene Selbstzweckcharakter, der die menschliche Selbstzweckhaftigkeit pervertiert und Produktivität und Selbstzerstörung zu den beiden Gesichtern ein und derselben Medaille macht. Die Spekulation spürt verborgene Reserven auf, macht totes Kapitalvermögen zu Geld, erzwingt die Realisierung von Profitsteigerungsmöglichkeiten. Sie drängt auf die Verkürzung der Zwischenzeiten, in denen Kapital sich nicht verwertet, sprich: keine zusätzliche Mehrarbeit einsaugt. Vom Standpunkt des Kapitals ist die den Zusammenhang in seiner Gesellschaftlichkeit und zeitlichen Nachhaltigkeit denkende Vernunft ›irrational‹. Die Hochtechnologie tut nichts anderes, als der Spekulation die Räume der großen Zahl und der kleinen Differenzen zu öffnen und die Zeit – in lebensweltlichen Begriffen gesprochen – aus ihr zu tilgen. Dank dem Geräteensemble, mit dem die Hochtechnologie sie ausstattet, und den Netzwerken, welche die in den Geräten wirkenden digitalen Metamaschinen zu nutzen erlauben, identifiziert die Spekulation in ›gar keiner Zeit‹ ihre gewinnträchtigen Objekte und setzt ihre Operationen in Gang. Sie grast im Nu das System nach Profitpotenzialen ab, und ihre Operationen, mit denen sie die entdeckten Möglichkeiten verwirklicht, verdichten und beschleunigen das System. Ihre hochtechnologische Ausrüstung radikalisiert und totalisiert die Konkurrenz. Jetzt zwingt die Spekulation jedes konkret-einzelne Kapital dazu, nicht mehr nur en bloc mit fremdem Kapital zu konkurrieren, sondern es geht um vergleichende »Kapitalbewertung während des gesamten Kreislaufs« (Bryan u.a. 2009, 467). Nicht das Unternehmen als ganzes, sondern jedes Partikel des Unternehmens wird vergleichend bewertet. Ist es auf der Höhe der Durchschnittsprofitrate? Mit der Kritik an einem »Rentierkapitalismus, bei dem es im Kern darum geht, im Interesse des Geldkapitals kurzfristige Gewinne aus dem industriellen Sektor abzuschöpfen« (Gowan 2007, 158f), ist es daher nicht getan. Was als Finanzgetriebenheit der Unternehmen ins Bewusstsein tritt, ist eine der Formen, in denen »die freie Konkurrenz [...] die immanenten Gesetze der kapitalistischen Produktion dem einzelnen Kapitalisten gegenüber als äußerliches Zwangsgesetz geltend [macht]« (23/286). Eine Reihe von Umständen wirkte darin zusammen, gerade diese zur epochal hervortretenden zu machen. Sie sind zusammengefasst im Begriff des transnationalen Hightech-Kapitalismus und bilden die einzelnen Gegenstände unserer Untersuchung.

Für die anfallenden spekulativen Gewinne bei Transaktionen des Finanzkapitals, denen gemeinsam ist, dass ihnen kein eigenes Mehrprodukt zugrunde liegt, gilt, was Marx im *Kapital* im Abschnitt über die »Widersprüche der allgemeinen Formel« des Kapitals schreibt: »Der zirkulierende Wert hat sich um kein Atom vergrößert, seine Verteilung zwischen A und B hat sich verändert. Auf der einen Seite erscheint als Mehrwert, was auf der andren Minderwert ist, auf der einen Seite als Plus, was auf der andren als Minus. Derselbe Wechsel hätte sich ereignet, wenn A, ohne die verhüllende Form des Austausches, dem B 10 Pfd.St. direkt gestohlen hätte.« (23/177) Auch der in manchen Theorien zum Wesen erklärte Raub in seinen verschiedenen Formen ist nicht verallgemeinerbar und kann deshalb nicht das Wesen des Prozesses ausmachen. Höchstens könnte man am Kräfteverhältnis zwischen Raub und Produktion etwas über die Grenzen des Kapitalismus (oder zumindest einer bestimmten Phase desselben) ablesen. Bei der gleichsam ›anonymen‹ Spekulation dagegen geht die Umverteilung, sofern sie nicht für einzelne Akteursgruppen einen Abzug am Ertrag bedeutet, auf Kosten des Ganzen. Wenn einer Geldvermehrung keine Produktvermehrung gegenüber steht, kommt es früher oder später zur Geldentwertung. Wenn aber die Produktvermehrung an der Grenze der zahlungsfähigen Nachfrage dieser Produkte stockt, springt der Kredit ein. Er kann der Geldvermehrung die Produktvermehrung folgen lassen und die ungleichen Laufgeschwindigkeiten im Getriebe überbrücken.

Doch wenn die mit stoflicher Produktion und Distribution befasste Wirtschaft, wie weit auch immer ihre Grenzen durch den Kredit hinausgeschoben werden können, zu eng wird, befasst sich gleichsam der Kredit mit sich selbst, wettet auf alles Mögliche und dann auf die Wetten selbst. »Die Tendenz zur exzessiven Spekulation […] hat eine strukturelle Ursache im globalen Überfluss an Anlage suchendem Finanzvermögen« (Deutschmann 2008). Nun stehen aber jedem als Leihkapital angelegten Geldvermögen Schulden gegenüber. In den Metropolen trifft eine wachsende Zahl von Vermögensbesitzern auf immer weniger kreditwürdige Schuldner. »Es entstünde dann eine auf den Kopf gestellte soziale Pyramide, in der es fast nur noch Rentiers gibt, aber kaum Schuldner, die

die aus den Vermögen abgeleiteten Forderungen einlösen«, was »zur Vernichtung der Finanzvermögen führen müsste« (ebd.). Ein transitorischer Ausweg ist der Kapitalexport in Länder, wo viele Schuldner existieren (ebd.). So wächst ein Überbau fiktiven Kapitals im Doppelsinn von übermäßigem Bau heran, wie Helmut Schmidt u.a. ihn im Mai 2008 aufs 15-fache des Welt-Brutto-Inlandprodukts geschätzt und als vor dem Zusammenbruch stehend beschrieben haben. Angesichts solcher Disproportion springt ins Auge, dass diese Zahlungsversprechen zwar gehandelt, doch unmöglich gehalten werden konnten. Jeder etwas allgemeinere Anspruch auf Einlösung der Versprechen hätte sie in Luft aufgelöst. Das Schneeballsystem, mittels dessen Bernard Madoff den Reichsten 50 Milliarden Dollar abgaunerte, war demnach zwar ein krimineller Auswuchs, doch zugleich konnte darin »die perfekte Metapher der globalen Krise« (Gil Calvo 2008) gesehen werden. Seit der Tulpenspekulation, deren Blase im Februar 1637 in Amsterdam, der ersten Effektenbörse der Welt, geplatzt ist, hatte jeder spekulative Goldrausch so funktioniert. »Solange die Zahl der Teilnehmer wächst, werden Gewinne verteilt, doch nur bis zu jenem *point of no return*, ab dem die Dynamik sich umkehrt.« (Ebd.) Ein Unterschied zum kriminellen Betrug kann darin gesehen werden, dass der massenhafte Rückzug einen rasanten Wertverfall der Ansprüche auslöst und deren Geldausdruck auf den Boden zurückholt. Dank eines solchen Mechanismus hätten Madoffs Klienten ihn nicht belangen können.

Die Hebelung (*leverage*) von Kredit durch Kredit geht so lange, bis irgendwann die Kreditkette reißt, so dass sie sich insgesamt katastrophisch zusammenzieht. Dann schlägt dem über die Hebelwirkung zustande gekommenen Überbau von fiktivem Kapital die Stunde. Wenn dann »Kurzschluss« und »Kettenreaktion« zu Metaphern des Moments werden, nachdem das Kreditwesen mit immer ausgeklügelteren Formen handelbarer Zahlungsversprechen es erlaubt hat, fiktives Kapital zu schöpfen, so deshalb, weil im Moment der Krise, wie Marx sagt, »kein Mensch Zahlungsversprechen brauchen [kann], da jeder nur Barzahlung nehmen will« (K III, 556). Damit das Ende der Krise in Sicht kommt, muss Kapital vernichtet werden (Rogoff 2011). Doch der Spekulation gehört auch dieser Moment. Mit der Wette auf Kapitalentwertung sind auf den Höhepunkten der Finanzkrisen ungeheure Gewinne eingefahren worden. Wir kommen darauf zurück.

Fünftes Kapitel

Was meint »Finanzialisierung«?

We live in a world in which finance is the source of value.
GEOFF MANN (2010, 186)

Il existe peu de domaines où la science rencontre des objets aussi ›théologiques‹ que l'immatériel, la création ex nihilo et les émissions.
BERNARD SCHMITT (1977, 7)

1. Industriekapitalismus und Finanzspekulation

Immanuel Wallerstein ist berühmt ob seiner schneidenden Urteile. Nicht nur sagt er seit Jahrzehnten das Ende des Kapitalismus voraus. Sondern in gleicher unbekümmerter Entschiedenheit behauptet er dessen Abwendung vom industriekapitalistischen Profitkapitalismus und seine Hinwendung zu einem Kapitalismus der finanziellen Spekulation. Die These spiegelt eine weit verbreitete und fragwürdige Verschiebung der kritisch-theoretischen Reflexion aufs Finanzwesen.[59] Die behauptete Abwendung vom industriellen Kapital datiert Wallerstein auf die 1970er Jahre.[60] Aber ist das nicht just die Zeit, in der, zusammen mit dem Siegeszug des Neoliberalismus und der Ideologie der Postmoderne, aus der Krise des Fordismus der Hightech-Kapitalismus aufzusteigen beginnt? In den USA emigrierte das Kapital aus dem Rostgürtel der Schwerindustrie in den Sonnengürtel der Hochtechnologien. Es genügt, sich den in dieser Zeit geschehenden Aufstieg des mythischen »Silicon Valley« zum weltweit führenden Standort der Informations- und Kommunikationstechnologie vor Augen zu führen, um zu sehen, wovon Wallerstein absieht: Aus dem Nebel der Finanzspekulation taucht

59 Samir Amin kritisiert die »für eine realistische und kapitalismuskritische Analyse verhängnisvolle Verschiebung des Gravitationszentrums der Reflexion hin zu den ›Märkten‹«, die er mit theoretischen »Verwüstungen [dévastations]« einhergehen sieht (2011, 68).

60 »What was sustaining the accumulation of capital since the 1970s was the turning from seeking profits via productive efficiency to seeking profits via financial manipulations, more correctly called speculation.« (Wallerstein 2009, 12)

die Gründung von Weltfirmen wie INTEL (1968), AMD (1969), Apple (1976), Oracle (1977), Adobe (1982), Symantec (1982), Cisco (1984), Yahoo (1995), Google (1998) und vieler anderer mehr auf. Ihre Verfolgung des Profits auf dem Wege der Produktivkraftentwicklung hat ausgehend von den USA der Kapitalakkumulation weltweit neue Felder erschlossen.[61]

Wallersteins Behauptung eines Übergangs vom Industriekapitalismus zu einem Kapitalismus der Finanzspekulation ist dennoch nicht aus der Luft gegriffen. Sie stützt sich auf spektakuläre Erscheinungen und bezieht sich auf eine »Finanzwelt, die im reifen Kapitalismus in spekulative Operationen und ausgemachte Schwindeleien degeneriert ist« (van der Pijl 2007, 46), trifft daher einen Nerv des davon beeindruckten Zeitgeists. Zwischen 1970 und 2007 wuchs das BIP der USA um das 13,8-fache; im selben Zeitraum verhundertsechzigfachte sich die Verschuldung der Banken (Foster/Magdoff 2008). Nach Daten der *Financial Structure Database* der Weltbank stiegen in den USA »die privaten Kredite von Banken und anderen Finanzinstituten im Verhältnis zum Bruttoinlandsprodukt [...] von 71 Prozent im Jahr 1960 auf 202 Prozent im Jahr 2007, in der BRD von 39 Prozent auf 105 Prozent. Die Marktkapitalisierung der Aktienmärkte stieg im Verhältnis zum Bruttoinlandsprodukt in den USA von 58 Prozent im Jahr 1989 auf 144 Prozent im Jahr 2007, in der BRD von 23 Prozent auf 57 Prozent.«[62] Wie die geringeren BRD-Prozentsätze andeuten, verhält es sich in den exportüberschüssigen Gläubigerländern anders als in den importüberschüssigen Schuldnerländern. So summierten sich die in Großbritannien an der Börse gehandelten Wertpapiere auf 159 Prozent des BIP, also ca. das Dreifache der Börsenkapitalisierung des Exportweltmeis-

61 Ein Beispiel: Anfang 1996 lag die Arbeitslosigkeit in den USA bei 5,6 %. Dann entdeckten die Unternehmen und die Investoren das Internet. Während der folgenden vier Jahre nahmen die Ausgaben für informationstechnologische Anlagen und Programme von 281 auf 446 Mrd USD zu, die Arbeitslosigkeit fiel auf 4 %, und die Ökonomie wuchs jährlich um 4,3 %.

62 Thomas Sablowski, der diese Zahlen nennt, kommentiert: »Offenbar ist ein immer größerer Kredithebel notwendig, um den Akkumulationsprozess des gesellschaftlichen Gesamtkapitals zu gewährleisten. Oder anders formuliert: Ein immer größerer Teil des gesellschaftlichen Gesamtkapitals kann nicht unmittelbar produktiv angelegt werden, sondern bezieht sich als zinstragendes und fiktives Kapital auf zukünftige Verwertungsprozesse, stellt also eine Validierung gesellschaftlicher Arbeit *ex ante* dar.« (2009, 123)

ters Deutschland (Dore 2008, 1106, nach Gibson-Smith 2005). In England arbeitete im Vorfeld der Großen Krise mehr als ein Fünftel aller Beschäftigten in der Finanzbranche (Dore 2008, 1101), während in den USA der Anteil der Finanzkonzerne am Gesamtprofit des US-Kapitals auf bis zu 45 Prozent stieg.[63] Manches davon war durch finanzielle Operationen gewonnen, die an den Spruch Thomas Joseph Dunnings, eines wackeren englischen Gewerkschaftsfunktionärs aus dem 19. Jahrhundert denken lassen, wonach das Kapital »für 100 Prozent alle menschlichen Gesetze unter seinen Fuß stampft« (1860, 35f; zit.n. K I, 788, Fn. 250). So ließ die Goldman Sachs-Gruppe (GS) die unter dem Namen »Abacus 2007-AC1« (eines der 24 »Pakete«, die GS verkaufte) gebündelten Activa – d.h. die eine regelmäßige Zahlung verbriefenden Wertpapiere – durch John Paulson zusammenstellen.[64] Wissend, dass die darin zusammengeschnürten Papiere überbewertet waren, spekulierte Paulson für seinen Hedge-Fund Paulson & Co auf fallende Kurse. Die GS-Klienten (u.a. die deutsche IKB-Bank) wurden im Zuge dieses Manövers enteignet. Was Paulson sich dabei angeeignet hat, lässt sich daran ablesen, dass er im Jahre 2010 laut *Wallstreet Journal* pro Sekunde 158,55 Dollar eingenommen hat. Das ist Akkumulation durch Enteignung. Wir kommen auf den Umverteilungseffekt spekulativer Gewinne zurück.

Im Krisenjahr 2009 zahlte GS die höchsten Boni an seine Mitarbeiter. Und vollends im Schatten der Großen Krise, im Jahre 2010, verteilte GS an sein Führungspersonal Boni in einem Ausmaß, dass bei gleichmäßiger Verteilung unter die rund 33 000 Angestellten, wenn man der Frankfurter Allgemeine*n* (14.5.2011) glauben darf, jeder von diesen 420 000 Dollar erhalten hätte. Die den realen Reichtum produzierten oder auch dessen Produktion organisierten, hatten das

63 »The proportion of total profits earned by financial corporations fluctuated quite narrowly around an average of 9.5 %. Thereafter there was an accelerating increase, until that proportion reached its peak in 2002 at 45 %. It has since dropped as a percentage of total profits (to 33 % in 2006) but only because of a sharp increase in profits in the non-financial sector. The inexorable growth in the financial sector's profits continued. They were growing at 16.7 % p.a. between 2000 and 2006 (from 200 billion to 505 billion), compared with an annual growth of 9.4 % in the first 6 years of the previous decade.« (Dore 2008, 1098)

64 Zur Standardrolle von GS in solchen Krisengeschäften vgl. Matt Taibbi in *Rolling Stone* 2009.

Nachsehen.[65] Auf kleinerem Maßstab sahnen auch die Manager der Industrie ab: Zwar hatten die Ibex-Unternehmen des von der Krise schwer getroffenen Spanien im ersten Halbjahr 2011 6,1 Prozent weniger verdient als im Vergleichszeitraum des Vorjahres, doch die Gehälter ihrer Aufsichtsräte stiegen um 13,7 Prozent. Der Gewinn von Iberdrola stieg um 6,5 Prozent, die Aufsichtsratsgehälter um 33 Prozent.[66] Manche nennen dieses Abheben der obersten Managerklasse Feudalkapitalismus.[67] Dessen Fürsten sind nicht Eigentümer, aber Aneigner. Sie gehen kein persönliches Risiko ein, mehr noch, die eingegangenen Risiken schlagen sich für sie sogar in Boni nieder. Im Falle ihrer Entlassung, wenn die Spekulation schiefgegangen ist, profitieren sie finanziell wiederum in Form einer hohen Abfindung. Diese auf jeden Fall profitable Risikolosigkeit für die unmittelbaren Akteure hat dazu beigetragen, dass die ›Subprime-Risiken‹ in Form der Hypothekenbündel am Markt so reißenden Absatz gefunden haben.[68] Zusätzliche Nahrung findet die These von der Herrschaft des Finanzkapitals in der Elitenzirkulation zwischen Großbanken und Regierung. So arbeiteten etwa Robert Rubin und Henry Paulson, Finanzminister unter Bill Clinton und George Bush, zuvor für Goldman Sachs.[69]

Als vollends die Große Krise die Form der Staatsschuldenkrise angenommen hatte und die ›Finanzmärkte‹ die Regierungen und die Zentralbank des Euro-Raums vor sich hertrieben, herrschte der Eindruck vor, das Finanzsystem sei »großenteils zum Selbstzweck

65 »Einst der Diener realwirtschaftlicher Firmen, raubt das Finanzwesen diesen nun ihren besten potenziellen Nachwuchs, um sie zu kontrollieren, so wie die Römer, die einst die zweite Geige unter den Etruskern spielten, einige von deren besten Familien absorbierten, um mit ihrer Hilfe die Kontrolle über das Etruskerreich zu gewinnen.« (Dore 2008, 1109)

66 »Los beneficios caen, los sueldos suben«, *El País*, 31.7.2011, 22.

67 Für Karl Georg Zinn sind »Globalisierung und neofeudalistische Erscheinungen« zwei Seiten des gegenwärtigen Kapitalismus (2008c, 31).

68 In Deutschland waren es im Wesentlichen die Landes- und Großbanken, die in großem Stil in diese Papiere investiert haben, nicht aber die von ihren Eigentümern geleiteten Privatbanken. Bei den Landesbanken kommt hinzu, dass diese mit Ausnahme der LBBW mangels nennenswertem operativen Kundengeschäft auf hohe Gewinne im Eigenhandel und damit auf hohe Risiken angewiesen sind, um in Summe ausreichend profitabel sein zu können.

69 »... which many now jokingly refer to as ›Government Sachs‹, to mark its influence over treasury principles« (Harvey 2011, 11).

und zugleich zu einer faktischen Weltmacht geworden, größer als jede andere« (Carrillo 2011a). Im Falle Europas verschwindet allerdings hinter diesem Eindruck der reale Zusammenhang in Gestalt der – wohlgemerkt: bei der Gründung *politisch gewollten* – »falschen Konstruktion eines riesigen Wirtschafts- und Währungsraums, dem aber die Instrumente für eine gemeinsame Wirtschaftspolitik fehlen« (Habermas 2011). Insofern war die europäische Staatsschuldenkrise eine strukturelle Inkohärenzkrise.[70] Angesichts der »elektronischen Revolution« registrierte Robert Gutmann Anfang der 1990er Jahre den Übergang zu einem neuen Akkumulationsregime, das sich am besten als »globale Regulation« bezeichnen lasse. »Einige Charakteristika dieses neuen Regimes, dem vierten in der Geschichte des Kapitalismus, haben bereits Wurzeln geschlagen. Doch bilden diese noch kein kohärentes Ganzes und verlangen daher zusätzliche Politikwechsel und institutionelle Veränderungen.« (1994, 58) Es bietet sich an, die Große Krise des transnationalen Hightech-Kapitalismus im Rahmen dieses Übergangs als Inkohärenzkrise auf den verschiedenen Ebenen des Weltkapitalismus zu begreifen.

Eine finanzmarktgetriebene Politik, das war die Quittung für eine qua struktureller Inkohärenz finanzmarktdienliche Politik. Die Spekulation gegen den Euro, die sich die Länder einzeln, eines nach dem anderen vorknöpfte, trieb das von den auf Wahrung ihrer Souveränität bedachten europäischen Hauptmächten in politischer Handlungsunfähigkeit gehaltene Einigungsprojekt an den Rand des Untergangs. Das bestärkte den Eindruck, die ›Finanzmärkte‹ seien die alles beherrschende Macht der Epoche. Doch als diese sich angesichts der politischen Zerrissenheit der hochverschuldeten US-amerikanischen Supermacht an dieser versuchten, stießen sie auf die handlungsfähigen Institutionen einer Zentralmacht. Das erfuhr auch der Rentenfonds »Pimco Total Return« des Allianzkonzerns, der im Februar 2011 seine US-Staatsanleihen verkauft und mit vier Prozent des von ihm verwalteten Kapitals darauf ›gewettet‹ hatte, dass es zu massiven Verkäufen von US-Schatzbriefen kommen würde, wenn

70 Robert Gutmann erklärt die Große Krise von 1929ff als Inkohärenzkrise des monopolistischen Akkumulationsregimes, die nach den fürchterlichen Konvulsionen von Weltkrieg und Judenvernichtung zur institutionellen Anpassung führte und damit die beiden »goldenen« Jahrzehnte des Fordismus möglich machte (1994, 58).

die US-Notenbank Fed Ende Juni desselben Jahres angekündigtermaßen damit aufhören würde, Anleihen ihres Eigentümers, des US-Staats, zu kaufen.[71] Dass die Fed die Niedrigzinspolitik und damit den Ankauf von US-Anleihen dann doch unterm Eindruck neuer Rezessionsanzeichen beibehielt, war Pech für Pimco. Für die Ratingagentur Standard & Poor's war es der letzte Anstoß, am 5. August 2011 zum ersten Mal in der Geschichte die Bonität der USA von AAA auf AA+ herabzustufen.[72] Der Börsencrash und die anhaltenden Turbulenzen, zu denen die Herabstufung beitrug, haben »zwischen Ende Juli und Ende August weltweit Aktienvermögen in Höhe von 5 Billionen Euro vernichtet – das sind knapp 15 Prozent der globalen Marktkapitalisierung«.[73] Für beides jedoch, die panische Beflissenheit der Regierenden gegenüber dem Finanzmarkt wie dessen entfesselte Bewegungsform und Macht, sind die Gründe auf einer tieferen Ebene der globalisierten Kapitalverwertungsprozesse zu suchen.

Anders als die Hightech-Industrien und all ihre Branchen,[74] ja schließlich ihre Sphäre um Sphäre des gesellschaftlichen Lebens umwälzenden Hervorbringungen, geben die finanzspekulativen Begleiterscheinungen, sieht man ab von den weiter oben besichtigten Modifikationen durch ihre neuartigen hochtechnologischen

71 Zweck dieses Ankaufs war, die Zinsen niedrig und damit den Preis der Schatzbriefe hoch zu halten (FAZ, 11.5.11, 19).

72 Anders als bei der Herabstufung der Kreditwürdigkeit europäischer Staaten leitete das US-Justizministerium prompt eine Untersuchung gegen die Agentur ein, während die Börsenaufsicht (im vierten Jahr der Finanzkrise!) die Bewertung der späteren ›Gift-Papiere‹ mit der Bestnote durch die Agentur prüfte; nicht weniger prompt trat kurz darauf der Vorstandsvorsitzende Deven Sharma von seinem Posten zurück.

73 Die Angaben entstammen einer von der Deutschen Bank am 5.9.2011 herausgegebenen Mitteilung von Josef Ackermann.

74 Einer der hochtechnologischen Wachstumsmärkte der deutschen Wirtschaft betrifft die »digitale Vernetzung von Maschinen«. Bereits 2010 hingen laut Bitkom mehr als 50 % aller Industrieprodukte vom Einsatz der IT ab. Das Fraunhoferinstitut hat berechnet, dass sich der Anteil der damit befassten deutschen Software- und IT-Dienstleistungsbranche an der Bruttowertschöpfung bis 2030 auf 90 Mrd € verdoppeln wird mit einem Zuwachs von rund 452 000 Arbeitsplätzen. Dieses Wachstumstempo werde sonst nur von der Gesundheitswirtschaft erreicht. Maschinen- und Fahrzeugbau dagegen werden nicht schneller wachsen als die Gesamtwirtschaft (laut Prognos). Beide Annahmen setzen die Komplementarität der beiden Branchen voraus. (Knop 2010)

Produktivkräfte und den durch sie bedingten Aggregations- und Bewegungsformen, keine oder allenfalls ergänzende Epochenmerkmale her. Sie tauchen in allen Epochen der Geschichte des Kapitalismus auf und bezeichnen eher Phasen innerhalb der jeweiligen, qualitativ spezifischen Epoche, als dass sie diese Epoche selbst in ihrer Besonderheit fassten.[75] Wenn Wallerstein jedoch auf dem ersten Höhepunkt der Großen Krise des Hightech-Kapitalismus bemerkt, der »wirtschaftliche Kollaps« sei »nichts als der Ausdruck dessen, dass die Elastizität der Nachfrage ihre Grenzen hat« (2009, 21), dann deutet das bereits in eine etwas andere Richtung. Es scheint demnach, als bedeutete die Große Krise das Ende einer zunehmend kreditbasierten Konsumkonjunktur.

2. *Finanzmarktkapitalismus*

Angesichts der vor allem seit den 1980er Jahren immer mehr angeschwollenen Macht der Finanzmärkte vertrat Jörg Huffschmid die mit Wallersteins Sicht übereinstimmende These von der Ablösung des »Industriekapitalismus einschließlich seiner fordistischen Phase« durch den »finanzgetriebenen Kapitalismus« (2010, 46). Zur Begründung verweist er darauf, dass erstens das Weltfinanzvermögen sich von 1980 bis 2006 um den Faktor 14 vermehrt hat, das Weltsozialprodukt dagegen nur um das Fünffache, und dass zweitens das international angelegte Finanzvermögen in den 1980ern etwa der Hälfte, Anfang des 20. Jahrhunderts dem Dreifachen des Sozialprodukts der Industrieländer entsprach (2010, 46). Als Ursache des »Drucks auf den Finanzmärkten, nach neuen Verwertungsmöglichkeiten zu suchen«, sieht er »die enorme Anhäufung von privatem Finanzvermögen«; letztere begreift er als Folge von »Umverteilung und Privatisierung« (2010, 51). Diese finanzielle Akkumulation wäre demnach »nicht das Ergebnis eherner Sachzwänge des Kapitalismus, sondern gesellschaftlicher Machtverhältnisse und politischer Entscheidungen« (46).

75 Laut Arrighi spielt in weltgeschichtlicher Sicht die »financialization« regelmäßig eine Schlüsselrolle bei der Ablösung eines Weltmarkthegemons durch einen anderen, wie überhaupt jeder historische Zyklus »durch dieselben Phasen gekennzeichnet ist, von einer anfänglichen der finanziellen Expansion über eine Phase materieller Expansion, gefolgt von einer weiteren finanziellen Expansion« (vgl. Postone 2010, 11).

Die Phänomene sind beeindruckend. Aber taugen sie zur Begründung der These von der Ablösung des »Industriekapitalismus«? In letzterem seien die Investitionsgelegenheiten »reichlich«, das Kapital »knapp« gewesen; im Finanzmarktkapitalismus seien dagegen die Investitionsgelegenheiten knapp und das Kapital im Überschuss. Aber müsste sich dann nicht der Kapitalmarkt von einem Nachfragemarkt mit starker Stellung der Kreditanbieter zu einem Anbietermarkt mit starker Stellung der Kreditnehmer gewandelt haben? Ein Zuviel an Kapital würde um ein Zuwenig an Anlagemöglichkeiten konkurrieren. Die Kapitalpreise müssten fallen, das Zinsniveau sinken. Das Finanzkapital wäre dann weniger das Treibende als das Getriebene, heimgesucht von der Existenzangst, sein Kapitalcharakter könnte mangels profitabler Investition erlöschen.

Ohne die Frage so zu stellen, scheint Huffschmid sie mit dem Hinweis auf die Branche der »Finanzdienstleister« zu erklären, die in jener Situation des »Drucks der (Über-)Akkumulation von gewinnbeanspruchenden Finanzvermögen« (47) entstanden seien. Wieder zögern wir. Was die »Finanzdienstleister« tun, scheint zunächst nichts anderes zu sein als eine Spielart des traditionellen Bankengeschäfts, das »augenblicklich unbeschäftigte Kapital aller Klassen« einzusammeln (Marx, 25/416). »Kleine Summen, jede für sich unfähig, als Geldkapital zu wirken, werden zu großen Massen vereinigt und bilden so eine Geldmacht. Diese Ansammlung kleiner Beträge muss als besondre Wirkung des Banksystems unterschieden werden von seiner Mittlerschaft zwischen den eigentlichen Geldkapitalisten und den Borgern.« (Ebd.) Der Überhang, die »sog. Plethora« des anlagesuchenden Kapitals, erwächst laut Marx »aus denselben Umständen, die eine relative Überbevölkerung hervorrufen, und ist daher eine diese letztre ergänzende Erscheinung« (261), unbeschäftigtes Kapital am einen Pol, unbeschäftigte Arbeiterbevölkerung am andern.[76]

Warum aber wirkt bei Überangebot der ›Ware Kapital‹ der Mechanismus von Angebot und Nachfrage nicht? Elmar Altvater erklärt das Steigen des Zinses damit, »die Renditeforderungen [würden] in der Konkurrenz auf Geld- und Finanzmärkten schon deshalb nach

76 In unserem Zusammenhang wäre zu fragen, ob sich eine epochale Spezifik aus der Tendenz zur »hochtechnologischen Arbeitslosigkeit« (KE II, 128f u. Fn. 148) erklären lässt.

oben geschraubt, weil jeder Akteur auf den Finanzmärkten mit einer hohen Rendite [d.h. mit einer höheren als die der Konkurrenten] Geldbesitzer zur Anlage locken möchte« (2010, 18). So verständlich dieses Verlangen der »Finanzdienstleister« sein mag, so rätselhaft bleibt, wie es befriedigbar sein soll. Altvater erklärt so wenig wie Huffschmid, wieso beim Überangebot anlagesuchenden Geldkapitals die Diskrepanz von Angebot und Nachfrage nicht den Preis des Leihkapitals senkt. Stattdessen fährt er fort: »Wenn dies« – sprich die Anlockung anlagesuchenden Kapitals mittels eines die Konkurrenten überbietenden Profitversprechens – »auf deregulierten Märkten möglich ist, wird sich also die Tendenz zu steigenden Zinssätzen [...] durchsetzen. Die realen Erträge bleiben dahinter zurück [...], bis es zum Krach kommt« (ebd.). Intuitiv sind wir bereit, der Folgerung aus der angenommenen Zinssteigerung zuzustimmen, nur dass die Annahme selbst den Gesetzen des Marktes widerspricht. Einzelne Finanzdienstleister mögen das Versprechen einhalten und ihren Konkurrenten Anleger abspenstig machen. Doch der Gesamtmarkt ändert sich dadurch nicht, das Überangebot bleibt bestehen. Überdurchschnittlichen Erträgen stehen unterdurchschnittliche gegenüber. Den Durchschnitt können sie unter den bisherigen Modellannahmen nicht verändern. Solche Ausgleichsprozesse auf Kosten der Schwächeren machen »die über den Markt laufende Durchschnittsbildung zum Drama« (KV I, 93; vgl. KV II, 112 u.ö.).

Etwas später nimmt Altvater den Gedanken der letztlichen Rückbindung des Zinses an die Mehrwertproduktion wieder auf, jedoch nur, um das zu Erklärende als erklärt zu behaupten: »Nur wenn das Wachstum tatsächlich zustande kommt, können die Zinsen dauerhaft gezahlt werden. Daher ist es gerechtfertigt, den modernen Kapitalismus des 21. Jahrhunderts als ›finanzmarktgetrieben‹ zu bezeichnen, obwohl das [...] nicht anders als in anderen Phasen der kapitalistischen Geschichte ist.« (26) Genau genommen besagt der Satz etwas Anderes: Den Kapitalismus des 21. Jahrhunderts als ›finanzmarktgetrieben‹ zu bezeichnen, erschöpft sein Wesen nicht, wenn es sich damit »nicht anders als in anderen Phasen der kapitalistischen Geschichte« verhält. Nicht nur wäre die vordergründig dominierende Position des Finanzmarktes keine Spezifik der heutigen Phase des Kapitalismus, sondern der Finanzmarkt müsste von der Furcht getrieben werden, dass das tatsächliche Wachstum nicht ausreicht, um den »Krach« zu verhindern. Letzteres deckt sich eher mit der tatsächlichen Entwicklung, zumindest seit Ausbruch der Großen Krise. Der Zins für als sicher geltende Anlagen sinkt, der Zins im Banne der Furcht vor einem ›Ausfall‹ steigt. So lässt es sich an den Zinssätzen der Staatsanleihen ablesen. Im Moment des zweiten Einbruchs der Großen Krise, in der angespannten Unsicherheit, fielen die Zinsen der für sicher gehaltenen Staatsanleihen vor allem der USA und der BRD unters Inflationsniveau, während die Zinsen derjenigen Staatsschuldner, mit deren möglicher Zahlungsunfähigkeit gerechnet wurde, ins Uferlose stiegen. Was als »Diktate der Gläubiger, Spekulanten und Märkte« (Lozano 2011) angeklagt wird, rührt hier von der negativen Marktmacht, das Risiko zu scheuen, wie der Negativzins der als sicher geltenden Staatsanleihen die relative Ohnmacht des zur sicheren Anlage drängenden Überangebots anlagesuchenden Geldkapitals bezeugt. In einer Phase allgemeiner Unsicherheit heftet die Furcht vor dem Ausfall sich in ständig wechselnder Intensität an immer neue Wertträger. Wir kommen darauf zurück.

3. Finanzialisierter Kapitalismus

Wie also erklärt sich, dass trotz des Überhangs an flottierendem Finanzkapital Kräfteverhältnisse herrschen, die als »Diktatur der Kapitalmärkte« (Urban 2009, 32) beschrieben werden konnten? Vom Standpunkt der Konzern-Belegschaften und ihrer gewerkschaftlichen Interessenvertretung leuchtet das ein, wenn man in Betracht zieht, wie sich der über Aktien vermittelte Warencharakter des Unternehmens auswirkt. Die Aktien begründen Eigentum am Sachkapital des Unternehmens und einen Anspruch auf einen Anteil am Unternehmensgewinn. Zum einen repräsentieren sie also unmittelbar Kapital, zum anderen kapitalisierte Gewinnerwartung. Ihre Preisbildung ergibt sich aus Angebot und Nachfrage, die ihrerseits von vergleichenden Gewinnaussichten und von »erwarteten Erwartungen« als dem spekulativen »Subjekt-Objekt der Börse« abhängig sind (KE II, 193). Während Dividenden von realer Produktion und Realisation abhängen, speisen sich Kursgewinne aus vergleichenden Erwartungen. Daher ist der Aktienpreis ungeheuren Schwankungen ausgesetzt, auch wenn sich an Realkapital und Ertragslage kaum etwas geändert hat. Der Aktienpreis, der die Börsenkapitalisierung des Unternehmens speist, bedingt die Möglichkeit eines Aktienkaufs, der nicht auf Unternehmensanteile und Dividendenrechte, sondern aufs Unternehmen selbst abzielt. In Abhängigkeit von der Gesetzeslage und den einschlägigen Regelwerken kann ein Unternehmen vom spekulativen Kapital übernommen werden.

Neuerdings hat sich der Ausdruck »Finanzialisierung« der Sprache bemächtigt und schickt sich an, den ungleich artikulierteren und daher eher diskutierbaren Begriff der »finanzmarktgetriebenen Akkumulation« zu verdrängen. »Finanzialisierung« fungiert »ein bisschen wie ›Globalisierung‹ – [als] ein bequemes Wort für ein Bündel mehr oder weniger eigenständiger struktureller Veränderungen in den Ökonomien der industrialisierten Welt« (Dore 2008, 1097). Unter der »financialization of capitalism« verstehen etwa John Bellamy Foster und Fred Magdoff (2008) »die Schwerpunktverschiebung von der Produktion zur Finanz innerhalb der Gesamtwirtschaft« als Antwort auf die Stagflation in der Endphase des Fordismus.[77] Ablesbar sei sie am Anschwellen der aggregierten Schulden in Prozent des BIP. Sie datieren den Beginn der »Finanzialisierung« auf die späten 1990er Jahre, »als die Finanz ein Eigenleben anzunehmen schien«.[78] Harry Magdoff und Paul Sweezy haben unmittelbar nach dem Börsenkrach von 1987 geschrieben: »In der finanzbeherrschten Welt von heute [*today's world ruled by finance*] fällt das zu Grunde liegende Mehrwertwachstum zunehmend hinter die Akkumulationsrate des Geldkapitals zurück.« Sie folgern daraus, das aufgehäufte Geldkapital werde »mehr und mehr nominell, ja fiktiv [...]. Es stammt aus Kauf und Verkauf von Wertpapieren und geht von der Annahme aus, die Anlageinflation werde kontinuierlich weitergehen.« (Zit.n. Foster/Magdoff 2008)

Bis zu diesem Punkt bleibt unklar, was an der Nachfragestimulierung durch Kredit – d.h. durch Schulden oder, keynesianisch ausgedrückt, kreditierter Vorfinanzierung künftiger Produktion – qualitativ neu sein soll gegenüber der keynesianischen Verschuldungspolitik, wie sie im Fordismus praktiziert wurde. Man denke

77 »It was financialization – and the growth of debt that it actively promoted – which was to emerge as the quantitatively most important stimulus to demand.« (Foster/Magdoff 2008)

78 Weiter unten präzisieren sie, »that the autonomy of finance from the underlying economy, associated with the financialization process, was more relative than absolute, and that ultimately a major economic downturn–more than the mere bursting of one bubble and the inflating of another–was necessary«.

nur an die kreditfinanzierte Rüstungskonjunktur der USA im Zweiten Weltkrieg, die der 1929 ausgebrochenen Großen Krise des Fordismus ein Ende bereitet hat, oder an die von den Anschlägen vom 11.9.2001 eingeläutete Militärkonjunktur unter Bush. Die von den beiden Autoren erwähnten »revolutionären neuen Techniken des Risikomanagements« können es für sich genommen kaum ausmachen. Eher könnten sie dazu beitragen als ein Faktor unter anderen im Gesamt der durch die Informations- und Kommunikationstechnologien getragenen und durch die Liberalisierung des Kapitalverkehrs freigegebenen globalen Infrastruktur, durch die »das Globale als operative Einheit erst konstituiert« und »eine Reihe von ›Big bangs‹, [...] Sprünge der operativen Globalisierung, von der Börse bis zum Management von Produktion und Distribution« ermöglicht worden sind (PRRP, 24f).

Das *qualitativ* Neue in Gestalt der Determinanten und Bewegungsformen des transnationalen Hightech-Kapitalismus taucht bis zu diesem Punkt in der Argumentation von Foster und Magdoff nur in der beiläufigen Bemerkung auf, die »financialization« habe seither die »New Economy« möglich gemacht. Im Zentrum der Aufmerksamkeit der beiden Autoren steht das *quantitativ* Neue in Gestalt der durch die akkumulierten Schulden, durch neue, ›abgeleitete‹ ›Finanzprodukte‹ sowie den gesteigerten Grad der per Kredit-Hebelwirkung (*leverage*) aufgeblähten Kreditverhältnisse. Sie zitieren einen »leitenden Kreditstrategen bei der Deutschen Bank«, Jim Reid, der in einer Art Gutachten im Juli 2008 einen seit 1998 kumulierten Profitüberhang des US-Finanzsektors im Verhältnis zum BIP in Höhe von 1,2 Billionen Dollar errechnet hat. Reids Bericht stellt fest, dass die US-Banken bis zu diesem Moment in der laufenden Krise erst Verluste in Höhe von 184 Milliarden USD abgeschrieben hatten,[79] so dass Werte in Höhe einer weiteren Billion abgeschrieben werden müssten, um den Finanzsektor auf die ein Jahrzehnt früher bestehende Größe im Verhältnis zum Produktionssektor zurückzuführen. Reid sieht »eine lange Periode konstanter Staatsintervention beim Versuch, diese potenzielle Zerstörung aufzuhalten«, voraus. Zugleich sieht Reid, dass »die Berechnung der ›natürlichen‹ angemessenen Größe des Finanzsektors im Verhältnis zur übrigen Wirtschaft [...] ein gewaltiges Rätsel auf[gibt]«.

79 Laut Bloombergs Verlustabschreibungs-Rangliste (WDCI).

4. Kreditbasierter Konsumkapitalismus?

Die beiden ungleichen unproduktiven Konsumenten, die Privathaushalte und die öffentlichen Haushalte der unterschiedlichen Ebenen des Staates, hatten ihren Verbrauch von Gütern und Dienstleistungen zunehmend auf Pump betrieben. In der Tat war den Präsidentschaften Bill Clintons und George W. Bushs, ungeachtet aller Gegensätze, eines gemeinsam: nämlich eine kreditbasierte Konsumkonjunktur, und dies nicht nur binnenwirtschaftlich. In dieser Zeit avancierte die aggregierte US-Verschuldung »zum zentralen Antriebsmotor der Weltwirtschaft« (Brenner 2004, 32). Diese Phänomene führten Wallerstein dazu, die Anreizung zu schuldenbasierter Konsumtion zum »Schlüsselmechanismus der Spekulation« zu erklären (2009, 12f). Als dieser Motor ausfiel, stellte sich der Europachef von Thomson Reuters die Sequenz, an deren Ende die Krise behoben wäre, folgendermaßen vor: »Wiederbelebung des Konsums, der Produktion und der Beschäftigung« (Crespo 2010). Die Ordnung, die er bedient, zäumt wie selbstverständlich alles von hinten, vom Konsum her auf, während die lebendige Arbeit an letzter Stelle steht. Doch wie sollten die Leute beginnen, wieder Geld auszugeben, bevor sie wieder welches verdienten? Dass die Produktion der Nachfrage folgt (falls nicht die Anziehungskraft von Innovationen eingesetzt wird), ist eher einsichtig, und im besten Fall folgen zuletzt die Investitionen in neue Produktionsanlagen.

Die Annahme, arbeitslose Nichtverdiener könnten allein mit ihren Konsumtionsausgaben die Konjunktur beleben, scheint sich auf das Rezept zu stützen, das vor der Krise anscheinend blendend funktionierte, bis es den Krach auslöste. Robert Brenner hat etwas von der Dialektik der Ungleichzeitigkeit und der schließlichen Selbstzerstörung nachgezeichnet, in der die beiden ungleichen Akteursgruppen der Privat- und der Staatshaushalte sich verschuldeten und so dem Anlage suchenden Geldkapital zu Anlage- und damit Akkumulationsmöglichkeiten, dem Finanzsystem aber zu Rekordgewinnen verhalfen: Als die US-Regierung unter Präsident Clinton ihre Politik des ausgeglichenen Staatshaushalts verfolgte, also die staatliche Kreditaufnahme zu einem Halt brachte, kam das dem Abschalten eines Konjunkturantriebs gleich. Die US-Notenbank (Fed) unter Alan Greenspan senkte im Gegenzug die Zinsen, um den unproduktiven Privatkonsum und dadurch auch den produktiven Produktionsmittelkonsum der Privatwirtschaft zu stimulieren. Um die Kreditwürdigkeit der prospektiven Privatschuldner zu steigern, baute Greenspan auf den »Reichtumseffekt« der Anlagen-Inflation in Gestalt der durch Zinssenkung nach oben getriebenen Börsenkurse. Das war zwar nur Reichtum auf dem Papier, aber es erhöhte die Kreditwürdigkeit der über Wertpapiere verfügenden Schuldner, während die niedrigen Zinsen zugleich das Sparen unattraktiv machten. Das folgende Sinken der Sparrate in den USA auf 0,5 (2005) und dann 0,4 Prozent (2006 und 2007) war »historisch beispiellos für ein reifes kapitalistisches Land« (Fine 2010, 118). Damit »setzte die *Fed* in der zweiten Hälfte der 1990er Jahre auf eine Expansion der privaten Verschuldung – also eine Art von ›Börsenkeynesianismus‹« (Brenner 2004, 6).

5. Paradoxe Keynesianismen

Die USA als sich immer tiefer verschuldender »Weltkonsument letzter Instanz« praktizierten im Zusammenspiel mit ihren asiatischen Kreditgeberländern das weltwirtschaftliche »Paradox eines antikeynesianischen Keynesianismus« (Haug 2005b).[80] Dank des Dollarstatus einer Welt-Reservewährung konnte seit den 1980er Jahren, mitten in der Abschwächung der realwirtschaftlichen Akkumulation, das »Monopol-Finanzkapital« (Foster/Magdoff) der USA zum »Katalysator der effektiven Weltnachfrage« werden (Bellofiore/Halevi, 2009b, 22). Was Brenner als »Börsenkeynesianismus« bezeichnet, heißt bei Riccardo Bellofiore u.a. (2011, 29) eine Art von »paradoxem ›finanziellen und privatisierten Keynesianismus‹«,[81]

80 »Like in classical Keynesianism, the US emit loans to finance their own additional demand, though the real coverage of this demand will be produced abroad. It is as if the USA were saying to the rest of the world: ›You owe me my debts.‹« (Haug 2005b) Mit klassischem Keynesianismus in Form von »konjunkturbezogener fiskalischer Defizitpolitik« (Zinn 2008c, 19), erst recht mit dem, der eine den kapitalistischen Wachstumszwang brechende Ökonomie ins Auge fasst, hat dies freilich nur soviel zu tun wie mit seinem Gegner.

81 Die damit gemeinte Form der Finanz- und Konjunkturpolitik hat ihre große Zeit unter Präsident Clinton: »Rapidly rising income inequality, caused by continuing de-unionization and sharp cuts in social spending, as well as the reduction in aggregate demand caused by fiscal consolidation, were counterbalanced by unprecedented new opportunities for citizens and firms to indebt themselves. The feli-

bei dem Reichtum mittels »politisch manipulierter Anlage-Blasen« generiert und hierdurch wirtschaftliche Nachfrage stimuliert wird. Die Aktienbesitzer wurden zu konjunkturpolitisch eingesetzten Nutznießern des Börsenkeynesianismus. Indem mit den Kursen ihre Kreditwürdigkeit und mit dieser ihre Konsumausgaben stiegen, wurde der Kredit auf eine Weise zum Treibstoff der Kapital-Akkumulation, welche die Akkumulation in der Geldform kurzschloss. Der Konsumkredit befähigte die Privathaushalte zum Kauf; die aggregierte Nachfrage reichte indes dem Industriekapital nicht weiter als zur einfachen Reproduktion; der Mangel an industriellen Akkumulationsmöglichkeiten verlagerte die erweiterte Reproduktion zum Geldkapital. Dieser Prozess musste in die erweiterte Reproduktion des fiktiven Kapitals münden.

Die Dot.com-Blase hatte den Siegeszug des Internet und die damit verbundene Unternehmensgründungswelle spekulativ überhöht. Als ihr Platzen das 21. Jahrhundert einläutete und, gefolgt von den Angriffen des 11. September 2001, im Angstreflex von Konsumenten und Anlegern eine Rezession auszulösen drohte, setzten die US-Notenbank unter Alan Greenspan und die US-Wirtschaftspolitik wieder auf einen Reichtumseffekt, nämlich den des Eigenheims. Sie verbilligten einmal mehr das Geld und stachelten die Banken auf, durch erleichterten Hypothekenzugang den Häusermarkt anzukurbeln.[82] Damit erreichte die »Anlagen-Inflation« nicht mehr nur die Aktienbesitzer, die zu konjunkturpolitisch eingesetzten Nutznießern des Börsenkeynesianismus wurden, sondern auch die (in den USA beträchtlichen) Teile der Arbeiterklasse und der unteren Mittelschichten, die ein Wohnhaus besaßen oder als Hauskäufer angesprochen werden konnten. Niedrige Zinsen verbilligten die Kreditaufnahme für den Hauskauf. Die daraufhin steigende Nachfrage zog die Hauspreise nach oben. Steigende Hauspreise erhöhten die

citous term, ›privatized Keynesianism‹, was coined to describe what was, in effect, the replacement of public with private debt. […] individual citizens who, under a debt regime of extreme generosity, were allowed, and sometimes compelled, to take out loans at their own risk with which to pay for their education or their advancement to a less destitute urban neighbourhood« (Streeck 2011, 17; vgl. Crouch 2009).

82 »The strategy was that of expanding the spiral of debt capital to an ever-growing number of poor people by offering negative equity loans ([…] greater than the values of collaterals), offering schemes where the interest was to be paid in perpetuity without having to repay the principal, and so on.« (Bellofiore u.a. 2011, 31)

Kreditwürdigkeit der Hausbesitzer. So pumpten die US-Geld- und Konjunkturpolitiken die Immobilienblase auf, wiederum im Blick auf diesen zweiten Reichtumseffekt und die von ihm und den niedrigen Zinsen angeregte Bereitschaft, auf Kredit Konsumgüter zu kaufen.

Einen Schlüssel zum Verständnis dieser Dynamik bietet die aus der Krise des Fordismus und dem von ihr getriebenen *profit squeeze* geerbte und durch die »hochtechnologische Arbeitslosigkeit« (KV II, 228f) geförderte Senkung der Lohnquote nicht nur in den USA.[83] Ihren Lebensstandard hielten viele der vom Abstieg bedrohten Lohnempfänger teils durch Aufnahme einer zweiten Arbeit, teils mit Hilfe des Kredits: Bankendarlehen kompensierten Lohneinbußen.[84] Dass dabei »die Reproduktion der Arbeitskraft nicht mit Waren beginnt [...], sondern mit Kredit«, erklären Bryan u.a. (2009, 463) zu einer Spezifik der »Finanzialisierung«. Aber wie der Vers *I owe my soul to the company store* erinnert, war das in den ersten hundert Jahren des Industriekapitalismus gang und gäbe, wenn auch in gewiss anderen Erscheinungsformen und anderen Proportionen. Wo immer der Lohn erst am Ende der Woche kommt, begann diese mit Anschreiben-Lassen, also mit Kredit. Die Besonderheit der heutigen Kapitalverhältnisse lässt sich also mit dieser Zirkulationsform allein nicht begründen, sondern allenfalls mit der neuen Qualität, die durch das quantitative Ausmaß und die gesamtwirtschaftliche Bedeutung der konjunktur- und profitpolitisch eingespannten konsumtiven Verschuldung von Privathaushalten bestimmt ist.[85] Auch Lapavitsas nennt das die »financialisation« der Arbeitereinkommen – nämlich Finanzierung eines Teils des Lebens-

83 »A key element in explaining this whole dynamic is to be found in the falling ratio of wages and salaries as a percentage of national income in the United States.« (Foster/Magdoff 2008; Tabelle in: dies. 2009, 23) – In der Bundesrepublik sank die Lohnquote von ca. 76 % 1976 auf 61 % 2008 (historischer Tiefpunkt). Zum ersten Mal gingen zwischen 2004 und 2008 selbst im Aufschwung die Reallöhne zurück. »Im Frühjahr 2008 wurde die deutsche Öffentlichkeit darüber informiert, dass bei den Arbeitnehmern von dem realen Wachstum, das während des jüngsten Konjunkturaufschwungs insgesamt 7 % betrug, nicht nur nichts angekommen ist, sondern dass ein Reallohnverlust von 3,5 % eintrat [...]. Es ist eine ganz neue Qualität von Wachstum, wenn es *vornehmlich* denjenigen zugute kommt, die der konkreten Wertschöpfung relativ fern stehen.« (Zinn 2008, 44)

84 »Loans replaced wages.« (Wolff 2008)

85 Zinn sieht darin »eine Epochenspezifik (mit Ähnlichkeiten zu den ausgehenden 1920er Jahren)« (briefliche Mitteilung).

unterhalts, »zumeist Ausgaben für Wohnung, aber auch Erziehung, Gesundheit, Rente und Versicherung« – und bringt solche Schuldenfinanzierung des Lebensbedarfs auf die Formel der »finanziellen Enteignung« (2009, 115). Doch das schließt den Zusammenhang der partiellen Lohnsubstituierung durch Darlehen kurz. Tatsächlich wird hierbei der Lohn unter den Wert der Arbeitskraft gedrückt, wenn man mit Marx begreift, dass deren »Wertbestimmung [...] großenteils von der Kulturstufe eines Landes, unter anderem auch wesentlich davon ab[hängt], unter welchen Bedingungen, und daher mit welchen Gewohnheiten und Lebensansprüchen die Klasse der freien Arbeiter sich gebildet hat«, dass jedenfalls »für ein bestimmtes Land, zu einer bestimmten Periode [...] der Durchschnitts-Umkreis der notwendigen Lebensmittel gegeben« ist (23/185). Wird der Lohn unter dieses Niveau gedrückt, mag man tatsächlich von einer Enteignung sprechen. Der Kredit kompensiert sie um den Preis, die Lohnarbeitenden in eine Abhängigkeit zu bringen, die in Gestalt des Schuldendienstes auf eine Art negativer Leibrente hinausläuft und das Kapital insgesamt zu kollektiver Leibherrschaft über die Lohnarbeitenden außerhalb des Arbeitsverhältnisses erhebt.[86] Die Lohnarbeitenden finden sich dadurch vom Verwertungsprozess vereinnahmt, nicht dem eines bestimmten, konkreten Kapitals, sondern der Bewegung der alles durchdringenden, anonymen Verwertung des Werts als solcher. Wie die durch Hochtechnologie und Globalisierung aufgebrochenen Arbeitsverhältnisse sie zu Unternehmern ihrer Arbeitskraft gemacht haben, die zu ständigem Gestaltwandel in fluktuierenden Bewerbungsverhältnissen angehalten sind, und wie das Internetmarketing mit seinen versteigerungsförmig mobilen Preisen sie zu Schnäppchenjägern erzieht, müssen sie sich jetzt zu ihren eigenen Kreditmanagern und Risikoverwaltern machen und in den übers »Smartphone« verfolgbaren Wertbewegungen mitschwingen lernen. Der Hightech-Kapitalismus expandiert derart die

86 »Die Annäherung an eigentlich systemfremde bzw. frühere Ausbeutungsformen ist ein Krisenzeichen auch schon in vorkapitalistischen Formationen (in der Antike der Kolonat, im Feudalismus die sogen. zweite Leibeigenschaft) und zeigt auch dort an, dass die bestehende Formation Schwierigkeiten hat, sich auf eigenen Grundlagen zu reproduzieren. Außerdem ergeben sich aus diesen Erscheinungen zugleich Andeutungen auf Neues – auf den Feudalismus im spätrömischen Reich, auf den Kapitalismus im späten Feudalismus (marktproduzierende Gutswirtschaft).« (Briefliche Mitteilung von Wolfgang Küttler, 1.1.2012)

Kapitalimmanenz des Lohnarbeiterdaseins[87] über die Grenzen des Arbeitstags in die Freizeit. Es ist, als setzte er alles daran, die rastlose Bewegung des sich verwertenden Werts mit seinem unablässigen *morphing* zum Lebensrhythmus der Individuen zu machen.[88]

6. »Rentenfonds-Kapitalismus«[89]

Als eine Besonderheit der Epoche und Teil einer »Transformation der Eigentumsverhältnisse«[90] lässt sich die in den letzten Jahrzehnten rasch gewachsene Rolle der Pensionsfonds begreifen. Neben der »neuen ›Viererbande‹ – Ölexporteure, asiatische Staatsfonds, Hedge Fonds und Private Equity« (Zinn 2008c, 113) bewegen sie inzwischen als die größte Gruppe der institutionellen Investoren[91] einen erheblichen Anteil am Weltfinanzkapital. Die neoliberale Privatisierungspolitik der Alterssicherung hat, angestoßen durch eine Weltbank-Studie von 1984, auch in Ländern mit klassischer Sozialpolitik im Zuge ihrer Angleichung ans angelsächsische Kapitalismusmodell die im solidarischen Umlageverfahren aufgebrachte öffentliche Rente tendenziell auf den Status eines Existenzminimumgeldes

87 »Labor-as-capital is asked to live or die by capital's internal movement, where capital is abstracted from particular sites of investment, jobs, residences, or services. This intensification is labor's and capital's financial makeover.« (Bryan/Martin/Rafferty 2009, 471)

88 Zur Subsumtion der Lohnarbeitenden unters Finanzkapital vgl. Panitch/Gindin/Albo 2010. Solche ›Finanzialisierung‹ wurde auch von relevanten politischen Akteuren aus dem Mitte-Links-Spektrum als Mittel gesehen, die großen Vermögensunterschiede im Neoliberalismus mit neoliberalen Mitteln zu beheben (Solty 2008, 17-28).

89 Vgl. Riccardo Bellofiore, »capitalismo dei fondi pensione«, in: Manifesto, 2000.

90 »Die Entwicklung der Finanzmärkte war vom Aufstieg institutioneller Investoren (Versicherungen, Investmentfonds, Pensionsfonds), d.h. von einer Transformation der Eigentumsverhältnisse begleitet.« (Sablowski 2009, 124)

91 Ende 2006 rangierten die Pensionsfonds mit 23 Bio USD vor den Investmentfonds mit 22 Bio und den Versicherungen mit 17 Bio. »Während in Frankreich nur 3,5 % und in Deutschland nur 5,7 % des institutionell verwalteten Vermögens in Pensionsfonds angelegt sind, entfallen auf diese Gruppe in den Niederlanden 60,6 %, in den USA 49,2 % und in Großbritannien 34,1 % des Gesamtvermögens. In Deutschland werden mehr als drei Viertel des Vermögens von Versicherungen verwaltet, die in den USA weniger als ein Fünftel (16,6 %) auf sich vereinigen.« (RLS; Angaben nach Fund Management, IFSL Research, London, September 2007 <www.ifsl.org.uk>)

reduziert. Die darüber hinausgehenden Mittel für ein den kulturellen Standards entsprechendes Leben im Alter wurden zu einer abhängigen Variablen des Aktienmarkts und zu einer weiteren Profitquelle für die privaten Finanzinstitutionen gemacht.[92] Nicht allein, dass die Pensionsfonds spekulativ agieren und dabei riesige Summen mit enormer Markmacht einsetzen, ist das Bemerkenswerte in unserem Kontext, sondern mehr noch, dass es sich dabei um aggregierte Rentenbeiträge, also um kapitalisierten Arbeitslohn[93] handelt, der größtenteils in fiktives Kapital eingetauscht wird. An den Finanzoperationen, die der Finanzkrise ihre explosive Kraft gab, waren sie beteiligt wie andere Geldvermögenskonglomerate. Dabei wirkten sie nicht nur als »Finanzakzelerator« an der Verstärkung der Auf- und Abschwünge (Minsky 2008, 115-27) und damit auch an der Potenzierung der Risiken an den Finanzmärkten mit,[94] sondern die

92 Für die Bundesrepublik wird im 3. Quartal 2011 die Zahl der Verträge der »Riester-Rente« mit knapp 15 Millionen angegeben.

93 Bei Foster/Magdoff 2008 verschwindet diese Besonderheit in dem für die von Paul Baran und Paul Sweezy gegründete Denkrichtung zentralen Begriff des »surplus«, in dem Mehrprodukt, Mehrwert und notwendiger Reservefonds mit dem Anlage suchendem Neukapital ineinanderfließen: »During the last thirty or so years the economic surplus controlled by corporations, and in the hands of institutional investors, such as insurance companies and pension funds, has poured in an ever increasing flow into an exotic array of financial instruments.« (Vgl. 2009b, 26) Altersvorsorge gehört aber wie alle anderen Sorge-, Vorsorge- und Bildungskosten nicht zum in »Mehrarbeit« erzeugten »Mehrprodukt«, ausgedrückt im »Mehrwert«, sondern zu dem für die Reproduktion der Arbeitskraft notwendigen. Ihr Geldausdruck gehört zum Lohn. – Den Schuldendienst der Lohnarbeitenden als »the rending of surplus value before participation in ›production‹« abzubilden (Bryan/Martin/Rafferty 2009, 470), folgt derselben, durch die Surplus-Kategorie angebahnten empiristischen Tendenz, vom Standpunkt der fertigen Phänomene zu sprechen, statt die Wertquellen zu unterscheiden.

94 In einer Erklärung des Wissenschaftlichen Beirats von Attac heißt es zunächst, man müsse »nicht näher erläutern, dass es die Vermögen der Superreichen und nicht die aggregierten Ersparnisse der Normalbevölkerung sind, die für die Potenzierung der Risiken in den Finanzmärkten verantwortlich sind« (2011b, 3). Eine Fußnote (4, Fn. 15) bringt den Gegenpart, ohne dass der Widerspruch reflektiert wird: »Nicht nur die Reichen mehren mit ihrem Geld die Macht der Finanzmärkte. Weil die staatliche Rentenversicherung in den USA nur ein minimales Grundeinkommen sichert, sind auch ganz normale Erwerbstätige gezwungen, Altersvorsorge über private Pensionsfonds zu betreiben. Diese sind zu immer mächtigeren Playern auf den Märkten geworden, seit die Privatisierung der Daseinsvorsorge auch in den Schwellenländern und in Europa um sich greift. Nicht nur die Vermögenskonzentration ist also ein Problem, sondern auch der Mangel an staatlicher Vorsorge und Umverteilung.«

Kapitalvernichtung machte auch vor ihnen nicht halt. Man schätzt, dass allein die US-Pensionsfonds ein Jahr nach der Börsenpanik von 2008 auf dem Papier rund 1,2 Billionen weniger als vor dem Ausbruch der Finanzkrise besaßen.[95]

Der Antikeynesianismus der neoliberalen Privatisierung hat damit den Fetischcharakter des Kapitals auf neue Höhen geführt: Die Lohn- und Gehaltsabhängigen verschulden sich unter Bedingungen der Privatisierung ihrer Altersversorgung und deren Subsumtion unter die Kapitalmärkte; die Profitmaximierungszwänge, denen die Fonds von den Marktverhältnissen und den bevorstehenden Rentenansprüchen einer ›heranalternden‹ Arbeiterbevölkerung unterworfen sind, bringen es im Zuge der neuartigen Finanzinstrumente mit sich, dass ihre Pensionsfonds auf der Suche nach zinsgünstigen Anlagemöglichkeiten u.a. in diese Schulden investieren. Die Fondsgenossen zehren damit am für die Altersrente gesparten und von den Pensionsfonds zusammengefassten Teil ihrer Bezüge bereits jetzt. Sie tun es in der verrückten Form, dass jedem von ihnen individuell das angesparte Kollektivvermögen ihrer Klasse, personifiziert durch die Fondsmanager, als Finanzkapital gegenübertritt und sie sich quasi bei sich selbst verschulden – repräsentiert durch Mittelsmänner ihrer institutionellen »Vermögensverwalter« oder »Geld-Manager«, in denen sie sich nicht selbst erkennen können. Die Privatisierung hat sie in eine Lage versetzt, in der sie, um ihren Lebensstandard zu halten und ihren Kindern die angemessene Ausbildung zu finanzieren, ihrer Altersversorgung bewusstlos das Grab schaufeln. Wenn das Kapital, von dem ihr Arbeitsplatz und Arbeitseinkommen abhängen, aus nichts als aggregierter Mehrarbeit – populär gesagt: aus unbezahlter Arbeit – von ihresgleichen besteht, so ist es in diesem Fall aggregierte notwendige Arbeit eines jeden und einer jeden von ihnen, als den Subjekten ihrer Arbeitskraft, die als tote Arbeit wie ein Alp auf ihnen sitzen, ihnen einen stets wachsenden Teil ihres Lohneinkommens abpressen und sie tiefer in die Schuldenfalle führen wird. Wenn aller kapitalistische Fetischcharakter als Macht der Machwerke über die sie Machenden zu begreifen ist, dann schlägt ihre eigene, aber ihnen enteignete Macht gegen sie selbst aus. Es stellt sich heraus, dass ihr angespartes Rentenvermögen als spekulativer Akteur

95 »US-Pensionsfonds kämpfen mit Horror-Defizit«, *Spiegel*, 11.10.2009; zu den Perspektiven der Pensionsfonds vgl. Blackburn 2004b.

des Finanzprozesses mit seiner »Obsession kurzfristiger Erträge« (Blackburn 1999, Bellofiore 2000) an dessen Zusammenbruch mitgewirkt und eine Lawine verstärkt hat, bei deren katastrophischem Abgang viele ihrer Beitragszahler, die zugleich Zinszahler sind, mit ihrem Arbeitsplatz ihre Zahlungsfähigkeit verlieren. Die Schuldenkrise der Lohnabhängigen ist somit integraler – und im aktuellen Fall sogar unmittelbar auslösender – Teil der Finanzkrise, die in eine Wirtschaftskrise mündete. Mit Bryan u.a. (2009, 470) mag man eine Ironie der Geschichte darin sehen, dass die US-Hypothekenkrise der größte Kostenfaktor ist, den *labour*, die Arbeiterklasse, auf globaler Stufenleiter dem Kapital, das sie dem Schuldendienst unterwarf[96], auferlegt hat. Dieser ungewollte Angriff auf die Mehrwertauspumpung, der den Staat gezwungen hat, das Kapital zu retten, zog über die Staatsschuldenkrise und die prozyklisch die Wirtschaftskrise verstärkende Austerität mit ihrer Anti-Sozialpolitik der verbrannten Erde die größte Disziplinierung und Einkommensschmälerung der arbeitenden Klassen nach sich. Bereits in den beiden vorhergehenden Jahrzehnten waren »durch die ›Hintertür‹ einer Entfesselung der Finanzmärkte« die neoliberalen Ziele durchgesetzt worden (Schulmeister 2010, 1)[97], und die Staatsschuldenkrise trieb die »permanente Umbildung der Gouvernementalität und Staatsmacht *qua* und *via* Geld« (Mann 2010, 177) auf die Spitze. Doch selbst hier, wo der Fetisch der toten Arbeit in finanzieller Form ganze Staatengruppen vor sich hertrieb, war die Veränderung der Kräfteverhältnisse zugunsten der lebendigen Arbeit denkbar, nähmen die Arbeitenden und ihre Familien die Verwaltung ihrer Rücklagen in die eigene Hand und machten ihre wiederangeeignete Macht über den Finanzmarkt im Sinne einer sozialökologisch nachhaltigen Investitionspolitik geltend (Blackburn 2004a). Um zur konkreten Möglichkeit zu werden, statt bereits im Ansatz von den Mechanismen der Konkurrenz und der Krise verschlungen zu werden, müsste sich eine transnationale gesellschaftliche Allianz im Bund mit ihrer Staatenwelt herausbilden, die stark genug ist, die Grenzen des Kapitalismus in breiter Front zu überschreiten.

96 »Subsuming labour to debt« fassen Bellofiore u.a. (2011, 31) als »Finanzialisierungs-Effekt«.

97 In vermutlich ungewollter Doppeldeutigkeit fährt Stephan Schulmeister fort: Mit der Großen Krise, die dadurch vorbereitet wurde, »ist das Ende einer Sackgasse des Finanzkapitalismus erreicht« (2010, 1).

7. Der Schuldenanstieg nährt das fiktive Kapital

Anders als unter Clinton ging es unter Bush nicht um die Ersetzung der bei ausgeglichenem Haushalt ausfallenden staatlichen Kreditaufnahme durch Privatverschuldung, sondern hier wurde das staatlich-private Doppeldefizit auf immer neue Höhen getrieben. Der Erfolg schien dieser Politik Recht zu geben. Trotz der seit der Krise und dem Schwinden des Fordismus immer weiter auseinanderklaffenden Schere zwischen Arm und Reich[98] und trotz der beiden Kriege in Afghanistan und dem Irak stieg in der fraglichen Epoche der Anteil des Privatkonsums am BIP der USA von etwas über 60 Prozent zu Beginn der 1960er Jahre auf rund 70 Prozent im Jahre 2007 (ebd.).[99] Das für unmöglich Gehaltene, sich angesichts zweier Kriege deren enorme Kosten ohne Konsumeinbuße leisten zu können, also Raketen *und* Butter zu bieten, schien Wirklichkeit geworden. Die konsumgetriebene Akkumulation nährte sich von der privaten und öffentlichen Doppelverschuldung. Die Kapitalisierung der Zinspflicht beider Schuldnergruppen mündete in fiktives Kapital. Ein Blick auf dessen Bewandtnisse ist angebracht.

Das an produktive Konsumenten ausgeliehene, also in der Produktion von Mehrwert und damit auch von Mehrprodukt angewandte Geldkapital lässt sich, insofern es völlig unabhängig vom Geschäftserfolg einen Zinsanspruch begründet, als fiktives Kapital begreifen.[100] Da hier noch ein direkter Zusammenhang mit dem

98 »Over the years 1950 to 1970, for each additional dollar made by those in the bottom 90 percent of income earners, those in the top 0.01 percent received an additional USD 162. In contrast, from 1990 to 2002, for each added dollar made by those in the bottom 90 percent, those in the uppermost 0.01 percent (today around 14 000 households) made an additional $18 000.« (Correspondents 2005, 186; Wolff 2006, 112-15; zit.n. Foster/Magdoff 2008)

99 »This was only possible because of more two-earner households (as women entered the labor force in greater numbers), people working longer hours and filling multiple jobs, and a constant ratcheting up of consumer debt.« (Foster/Magdoff 2008)

100 Geoff Mann, der im Banne der monetären Werttheorie Wert als »untrennbar von der Geldform« sieht (2010, 177), verwirft die Unterscheidung zwischen realem und fiktivem Kapital: »Wenn Kreditgeld keinen ›inneren‹, das heißt, ›nicht-fiktionalen‹ Wert hat, dann ergibt der Kapitalismus keinen Sinn.« (180) Hier rächt sich, dass Mann den Selbstwert von Waren und damit auch von der Geldware nicht vom Wertzeichen unterscheidet. Entsprechend sieht er auch keinen Unterschied zwischen Kapital als sich durch Einsaugung von Mehrarbeit verwertendem Wert und dem

produktiven Kapital gegeben ist, mag man von fiktivem Kapital ersten Grades sprechen. Anders das an unproduktive Konsumenten – seien es Privathaushalte, sei es der Staat – ausgeliehene Geld. Es ist nur formell Kapital oder fiktives Kapital zweiten Grades, da es nichts als einen rechtlich abgesicherten Anspruch auf regelmäßiges Einkommen repräsentiert. Auch was der Staat davon in Infrastrukturverbesserungen investiert, um die Wirtschaft anzukurbeln, ist keine Kapitalverwertung, selbst dann nicht, wenn dabei künftige Mehreinnahmen an Steuern erwartet werden.[101] Staatliche Investitionstätigkeit gilt den Verwertungsbedingungen, nicht der Verwertung selbst. Der Staat schafft keinen Mehrwert, den schaffen allenfalls die privaten Auftragsnehmer seiner Investitionstätigkeit. Er selbst agiert hierbei nicht als Kapitalist, aber seine Schulden sind Kapital für die Gläubiger.

Als fiktives Kapital dritten Grades lassen sich von fiktivem Kapital abgeleitete Formen begreifen, Kreditderivate, die den spekulativen Handel mit fiktivem Kapital oder Ausfallversicherungen desselben (CDS) oder, noch einen Grad darüber, das für den Handel damit geliehene Geld zum Gegenstand haben. Als die finanzielle Basisinnovation auf diesem Feld gilt die Verbriefung von Krediten in Wertpapierform (securitization), obwohl auch sie in der Geschichte des Kapitalismus ihre Vorformen hat. Solche »Besicherung« zusammen mit anderen handelbaren Finanzderivaten »verwandelt Geldprozesse in Warenbeziehungen« (Bryan/Rafferty 2006), was wiederum »dazu beiträgt, den Unterschied zwischen Geld und Kapital

Kapital-Analogon des kapitalisierten Zahlungsversprechens. Es ist, als hätte Mann diesen Einwand erwartet, denn von der abstrakten Arbeit meint er, sie habe das »Sein« des Werts gebildet, als Marx diesen theoretisch fasste; nun aber sei der Wert »neuerdings die Fesseln der Arbeit losgeworden« und sei die Arbeitswerttheorie, »wie sie gemeinhin verstanden wird, tot« (176). Dem Zweifel an dieser Totsagung begegnet er mit der Frage, die ihre eigene Antwort sein soll: »ist ein Spezialist für finanzielle Kombinatorik, der ein neues Derivat ›produziert‹, ein wertbildender Arbeiter?« Wenn wir das verneinten, müssten wir den Derivaten den Wert absprechen. Bejahten wir es, müssten wir »akzeptieren, dass Kapital Wert bilden kann« (177). Bildet die Beteiligung an der Mehrwertabschöpfung selber Mehrwert? Geoff Mann dürfte die Frage bejahen, da er Wert zum kapitalismusspezifischen »gesellschaftlichen Verhältnis der Äquivalenz und Substituierbarkeit« erklärt (ebd.) und durch diese Tautologie (Wert = Gleichwertigkeit) die Frage nach der Wertsubstanz eliminiert.

101 David Harvey meint dagegen: »Even the state can act like a capitalist, as, for example, when it uses tax revenues to invest in infrastructures that stimulate growth and generate even more tax revenues.« (2011, 40)

zu verwischen« (Bryan u.a. 2009, 459). Für die Begrifflichkeit ist es ruinös, wenn solche Grenzverwischungen auf sie durchschlagen.[102]

Jeder Kredit kann ungeachtet der unterschiedlichen Kreditformen zum ›Hebel‹ weiterer Kredite werden. Diese ›Hebelwirkung‹ (*leverage*) erklärt die gigantischen Ausmaße, die der Überbau fiktiven Kapitals im Hightech-Kapitalismus angenommen hat. Am Größenverhältnis zwischen diesen Klassen des Kreditkapitals lässt sich eine Determinante des Krisenpotenzials der Finanzverhältnisse ablesen. Eine ›organische Zusammensetzung‹ des Kreditwesens eines Landes, einer Region oder sogar der Weltwirtschaft, in der die Klassen zwei und folgende des fiktiven Kapitals überwiegen, lässt sich als Gradmesser des Krisenpotenzials einsetzen, eines Potenzials, für dessen Aktualisierung freilich noch weitere Faktoren von Bedeutung sind. Der in einem Akkumulationsregime gegebene Grad an Kapital-Überakkumulation kann die mit hohem Hebeleffekt finanzierten Wetten zu den »Massenvernichtungswaffen« machen, als die Warren Buffett die Derivate von Kreditrisiken bezeichnet hat.

Der dem Kapitalverhältnis allgemein entspringende »krisenhafte Stolpergang [...], in dem der kapitalistische Gesamtprozess sich fortbewegt« (KE I, 106, 110ff u.ö.), folgt dem Rhythmus einer Krisenschaukel von Unhaltbarkeit zu Unhaltbarkeit. Sein statischer Ruhepunkt der Mitte zwischen den Extremen ist nur ein Durchgangspunkt mit der geringsten Verweildauer, wo die Bewegung die höchste Fluchtgeschwindigkeit entfaltet. Im Vorfeld der Großen Krise des Hightech-Kapitalismus hatte dieser Prozess historisch nicht zum ersten Mal die Form des spekulativen Finanzüberhangs angenommen. Der aktuelle wurde grob aufs Fünfzehnfache des Welt-Bruttosozialprodukts geschätzt. Er äußerte sich u.a. in einem »Schatten-Bankwesen«, das mittels der »Giftpapiere« über 650 Billionen Dollar oder das Zehnfache des Welt-Bruttosozialprodukts repräsentierte (Naïr 2011).

102 So mag es als Phänomenbeschreibung finanzkapitalistischer Praxis durchgehen, zu sagen, die Herrschaft des Werts habe »die Grenze [...] zwischen einem Finanzinstrument und einer ›realen‹ Ware« eingerissen (Mann 2010, 186). Als Theoriesatz ist die Aussage falsch. Zwar hat Mann insofern Recht, als eine Tonne Weizen und eine Schuldverbriefung »gleichermaßen [equally] unter die Herrschaft des Werts subsumiert sind« (ebd.) – aber »gleichermaßen« heißt nicht auf gleiche Weise; der Weizen ist selbst als Ware kein Derivat seiner selbst, oder Weizen ist nicht = Weizen-Terminkontrakt.

8. Die Triebkraft hinter der Finanzgetriebenheit

Im Mehrfachparadox des hier umrissenen Gesamtszenarios kommt die Überakkumulation zum Vorschein. Ein Überangebot von Geld, das sich in zinstragendes Kapital verwandeln will, hatte die Grenzen reellen Verleihens an ›kreditwürdige‹ Schuldner mit Hilfe der neuen Finanzinstrumente gesprengt, die das Risiko statistisch behandeln und weltweit verteilen, sodass der Kreditkrach zu einem Weltfinanzkrach werden musste. Nicht nur die neoklassische Orthodoxie, auch viele ihrer neokeynesianischen Kritiker neigen dazu, die Augen davor zu verschließen, dass das Grundproblem eines der ›Realwirtschaft‹ ist. Wenn nun aber die »financialization« die Antwort des Kapitals auf die Stagnationstendenz der Realwirtschaft war, lässt die Krise dieser Antwort eine »der fortgeschrittenen kapitalistischen Ökonomie endemische Stagnation« wieder auftauchen (Foster/Magdoff 2009, 26). »Ohne sich über das System selbst hinauszubewegen« (34), scheint eine erneute Dominanz der »Realwirtschaft« kaum vorstellbar.[103] Mehr noch, die »financialization« ist in dieser Sicht »so fortgeschritten und so wesentlich für den Monopolkapitalismus, dass die Rückkehr zum sog. Produktivkapitalismus [...] nicht länger möglich ist« (vgl. Meyerson/Roberto 2009, 58).

Die blinde Triebkraft hinter der Finanzgetriebenheit ist die Überakkumulation des Kapitals. Diese ist an sich eine zyklische Selbststörung des Kapitalismus, die durch Kapitalvernichtung ihre Lösung findet, um einem neuen Verwertungszyklus den Weg frei zumachen. Im ›reifen‹ Kapitalismus gewinnt die Überakkumulation eine andere Bedeutung. Die innergesellschaftlichen Akkumulationsfelder werden knapp, und die potenzierte Produktivität reduziert den Systemeffekt der durch wissenschaftlich-technischen Fortschritt neu erschlossenen. »Auf den globalisierten Märkten wird der frühere Wachstumswettbewerb mehr und mehr durch Verdrängungswettbewerb abgelöst – eine für Überakkumulation und fehlende Massenkaufkraft charakteristische Konstellation.« (Zinn 2008c, 31) Der Engpass treibt den Kapitalnachwuchs in die Finanzform und verlagert seine Realform in die jungen Kapitalismen, hier

103 Gegen neokeynesianische Ansätze dieser Art wendet Claudio Katz ein: »An entirely productive capitalism such as what the heterodox economists imagine never existed.« (2011) Wir kommen darauf zurück.

vor allem in den chinesischen, wo Industrialisierung und Urbanisierung nebst allem, was dazu erforderlich ist, ein ungeheures Anlage- und Akkumulationsfeld darstellen. Dass damit das Drama nicht beendet ist, wird uns weiter unten beschäftigen (Kap. 10). Hier nur so viel: »Chimerika« als Akkumulationsregime mit seinen zwei gegensätzlich-komplementären Komponenten bildete ohne Zweifel ein global ausstrahlendes Akkumulationszentrum. Und der Kredit, die Fähigkeit der USA, Schulden zu machen, lieferte den Treibstoff, ohne den dieser Welt-Konjunkturmotor stillstünde. War dieses Kraftwerk des Weltkapitalismus finanzdominiert? Eher lässt es sich als finanzsubventioniert beschreiben, da, kurz gesagt, die USA die chinesischen Waren mit Chinas Geld bzw. mit Schulden bezahlten. Der sich ständig weiter akkumulierende und weitere Kredite ›hebelnde‹ Kredit verlängerte die Möglichkeit der Überakkumulation des Kapitals, bis die mit fiktivem Kapital ermöglichte Verwandlung von Geld in Kapital selber fiktiv ward und ein marginaler Anlass genügte, dass das überdehnte Verhältnis zusammenschrak und die Kreditkette sich zusammenzog.

Sechstes Kapitel

Flucht aus der Geldform in die Geldwarenform

1. Wertzeichen und Selbstwert

Wenn in einer Phase allgemeiner Unsicherheit, wie wir im vorhergehenden Kapitel sagten, die Furcht vor dem Ausfall sich in ständig wechselnder Intensität an immer andere Wertträger heftet, tut sich als neues Anlagefeld für spekulative Wetten das Sicherheitsgefälle auf. Dessen Einspannung verfährt im Prinzip nicht anders als die spekulative Ausnutzung jeder anderen Marktdifferenz: Ankauf des sich als Sicherheitswert vor anderen gerade abzeichnenden Handelsobjekts, um es irgendwann möglichst zu gestiegenen Preisen wieder zu verkaufen. Die Anleger sind vom Sicherheitsverlangen getrieben. Wenn für sie die Erhaltung des Werts vor der Vermehrung des Werts rangiert, so ziehen andere aus diesem Erhaltungsverlangen ihren Wertzuwachs. Die Güter, deren Eigentumstitel jetzt erworben werden, zählen als verlässliche Wertbehältnisse, womöglich mit Gewinnpotenzial.

Wenn das Geld als Geld gefährdet erscheint, setzt die Flucht aus dem bloßen Wertzeichen in Geld als »Selbstwert« (Marx, 25/451) ein. »Ersetzung von Goldgeld durch Papier« (452) war das Werk des Kredits, wie er im 19. Jahrhundert in der Form der »Wechsel« zirkulierte und als Verrechnungsgeld fungierte.[104] Im 20. Jahrhundert machte die konjunkturell eingesetzte Währungspolitik der Golddeckung des Geldes ein Ende, formell 1973, nachdem der Gold-Devisen-Standard von Bretton Woods (1944) eine Unze Gold auf 35 US-Dollar fixiert hatte.[105] Was »das Ende der Goldwährung

104 Bryan u.a. behaupten kurzschlüssig: »For Marx, money centered on gold« (2008, 458).

105 Dieses internationale Währungsregime funktionierte, »as long as the US refrained from using its power to print dollars in a self-serving way. However, the war in Vietnam and the ›Great Society‹ anti-poverty programmes of the 1960s (a strategy of guns *and* butter‹, as it was said at the time) led to a crisis of the dollar after 1968 or so.« (Harvey 2011, 32) Die Parallelen zur kombinierten Kriegs- und Konsumwirtschaft unter Bush springen ins Auge.

brachte, war die Wendung vom automatischen Konjunkturablauf zur aktiven Konjunkturpolitik, die gleichbedeutend war mit autonomer, unabhängiger Währungspolitik und die den Spielregeln der Goldwährung widersprach« (Predöhl 1962, 54). Zu Letztern gehörte die jederzeitige Abflussmöglichkeit des Goldes, bis die entgegengesetzten Verhältnisse es wieder ins Land ziehen würden (vgl. 51). Dagegen, meint Sahra Wagenknecht, »verschifft heute niemand mehr Ladungen von Gold- und Silberbarren, um Defizite in der Leistungsbilanz auszugleichen« (2008, 11). Die Staatsschuldenkrise hat Gold als »Reserve letzter Instanz«[106] reaktiviert, und wenn Staaten, wie wir weiter unten sehen werden, Leistungsüberschüsse gegen Gold einlösen, wird die alte Geldware wieder von Land zu Land transportiert.

In Krisenkonstellationen, in denen mit dem bloßen Wertzeichen der Verwertungsprozess insgesamt in Frage steht, also auch ein Selbstwert wie das »schwarze Gold«[107] im Preis fällt, nicht anders als das essbare, als welches die argentinischen Agrarproduzenten im Moment der Geldformkrise Getreide horteten, der Devise folgend, im Silo sei es »so gut wie Gold im Safe« (FAZ, 21.9.2002),[108] in diesem Moment beginnt der Selbstwert Gold, die alte »Geldware«, alle seine Konkurrenten zu überschatten. Jetzt geht das Streben dahin, Papier durch Goldgeld zu ersetzen.[109] Wenn man sagen kann, dass

106 »Gold – the world-money of Hilferding's and Lenin's day – has become marginal to the international monetary system, a reserve of last resort.« (Lapavitsas 2009,145)

107 So hießen einmal die Schwarzafrikaner zur Zeit des Sklavenhandels, aber auch andere profitable Fernhandelswaren. Die Weltwährungsfunktion des Dollar macht das Erdöl, solange es in dieser Währung fakturiert wird, zu ihrem »Wertanker« – um den Preis einer Inflationierung der Weltwirtschaft. Altvater, der diesen Zusammenhang hervorhebt (2003), sieht daher in der präventiven Verteidigung dieses Privilegs einen »Kern« des Krieges der USA gegen den Irak.

108 In solchen Momenten der Geldkrise gewinnt der Barterhandel (Produktentausch, bei dem die Äquivalentware oder das Geld nur gedanklich, als Vergleichsmaßstab fungiert) an Bedeutung. Damals verhandelte die Agrarprovinz von Santa Fé mit Südkorea über den Kauf von Polizeiautos, kugelsicheren Westen, Waffen und Munition, die mit Soja, Mais, Sonnenblumenkernen und Weizen bezahlt werden sollten. Waffen gegen die Hungernden, bezahlt mit dem Essen, das den Hunger stillen könnte!

109 Die republikanische Mehrheit des Parlaments von Utah in Salt Lake City beschloss 2011, goldene und silberne US-Münzen nicht mehr nach dem Nenn-, sondern dem Materialwert als Zahlungsmittel anzuerkennen und den Münzhan-

Gold sich zum US-amerikanischen Dollar »meist wie eine Währung verhält« (FAZ, 11.4.2007, 20), so ist zu ergänzen: wie eine komplementär entgegengesetzte: Wenn der Dollar fällt, steigt sie.

2. Gold im Tollhaus der Preise

Indem Gold Selbstwert, weil auch in seiner Wertträgerfunktion selbst Ware ist, bewegt sich sein Preis im Kräftespiel von Angebot und Nachfrage. Und die im Goldleib verkörperte Depotfunktion bringt es mit sich, dass die Ausschläge riesig sind, weil die Goldnachfrage, die es auf den Wertcontainer abgesehen hat, konjunkturell enorm schwankt und im entsprechenden Krisenfall von gestern noch irrelevant auf heute von Panik getrieben hochschnellen kann. Um 1980, in der Niedergangskrise des Fordismus, kostete die Feinunze Gold 850 Dollar. Als die Mikroelektronik und der von ihr getragene Aufstieg des Personalcomputers zur Massenware neue Akkumulationsfelder erschlossen, setzte ein lang anhaltender Preisverfall des Goldes ein, nur kurz unterbrochen vom Börsenkrach von 1987, der den Preis vorübergehend wieder auf 500 Dollar steigen ließ. Im Sommer 1999, am Höhepunkt der Dot.com-Spekulation, lag der Goldpreis bei nur mehr 255 Dollar. Staatsanleihen, die ja nur die kapitalisierte Form einer Schuld, also »imaginäres Kapital« (Sismondi, zit.n. K III, 493, Fn. 6) sind, galten als »fast ebenso sicher wie Gold« und brachten im Unterschied zu diesem noch ein regelmäßiges Zinseinkommen.[110] 2006, in der Inkubationszeit der Weltfinanzkrise mit ihrem Epizentrum Wall Street und einer paradoxen Gegenläufigkeit der Kapitalströme,[111] stieg der Goldpreis bis April in Jahresfrist fast

del von der Steuer zu befreien. Die Regierung soll die Möglichkeit prüfen, neue Zahlungsmittel zu schaffen, um sich vom Wertverfall des Dollars abzukoppeln. Auf dem rechten Flügel der Republikaner träumt man davon, zur Golddeckung zurückzukehren. Das ist der Traum des kleinen Geldbesitzers. Anscheinend sind es nicht nur die Spinner, denn der Vorsitzende des geldpolitischen Ausschusses im Repräsentantenhaus, Ron Paul, »wirbt für ein wettbewerbliches Geld und eine Abkehr vom Geldmonopol der Bundesregierung« (»Abgeordnete in Utah drängt es zum Gold«, FAZ, 25.3.2011, 22).

110 »Amerikanische Staatsanleihen oder auch deutsche Bundesanleihen sind fast ebenso sicher wie Gold und bringen einen Zinsertrag, der sich auch mit Goldleihegeschäften nicht erzielen lässt.« (Tigges 1999)

111 Wenn 2005 der Kapitalstrom aus den Metropolen in Schwellen- und Entwick-

um die Hälfte, und die Rede vom »sicheren Hafen in Krisenzeiten« machte die Runde (FAZ, 7.4.2006, 23). Sechs Wochen später trieb der Einbruch der Börsen die Gold-Hausse auf neue Höhepunkte. Ende Mai wiederholte sich dieses Szenario. Anleihen in einigen außereuropäischen Währungen hatten seit Jahresbeginn verloren (Türkei 22,4 Prozent, Neuseeland 16,5 Prozent, Mexiko 13,1 Prozent – gefolgt von den USA mit 9,3 Prozent); die Preise für Kupfer, das »Flaggschiff der börsengehandelten Industriemetalle«, schossen wie im »Tollhaus« mal nach oben, mal nach unten (FAZ, 31.5.2006, 19f). Gegen Jahresende, bei schwächelndem Dollar und sinkendem Ölpreis, zog der Goldpreis wieder an. Die Frankfurter Allgemeine kommentierte: »Tendiert der Dollar fest, kann Gold unter Druck geraten. Zeigt er sich in schwacher Verfassung, zieht der Goldpreis meist an. Viele Anhänger des Edelmetalls deuten dies als Beweis dafür, dass es seinen offiziell abgeschafften monetären Charakter beibehalten hat. Sie erklären mit Hinweis auf die weltweit immer weiter wachsende Staatsverschuldung, Gold sei das bessere Geld.« Wenn die Notenbanken zögern, ihr Gold zu verkaufen, so vielleicht auch, weil sie fürchten, im »Fall einer immerhin denkbaren Neuordnung des Währungssystems nicht mehr viel in den Tresoren zu haben« (2.11.2006, 26).

Es war nicht der physische Markt, sondern die Spekulation am Terminmarkt, was Anfang Mai 2006 den Goldpreis mit 750 Dollar auf den höchsten Stand seit 25 Jahren getrieben hatte. Derweil strafte die Moskauer Millionärsmesse die alte Volksweisheit Lügen, dass man Gold nicht essen kann. Die Deutsche Bank lockte prospektive Privatkunden mit einem »Langusten-Spargel-Cocktail, dem statt der üblichen Sauce etwas Goldplättchenverzierung beigegeben« war, während am Nebenstand der »Gründer des Lifestyle-Management-Büros ›Red Spot‹«, Marcello Prospato, der FAZ-Journalistin, aus deren Bericht diese Details stammen (Holm 2006), »Blattgold zum Espresso« anbot mit den Worten: »Gold ist Vitamin B 12 für die Nerven«, eine, wie Holm bemerkt, »in seinen Kreisen offensichtliche Selbstverständlichkeit«. »Ein schweigsamer Mulatte dreht unterdessen Ultra-Zigarren mit Feingolddeckblatt, für hundert Euro das Stück«.

lungsländer auf 491 Mrd USD angestiegen war, so waren die zu ca. 60 % von den Notenbanken der sog. Schwellenländer, vor allem den »BRIC« (Brasilien, Russland, Indien, China), gehaltenen Dollarreserven auf rund 2 Billionen Dollar angeschwollen.

Fünf Jahre später – nun bereits beim zweiten Börsenkrach im Banne der im September 2008 vom Zusammenbruch von Lehman Brothers und der anschließenden Börsenpanik eingeleiteten Großen Krise und im Schatten der Staatsschuldenkrisen in Europa und den USA – war der Goldpreis aufs Zweieinhalbfache geklettert und strebte dem Siebenfachen des Niveaus von 1999 zu. Wenn man Julio Sanguinetti (2011), dem ehemaligen Präsidenten von Uruguay, glauben darf, hatte die Zentralbank der USA in den drei Jahren seit dem Bankrott von Lehman Brothers den Dollarumlauf verdreifacht. Auf der Finanzmarkt-Seite der Frankfurter Allgemeinen war bereits 2010 die »extreme« Meinung referiert worden, »das Vertrauen, auf dem das System basiere, Waren und Arbeit gegen Ziffern auf Kontoauszügen und Geldscheinen zu tauschen, sei endgültig zerstört. Der einzige Weg, sein Vermögen aus einem im Zusammenbruch befindlichen System zu retten, sei der Kauf von Gold.« (Mohr 2010b) Zunächst brach der Außenwert des Euro ein und stellte dessen Position als zweite Reservewährung, womöglich sogar seine Existenz in Frage. Allein die Schweizer Nationalbank mit ihren 70 Milliarden Euro musste einen währungsbedingten Verlust von »gut 2 Milliarden Euro hinnehmen« (»Euro-Schwäche belastet SNB«, ebd.), während China laut FAZ »in den Büchern durch die Euro-Abwertung rund 80 Milliarden Dollar eingebüßt« hatte, was »dem Jahreseinkommen von 80 Millionen Arbeitern in China« entspreche, so dass die große Frage jetzt laute, »ob und in welchem Umfang sich China aus dem Euro zurückzieht« (ebd.). In der Tat legten die Goldreserven Chinas »durch Zukäufe und Wertsteigerungen [...] 2009 um fast 120 Prozent auf 37,1 Milliarden Dollar zu« (»China schwimmt in Devisenreserven«, ebd.). – Der FAZ-Leitartikel ließ allerdings Niall Ferguson sagen, es sei »nur eine Frage der Zeit, bis die Märkte entdecken, dass auch die Stärke des Dollars eine Illusion sei« (Göbel 2010). Unhaltbar sei die Finanzlage in den USA, die von 2040 an ihre gesamten Steuereinnahmen für den Schuldendienst aufwenden müssten. Fergusons Schlussfolgerung: Generell werde das Vertrauen in Papierwährungen abnehmen. Im Finanzteil derselben Ausgabe der Frankfurter Allgemeinen verkündete ein Anlageberater, »dass Geld eine Illusion ist. [...] Momentan mag es für jeden Schein noch Rindsfilet und Rotwein geben, doch morgen könnten es nur Hackfleisch und Mineralwasser sein.« (Looman 2010) Als sich 2011 abzeichnete, dass die Finanzkrise keineswegs vorbei war, sondern nur Form und Feld gewechselt hatte, ließ Mexiko auf einen Satz rund 4 Prozent der Devisenreserven des Landes, 4,5 Milliarden Dollar aus der informellen Papier-Weltwährung emigrieren und in 93 Tonnen der (als substanzieller Selbstwert anders informellen) Welt-Geldware einwandern. Sicherer, als das Geld arbeiten zu lassen, schien es, den von ihm repräsentierten Wert fürs erste in Goldform zur Ruhe zu setzen.

3. Gold als Geldware

Geld kann nur Maßstab der Warenpreise, nicht der Werte sein (vgl. Wolf 2009, 81, u.ö.). Kraft der Dialektik der in den Wertformen ausgedrückten Verhältnisse bleibt es auch in seiner papierenen, selbst virtuellen Form mit den genetisch elementaren Formen ›unterirdisch‹ verbunden. Die Beharrung des Goldes in seiner vorsintflutlichen, dabei aber latent jederzeit auf ihren Moment lauernden Geldfunktion ankert darin, dass das Edelmetall als Schmuckmaterial dient, das sich im Bedarfsfall jederzeit wieder zu Geld machen oder, falls dieses nichts mehr gilt, in benötigte Waren tauschen lässt.

Der Geldware prägten die übrigen Waren die allgemeine Äquivalentform auf, indem sie ihren Wert in ihr ausdrückten. Solang das so ist, befindet sich die betreffende Ware in der Form unmittelbarer Austauschbarkeit. Auf dem Weltmarkt bildet das dynamisch fluktuierende Beziehungsgeflecht der Warenwelt das innere Regulativ. Im Moment der Geldkrise kommt es zur Formregression, die bis zum Produktentausch gehen kann, bei dem das Geld – solange es nur knapp ist, aber seine Kaufkraft behalten hat – nur als Rechengeld präsent ist. Der Moment davor, die Inflation der Sachwerte, kann unter solchen Umständen sein extremes Gegenteil ankündigen, die Deflation. Obsiegt dagegen die Gefährdung der Kaufkraft, zieht es das Verwertungsinteresse zurück in harte Güter wie Rohstoffe, Immobilien oder sogar Land. Stockt jedoch das Wirtschaftsleben, ist es nur mehr eine Frage der Zeit, bis auch deren Preise mangels Nachfrage einbrechen. In diesem Augenblick winkt dem Wert allein noch das Gold oder ein anderes Edelmetall als »sicherer Hafen«.

Wenn der US-Dollar als »internationales Kreditgeld« fungieren kann, wofür sich im empiristisch-plumpen Sprachgebrauch der

Ausdruck »Weltgeld« eingeschliffen hat,[112] so gerade nicht im marxschen Sinne dieses Ausdrucks. Denn in der Kritik der politischen Ökonomie bezeichnet der Begriff des Weltgelds keine nationale Währung, schon gar kein Papiergeld, sondern eine Ware in der Form unmittelbarer Austauschbarkeit auf dem Weltmarkt (K I, 23/156ff). Der US-Dollar dagegen fungiert als internationale Reservewährung »auf der Grundlage fiktiven Kapitals (der US-Staatsverschuldung), ohne substanzielle Basis in vergangener Arbeit (in diesem Fall Gold)« (McNally 2008, 799). Die marxschen Begriffe Geldware und Weltgeld als theoretische Vermittlungsbegriffe scharf zu halten, gebieten die empirischen Ausschläge der Krisenbewegung.

Im Moment der Geldkrise und – wegen der lähmenden Rückwirkung auf die Austausch- und Produktionsprozesse – angesichts des Wertverfalls von Basisressourcen wie Erdöl wurde »physisches Gold« zur Mangelware, so dass »von den großen privaten Handelshäusern für Edelmetalle [...] für einige Wochen kein Gold mehr ausgeliefert werden« konnte, und das, obwohl die Schmuckindustrie »im Moment nur sehr wenig« kaufte (FAZ, 11.10.2008, 21). »Anlagegold« als physische Ware, die zwar einen stofflichen Gebrauchswert besitzt, der aber von ihrem Käufer nicht gebraucht wird, erfüllt für ihn einzig den Zweck, Garantieform des Werts zu sein, wenn alle bloßen Wertgutscheine zweifelhaft werden. Das »Geld versteinert damit zum Schatz« (K I, 23/144), hört auf, für den Anleger ›zu arbeiten‹, sprich: sich zu verwerten. Zur Verwertung wird Gold eingesetzt, wenn es in

112 Selbst der vorzügliche *Kapital*-Kenner David Harvey zahlt seinen Tribut an diesen Trend und spricht von »Globalgeld«, *global money* (2011, 210), obwohl ihm der Unterschied zur »global reserve currency« (33) eigentlich klar sein dürfte. Währung ist eine staatliche – oder im Falle des Euro suprastaatliche – Geldform. Über die Geltung der Geldscheine heißt es bei Marx: »Nur bedarf das Zeichen des Geldes seiner eignen objektiv gesellschaftlichen Gültigkeit, und diese erhält das Papiersymbol durch den Zwangskurs. Nur innerhalb der von den Grenzen eines Gemeinwesens umschriebnen oder innern Zirkulationssphäre gilt dieser Staatszwang, aber auch nur hier geht das Geld völlig auf in seine Funktion als Zirkulationsmittel oder Münze und kann daher im Papiergeld eine von seiner Metallsubstanz äußerlich getrennte und bloß funktionelle Existenzweise erhalten.« (K I, 143) Solange der Dollar als eine Art Zwischenwährung fungiert, durch die alle Zahlungen zwischen unterschiedlichen Währungsgebieten hindurch gehen, müssen die Zentralbanken aller in den Welthandel involvierten Länder Dollarreserven halten, daher der Begriff Welt-Reservewährung. Inzwischen fungieren der Euro und auf längere Frist vor allem der chinesische Yuan zunehmend als zumindest regionale Reservewährungen, ein Trend, der einen halbverdeckten Abwehrkrieg seitens der am internationalen Dollar-Monopol Interessierten ausgelöst hat.

der spekulativen Überlegung gekauft wird, es angesichts der krisengetriebenen Preissteigerung zu einem späteren Zeitpunkt teurer zu verkaufen. In Spanien etwa schnellte die Nachfrage nach Anlagegold komplementär zum Einbruch der Immobilienpreise hoch. Bei »Oro direct« in Barcelona verzehnfachte sich die Klientel innerhalb von zwei Monaten von 200 auf 2000. Lag der Durchschnittskaufwert zuvor zwischen 5 000 und 10 000 Euro, so betrug er nun zwischen 25 000 und 40 000 Euro. Bei CIODE, einem anderen Goldhändler, verfünfzehnfachte sich die Kundschaft; und gingen zehn Jahre zuvor vier Prozent der Investitionen in Gold, so jetzt 19 Prozent (Barciela 2008).

Der Goldpreis drückt diese Fluchtwertfunktion nicht ohne weiteres aus, hängt doch auch er nicht nur von der Nachfrage nach der physischen Ware ab, sondern zugleich von der Nachfrage nach der vorerst bloß vorgestellten Ware der Terminkontrakte, die Wetten auf den künftigen Preis darstellen. So kam es, dass der Goldpreis fiel, während das tatsächliche Gold ausverkauft war. Der Widerspruch erklärte sich durch die Geldnot vieler Spekulanten, die sich dadurch, dass die Banken ihre Kredite nicht verlängerten, gezwungen fanden, ihre Optionen auf künftige Goldverkäufe zu verkaufen. Folglich fiel der Goldpreis, obwohl der Gegenstand jener Kontrakte nur als Versprechen existierte.

Das Problem der ehedem formellen Geldware, die nunmehr außer zur Schatzbildung zur Spekulation auf Preissteigerung genutzt wird, ist die Konkurrenz seitens der Anlagemöglichkeiten in fungierendes Kapital, falls das Risiko nicht zu groß ist. Ist bei solcher Anlage mehr zu verdienen, zieht sich Wert aus dem Gold zurück. Sein Preis ist daher instabil. Selbstwert zu sein, hindert Gold so wenig wie Kupfer oder Erdöl, im Preis unter seinen Wert zu fallen. Was es gleichwohl grundlegend vom Papiergeld unterscheidet[113] und in den Depots der Notenbanken hält, ist die durch seinen Selbstwert gegebene jederzeitige Möglichkeit, dass der Krisenfall seinen latenten Status der Wertware aktualisiert. Die Krise der Währungen macht Gold zur Krisenwährung.

113 Steven M. Davidoff meint dagegen: »Genau wie das Papiergeld ist das Gold nur so viel wert, wie die Leute glauben [...].« (2011) So falsch das ist, wird ihm kaum jemand widersprechen, wenn er fortfährt: Wer glaubt, dass das manchmal »das barbarische Relikt« genannte Gold auch dann seinen Wert behielte, »wenn die Gesellschaft vollständig zusammenbricht«, dürfte unter solchen Bedingungen »mehr mit Gewehren und Konservendosen anfangen können«.

Teil II

Die Hegemoniekrise

Siebtes Kapitel

Imperium oder Imperialismus

Das hegemoniale Paradox des transnationalen Hightech-Kapitalismus

Amerika heute denken aber heißt
den Ausnahmezustand denken.
NICOLAI RÖSCHERT 2006

Von Globalisierung reden heißt der Sache nach vom Hightech-Kapitalismus reden. Denn dieser baut erstmalig auf einer erdumspannenden Technostruktur und ist historisch beispiellos transnational. »Das techno-informationelle Paradigma ist zum Angelpunkt eines geopolitischen Projekts geworden, das eine geoökonomische Neuordnung in einer unipolaren Welt rund um die Werte der freien Marktwirtschaft garantieren soll.« (Mattelart 2003, 117) Noch zu Beginn des 21. Jahrhunderts war für die meisten US-Amerikaner fraglos, Globalisierung meine Amerikanisierung der Welt.[114] Es dauerte nur wenige Jahre, bis ihnen diese Fraglosigkeit verging. Auch wenn die USA die Regeln der Marktöffnung, die sie anderen Nationen aufgedrungen hatten, nie selbst konsequent befolgten, wuchs der Widerstand gegen das Hereinbranden der Weltmarktkonkurrenz und die auf immer weitere Sphären des gesellschaftlichen Lebens ungemildert durchschlagende Marktunmittelbarkeit. Globalisierung trug zunehmend asiatische, v.a. chinesische Züge. Die den Globalisierungsprozess begleitenden Aushandlungen gerieten ins Stocken, und die USA begannen, wieder auf bilaterale Handels- und Investitionsabkommen zu setzen.

114 »For when we talk about the spreading power and influence of globalization«, heißt es etwa bei Fredric Jameson (2000, 50), »aren't we really referring to the spreading economic and military might of the US?« Auch Clyde W. Barrow behauptet, »dass die Globalisierung in ihrer gegenwärtigen Form tatsächlich eine neue Form des amerikanischen Imperialismus ist«; er sieht Nationalstaaten als »Hauptakteure der Globalisierung« und »Garanten der politischen und materiellen Bedingungen, welche die globale Kapitalakkumulation erfordert« (2005).

Der Sache nach, wenn auch kaum im Bewusstsein der Akteure und Völker, setzte die Globalisierung des Kapitalismus die Frage von Imperium oder Imperialismus in neuartiger Form auf die Tagesordnung. Ins allgemeinere Bewusstsein trat diese Frage erst, als die Anschläge vom 11. September 2001 die Vereinigten Staaten in eine Politik trieben, die ihr eigenes Land und, gestuft nach Kräfteverhältnissen, die ganze Welt sieben Jahre lang mit dem Ausnahmezustand konfrontierte. In dieser Zeit verteidigten und gebrauchten die USA ihre Macht auf eine Weise, die sie moralisch, politisch und ökonomisch untergrub. Dieses auf der Vorderbühne dominante Geschehen überformte und verdunkelte den Entfaltungsprozess des transnationalen Kapitalismus und seiner Verkehrsverhältnisse.

1. Vom Namen zum Begriff

Namen üben einen Zauber aus, der suggestiv nach innen wirkt. Dem gesunden Menschenverstand, den Hegel als größten Metaphysiker verspottet, zieht sich auf ebenso undurchsichtige wie scheinhaft einleuchtende Weise das vermeintliche Wesen eines Dings in seinem Namen zusammen. Der Name, heißt es bei Benjamin, ist »der eigentliche Anruf der Sprache« (GS II, 145). Louis Althusser hat unseren Sinn dafür geschärft, wie jedes Individuum über seinen Eigennamen als Subjekt angerufen wird, »und zwar in einem passiven Sinne, denn es ist nie es selbst, das sich seinen Namen gibt« (1977, 145). Wenn Menschen sich ihre Namen gewöhnlich nicht selbst geben, so scheinen die gesellschaftlichen Verhältnisse genau dies zu tun. Heideggers Satz, dass »innerweltliches Seiendes je schon erschlossen« ist (SuZ, 207), lässt sich auf die gesellschaftlichen »Daseinsformen, Existenzbestimmungen« anwenden, die Marx in den sozio-ökonomischen Kategorien ausgedrückt findet (42/40). Nicht nur Wert, Geld, Kapital, Lohn usw. sind je bereits ausgesprochene und sich scheinbar von selbst verstehende Verhältnisse, sondern auch Staat, Recht, Religion, Moral usw. Wir werden in sie hineingeboren, und Namen und Sache verschmelzen in diesen immer schon über und über »interpretierten Realkategorien« (HKWM 7/I, 471), in die als in »objektive Gedankenformen« oder »gang und gäbe Denkformen«, wie Marx sagt, unser Denken spontan gefangen ist (23/90 u. 563). Solchen Namenszauber muss der historische Materialist wieder und wieder brechen. So auch bei der Frage, unter der 2006 zwei griechische Zeitschriften, *Outopia* und *Theseis*, eine Athener Tagung einberufen haben: *Imperium oder Imperialismus?*

Was dazu geführt hatte, diese Frage aufzuwerfen, war die Wirkung des Buches von Michael Hardt und Antonio Negri, *Empire* (2000), mit seiner These: »*Die Vereinigten Staaten bilden nicht das Zentrum eines imperialistischen Projekts* [...]. Der Imperialismus ist vorbei« (12), die vom US-amerikanischen Politikwechsel »von neoliberaler Globalisierung hin zu einem militärischen Globalismus« (Rilling 2007, 143) unmittelbar widerlegt schien. Bereits längerfristig angelegt,[115] kam dieser Strategiewechsel erst in Reaktion auf die Anschläge vom 11. September 2001 voll zum Zuge. Dieser Einschnitt war es, was die »dritte Welle« der Theorien über den Imperialismus (Anderson 2004, 848) in Gang gesetzt und bewirkt hatte, dass dieses Konzept wie das des Imperiums[116] quasi über Nacht »unerwartet gebräuchlich geworden« war (Rilling 2007, 143).[117]

Um die Frage *Imperium oder Imperialismus?* erörtern zu können, sind diese Namen in Begriffe zu verwandeln. Was gewöhnlich als Begriff gilt, ist nur der ›Terminus‹, und wie dieses Wort verrät, ist in ihm der Prozess des Begreifens an sein Ende gekommen und erstarrt. Unter dieser Kruste aber bleiben die Dinge nicht stehen, sondern bewegen sich »unter dem Denken weg« (Brecht, GW 12, 493). Natürlich ist davon ein so wichtiger Begriff wie »Imperialismus« ebenso wenig ausgenommen wie der des »Imperiums«. Um nicht hinter der realen Bewegung zurückzubleiben, müssen wir immer wieder neu anfangen. Ohne zu vergessen, was früher unter dieser Nomenklatur erarbeitet worden ist, haben wir zu versuchen, die gegenwärtigen Zusammenhänge, um die es geht, ›durchzusprechen‹ im ursprünglichen Wortsinn des griechischen *dialogízomai*, dessen Abkömmling unser Begriff der Dialektik

115 Nach dem Ende des Kalten Krieges ging es – welthistorisch erstmalig – den USA unmittelbar um »world supremacy« (Hobsbawm 2005).

116 »In der zweiten Hälfte des 20. Jahrhunderts war der Begriff ›Empire‹ weitgehend aus der politischen Debatte verschwunden und zu einem Gegenstand der Geschichtswissenschaft geworden.« (Rilling 2007, 141)

117 Rainer Rilling hat die in den USA damals entfesselten Debatten über Imperium und Imperialismus und die Anwendbarkeit dieser Begriffe auf die US-Außenpolitik detailliert nachgezeichnet (2007, 2008a, 2008b).

ist. Mit Definitionsänderungen ist es nicht getan. Es gilt, durch Reflexion den Begriffszusammenhang in Bewegung zu bringen. Die Frage verlangt nach Forschung und vielstimmiger Diskussion. Manche der im Folgenden gebrachten Zitate halten das weiche und wandelbare Material des Meinens in einem bestimmten historischen Moment fest. Das kann nicht anders sein in einer Studie, die es mit geschichtlichem Handeln und der Interpretation dieses Handelns zu tun hat und sich mit dem Ziel einer Re-Interpretation vom Standpunkt der Sozioanalyse[118] ins zeitgenössische Unbewusste vortastet.

Der lateinische Ausdruck *imperium* leitet sich vom Verb *imperare* ab, das *befehlen* meint, wie es in der grammatikalischen Kategorie der »Befehlsform« (Imperativ) erhalten ist. *Imperium* ist zunächst das Kommando oder die Befehlsgewalt. Befehle haben es nötig, befolgt zu werden. Ihre Realisation hängt von der Macht des Befehlenden ab. Max Weber definiert sie als die »Chance, innerhalb einer sozialen Beziehung den eigenen Willen auch gegen Widerstreben durchzusetzen, gleichviel worauf diese Chance beruht«. Herrschaft definiert er als »die Chance, für einen Befehl bestimmten Inhalts bei angebbaren Personen Gehorsam zu finden« (WuG, I, §16).

Die von Marx analysierte »Herrschaft des Kapitalisten über die Arbeiter« (Res, 18) lässt sich mit dieser nüchtern zupackenden Bestimmung allerdings nur ganz oberflächlich beschreiben, solange die gesellschaftlichen Verhältnisse, auf denen diese Chance beruht, außer Betracht bleiben. Die fürs Kapital spezifische Herrschaft ist primär nicht personal, sondern *strukturell* im marxschen Sinne der »Herrschaft der [...] dem Arbeiter gegenüber verselbständigten *Arbeitsbedingungen*«, bei der »die Waren [...] zu Herrschaftsmitteln [...] über die Arbeiter werden« (ebd.). Wie das Geld seinem Besitzer »allgemeine Herrschaft über die Gesellschaft, über die ganze Welt der Genüsse, Arbeiten etc.« verleiht (*Grundrisse*, 42/149), so ist die Kapitalherrschaft eine sachlich vermittelte. Erst im Betrieb herrscht der Kapitalist unmittelbar durch Befehl, dessen Verweigerung er mit Entlassung quittiert. Eigentum, das diese Herrschaft fundiert und vermittelt, sowie Befehlsgewalt, die sie aktualisiert, verlangen nach zwei Faktoren, deren Gegensatz die Welt aller Imperative in der einen oder anderen Weise strukturiert: Zustimmung und

118 Zum Konzept der Sozioanalyse vgl. HTK I, 14.

Zwang. Erst das Zusammenspiel der selber nicht primär ökonomischen Instanzen, der ideologischen Mächte und der repressiven Apparate, vermag dem Eigentum an Produktionsmitteln oder auch am abstrakten Reichtum, dem Geld, seine Befehlsmacht über die sachlichen und persönlichen Ressourcen zu sichern. Und erst der konkrete diskursive Betrieb der politischen und ideologischen Auseinandersetzungen wiederum entscheidet über massenhafte Zustimmung oder Ablehnung bestimmter Projekte des Gebrauchs aggregierter gesellschaftlicher Macht. Um diese überaus wichtige Doppelbestimmung geht es beim Begriff der Hegemonie, wie Antonio Gramsci ihn in seinen *Gefängnisheften* ausgearbeitet hat und zu deren fein-verästelter Thematik er den Schlüssel in die Hand gibt. Dieser Schlüssel verspricht, auch die Gegenwartsproblematik der Imperialität aufzuschließen, die ihre Prägung vom transnationalen Hightech-Kapitalismus empfängt.

Um den Hegemoniebegriff für unsere Frage fruchtbar zu machen, muss man auch das Wort »Hegemonie« aus seinem Terminusdasein im gedankenlosen Sprachgebrauch des *mainstream* zurückholen. Denn der öffentliche Diskurs, der von Gramsci nichts weiß oder ihn allenfalls vom Hörensagen kennt, macht in der Regel keinen Unterschied zwischen Übermacht (Suprematie) oder Vorherrschaft einerseits[119] und der auf tragfähiger Machtbasis gründenden – sowohl moralisch-intellektuellen als auch konkret-situationsanalytischen – Führungsfähigkeit andererseits. So hat Ulrich K. Preuß die USA als »einzig verbliebenen Hegemon unserer heutigen Weltordnung« (2002, 65), kurz als »Welthegemon« (66) beschrieben, der unter der Bush-Administration geneigt sei, »die Rolle als Hegemon bedenkenlos auszuspielen, alle Rücksichten auf die anderen Akteure der internationalen Beziehungen hintanzustellen und v.a. in gröbster Weise das zarte Pflänzchen des Regelwerks und der Institutionenordnung der UN niederzutrampeln« – so füllt Preuß den Begriff des »Unilateralismus« (74). Aber ein Herrscher, der alle Rücksichten auf die anderen Akteure der internationalen Beziehungen fallen lässt, führt nicht mehr, sondern herrscht nur mehr mit Gewalt und manifestiert, was wir als Herrschaft ohne Hegemonie bezeichnet haben

119 »In der politischen wie auch wissenschaftlichen Diskussion« bezieht der Hegemoniebegriff sich zumeist »auf die internationale Politik und meint die Vorherrschaft der USA« (Brand 2005, 9).

(HTK I, 239ff).[120] Das Maximum, zu dem der *mainstream* es bringt, ist die vor allem von Joseph S. Nye untersuchte Differenz von »weicher« und »harter« Macht, eine Unterscheidung, die wie selbstverständlich instrumentell und von oben, vom Standpunkt imperialer Herrschaftsausübung getroffen wird. Dagegen muss der Hegemoniebegriff auch von unten und in emanzipatorischer Perspektive der Befreiung von Klassenherrschaft angewandt werden können. Er kann also nicht auf die Legitimierung von Klassenherrschaft beschränkt werden »als Fähigkeit herrschender Gruppen und Klassen, ihre Interessen durchzusetzen, so dass sie von subalternen Gruppen und Klassen als Allgemeininteresse angesehen werden« (Brand 2005, 9), vollends nicht auf einen »Herrschaftstypus, der sich bis in die kulturellen Praxen erstreckt«.[121] Es könnte dann gesagt werden, im Unterschied zur Hegemonie erstreckt sich der Herrschaftstypus der Diktatur *nicht* bis in die kulturellen Praxen. Mit diesem Zugang, in dem konservative Politologen sich mit Stalinisten treffen könnten, wäre das Interesse der Befreiung aus dem Hegemoniebegriff vertrieben. Freiwillige Zustimmung kann sich ein faschistisches Projekt auf seine Weise ebenso verschaffen (PIT 1980), auch wenn hier immer die Gewalt parat steht, der Zustimmung den Charakter des »Freudeschlotternden« (Brecht) zu verleihen. Dennoch steckt selbst hier noch im Kriterium der Freiwilligkeit eine Spur des »Interesses der Freiheit« (Hegel). Wenigstens perspektivisch tendiert es dahin, dass eine Gesellschaft sich auf eine Weise einigt, auf die sie weder als Ganze von einer Staatsgewalt entmündigt oder unterdrückt wird, noch der eine Teil den andern unterdrückt. Auch das Interesse beherrschter Gruppen und Klassen an ihrer Befreiung und – im sozial an die Wurzel gehenden Fall – an der Befreiung der Gesellschaft von aller Klassenherrschaft muss Ausstrahlung und Anziehungskraft über die eigenen Gruppen- oder Klassengrenzen hinaus, also Hegemonie anstreben. Keine Hegemonie ist je total. Sie ist »ein Prozess und kein

120 Für Preuß scheint Hegemonie mit direkter Herrschaft zusammenzufallen, wenn er sagt: »Im 21. Jahrhundert sollten wir das Prinzip Ordnung durch Hegemonie eigentlich überwunden und an seine Stelle eine Ordnung durch Recht gesetzt haben.« (Preuß 2002, 138) Dagegen ist zu sagen, dass »die Geltung des Rechts ja gerade eine Dimension einer Welthegemonie im gramscianischen Sinn des Begriffs [wäre], der diesen nicht einfach mit Vor- oder Übermacht gleichsetzt« (Haug 2003b, 564).

121 »Neue Selbstverständlichkeiten. Thesen der Redaktion zu progressiver Hegemonie«, in: *Prager Frühling*, Oktober 2008, 12f.

Zustand« (Hall 2011, 671). Nicht zuletzt ist sie nicht gegensatzlos. Obwohl daher der Gedanke entscheidend ist, den Brecht von Laotse aufgegriffen hat, »dass das weiche Wasser mit der Zeit den harten Stein besiegt«, darf die Hegemonietheorie in der Nachfolge Gramscis nie das Harte aus dem Blick verlieren. Hierzu könnte der Name des Begriffs »Hegemonie«, der die Frage der Führung als entscheidenden Brennpunkt signalisiert, verführen, indem er suggeriert, Fragen der »harten Macht« würden ausgeklammert.[122] In Wirklichkeit bilden sie den komplementären Brennpunkt des Gegenstands der Hegemonietheorie. Denn wie die Ellipse hat dieser Gegenstand zwei Brennpunkte: »politische Gesellschaft + Zivilgesellschaft, das heißt Hegemonie, gepanzert mit Zwang« (Gef 4, 783). Hegemonietheorie hat es also nie nur mit dem zu tun, was ihr den Namen gibt, sondern auch mit dem, was als dessen Gegenteil erscheint und doch zugleich als bloße Möglichkeit einen eigenen Hegemonie-Effekt beizusteuern vermag.[123]

Am Pol der Führung, die im begrifflich strengen Sinn anders als in dem der politischen Vulgärsprache[124] der Befehls- und Gewaltmacht

122 Zum entgegengesetzten Extrem verführt die Nachwirkung staatssozialistischer Herrschaft, die das gewaltbasierte Kommando als Führung deklariert hatte. Entsprechend konnte Hans-Dieter Schütte (2004) sich »Führung« nur so vorstellen, wie die »führende Rolle der Partei bzw. der Sowjetunion« poststalinistisch praktiziert worden war: »Die Führungsrolle eines Staates oder einer Partei oder einer Idee anzuerkennen – das ist wie der Befehl an jemanden, zu lieben.« Das verkennt nicht nur das Wesen von Hegemonie, sondern auch die Bedeutung des freiwilligen Konsenses als wesentliche Bedingung der Stabilität von Herrschaft. Joschka Fischers Ausspruch, die USA müssten ihre »moralische Führungsrolle« wiedererlangen, kam Schütte daher unsinnig vor. In Gestalt der Entfesselung und Führung des Irakkrieges hätten die USA doch »unaufhörlich und deutlich offenbart, was man unter moralischer Führungsrolle versteht«. »Moralisch führend sein zu wollen, ist eine der verhängnisvollsten Steigerungen des Irrealen. [...] Das ist der Herrscher, mit dem man nur durch Unterwerfung in Kontakt kommt. [...] Wo immer von Moral in der Politik [...] geredet wird, muss man [...] sich [...] schaudernd abwenden.« – Schütte rühmt stattdessen den in der Tat grundlegenden Gerechtigkeitssinn jedes Einzelnen »als das unstillbare, aus der eigenen Kindheit oder gar aus der eigenen Genetik Herübergerettete, [...] was einen Menschen treibt, inspiriert, ihn retten und vernichten kann«. Doch nennt er damit genau die Instanz, die seit der Antike den Kern der Ethik bildet.

123 »But potential military strength is always more intimidating than actually-used military strength.« (Wallerstein 2009, 2)

124 In der FAZ hielt Matthias Rüb (2004) als unbestreitbar die »Einsicht« von David Frum und Richard Perle fest: »Was viele Europäer als Unilateralismus beklagen, betrachten viele Amerikaner als Führungsstärke.« Auf die Kriegsideologie jener beiden Autoren kommen wir weiter unten zurück.

entgegengesetzt ist, stellt sich die Frage wiederum gedoppelt: Von Anwärtern auf Hegemonie werden sowohl politisch-ethisch als auch konkret-situationsanalytisch fundierte Antworten erwartet. Wenn der prospektive Hegemon weder körperliche Sicherheit noch materielle Bedürfnisbefriedigung bieten kann, wird sich seine Macht in Luft auflösen wie einst die Macht Gorbatschows.

2. *Imperialismus – ein verschwundener Begriff taucht wieder auf*

Die Frage »Imperium oder Imperialismus?« spielt auf einem hintergründigen Doppelsinn: Das »oder« kann inklusiv oder exklusiv gelesen werden. Im ersten Fall ist Imperialismus die Manifestation des Imperiums, im zweiten existiert *entweder* das Imperium *oder* der Imperialismus. Einiges deutet darauf hin, dass dem Titel jener Athener Tagung – »Imperium oder Imperialismus?« – eine Präferenz für die zweite, exklusive Lektüre zugrunde lag. Denn in jener geschichtlichen Konjunktur war es, als seien Hardt und Negri mit ihrem Satz, kein Nationalstaat könne mehr das Zentrum eines imperialistischen Projekts bilden, »bizarr« aus der Zeit gefallen, wie Leo Panitch und Sam Gindin notierten (2003, 4). Dieses Urteil ist verständlich, erinnert man sich an die Rolle des von den USA geführten Militärbündnisses nach den Anschlägen vom 11. September 2001. Die Nato hatte angesichts des Angriffs auf einen ihrer Mitgliedstaaten unverzüglich den Verteidigungsfall ausgerufen. Doch die Führungsmacht, die US-Regierung, schob das Bündnis beiseite. Der Nato-Vertrag verwandelte sich in Makulatur. Die »Hegemonialmacht«, resümierte die Frankfurter Allgemeine, wollte »den Krieg souverän führen«, und die Bundesgenossen fanden sich in der Rolle von »Diadochenstaaten« wieder, die »ohne Verankerung in ihren zwischenstaatlichen Entscheidungsgremien den Amerikanern Bundesgenossendienste« leisten sollten (Schümer 2001). Die Ignorierung des Militärbündnisses durch dessen bisherige Hegemonialmacht wurde im selben Leitartikel zugleich als »Demontage Europas« mit Großbritannien als »Mustersatellit der amerikanischen Weltmacht« interpretiert. Einige Nato-Staaten traten der »Koalition der Willigen« bei; andere, angeführt durch Frankreich und Deutschland, widersetzten sich. Manche der Willigen ließen sich, wie wir inzwischen wissen, sogar in die illegale Logistik der CIA integrieren, jenes den Globus umspannende

Geflecht von Geheimgefängnissen, Subunternehmen des Verhörs unter Folter, das einer partiellen Auslagerung des US-Gewaltstaats unterm Ausnahmezustand gleichkam. Seine disperse Umsiedelung in Dutzende anderer Staaten entzog ihn der Zuständigkeit der zivilen US-Justiz. Der US-Militärstaat dehnte sich aber nicht nur über die nationalen Grenzen aus, in die der Rechtsstaat gebannt blieb, sondern kraft der Ausnahmegesetze auch in dessen angestammtes Gebiet. Damals setzte nicht nur in Europa, sondern im gesamten internationalen Staatensystem ein Stühlerücken ein, das man mit einem Ausdruck des Börsenjargons als »Seitwärtsbewegung« bezeichnen könnte. Im Weltsicherheitsrat, dessen Legitimation die USA für ihren Irakkrieg verlangt hatten, stimmten nicht nur die Veto-Mächte China und Russland dagegen, sondern die Mehrheit der Mitglieder, unter ihnen auch Frankreich und Deutschland. Allerdings war mit deren Neinstimmen das Maximum ihres direkten Widerstands erreicht. Ihre Sicherheitsapparate hörten nicht auf, denen der USA zuzuarbeiten – auch der deutsche signalisierte, wie das US-Militär durchsickern ließ, Bombardierungsziele in Bagdad, und deutsche Geheimpolizisten verhörten zumindest einen von der CIA entführten deutschen Staatsbürger in einem jener über den Erdball verstreuten außergesetzlichen Foltergefängnisse. Doch zugleich kam es zu Annäherungen zwischen Kerneuropa, Russland und China, die sich ihrerseits zusammen mit Indien und Südafrika an der von Lulas Brasilien forcierten Entwicklung von Strukturen eines Schwellenländer-Weltmarkts innerhalb des Weltmarkts beteiligten.

In den Debatten jener Zeit fand der Ausdruck »Imperium« Eingang in die allgemeinere politische Umgangssprache. Noch jünger ist die beginnende Renaissance der Imperialismustheorien. Um 1990 war das Thema »so gut wie verschwunden von den Seiten marxistischer Zeitschriften« (Patnajk, zit.n. Panitch/Gindin 2003, 2). Und doch war dies just der Geschichtsmoment, in welchem mit dem Zusammenbruch des Ostblocks und der nationalen Entwicklungsregime »das ›imperiale‹ Moment zwingend in den Vordergrund« trat (van der Pijl 2007, 33). Nicht einmal der erste Golfkrieg der USA, ersichtlich geführt um die Kontrolle der Öl-Reserven im Nahen Osten, hatte den Imperialismusbegriff aus der Versenkung zurückgerufen. Die Sache selbst war nie verschwunden. Man muss nur die Argumentation ansehen, mit der Michael Ignatieff 2003 seine Aussage, »Amerikas gesamter Krieg gegen den Terrorismus ist eine Ausübung von Imperialismus«, rechtfertigte: »Aber wie sollte man die US-amerikanischen Legionen von Soldaten, Spionen und Spezialeinheiten, die den Globus umspannen, sonst nennen?« (Zit.n. Harvey 2005, 11) Leo Panitch und Sam Gindin (2003, 18) zitieren ein sicherheitspolitisches Dokument von 1950, in dem es heißt: »Even if there were no Soviet Union we would face the great problem [... that] the absence of order among nations is becoming less and less tolerable«. Wenn der Anspruch der USA, mit Zuckerbrot und Peitsche die Welt zu ordnen, imperialistisch genannt werden kann, weil er Herrschaft über das national-konstitutionelle Territorium auf den gesamten Globus ausdehnt, dann hatte die US-Politik seit dem Ende des Zweiten Weltkriegs nie aufgehört, dem Muster eines global ausgreifenden Imperialismus zu folgen.

Noch einmal: Wenn dem so ist, wie also konnte dann der Imperialismusbegriff aus der Diskussion – zumal der marxistischen – verschwinden? Die »Gewalt der ideologischen Aggression« kann nicht entscheidend gewesen sein,[125] denn sonst hätte es die revolutionären Imperialismustheorien und -diskussionen nie gegeben. In jenem Verschwinden dürften mehrere Determinanten zusammengewirkt haben. Die für Marxisten entscheidende dürfte das akkumulierte Unbehagen mit der Imperialismustheorie sein: Wer im Marxismus der zweiten Hälfte des 20. Jahrhunderts »Imperialismus« sagte, bezog sich zumeist auf Lenins 1917 veröffentlichte Schrift *Der Imperialismus als höchstes* [im russ. Original »nowejschij«, »neuestes«] *Stadium des Kapitalismus*. Rückblickend scheint sie zwar als »konjunkturelle Analyse unanfechtbar« (Ahmad 2003, 48), weil sie dem mörderischen Zusammenstoß kapitalistischer Expansionsinteressen im Moment des Ersten Weltkriegs und des Vorabends der Russischen Revolution eine Erklärung gab; doch im Überwiegen ihrer konjunkturellen Gebundenheit erscheinen ihre Verallgemeinerungen als »hardly a theory«, wie Ahmad (ebd.), den Bogen der Kritik überspannend, sagt. Was jene Schrift theoretisch in der Tat desavouiert, ist die im Titel ausgedrückte These, die Lenin auch seinem Artikel »Der Opportunismus und der

125 Samir Amin führt das zwischenzeitliche Versiegen der marxistischen Imperialismusdiskussion zurück auf die »Gewalt der ideologischen Aggression, die es untersagt hat, künftig von Imperialismus zu sprechen!« (2011, 69) Er hält dafür, dass der »real existierende historische Kapitalismus zu allen Zeiten globalisiert und polarisierend und folglich imperialistisch gewesen ist«. In dieser Allgemeinheit verlieren die Kategorien ihren konkret-begrifflichen Sinn.

Zusammenbruch der II. Internationale« vom Januar 1916 zugrunde gelegt hatte: »Die Epoche des imperialistischen Kapitalismus ist die des reifen und überreifen Kapitalismus, der vor dem Zusammenbruch steht, der reif ist, dem Sozialismus Platz zu machen.« (LW 22, 108) Die »Epoche des fortschrittlichen Kapitalismus« engte Lenin ein auf die Zeit von der Französischen Revolution (1789) bis zur Niedermetzelung der Pariser Kommune (1871). Seine Kriterien für die Einstufung als »fortschrittlich« sind: »Niederringung des Feudalismus, des Absolutismus«, also die im Pathos der Menschenrechte und der politischen Emanzipation erfolgte Machtergreifung der Bourgeoisie; sowie »Abschüttelung des fremden Joches«, also die nationale Befreiung (ebd.). Dies sind nicht die Kriterien des *Kommunistischen Manifests* von Marx und nicht die der marxschen Kritik der politischen Ökonomie. Im Zentrum des Fortschrittsgedankens in Bezug auf den Kapitalismus steht bei Marx die durchs Kapital vorangetriebene Entwicklung der »kooperativen Form des Arbeitsprozesses auf stets wachsender Stufenleiter, der bewussten technischen Anwendung der Wissenschaft, der planmäßigen Ausbeutung der Erde, der Verwandlung der Arbeitsmittel in nur gemeinsam verwendbare Arbeitsmittel, der Ökonomisierung aller Produktionsmittel durch ihren Gebrauch als Produktionsmittel kombinierter, gesellschaftlicher Arbeit, der Verschlingung aller Völker in das Netz des Weltmarkts und damit des internationalen Charakters des kapitalistischen Regimes« (23/790). Und was ist die Durchquerung der nationalstaatlichen Grenzen durch den transnationalen Hightech-Kapitalismus, die mit dem Decknamen ›Globalisierung‹ bezeichnet wird, wenn nicht der jüngste Akt dieses Dramas! Statt den marxschen Kriterien gemäß den sich entwickelnden Fordismus zu gewichten,[126] glaubte Lenin, den damaligen Imperialismus als letztes Stadium des Kapitalismus begreifen zu können, in dem dieser – mit Anklang an Karl Kautskys Rede von der »Fäulnis der Bourgeoisie« (1881; I.25/491) – »als parasitärer oder

126 »Zur gleichen Zeit, als Lenin diese Diagnose veröffentlichte, entwickelte Henry Ford die Grundlagen eines neuen Akkumulationsregimes, das den Kapitalismus auf Weltebene ermöglichte.« (Görg 2004, 725) In den 1920er und 30er Jahren orientierte die sowjetische Regierung dann ihre eigenen Entwicklungsperspektiven und Vorstellungen des Massenkonsums am US-Fordismus. Noch 1936 wurde der Volkskommissar für Binnen- und Außenhandel und spätere Staatspräsident der SU Anastas Mikojan mit einer großen Delegation auf eine vierwöchige Studienreise in die USA gesandt, von wo er u.a. drei Hamburger-Maschinen mitbrachte (Gronow 2003, 73-79).

in Fäulnis begriffener Kapitalismus zu kennzeichnen« sei (LW 22, 305) »oder, richtiger, als sterbender Kapitalismus« (307). Das bezieht sich aufs »Monopol« als Kernstruktur des neuen Stadiums, eine Akteursform des aggregierten Kapitals, in der wir die Vorform der gegenwärtigen transnationalen Kapitale erkennen können und der Lenin zuschreibt, dass aufgrund ihrer »Monopolpreise [...] bis zu einem gewissen Grade der Antrieb zum technischen und folglich auch zu jedem anderen Fortschritt, zur Vorwärtsbewegung« (ebd.) verschwinden werde.

Lenins These vom verfaulend-sterbenden Kapitalismus war geeignet, die differenzierenderen Passagen seines Buches[127] der Aufmerksamkeit zu entziehen. Noch mehr als ein halbes Jahrhundert später, in der Zeit der Automation in der BRD (PAQ 1975), konnte die Fäulnisthese in der DDR selbst einen so intelligenten Marxisten wie Jürgen Kuczynski derart blenden, dass er zwar »nicht die Möglichkeit [bestritt], dass es im Kapitalismus immer noch wissenschaftlich-technischen Fortschritt gibt« (PAQ 1987, 32), wohl aber meinte, dass die wissenschaftlich-technische Revolution »auf breiter Ebene, insbesondere im gesamtwirtschaftlichen Reproduktionsprozess« nicht verwirklicht werden könne (Kuczynski 1972, 1697).[128] Fragt man aber, was zum Zusammenbruch des europäischen Staatssozialismus sowjetischen Typs geführt hat, stößt man darauf, dass die Entwicklung und flächendeckende Installierung der hochtechnologischen Produktivkräfte und die entsprechende Anpassung des institutionellen Gefüges in den Ländern des fortgeschrittenen Kapitalismus Platz griff, während sie unvereinbar

127 Wie Lenin einräumt, »kann das Monopol unter dem Kapitalismus die Konkurrenz auf dem Weltmarkt niemals restlos und auf sehr lange Zeit ausschalten (das ist übrigens einer der Gründe, warum die Theorie des Ultraimperialismus unsinnig ist). Die Möglichkeit, durch technische Verbesserungen die Produktionskosten herabzumindern und die Profite zu erhöhen, begünstigt natürlich Neuerungen.« (LW 22, 282) Auch wäre es »ein Fehler zu glauben, dass diese Fäulnistendenz ein rasches Wachstum des Kapitalismus ausschließt [...]. Im großen und ganzen wächst der Kapitalismus bedeutend schneller als früher, aber dieses Wachstum wird nicht nur im allgemeinen immer ungleichmäßiger, sondern die Ungleichmäßigkeit äußert sich auch im besonderen in der Fäulnis der kapitalkräftigsten Länder« (305f).

128 Begrifflich könnte man Kuczynskis Argumentationsgang folgen, basierte er nicht auf dem gesamtgesellschaftlich falschen »Modell eines vollautomatisierten Produktionsapparates mit v [= variables Kapital] bestehend aus einem Arbeiter, der auf einen Knopf drückt, um die Produktion in Gang zu setzen«, wodurch die kapitalistische Ausbeutung »*praktisch* abgeschafft« wäre (Kuczynski 1972, 1697).

war mit den sicherheitsstaatlichen Produktionsverhältnissen der Sowjetunion. Überraschenderweise birgt gerade der Untergang der Sowjetunion eine Lektion, die im ersten Akt des Dramas dem Buchstaben der marxschen Lehre gefolgt ist, wonach genau dann, wenn sich die Produktionsverhältnisse als zu eng für die Entwicklung der Produktivkräfte erweisen und »aus Entwicklungsformen der Produktivkräfte [...] in Fesseln derselben umschlagen«, »eine Epoche sozialer Revolution eintritt« (13/9). Im zweiten Akt zeigte sich, dass die Demokratisierung am Fehlen eines kollektiven gesellschaftlichen Subjekts scheiterte, sodass das Volksvermögen zur leichten Beute der Grauzone zwischen Wirtschaftskadern und Mafia (und in der DDR der »Treuhand«) wurde.

Wenn nun der »sterbende Kapitalismus« die Hochtechnologie entwickelte und auch applizierte, sowie der neuen Grundlage gemäß, wenngleich in den Grenzen des Privateigentums und der Konkurrenz, das Ensemble seiner gesellschaftlichen Verhältnisse unter neoliberalen Vorzeichen umwälzte, während der Staatssozialismus starb, dann sind Zweifel an David Harveys Reduktion des transnationalen Hightech-Kapitalismus auf einen »Raub- oder Enteignungskapitalismus« angebracht. Auch wenn ein riesiger Ressourcentransfer so begriffen werden kann, darf man sich nicht dazu verführen lassen, vor der fortdauernden historischen Produktivität des Kapitalismus, so zweideutig und immer auch zerstörerisch sie ist, die Augen zu verschließen.[129] Die patentrechtlich-tributären Ausbeutungsverhältnisse des Hightech-Kapitalismus basieren auf technologischen Vorsprüngen und gewaltgeschützten intellektuellen Eigentumsrechten. Sie greifen einzig, wo die Anwendung des Patents ungeachtet des Tributs vorteilhafter ist als der Verzicht darauf. Ihnen liegt also etwas Produktives zugrunde. Auch jene zweite überaus populäre Meinung, das Finanzkapital dominiere

129 Die populäre These der »Akkumulation durch Enteignung« ist »zu grob, da [Harvey] darunter ganz heterogene Prozesse – von Privatisierungen bis zur Akkumulation des zinstragenden Kapitals – zusammenfasst« (Sablowski 2011, 62f, Fn.). Teils meint sie die »Strategie der absoluten Mehrwertaneignung«, teils die »Inwertsetzung« im Sinne der Ausdehnung der Verwertung auf bisher nichtkapitalisierte gesellschaftliche Verhältnisse, sodass hier insgesamt »sehr unterschiedliche Prozesse allzu schnell kurzgeschlossen [werden] und eine Widerstandsstrategie nicht schlüssig begründet wird« (Görg 2004, 722f). Die neoliberale Transformation des Kapitalismus aber ist zu begreifen als eine »reorganization, which does not substitute the logic of accumulation for the dynamics of looting« (Katz 2011).

das produktive Kapital in einem Ausmaß, wie Lenin es sich nicht hätte träumen lassen (z.B. Ahmad 2003, 43), begünstigt die Unterschätzung der transnationalen Konzerne und der Entwicklung der hochtechnologischen Produktionsweise.

Hat der Aufstieg des Hightech-Kapitalismus mit seinen tiefgreifenden Produktivkraft-Entwicklungen Lenins Rede vom letzten Stadium des untergehenden Kapitalismus blamiert, so hat die Transnationalisierung, durch die »das für den klassischen Imperialismus charakteristische nationale Kapital an Bedeutung verloren hat« (Wissel 2004, 698), die These vom aus der Kapitalkonkurrenz notwendig folgenden interimperialistischen Zusammenstoß fürs Erste überholt. Die Konzentration globaler Herrschaftsmacht auf Seiten der USA nach dem geschichtlichen Ausscheiden der Sowjetunion hat zunächst zur Neutralisierung solcher Tendenzen beigetragen. Dieselbe nationale Supermachtposition, die der Schaffung eines tendenziell die gesamte internationale Staatenwelt hegemonial involvierenden Institutionengefüges gedient hatte, brachte jedoch die Vereinigten Staaten zum Stolpern, als sie unter George W. Bush auf »Herrschaft ohne Hegemonie« setzten (HTK I, 239ff).

In dem Maße nun, in dem Lenins Imperialismustheorie in den Hintergrund trat, stieg aus dem Vergessen Karl Kautskys prognostische These eines »Ultra-Imperialismus« wieder auf, der »an die Stelle des Kampfes der nationalen Finanzkapitale untereinander die gemeinsame Ausbeutung der Welt durch das international verbündete Finanzkapital« setzen werde (1915, 144), eine These, die Lenin mit dem Hinweis auf die Unaufhebbarkeit der Kapitalkonkurrenz für »unsinnig« erklärt hat (LW 22, 282). Karl Heinz Roth stellte fest: »Gegenwärtig dominieren [...] die Strukturen und Institutionen eines durch die militärische Dominanz der USA gesicherten kollektiven Herrschaftsausgleichs, eines gegen den globalen Süden gerichteten ›Ultra-Imperialismus‹« (2005, 32).[130] Kees van der Pijl sieht im »anglophonen Westen« das »Herzland« einer solchen Formation: das »lockesche Kerngebiet in der globalen politischen Ökonomie« entspricht »ungefähr dem Modell Kautskys« (2007, 37). Sollte das zutreffen, müsste sich die Imperialismusfrage neu und anders stel-

130 Auch für Shalini Randeria und Andreas Eckert ist Imperialismus »das wohl bedeutendste [...] Konzept, um die Beziehungen zwischen dem Westen und dem Rest zu beschreiben und zu bewerten« (2008, 13); IWF und Weltbank gelten ihnen als »zentrale Institutionen des neuen post-kolonialen Imperialismus« (10).

len. Aber trifft es zu? Könnte es sein, dass dem Verschwinden der Imperialismustheorie aus dem Zentrum marxistischer Analysen das Gespür zugrunde lag, dass »Umbrüche in der Realität zu ihrer geistigen Bewältigung auch Umbrüche im Denken« erfordern (Jung 1989, 8), dass mithin die Fragen neu gestellt werden und zu diesem Zweck geheiligte Thesen auf den Prüfstand mussten?[131] Um klarer zu sehen, gilt es, tiefer in die Widersprüche der kapitalistischen Globalisierung einzudringen.

3. Imperialismus und Imperium im Lichte der Hegemoniefrage

... die Frage nach dem imperial(istisch)en Charakter des gegenwärtigen Kapitalismus steht auf der Tagesordnung
CHRISTOPH GÖRG (2004, 721)

... dass es eine einigermaßen überzeugende und konsistente materialistische Imperialismustheorie bis heute bestenfalls in Ansätzen gibt
JOACHIM HIRSCH (2004, 671)

Die Zeit des Auftauchens und Verschwindens von Theorien ist nicht dieselbe wie die Zeit des Auftauchens und Verschwindens der Phänomene, von denen sie handeln. Hegels Bild von der Eule der Minerva, die erst bei historischer Abenddämmerung ihren Flug antritt, ist für solche Phasenverschiebung sprichwörtlich geworden. Es fehlt nicht an Beispielen aus unserem Zusammenhang. Als bereits überall neoliberal dereguliert wurde, wurde auf der intellektuellen Linken die Regulationsschule hegemonial. Als der auf Mechanisierung, Fließband und standardisierte, monoton-repetitive Arbeit gegründete Fordismus der durch den Computer möglich gewordenen flexiblen Automation Platz machte, wurde der von Gramsci vier

131 Jörg Huffschmid riskierte 1989 die tastende Überlegung: »Wenn es gelingt, die Stagnation [der marxistischen Theorieentwicklung] zu überwinden und der zunehmenden Politisierung des ökonomischen und gesellschaftlichen Prozesses, also der wachsenden Bedeutung des subjektiven Faktors in der Gegenwart, Rechnung zu tragen, lösen sich die starren Fixierungen auf die ›Natur‹ und die ›Logik‹ des Kapitals auf, die Verhältnisse und mit ihnen die Natur des Kapitals beginnen zu tanzen [...]. Friedensfähigkeit des Kapitalismus [...] erscheint dann nicht mehr als Widernatur, sondern als eine [...] fortschrittliche Entwicklungsvariante und –perspektive des Kapitalismus.« (95)

Jahrzehnte zuvor ausgearbeitete Begriff des Fordismus populär.[132] Es gibt nicht wenige Gründe, über solche kulturellen Rückständigkeiten zu erschrecken und sich von diesem Schrecken in die Jetztzeit katapultieren zu lassen.

Wenn Lenins Imperialismusschrift durch ihre konjunkturelle Festlegung aufs unmittelbar bevorstehende Ende des Kapitalismus ihrer Entstehungszeit verhaftet bleibt, so gilt das Gegenteil für seine *Hefte zum Imperialismus*. In diesem seinem während des Ersten Weltkriegs fieberhaft geführten Arbeitsjournal wertet er aus, was immer ihm an konkreten Analysen der konkreten kapitalistischen Institutionen und Akteure unter die Augen kam. Da sie nicht von vornherein dem Zwang zur losungshaft eindeutigen Botschaft unterliegen, sind diese *Emigrationshefte* aktueller als Lenins Imperialismusschrift. Ihr enormes Material, dessen Kompilator sich interessanterweise mit Kommentaren zumeist zurückhält, hat die theoretische Auswertung noch vor sich. Aus ihm hätten sich auch andere Bücher schreiben lassen. An allen Ecken und Enden hält es für uns Heutige überraschende Wiedererkennungseffekte bereit. Es ist, als gäben Lenins Exzerpthefte einen Blick in die Archäologie der Jetztzeit frei. Und zwar einen heilsamen Blick, weil er die säkulare Dimension von Entwicklungen zeigt, die wir anders gründlich missverstehen müssten. In gewisser Weise sind im Spiegel dieser Materialsammlung viele der Determinanten, die heute als Novum beredet werden, bereits da, nur die Kräfteverhältnisse sind noch andere, die Erfahrung mit der kommunistischen Revolution fehlt und für einige Regulationsinstitutionen des Weltkapitalismus sind die Verhältnisse noch nicht reif; nicht zuletzt ist das Kapital damals noch nicht mit den der Transnationalisierung angemessenen Produktivkräften nebst entsprechend modifizierter Produktionsweise ausgestattet, wie der Computer sie inzwischen möglich und das Internet sie jedem erfahrbar gemacht haben. Doch schon damals brüteten in den Köpfen der kapitalistischen Eliten Ideen, die heute auf die Titelseiten der Zeitungen gerückt sind.

Eine dieser Ideen ist in unserem Zusammenhang besonders aufschlussreich. Und zwar gräbt Lenin (*Hefte*, 41) in dem u.a. von Max

132 Z.T. in der gleichsam sonntäglich gereinigten Form ohne die historischen Schrecken der Kriege und Krisen: Fordismus im Sinne der Regulationisten bezieht sich laut Thomas Sablowski nur auf die Jahrzehnte nach dem Zweiten Weltkrieg (2008, 27), würde demnach mit seinen »Goldenen Jahren« identifiziert.

Weber geleiteten *Grundriss der Sozialökonomik* aus dem frühen 20. Jahrhundert die Überlegung aus, dass das »›imperium *et* libertas‹, dem der Angelsachse von Cromwell bis zu Rhodes seine größten Erfolge verdankte!«, für Deutschland noch uneinholbares Vorbild sei. Hundert Jahre später steht die Formel »Imperium *und* Freiheit« in anderer Weise auf der Tagesordnung. Denn Freiheit steht hier für Zustimmung.

Wie werden wir die Begriffe Imperium und Imperialismus in ihrem heute aktuellen Sinn voneinander und von sozial-ökonomischer Herrschaft des Kapitals einerseits, staatlicher Herrschaft andererseits abgrenzen? Am einfachsten machen es sich diejenigen, die mit Max Weber im »›imperialistischen‹ Kapitalismus [...] von je her die normale Form der Wirkung kapitalistischer Interessen auf die Politik« sehen (*Wirtschaft u. Ges.*, Kap. VIII, §4). Aber dann hat Imperialismustheorie neben der Kapitalismustheorie keinen eigenen Gegenstand mehr und ist entbehrlich. Werden wir stattdessen eine die Landesgrenzen überschreitende Herrschaft auf kapitalistischer Grundlage imperialistisch nennen, sozusagen die mit Gewalt oder Gewaltandrohung operierende Außenpolitik des nationalstaatlich eingebetteten und zusammenfassend nach außen vertretenen Kapitals? Werden wir den durch die Gewalt eines Staates der Ökonomie eines anderen Staates aufgezwungenen ungleichen Tausch als Kern des kapitalistischen Imperialismus bestimmen? Werden wir im Blick auf grenzüberschreitende Herrschaftsprojekte mit Anleihen bei Antonio Gramsci das Verhältnis von Konsens und Zwang, in anderen Worten: von Hegemonie und Diktatur zum Kriterium machen? Hans-Jürgen Bieling hat 2005 den Diskussionsstand dahingehend zusammengefasst, dass »die meisten neueren imperialismustheoretischen Beiträge sich von zentralen – ökonomistisch-instrumentalistischen – Grundannahmen der klassischen Imperialismustheorien verabschiedet [haben und ...] davon aus[gehen], dass die imperiale Logik des Kapitals – als eine dem tendenziellen Fall der Profitrate entgegenwirkende Bewegung – einen permanenten Prozess darstellt, der vor allem mit Prozessen der ursprünglichen Akkumulation und Enteignung verbunden ist [...], und dass die entwickelten kapitalistischen Staaten ihr breites Arsenal von Machtinstrumenten nicht mehr zur Errichtung ›formeller‹, sondern eher ›informeller‹ imperialer Strukturen mobilisieren« (248). Im Kern scheint darin Rosa Luxemburgs These auf, dass die Akkumulation des Kapitals auf den »ständigen Übergang der Arbeitskräfte aus nichtkapitalistischen Verhältnissen in kapitalistische« (GW 5, 311) und auf Kapitalexport ins Ausland angewiesen ist, »wo noch keine kapitalistische Produktion entwickelt ist«. Entscheidend fürs Glücken der Akkumulation ist fürs Kapital laut Luxemburg, dass außer den »eigenen Klassen: Kapitalisten und Arbeitern«, die für die Realisation des zur Akkumulation bestimmten Teils des Mehrprodukts nicht in Frage kommen (373), teils der eigene Staat, teils vorkapitalistisch verfasste Länder, diese notfalls mit Gewalt, als Abnehmer zu erschließen sind. Die ursprüngliche Akkumulation, macht sie gegen Marx geltend, ist folglich nicht mit der Vorgeschichte des Kapitalismus abgeschlossen, sondern begleitet ihn so lange, bis jeder Winkel der Welt kapitalistisch geworden ist. Diesem Antrieb entspringt angesichts der Knappheit preisgünstigen Zugangs zu den Rohstoffen und zahlungsfähiger Nachfrage für die Endprodukte die Steigerung der kapitalistischen Konkurrenz zum Imperialismus. Wird nun aber dadurch, dass »der nicht-kapitalistische Kontext der frühen Imperialismen heute nicht mehr [existiert]«, wo doch er es war, »der auch das kapitalistische Zentrum strukturierte« (Gowan 2007, 151), diese Argumentation nicht hinfällig?

Aber bilden nicht die ehemaligen staatssozialistischen Länder Europas seit dem Fall der ›Mauer‹ eine solche Umwelt, auf die sich das Kapital der ›alten‹ Kapitalismen wie in seinen Jungbrunnen stürzt? Die geschichtliche Tragödie hat diese Region aus dem verfrühten Nachkapitalismus in einen späten Vorkapitalismus geworfen. Hat nicht in Deutschland die Privatisierung des Volkseigentums der DDR – man ist versucht, in Analogie zum Staatsstreich von einem ›Gesellschaftsstreich‹ zu sprechen – eines der neuen Muster ursprünglicher Akkumulation vorgeführt? Und was ist mit der Privatisierung staatlicher und kommunaler Versorgungsunternehmen überall im neoliberalen Imperium der Märkte, überhaupt öffentlicher oder gemeinwirtschaftlicher Wirtschaftssektoren? Im Großen kommen dazu die Länder des ›Blocks der blockfreien Länder‹ oder der ›Dritten Welt‹, die ihre Entwicklung im Schatten des Ost-West-Konflikts wenigstens formal souverän betrieben hatten und die, seit es die ›zweite Welt‹ des europäischen Staatssozialismus nicht mehr gibt, unbekümmert um die Geographie als der ›Globale Süden‹ angesprochen werden. Am epochemachenden Beispiel Chinas kommen wir im zehnten Kapitel auf ihre Bedeutung als Akkumulationsmedium des transnationalen Kapitals zurück.

Die von Bieling referierte Bestimmung erhält zudem auf neue Weise Recht, wenn man den hochtechnologisch basierten Expansionsschub in durch Wissenschaft und Technik erstmals erschlossene Naturbereiche und die durch Patente gesicherte Aneignung und Inwertsetzung solchen Neulands einbezieht (HTK I, 38f). Und sie erhält in gewandelter Form zusätzliche Gültigkeit, wenn man den technisch-ökonomischen Entwicklungsabstand nicht statisch absolut, sondern als etwas Relatives fasst. Dann mag man die »Akkumulation durch Enteignung« auf die »kannibalischen Praktiken« der Verschlingung des weniger entwickelten Kapitals durchs entwickeltere anwenden (Harvey 2005, 39) und die weiter oben (in den Kapiteln 4 und 5) analysierte Vermittlung solcher Aneignung als Enteignung einbeziehen. Ferner kann man mit Peter Gowan am Imperialismusbegriff festhalten angesichts dessen »großer Stärke [...], dass er den Charakter dieser Weltordnung ad hoc, nichtnormativ und machtbasiert betont und dabei gleichzeitig diese Weltordnungen an ein Verständnis des Wesens des Kapitalismus als soziales System knüpft« (2007, 151).

Bieling stellt klar, »dass Herrschaftsbeziehungen im globalen Kapitalismus nicht notgedrungen imperialistisch sein müssen«, und schlägt vor, »Imperialismus und Hegemonie als jeweils spezifische inter- bzw. transnationale Herrschaftsformen auf der gleichen Abstraktionsebene anzusiedeln; und zwar als zwei Varianten oder Pole, die ein unterschiedliches Mischungs- bzw. Artikulationsverhältnis von Zwangs- und Konsenselementen umschließen.« (2005, 250) Folgen wir ihm hierin, können wir vom nationalstaatlichen Imperialismus ein transnationales Imperium unterscheiden, das nicht dem korporativen Interesse nationalstaatlichen Kapitals dient, sondern, wie es bei Giovanni Arrighi und Jason W. Moore heißt, einen Block »kosmopolitisch-imperialer (oder korporativ-nationaler) Wirtschafts- und Regierungsorganisationen« bildet, der dazu dient, für alle Beteiligten »den funktionalen und räumlichen Umfang des kapitalistischen Weltsystems auszuweiten und zu vertiefen« (2001, 53).[133] Die entscheidenden »›Machtcontainer‹« in diesem funktionalen Raum wären dann diejenigen Staaten, die »das ›Hauptquartier‹ der führenden kapitalistischen Akteure beherbergen« (51). In den

133 Arrighi und Moore zufolge basierte die Entwicklung des historischen Kapitalismus als Weltsystem immer auf der Bildung solcher Blöcke (ebd.).

Innenverhältnissen jenes transnationalen Imperiums eines gesicherten Kapitalverkehrs, das jene staatlichen Kapitalsitze untereinander aushandeln,[134] geht es nicht zwangsläufig imperialistisch zu. Doch im Verhältnis zu seinem nicht dazugehörigen Außen lässt es sich mit Samir Amin (2011, 69) als »kollektiver Imperialismus« beschreiben, und mit Karl-Heinz Roth ließe sich von ihm sagen, dass es sich mit einer »Sphäre kollektiv-imperialistischer Kolonialherrschaft« umgibt, »die in den Protektoratsgebieten Südosteuropas (Kosovo, Bosnien-Herzegowina und Makedonien) beginnt, sich in Zentralasien (Afghanistan, Tschetschenien) ausdehnt und inzwischen auch das historisch-politische Zentrum der ostarabischen Kultur und Entwicklungsdynamik im Griff hat« (2005, 22). Hinzuzufügen wäre, dass im Unterschied zum klassischen Kolonialismus und Imperialismus auch hier der Modus des Informellen gilt, der diese Herrschaftsformen als ihr Gegenteil erscheinen lässt, als Mission von Demokratie und Menschenrechten, und der in nostalgischer Anwandlung »heimtückischer« als die alte direkte Herrschaft und Ausbeutung erscheinen kann, bei der man wusste, woran man mit ihr war.[135] Aber natürlich lassen Zustimmung heischende Verhältnisse den Subjekten viel größere Chancen der Handlungsfähigkeit, und dass diese ihnen unter Bedingungen informeller Herrschaft mehr Sinn für Widersprüche und entsprechende Beweglichkeit abverlangten, macht die Dinge nicht schlechter. In der Mischung konsensbasierter und repressiver Elemente würden erstere im Innenverhältnis, die zweiten im Außenverhältnis eines solchen transnational-imperialen Blocks überwiegen. Dabei ist zu berücksichtigen, dass dies nicht nur für die zwischenstaatlichen Beziehungen gilt, sondern auch fürs Verhältnis zwischen staatlichen und nichtstaatlichen Mächten, da »›Staat‹ […] immer stärker öffentlich-private Mischformen annimmt« (Hirsch 2000, 335), mehr noch, da

134 »Weit davon entfernt, das Ergebnis von unbarmherzig das Handeln der Hauptzentren diktierenden Marktlogiken zu sein, geht es bei den Konflikten und Aushandlungen […] um die […] Rahmenbedingungen, auf denen die Märkte dann selbst aufgebaut werden sollen.« (Gowan 2007, 153)

135 Die von Michael Hardt und Antonio Negri »skizzierte Transformation vom Imperialismus zum Empire [macht] auf wichtige Facetten des Wandels von direkter militärischer Herrschaft und der mit Zwang und ökonomischer Ausbeutung verbundenen Auferlegung von Fremdherrschaft hin zu weit diffuseren – und folglich gleichsam heimtückischeren, wohl auch schädlicheren Formen der Hegemonie und Kontrolle aufmerksam« (Randeria/Eckert 2008, 16f).

sich im transnationalen Hightech-Kapitalismus eine »Systematisierungsweise des Gesellschaftlichen« abzeichnet, die sich als »mixed economy von Mustern« beschreiben lässt (13 Ver, 80). Der Grund dafür liegt auf der Hand: »Auf Weltebene sucht man vergebens eine Regierung, die regulierungsfähig wäre, wie man es vom Nationalstaat her kennt. Weder kann es sie unter den herrschenden Verhältnissen geben, noch können diese ohne sie sich ungestört reproduzieren. Indem dieser Widerspruch sich seine Bewegungsform sucht, ruft der Mangel einer Weltregulierungsinstanz, die ebenso unumgänglich wie unerreichbar ist, eine Vielfalt von Praktiken und Institutionen hervor, in denen kapitalistische, zivilgesellschaftliche und staatliche Akteure zusammenwirken, nicht selten unterm Dach der Vereinten Nationen.« (HTK I, 151)

Unsere Leitfrage »Imperium oder Imperialismus?« hat sich damit schon verändert. Den Imperialismusbegriff reservieren wir für gewaltbasierte zwischenstaatliche Unterwerfungs- und Ausbeutungsverhältnisse und für Zusammenstöße mit rivalisierenden Politiken anderer Staaten. Würden demnach Kapitalexport oder Produktionsauslagerungen in dem Moment imperialistisch, in dem sich »Investoren nicht mehr mit dem hohen Risiko der Auslandsanlagen abfinden und von ihren Regierungen verlangen, diese Sicherheit im Ausland herzustellen« (Wissel 2004, 694)? Agieren also »die Länder [...] als imperialistische Staaten, indem sie miteinander im Interesse ›ihres Kapitals‹ um Einfluss und Vorherrschaft kämpfen«, und ist mithin in Europa die EU der »Austragungsort dieser Kämpfe« (Wehr 2010, 11)? Wohl kaum, denn das brächte den Begriff des Imperialismus um seinen Sinn. Man wird ihn schwerlich auf Fälle anwenden, in denen Staaten im »Verhältnis konkurrierender Kooperation« (Wissel 2004, 697) ihren jeweiligen Kapitalen und deren Personal wechselseitig Sicherheit garantieren, wodurch im Streben nach »einem homogenen institutionellen Rahmen« (Lapavitsas 2009, 145) in immer weiterer Vernetzung bestimmte internationale Kapitalverkehrsformen hegemonial werden.[136] Ein konsensbasierter Staatenverbund kann zwar als imperialistischer Akteur dieser Art auftreten, doch seine Innenbeziehungen lassen sich nicht als Imperialismus charakterisieren, wohl aber, im Sinne

136 »Den Begriff des Imperialismus gilt es analytisch von dem der Hegemonie zu unterscheiden.« (Wissel 2004, 698)

der eingangs entwickelten Bestimmung, als Imperium. Imperium steht dann fürs Übergewicht des Momentes der Hegemonie, Imperialismus für den Primat der Diktatur. Beides sind Idealtypen, die in Wirklichkeit niemals rein vorkommen. Damit entscheiden wir uns gegen einen »sehr weiten, strukturellen Imperialismus-Begriff [...], der durch einzelne Adjektive und Konkretisierungen zwar differenziert und spezifiziert, nicht jedoch hinreichend von anderen internationalen Herrschaftsformen abgegrenzt werden kann« (Bieling 2010, 229).

Wir haben demnach konkret die organische Zusammensetzung von Konsens und Gewalt in den jeweils bestehenden Herrschaftsverhältnissen (vor allem Klassen-, Geschlechter- und Rassenverhältnisse) zu untersuchen, und das auf mehreren Systemebenen – Politik, Ideologie, Kultur, Ökonomie (Finanzen, Technologie), Militär –, die nicht notwendig gleichgerichtet sind. Die – wie man in Lateinamerika oft sagt – US-amerikanische »Weltpräsidentschaft« oder »imperiale Präsidentschaft«[137] wiederum ist mit diesen Begriffen sowohl als dominant konsensuell gestützte wie auch als dominant repressiv gegründete denkbar. Vor allem aber lässt sich so ein inner-imperiales Ringen begreifen, bei dem es genau um diesen Dominanzunterschied geht. Die US-Regierung wähnte sich im sicheren Besitz der Dominanz. »Wir sind jetzt ein Imperium, und wenn wir handeln, schaffen wir unsere eigene Wirklichkeit.« So vernahm es Mark Siemons (2004) aus ihrem Umkreis. Europa verhielt sich als widerstrebender Teil dieses Imperiums. Wenn das Verhältnis von außen als das einer »imperialen Arbeitsteilung – US-Dominanz vs. EU-Hegemonie« (Wissel 2004, 692) erscheinen konnte,[138] so wurde es von den Verbündeten der USA zunehmend als oktroyierte Subalternität erfahren. Zum ersten Jahrestag der Invasion des Irak durch die US-Armee zog Klaus-Dieter Frankenberger im Leitartikel der Frankfurter Allgemeinen daraus die »Lehre [...], dass amerikanische Macht kein Ersatz für den Konsens

137 John Saxe-Fernández spricht von »imperialer Präsidentschaft« als dem seit dem frühen 19. Jh. sich herausbildenden »institutionellen Ausdruck einer systemischen Realität, die dem Wesen der kapitalistischen Entwicklung selbst entspringt« (2006, 15).

138 Jacques Derrida und Jürgen Habermas riefen Europa dazu auf, gegen den »burschikosen Bruch des Völkerrechts« durch die USA »eine kosmopolitische Ordnung auf der Basis des Völkerrechts« voranzubringen (2003).

unter den westlichen Demokratien darstellt«. Andererseits erklärte er einen »europäischen Moralanspruch, der sich selbst Dispens von Macht und Verantwortung erteilt«, für »eitel«, zumal er »amerikanischem Einzelgängertum« Vorschub leiste. Die angemahnte »Macht und Verantwortung« meint eine europäische Armee, die weltweit eingreift, oder, alternativ dazu, das jeweilige Mitmachen der europäischen Staaten unter amerikanischer Führung.

Legte man zudem den Grad der Ablehnung in der Weltbevölkerung zugrunde, sah es in der Bush-Ära nach internationaler Herrschaft ohne politische Hegemonie aus. Milde ausgedrückt, stand »das politische Ansehen Amerikas [...] mittlerweile in krassem Gegensatz zu seiner militärischen Stärke«, und die Rechtfertigung des Krieges gegen den Irak mit der Gefahr, die von dessen angeblichen Massenvernichtungswaffen ausgehe, war »mittlerweile so porös, dass die Berufung darauf schon lächerlich« wirkte (ebd.). Die Selbstzensur der deutschen Staatsklasse und ihrer Presse gegenüber den USA lockerte sich zusehends.[139] Die politische Weltgeltung der USA näherte sich einem Zustand, in dem die Abstoßung die Anziehung überwog und den wir mit dem Begriff der Dyshegemonie fassen.[140] Bei der US-Präsidentenwahl von 2004 ging es, wie alle Welt spürte, mehr denn je unmittelbar um die Belange der Welt. Man hatte den Eindruck, »dass sich die ganze Welt mit Wahlen in einem einzelnen Land identifiziert, als wären es ihre eigenen, ohne dass sie diese beeinflussen kann«; die Öffentlichkeit kannte »in diesen Tagen kein erregenderes, sie selbst stärker betreffendes Thema« und war »doch zugleich [...] von der Vergeblichkeit, der Sterilität

139 Im April noch hatte Christian Geyer das Mantra des US-Präsidenten, die Welt sei durch den Irakkrieg »sicherer geworden«, mit der durchs Schweigen durchkreuzten Äußerung kommentiert: »Ein Präsident, der [...] die Welt mitten im Chaos durch eine Sicherheitsbehauptung provoziert – ein solcher Präsident gehört entmagnetisiert.« (2004a) Einen Monat später schon war der Ruf der amerikanischen Regierung derart »entmagnetisiert«, dass der »Kandidat« fürs Bundespräsidentenamt ihre »Arroganz« aussprechen und das FAZ-Feuilleton Folterpraxis der US-Armee im Irak, auch wenn nicht im Detail von Bush angeordnet, als den »bestialischen Wurmfortsatz seiner paratheologischen Rechtsbeugung« kritisieren konnte (Geyer 2004b). »Die Frage, vor die Amerikas heuristisch nützliche Alternative uns stellt, ist glasklar: Wollen wir im Kampf gegen den Terrorismus die Gesetze des Terrorismus anwenden?« (Ebd.)

140 Bereits um 2005 waren die USA »almost universally hated and distrusted« (Gilpin 2005, 5).

dieser Erregung überzeugt und wartet[e] wie das Kaninchen vor der Schlange ab« (Siemons 2004). In der Bundesrepublik wünschten sich nur zwei Prozent der Deutschen die Wiederwahl von George W. Bush (FAZ, 29.10.2004). Doch die US-Wähler stimmten mit deutlicher Mehrheit für Bush. Die übrige Welt zuckte zusammen bei der Meldung, dass auf US-Wahlversammlungen Poster mit der Aufschrift aufgetaucht seien: »Give war a chance: peace through superior fire-power.« (Lehming 2004) Bei einer vom Hamburger Institut für Sozialforschung in Potsdam organisierten Tagung »über den Terror als Grenze der Freiheit« sagte Richard Rorty, die Regierung Bush habe den Anschlag vom 11. September als eine Art amerikanischen Reichstagsbrand genutzt, und der moderne Rechtsstaat werde in den USA gerade um zweihundert Jahre zurückgeworfen (Kaube 2004). Der Schaden durch die Art, den Kampf gegen den Terror zu führen, übersteige den durch die Anschläge selbst verursachten. Der US-Justizminister John Ashcroft sei daher gefährlicher als Osama Bin Laden.[141]

Die Abstoßung überwog aber nicht auf allen Ebenen des Hegemonialen. Die Herausgeber des *Socialist Register* konnten 2004 in ihrer zweiten Imperialismus-Nummer feststellen, dass alle ihre Autoren anerkannten, dass dasjenige, was »die US-Suprematie in der neuen imperialen Ordnung am meisten auszeichnet, nicht ihre militärische und Kontrollmacht [surveillance power] ist, so immens diese ist, sondern die Durchdringung der Staaten, Ökonomien und Sozialordnungen der anderen führenden Länder durch den US-Staat, US-Konzerne und US-Werte« (Leys/Panitch 2004, VII). Man ist folglich gut beraten, eine Disparität der unterschiedlichen Ebenen, darunter auch die technologische,[142] hinsichtlich der Hegemonie in Betracht zu ziehen.

141 Gegen Rorty spielte Kaube das im gesamten Westen zu verzeichnende Abrücken der Legitimität von der Legalität herunter: »Im Ernstfall, und sei er auch nur imaginiert [sic!], bevorzugt der Bürger [...] die Existenz als glücklicher Sklave in einem ›wohlwollenden Despotismus‹ (Rorty) gegenüber den Aussichten eines Freiheitsgenusses unter Terrorvorbehalt.« (Ebd.)

142 2010 entfielen auf US-Unternehmen 35 % der globalen Internet-Umsätze (Hard- und Software, Dienstleistungen und Telekommunikationsdienste), auf Japan 20 %. Die deutsche Internet-Industrie landete auf der von McKinsey hergestellten Rangliste hinter China, Südkorea und Frankreich auf dem 9. Platz. In den Marktsegmenten Suchmaschinen, E-Handel und Online-Werbung gab es keinen deutschen Konzern (»Dt. Internet-Industrie ist schlecht gerüstet«, FAZ, 31.5.11, 15).

4. Widersprüchliche Kompatibilität von Imperium und Freiheit[143]

Wenn das von Lenin ausgegrabene anglo-imperiale Erfolgsgeheimnis auf der *Vereinbarkeit von Imperium mit Freiheit* beruhte, werden wir Befehlsgewalt und Freiheit nicht als äußerliche Gegensätze behandeln, sondern ihren organischen Zusammenhang in den Blick nehmen. Auch das Verhältnis von Imperium und Imperialismus ist nach dem bisher Angedeuteten nicht zwingend eines der Ausschließung, sondern kann einen inneren Gegensatz und in diesem Sinn einen Widerspruch des Weltkapitalismus bezeichnen. Dessen dominante ökonomische Akteure sind die transnationalen Konzerne mit ihren nationalstaatlich eingebetteten Zentralen. In Form der großen Handelsgesellschaften gab es Ansätze zu solchen Konzernen bereits im Frühkapitalismus. Im Unterschied zu diesen sind die *global players* des Weltmarkts heute kaum Handelskapitalisten, und sie koordinieren sich auf Basis einer Technostruktur unmittelbar globaler Reichweite in Gestalt der integrierten Informations- und Kommunikationstechnologien. Die Hochtechnologie, der sie den Weg bereitet haben wie diese den ihren, hat ihnen zu einer Stellung im Weltkapitalismus verholfen, die es ihnen erlaubt, den lokalen oder nationalstaatlich eingeschlossenen Kapitalen mehr oder weniger die subalterne Stellung von Zulieferbetrieben oder einer unteren Position in der ›Wertschöpfungskette‹ zuzuweisen, an deren oberem Ende die maximale Mehrwertabschöpfung stattfindet (HTK I, 77ff).[144] Damit hat die Ökonomie aufgehört, Nationalökonomie zu sein. Längst passt der Wirtschaftskreislauf nicht mehr in den Nationalstaat. Vielmehr müssen die Nationalstaaten sich in den transnationalen Wirtschaftskreislauf einpassen.[145] »Nationale Räume

143 Man muss den Begriff der Freiheit hier ohne das Tremolo der Ideologie, sondern nüchtern, vom Standpunkt der Theorie hegemonialer Macht hören. Er meint das Moment der Zustimmung, keinen missionarisch einsetzbaren Wert. Man kann auch bei einem Raub- und Unterdrückungsfeldzug freiwillig mitmachen.

144 »At the top end were companies producing the technological and design blueprints and supplying the key capital goods; these firms were also the decision makers and systematically strived to expand their oligopolistic position. At the bottom end, firms multiply and thereby struggle to survive while ferociously competing against each other to obtain contracts from those at the top of the chain.« (Bellofiore/Halevy 2010/11, 8)

145 Wenn behauptet wird, der Nationalstaat sei zu einer »unnatural – even a dysfunctional – organizational unit fort the thinking about economic activity« geworden

dienen nicht mehr als sinnvolle Wirtschaftseinheiten, durchquert wie sie sind von ökonomischen Aktivitäten unterschiedlichster Art zwischen Knotenpunkten, die ebenso sehr Teile verschiedener globaler Strukturierungen sind [...,] wie sie dem nationalen Raum zugehören, in dem sie verortet sind« (Dirlik 2006, 112). Manuel Castells, an den diese Beschreibung anschließt, gliedert die internationale Arbeitsteilung des Hightech-Kapitalismus als Hierarchie von vier Sektoren dessen, was wir Wert-Abschöpfungsketten genannt haben: auf informationeller Arbeit fußende Hochwertproduktion; auf Billigarbeit basierende Hochvolumen-Arbeit; auf Bodenschätzen beruhende Rohstoffproduktion; »auf entwertete Arbeit reduzierte überflüssige [redundant] Produzenten« (1997, 146f). Die dominanten Sektoren »fließen und organisieren sich in Netzwerken, gestützt auf die technologische Infrastruktur der Informationsökonomie« (ebd.). Entscheidend ist, dass diese Sektoren sich nicht mehr einfach auf bestimmte Länder verteilen, in denen sie allenfalls in unterschiedlicher Dichte vorkommen, sondern »alle Länder sind durchdrungen von den vier Positionen« (ebd.). Wir schließen daraus, dass die Weltmarktunmittelbarkeit der Länder dazu führt, dass die internationale Arbeitsteilung sich im Innern jedes Landes wiederholt und damit aufhört, im alten Sinne international zu sein. Die Teilung fällt nicht mehr vor allem *zwischen*, sondern *in* die Nationen. Die »Dritte Welt« wandert zunehmend nicht vor allem in Gestalt von Arbeitskräften ein, sondern in Gestalt der Drittweltisierung ganzer Sektoren. Viele derzeitige Veränderungen lassen sich beschreiben als ein von den »Entlokalisierungen« (Carreras 2004) der transnationalen Konzerne angestoßener Abbau von Wahlmöglichkeiten und Handlungsalternativen für diejenigen, denen es bestimmt ist, sich als Arbeitskräfte durchs Leben zu schlagen. Mit jeder Alternative schwindet ein Stück Verhandlungsmacht, bis ihnen nichts anderes übrig bleibt, als das Bestmögliche zu den Bedingungen der Gegenseite anzunehmen. Und für einen rasch wachsenden Sektor nähert sich das Bestmögliche dem erdenklich Schlechtesten nicht nur am Ende der Skala an, sondern am Ende einer Skala, die sich noch immer weiter spreizt. Da dieser Prozess gleichsam hinter

(Ohmae 1995, 16), so überspannt das den Bogen. Die Staaten sind noch immer die entscheidenden wirtschaftspolitischen Akteure, deren ökonomische Handlungsfähigkeit freilich ohne internationale Abstimmung angesichts der globalen Kapitalflüsse nicht mehr zu haben ist.

dem Rücken der Gesellschaft abläuft, teilt die neue Teilung den alten Spaltungen ihre Gegensätzlichkeit mit. Je bewusstloser der Umschlag im Aggregatzustand der gesellschaftlichen Antagonismen den Gesellschaftsmitgliedern widerfährt und je weniger die herkömmlichen Institutionen der Konfliktbearbeitung auf die neue Konfliktlage ausgerichtet sind, desto giftiger kann die Feindschaft zwischen den politischen Lagern werden. Am Beispiel der USA kommen wir darauf zurück.

Das Weltordnungsproblem des transnationalen Hightech-Kapitalismus besteht darin, dass er neue Bewegungsformen für seinen Widerspruch finden muss, dass er unvermeidlich in separate nationale und geopolitische Einheiten zerfällt und gleich unabdingbar danach verlangt, die transnationale »geoökonomische« Einheit herzustellen.[146] »Analytisch lassen sich hegemoniale und nicht-hegemoniale Weltordnungsstrukturen unterscheiden. Hegemoniale Strukturen sind immer dann gegeben, wenn eine Allianz sozialer Kräfte – bestehend aus sozialen Klassen, Staatsapparaten und Intellektuellen – in der Lage ist, hinreichende materielle, institutionelle und auch ideelle Fähigkeiten zu mobilisieren, um einen weithin akzeptierten globalen Handlungsrahmen zu errichten.« (Bieling 2010, 42) Als Aktionsfeld müssen die ökonomischen Weltmarktakteure bei aller Konkurrenz einen Weltordnungskompromiss anstreben, der ihnen einen möglichst homogenen Herrschaftsbereich mit einheitlichen Verkehrsverhältnissen, Eigentumsgarantien und Instanzen der Konfliktschlichtung gewährt und sich nicht weniger in die Welt erstreckt als ihre eigenen Operationsfelder.[147] Eine

146 »Während sich geopolitische Interessen in den – formellen und informellen – territorialen Kontrollstrategien staatlicher Akteure artikulieren, richten sich geoökonomische Interessen auf die inkrementell-molekulare Durchdringung und Modernisierung von Wirtschaftsräumen. Sie stützen sich nicht nur auf die räumlichen Investitions- und Reorganisationsstrategien transnationaler Unternehmen, sondern auch auf wirtschaftspolitische Konzepte und Aktivitäten, durch die staatliche Akteure die nationale oder regionale Wettbewerbsfähigkeit zu sichern oder zu steigern versuchen.« (Bieling 2010, 225, Fn. 3)

147 Dazu mussten internationale Handelsabkommen und Geldverhältnisse angepasst werden, »to reflect the polycentricity of several power centers competing for leadership (United States, Japan, Europe). Amid a dangerous combination of gobal debt crisis, persistent trade imbalances, volatile exchange rates, and massive short-term capital lows, those economic superpowers will have to contain conflicts among themselves and to find creative solutions based on increased multilateral coordination.« (Gutmann 1994, 59)

der Aufgaben eines solchen Weltordnungskompromisses besteht darin, Chaos und Krieg in den geographischen Raum außerhalb des kapitalistischen Zentrums zu verbannen und Transaktionen zu sichern über unterschiedliche nationale Rechtsprechungsgrenzen hinweg (Gowan 2007, 147).[148] Idealiter entspräche dem ein durch eine national-kulturelle Vielfalt sich ziehender, einheitlicher Markt, der die nationalstaatlichen Souveräne nach einigen Rechtsanpassungen und internationalen Vertragsabschlüssen bestehen ließe. Realiter verdichten alle Ordnungskompromisse die Kräfteverhältnisse ihrer formal souverän bleibenden Träger, wie auch diese staatlichen Träger nur begrenzt souverän sind im Verhältnis zu den transnationalen Konzernen, die sie beherbergen.[149] Um ›imperiale‹ Strukturen dieser Art zu analysieren, gilt es, sich von einer nach dem Muster nationaler Machtpolitik gefassten politischen Ontologie zu lösen.[150] Dass der Ordnungsraum, nach dem die epochal herrschende Akteursform der transnationalen Konzerne verlangt, andere Strukturen je nach Kräfteverhältnissen anders überlagert und sich als Feld permanenter Konfliktverarbeitung präsentiert, spricht nicht gegen seinen imperialen Ordnungscharakter. Ein imperialer Raum löst die Konflikte nicht auf. Im Gegenteil, sie sind ein Grund seiner Konstitution, und er kanalisiert ihre Austragung. Wenn Münkler (2005, 246f) in der Europäischen Union »einerseits [...] ein eigenständiges Imperium, andererseits [...] eine Art ›Subzentrum‹ des us-amerikanischen Empires« (Bieling 2010, 223, Fn. 1) sieht, so löst sich diese scheinbare Inkohärenz auf, sobald man nicht nach einem nationalstaatlich beherrschten Imperium, sondern nach

148 »Ensuring this relatively stable situation is the task of a hegemonic power, that is, a power strong enough to impose such relative stability on the world-system as a whole.« (Wallerstein 2009, 5)

149 »Im Empire verschwinden die Netzwerke der politischen und ökonomischen Macht nicht und sie diffundieren nicht im Raum ohne imperialistische Zentren der Macht. Geoökonomie und Geopolitik gehen eine Symbiose der territorialen Ausdehnung von Kapitalexport, Arbeitsmigration und politischer Regulation zu deren ›Filterung‹ [...] ein.« (Altvater/Mahnkopf 2007, 52)

150 »Imperiale Strukturen überlagern die Ordnung von Staaten, aber sie stehen nicht mehr an deren Stelle. Das macht es mitunter so schwer, Imperien zu identifizieren. Wer Imperialität lediglich als Alternative zur Staatlichkeit denkt, wird zu dem Ergebnis kommen, dass es heute keine Imperien mehr gibt. Wer dagegen von einer Überlagerung der Staaten durch imperiale Strukturen ausgeht, wird auf Macht- und Einflussgefüge stoßen, die nicht mit der Ordnung von Staaten identisch sind.« (Münkler 2005, 18)

dem Imperium des transnationalen Hightech-Kapitalismus und in dessen Rahmen nach regionalen Strukturen fragt.

Liberalisierung und politisch-militärische Absicherung des Kapitalverkehrs wirkten bei der Vorantreibung dieses Operationsraumes zusammen, die den Weltmarkt neuen Typs mit der ihm adäquaten Produktionswelt unterbaute. In der neoliberal geprägten Emergenz- und Durchsetzungsphase der hightech-kapitalistischen Globalisierung, deren erste Phase im Auftauchen des Weltweiten Netzes gipfelte, konnten die transnationalen Konzerne ihren Operationsraum nur dank der absoluten militärischen Übermacht dieses einen Nationalstaats USA erreichen. Kein anderer hatte – und hat auf absehbare Zeit aller imperialen Überforderung zum Trotz – noch immer den Globus im Griff seiner Militärstützpunkte und Waffensysteme. Denn »nur durch Schaffung einer Identität zwischen der stärksten ökonomischen Macht und dem allgemeinen Interesse« lässt sich »in einer Welt vielfältiger Souveränitäten ein internationales Interesse durchsetzen« (van der Pijl 1998, 219). Und dieses Interesse muss hierzu »in allen kapitalistischen Ländern einschließlich der USA hegemoniefähig sein« (220). Wenn aber eine nationale militärische Supermacht die Daseinsbedingung des transnationalen Operationsraums war, so musste diese Bedingung zugleich mit dem von ihr Ermöglichten konfligieren. Denn die Übermacht strebt geradezu naturgemäß danach, die minderen Mächte zu übervorteilen. Zu allen Zeiten »haben die führenden Zentren das Ziel verfolgt, sich Vorteile vermittels des Aufbaus von ökonomischen und politischen Institutionen einer zentrumsübergreifenden Weltordnung zu schaffen« (Gowan 2007, 153). Im Selbstlauf streben sie nach einem »Quasi-Monopol geopolitischer Macht«.[151] Jener eine Nationalstaat setzt – mit ungeheuren Kosten – diese seine Übermacht nur ein, um seine Position zu stärken und Abhängigkeiten der anderen Staaten zu erzeugen oder bestehende zu perpetuieren. Es kann sich dabei ebenso um militärische Abhängigkeit wie um technologische und juristische Normierungen handeln, aber auch ganz traditionell-imperialistisch um den Zugang zu knappen Ressourcen wie Petroleum oder Uran

151 »The key point is that once a given state finally achieves hegemony, it is able to set the rules by which the interstate system operates, seeking simultaneously to assure its smooth functioning and to maximize the flow of accumulated capital to its citizens and enterprises. One could call this a quasi-monopoly of geopolitical power.« (Wallerstein 2009, 5f)

gehen. Doch wie die konkurrierenden transnationalen Konzerne ungeachtet ihrer Konkurrenz auf für alle geltende Normierungen drängen müssen, bleibt auch der Übermacht nichts anderes übrig, als dieser funktionalen Notwendigkeit in der Form allgemeiner Standardsetzung Genüge zu tun und den Globus einem gesicherten Verkehr transnationalen Kapitals und seines Personals zu erschließen. Das erklärt die vor allem in den USA neu in Gang gekommene Kosmopolitismusdiskussion. *Le diable porte pierre*, der Teufel muss Steine tragen (nämlich zum Bau der Kirche), wie ein französisches Sprichwort sagt. Ein in einem Hegemonieraum konstituiertes Imperium kann hinsichtlich der Souveränität der Einzelstaaten nur ein »*informelles* Imperium« (Panitch/Gindin 2004, 16) sein. Die Übermacht muss formal die Funktion einer bloßen Vormacht ausüben, wenn sie ihren informellen Imperialismen frönen will.

5. Die USA erfahren eine erste Form der Herr-Knecht-Dialektik

Den größten Widerspruch aber, dessen geschichtliche Dynamik sich erst allmählich ankündigte, bis der Zusammenbruch des »New Wall Street Regime« (Gowan 2009) ihn mit einem welthistorischen Paukenschlag verkündete, hielt die politische Ökonomie bereit. Er gemahnt an die von Hegel gezeichnete Herr-Knecht-Dialektik, weil gerade darin, worin die Übermacht triumphierte und ihren Triumph buchstäblich, in Form der Konsumtion, genoss, ihre Nichtnachhaltigkeit begründet lag. Übermacht war sie um den paradoxen Preis der Überkonsumtion. Sie borgte die finanzielle Basis ihres Konsumismus und auch ihrer militärischen Macht bei ihren Vasallen. In dieser Hinsicht bot einst »der Kalte Krieg den USA natürlich eine fantastische Gelegenheit« (Harvey 2005, 45).[152] Zwar herrschte nach wie vor die von Marx auf die Formel gebrachte Konkurrenz: »Je ein Kapitalist schlägt viele tot.« (23/790) Doch zugleich fürchteten alle Kapitalisten die Enteignung durch den gemeinsamen Feind. Die USA wurden zur Festung und Garantiemacht des globalen Kapitals. Mit dem Verschwinden jener Bedrohung und dem Ende des Kalten Krieges

152 Wenn Bieling feststellt, dass »die USA im Kontext des Kalten Krieges gegenüber Westeuropa einen kooperativ-konsensualen Führungsstil praktizierten« (2010, 249), so ist zu ergänzen, dass die Westeuropäer den USA militärisch auf Gedeih und Verderb ausgeliefert waren.

verschwand auch die Geschäftsgrundlage dieses Paradigmas.[153] Der Verlust des Systemkonkurrenten bedrohte die US-Hegemonie dreifach: Im Innenverhältnis verlor der militärisch-industrielle Komplex an Legitimität; im internationalen Bereich schwand der Zwang, sich angesichts der ›kommunistischen Gefahr‹ unterm Schirm der USA mit dem Status eines mehr oder weniger subalternen Verbündeten einzuordnen; die dritte und ausschlaggebende Gefahr für die Vereinigten Staaten aber waren diese selbst, seit die Sowjetunion mit ihrem Zusammenbruch den USA als trojanisches Pferd das »vergiftete Geschenk des Unilateralismus« (Fischer 2007) hinterlassen und den USA damit ein »Element der (Selbst-)Abschreckung«[154] entzogen hatte. Unfähig, sich ohne äußere Eindämmung vor sich selbst schützen zu können, wurden sie zur »›ohnmächtigen Supermacht‹«, »deren unerschütterlich selbstsicherer und hyperaktiver Militarismus sie schon bald zerstören wird« (Mann 2003, 30).

Über der postkommunistischen Welt schwebte die Aussicht auf einen »Völkerfrühling« mit »Friedensdividende«. Aus dem Frühling brach unvermittelt der Winter der Bürgerkriege hervor, und die Friedensdividende wurde im Ersten Golfkrieg verpulvert. Doch der verlorene Systemfeind war damit nicht ersetzt. Auch die »Schurkenstaaten« konnten ihn nicht vertreten. Gefunden wurde sein Nachfolger in Gestalt des islamistischen Terrorismus, den die USA unterstützt hatten, solange es noch gegen die Sowjetunion ging. Nachdem er ihnen als Verbündeter gedient, aber zugleich sich verselbständigt hatte, bedienten sie sich seiner jetzt als Feind. An der Substanziierung der neuen Weltkriegkonstellation nach dem Ausscheiden der UdSSR arbeiteten David Frum und Richard Perle vom »American Enterprise Institute« in *An End to Evil* (2004) – etwa: »Dem Bösen ein Ende machen« –, das sie als »Handbuch für den Sieg im Krieg gegen den Terrorismus« konzipierten.[155] Neuer

153 Infolge des Zusammenbruchs des Ostblocks ist »die militärische Schutzmachtfunktion der USA [...] zusammengefallen« und in Ostasien »ambivalenter und spannungsgeladener geworden« (Gowan 2007, 164).

154 »Es gibt das kommunistische Reich der Lager nicht mehr. Ging damit dem Westen ein »Element der (Selbst-)Abschreckung« verloren? Das wäre ein bitterer Befund.« (Zastrow 2004)

155 Gary Kamiya (2004) beschreibt das Buch als »a kind of neocon orgy. [...] But if its recommendations are a little too extreme even for the George W. Bush-Dick Cheney-Paul Wolfowitz triumvirate, its underlying worldview is identical to theirs.«

Freiheitsfeind, Nachfolger der Nazis und dann der Kommunisten in »aggressiver Ideologie und Drang nach Weltherrschaft« sei der islamistische Terrorismus. Perle/Frum schrieben diesem »eine Art Imperativ zum Superlativ« des Terrors zu: »Tatsächlich haben die islamischen Terrorgruppen fast keine andere Wahl, als zu versuchen, sich Massenvernichtungswaffen zu beschaffen.« Dagegen gelte das Gebot der »präventiven Vorwärtsverteidigung« nach der Devise »Entweder Sieg oder Holocaust« (Rüb 2004). »Der Terrorismus verwandelte sich in einen Feind, der zunächst abstrakt war, dessen bloße liturgische Beschwörung in den vom Fernsehen ausgestrahlten Messen der Macht die blinde Gefolgschaft der ›bedrohten‹ Bürger hervorrufen sollte.« (Naïr 2004) Die mörderischen Anschläge vom 11. September 2001 wurden als Vorwand für zwei Kriege instrumentalisiert, wovon der zweite einen anderen früheren Verbündeten beseitigte, der blutig-diktatorisch gegen den neuen Feind regiert hatte und in dem jener abstrakte Feind in der wirklichen Person Saddam Husseins pseudokonkretisiert worden war.[156]

Der raum-zeitlich unbegrenzte »Krieg gegen den Terrorismus« versprach, das US-Imperium durch einen neuen Ausnahmezustand auf nunmehr globaler Stufenleiter zur Anerkennung zu bringen. Dass der neue Feind asymmetrische und außerstaatliche Kriegführung betrieb und sich im Untergrund rhizomatisch fortpflanzte, machte ihn zur idealen Gegenfigur einer globalen Imperialordnung der Staatenwelt. Der Konflikt mit ihm konnte der Reorganisation der Weltverhältnisse unter US-amerikanischer Vormacht als abstoßendes Widerlager dienen. Er versprach, die »Umstrukturierung von Staaten zu integralen Elementen eines informellen amerikanischen Imperiums« zu erleichtern (Panitch/Gindin 2004, 53).[157]

Wie sich herausstellte, konnte der Feind dieser neuen Konstellation den alten Systemantagonisten, jene zweite Supermacht im Gleichgewicht des Schreckens, nicht aufwiegen. Das Kapital floss den USA zwar weiterhin von außen zu,[158] doch kam es nicht mehr

156 »Vor allem aber saß dieser auf Milliarden Fass Öl, auf das die USA schon lange scharf waren.« Daher die »Operation Angstverschiebung«. (Naïr 2004)

157 Panitch und Gindin notieren dabei en passant, dass im Zuge dieser Umordnung das Kapital nicht etwa vom Staat unabhängig wurde, sondern »seine Abhängigkeit auf *viele* Staaten ausdehnte« (2004, 53).

158 In diesem Zustrom sieht Thomas Sablowski »eine neue Form des Imperialis-

aus Angst, sondern in Geschäften, darunter wundersame, bei denen, wie es aussah, der Mangel in Überfluss verwandelt wurde und von denen wir einige im Teil über die Krise bereits besichtigt haben. Wir kommen darauf zurück.

Wenn es das Kapital auszeichnet, dass, dem Diktum von Marx zufolge, unter seiner Herrschaft »jedes Ding mit seinem Gegenteil schwanger zu gehen« scheint[159], so erfasste diese sonderbare historische Schwangerschaft auch die USA. Als staatliches Konkurrenzorgan des US-Kapitals gegenüber dem Weltmarkt und dem internationalen Staatensystem, das sie weiterhin unvermindert waren, bemächtigten sie sich zugleich der Rolle des globalen Gesamtkapitalisten. Gegenüber den Rivalen der von der US-Regierung repräsentierten nationalen Kapitalinteressen pochten sie auf ihre unvergleichliche Macht. Das war Hegemonie im bürgerlich-vulgären Sinn, einfache Präponderanz, erdrückende Überlegenheit in Gewaltmitteln. Freilich ließen sich die ökonomischen Aktivitäten des transnationalen US-Kapitals noch viel weniger national auseinanderrechnen als die Weltmarktaktivitäten zu Rosa Luxemburgs Zeiten, da ihre Wertschöpfungsketten nunmehr vor allem transnational, also grenzüberschreitend organisiert waren. Auch wenn der US-Staat, mit Arrighi und Moore gesprochen, weiterhin der »Machtcontainer« blieb, der die Hauptquartiere des US-Kapitals beherbergt, spiegelten etwa dessen Exporterfolge aus China in die USA sich in US-Außenhandelsdefiziten wider – und das, obwohl die Wertschöpfungsketten so manipuliert waren, dass der Löwenanteil des in China produzierten Mehrwerts erst in den USA realisiert wurde. Dem transnationalen US-Kapital musste es daher, um diese seine doppelte Vorteilsposition aufrechtzuerhalten, eher um die Expansion von Verkehrsverhältnissen und –normen gehen, die im Rahmen der Welthandelsorganisation dann ja sogar eine Art von wirtschaftspolitischer Weltgerichtsbarkeit erhielten. Darin bewährte sich der von Steven Gill beschriebene »neoliberale Konstitutionalismus« (2003),

mus […], ein Tributsystem, das den exklusiven ›American way of life‹ erst ermöglicht« (2009, 119). Der Tribut stellte sich als trojanisches Pferd heraus. Im Übrigen kann die Verwandlung asiatischer Exportüberschüsse in US-Staatsanleihen, die sie zu einem geringen Zinssatz in fiktives Kapital verwandelt und so aus dem kapitalistischen Verwertungsprozess heraushält, nicht als Kapitalimport verstanden werden.

159 Karl Marx, Rede auf der Jahresfeier des »People's Paper« am 14. April 1856 in London, 12/3f.

etwa in der international-institutionellen »Absicherung der technologischen Entwicklung und der Vermarktungsbedingungen durch begleitende Eigentumsrechte und andere politisch-rechtlich gesetzte Rahmenbedingungen« (Görg 2004, 728).[160]

Sofern der US-Staat solche Vereinheitlichung vorantrieb und treibt, diente und dient er dem transnationalen Kapital insgesamt. Wo immer dieser Dienst an der Gesamtheit des am Weltmarkt – also grenzüberschreitend und transnational – aktiven Kapitals leistungsfähigeren Konkurrenten des US-Kapitals Vorteile sichert, spaltet sich die US-Politik. Der Imperialstaat verlangt nach dem Privileg, die Entgrenzung des Kapitalismus in allen Fragen, die seine Interessen betreffen, in deren Grenzen zu halten. Freihandel soll *bei* den andern grenzenlos gelten, nicht *für* die andern. Von diesem Standpunkt wurde selbst die Welthandelsorganisation (WTO), als »Teil eines Netzwerkes imperialer Global Governance« (Wahl 2006, 5)[161] gerade noch ihr Instrument und eine der »internationalen Vermittlungsinstanzen der US-Hegemonie« (Barrow 2005, 50), den USA lästig.

6. *Exkurs über die »Kazikisierung« der Nationalstaaten und den Machtkampf zwischen ›Ökonomie‹ und ›Politik‹*

> …weniger Demokratie ist besser für die Märkte
> JÜRGEN HABERMAS (2011)

Nach der Regel »wer sich nicht kaufen lässt, wird liquidiert« kann die aggregierte Macht der staatlichen und privaten Weltmarktinteressenten bis zu einem gewissen Grade verhindern, dass kapitalistische Konkurrenz sich in der Form staatlicher Rivalitäten artikuliert. Doch wenn die Antagonismen dabei weitgehend entstaatlicht werden, dann um den Preis, sich innerhalb der einzelnen Staatsgesell-

160 Zur Herausbildung internationaler Vereinbarungen zum Schutz intellektueller Eigentumsrechte vgl. die Dissertation von Isabelle Löhr 2010. Sie zeigt, dass bereits seit dem letzten Viertel des 19. Jh. Formen der »Global Governance« unter Einbeziehung vieler heterogener Akteure herausgebildet wurden, bis dann 1952 der UNESCO mit dem Welturheberrechtsabkommen die globale Standardisierung gelang.

161 Als deren wichtigste Institutionen nennt Wahl außer der WTO: IWF, Weltbank, OECD, Nato, Pariser Club, BIZ und UN-Sicherheitsrat (ebd.).

schaften als soziale und politische Konflikte verschärft zu reproduzieren. Dies gilt in dem Maße, wie »das amerikanische Imperium nur vermittels anderer Staaten zu regieren vermag« (Panitch/Gindin 2003, 32f). Wo von »Schwächung des Nationalstaats geredet wird, diagnostiziert Fredric Jameson (2000, 50) die Unterordnung anderer Nationalstaaten durch den US-amerikanischen, sei es »durch Konsens und Kooperation oder durch nackte Gewalt und ökonomische Drohung«.[162] Die Nationalstaaten haben in solcher Subalternität nicht ausgedient, doch ihre Funktion reduziert sich etwa darauf, lokale disziplinäre Arbeitsregime durchzusetzen (Ahmad 2003, 45). Ich nenne das die *Kazikisierung der Nationalstaaten*, abgeleitet vom Kaziken, dem indianischen Dorfhäuptling, der einerseits die Unteren vertrat und von ihnen getragen werden musste, andrerseits und dominantermaßen aber die Imperialherrschaft ihnen gegenüber durchsetzte.[163] In dem Maße, in dem aus der Großen Krise und dem Scheitern des Imperium Americanum das vielfach untergliederte und plurizentrische Imperium des transnationalen Hightech-Kapitalismus hervortritt, immer unfertig und prekär, ändert die nationale Durchsetzung der transnationalen Machtstruktur ihr Gesicht. Nun ist es die ›Diktatur der Märkte‹, deren sachzwangartig entpersonalisierten ›Diktate‹ die Regierungen durchsetzen müssen. Nach dem von Castells beschriebenen Schema wiederholt sich der Makrokosmos der internationalen Arbeitsteilung mit ihren hierarchischen Abteilungen im Mikrokosmos jeder nationalen Gesellschaft, wenngleich in höchst unterschiedlichen Proportionen. Avancierte Sektoren existieren hier Seite an Seite mit den unspektakulären Manufakturen, den subalternen Hilfsdiensten und den abgekoppelten, kapitalistisch unbrauchbaren Sektoren. Die ›Diktate‹ der aus der Interaktion der transnationalen Kapitale resultierenden ›Märkte‹ widerfahren den Nationen daher nicht nur von außen. In Anlehnung an Nicos Poulantzas könnte man von der ›inneren Globalbourgeoisie‹ sprechen, die sich aus den Beauftragten und den Interessenten des transnationalen Kapitalbetriebs zusammensetzt. Vom Standpunkt der ›Innenseiter‹ der Weltmarktinteressen

162 »Looming behind the anxieties expressed here is a new version of what used to be called imperialism, which we can now trace through a whole dynasty of forms.« (Jameson 2000, 50)

163 Vgl. den Artikel »Kazikentum«, in: HKWM 7/I, Hamburg 2008, 549-53.

bilden sie den »local outpost of the global economy« (Ohmae 1995, 74, 94), die örtlichen Außenstellen des national nur mehr schwach eingebetteten Weltmarktkapitalismus. Im Extrem wird der Staat seine Zwangsmittel in den Dienst der Interessen jener ›örtlichen Außenstellen‹ der transnationalen Macht stellen. Die demokratisch gewählten Regierungen strampeln sich ab und verbrauchen ihre Legitimität als Mittler und Anpassungserzwinger.[164] Dies wäre der zu seiner letzten Konsequenz getriebene »Staat des globalen Kapitalismus«, der sich der Pflichten und Verantwortungen gegenüber den Wählern zu entledigen strebt, um sich zum örtlichen Agenten derjenigen zu machen, die den globalen Kapitalprozess betreiben.[165] In dem Maße, in dem diese Tendenz greift, steigert sich der Widerspruch von Demokratie und Kapitalismus zu einem Grad, der seine Explosion ankündigt.[166] Der »Machtkampf zwischen dem Primat des Ökonomischen und dem Primat des Politischen«, den Frank Schirrmacher (2011b) für Europa in einer Situation registrierte, in der die Politik und mit ihr die Demokratie ihn verloren hatte, deutet sich als epochaler Konflikt von welthistorischer Tragweite an.[167]

7. Widersprüche und Scheitern des »Amerikanischen Jahrhunderts«

Das »rechtsimperiale« – in unserer Sprache: imperialistische – Projekt der USA unter George W. Bush zielte auf die »Etablierung formeller Ungleichheit im Staatensystem«, begleitet von der »Ab- und Ent-

164 Jürgen Habermas beschreibt sie als Teil einer »von ›den Märkten‹ kujonierten politischen Klasse […], die seit 2008 an den Drähten der Finanzindustrie zappel[t]« (2011).

165 »The state here becomes […] an enforcer of the interests of […] those in charge of the ›local outposts‹. This is the state of global capitalism. […] where the state seeks to shed its responsibilities to constituencies other than those who manage and operate the global economy« (Dirlik 2006, 114).

166 »Heute sind die politischen Eliten einer Zerreißprobe ausgesetzt. Beide driften auseinander – die Systemimperative des verwilderten Finanzkapitalismus, den die Politiker selbst erst von der Leine der Realökonomie entbunden haben, und die Klagen über das uneingelöste Versprechen sozialer Gerechtigkeit, die ihnen aus den zerberstenden Lebenswelten ihrer demokratischen Wählerschaft entgegenschallen.« (Habermas 2011)

167 »As a result citizens increasingly perceive their governments, not as *their* agents, but as those of other states or of international organizations« (Streeck 2011, 26).

wertung trans- und internationaler Regime«, jedoch weiterhin im »zentralen Herrschaftsmodus informeller Imperialität, nicht über, sondern durch Staaten und Staatensysteme zu herrschen« (Rilling 2008a).[168] Von dieser in der Bush-Ära eklatant verschärften klientelistischen Subalternisierung der schwächeren Nationalstaaten ist die »Internationalisierung des Staates« zu unterscheiden (Hirsch 2004, 681), die auf das Dilemma antwortet, den Nationalstaat gleichzeitig durch Privatisierung geschwächt und durch internationale Ausrichtung gestärkt zu sehen (Cox 1987). »Der Staat wird zu einem Transmissionsriemen von der globalen zur nationalen Wirtschaft, während er bis dahin als das Bollwerk agiert hat, das die nationale Wohlfahrt vor externen Erschütterungen verteidigte.« (Cox 1992, 30f) Anders als die imperialistische Klientelisierung bildet die Weltmarktmediatisierung durch den Staat aber auch eine Achillesferse der Weltherrschaft des transnationalen Kapitals. Auf unterschiedliche Weise drohen in beiden Fällen, seine unentbehrlichen staatlichen Intermittenten ob ihrer Verbindung mit ihm ihre Legitimation zu verlieren.

In der Epoche des Imperialismus prallten *Imperialismen* aufeinander. Dieser Plural war entscheidend. Wenn Leo Panitch und Sam Gindin Recht damit hätten, dass ein »wohlwollendes Imperium in der heutigen Welt kaum mehr als eine Illusion sein kann« (2003, 32), gäbe es nur mehr einen einzigen Imperialismus, allenfalls mit regionalen Subimperialismen im gelegentlich widerstrebenden Gefolge. Nicht um interimperialistische Rivalitäten, sondern um die Widersprüche des Imperialismus insgesamt ging es daher nach ihrer Überzeugung in der Konstellation, die den historischen Moment des US-amerikanischen Griffs nach (informeller) Weltherrschaft unter Bush charakterisierte. Dabei hielten sie die Vorstellung einer transnationalen Kapitalistenklasse,[169] die sich als Imperialklasse

168 Preuß brandmarkt daher die Kritik am Bruch internationalen Rechts durch die USA als »hilflosen Völkerrechts-Normativismus«, der die Augen vor der »mit dem pauschalen Begriff der Globalisierung verbundenen dramatischen Einbuße an verantwortungsfähiger Kontrolle des Staatsgebiets« von rund der Hälfte aller Staaten verschließt (Preuß 2003b, 570).

169 Stephen Hymer sah bereits 1979 eine internationalistische Kapitalistenklasse auftauchen, »deren Interesse in der Weltwirtschaft ankert« (Carrol 2010, 2). Namentlich W.I.Robinson (2004), Leslie Sklair (2001) und William K. Carroll (2010) sehen in den Globalisierungsakteuren und –profiteuren unterschiedlicher Provenienz sowie den für sie arbeitenden Technokraten, Bürokratien und politischen Klassen samt den Konsumeliten eine neue globalisierte herrschende Klasse. Ohne die

neuen Typs betrachten ließe, für ebenso irreal wie den Glauben an die Wiederkehr der Rivalität zwischen nationalen Bourgeoisien (24). Doch es ist eine Frage der Gewichtung von Konsens und Zwang, den beiden Brennpunkten jener elliptischen Realität, die wir Hegemonie nennen, ob sich die Waage zur einen oder zur anderen Seite neigt. Im einen Fall können wir solche Antinomien als Widersprüche des Imperialismus begreifen, im anderen als Widersprüche des Herrschaftsgebiets des transnationalen Kapitals, und das hieße dann: des Imperiums neuen Typs. Begonnen als Amerikanisierung der Welt, würde die Globalisierung kraft ihrer inneren Logik in Entamerikanisierung der Weltverhältnisse oder in eine andere ›Weltbürgerschaft‹ des US-Staates umschlagen.

Das Imperium neuen Typs wäre demnach das gewaltgeschützte Operationsfeld des transnationalen Kapitalismus. Ohne Gewaltpanzer wäre es so wenig aufrechtzuerhalten wie der Schiffsverkehr am Horn von Afrika angesichts der Piraterie. Für dieses Imperium kamen – und kommen in absehbarer Zeit – einzig die USA als der ›selbstverständliche‹ Hegemon in Frage. Gerade dieses exzeptionelle Privileg bildete das Hindernis auf dem Wege seiner Realisierung. Auf globaler Stufenleiter konnten einzig die USA den Gewaltapparat stellen, ohne den die kapitalistische Globalisierung sich in rivalisierende Projekte auflösen würde, deren keines mehr sicher und mit Sicherheit keines global wäre. Die Weltpolizistenposition der USA war die Existenzbedingung jenes Imperiums. Doch diese seine Existenzbedingung erwies sich zugleich als seine Existenzbedrohung. »Warum sollte sich ein Staat, der seine Macht

aneinandergereihten empirischen Evidenzen im Einzelnen zu bestreiten, bezweifelt Samir Amin, »dass es sich um eine einzige (globale) Klasse […] oder um eine Gruppe assoziierter Klassen, die einen geschichtlichen Block (im Sinne Gramscis) bilden, der weltweit herrscht«, handelt und nicht vielmehr »um eine Gruppe von Klassen (u.a. von unterschiedlicher Nationalität), die sich zugleich der Interessenkonvergenz und der Konkurrenz bewusst sind« (2011, 65). Letzteres ist auch die Antwort von Kees van der Pijl (1984). Wenn Sklair sagt, von einer transnationalen Klasse könne man nur sprechen, »if there are structural conditions that reproduce a transnational corporate community independent of its national home base« (zit.n. Carroll 2010, 19), spricht Amin dagegen. Er rechnet vielmehr mit krisengetriebenen Interessenkonflikten der Imperialismuspartner. Da Amin anders als der von ihm als »reformistisch« kritisierte Carroll keine »bessere Globalisierung«, sondern die Dekonstruktion der bestehenden (die EU eingeschlossen) als Voraussetzung einer möglichen späteren Rekonstruktion auf anderen Grundlagen will (75), geraten ihm die für die wirkliche Bewegung oft entscheidenden Übergänge und Mischformen, die Carroll herausarbeitet, aus dem Blick.

ausbauen will – und das heißt nur: seine Fähigkeit verbessern, das zu bekommen, was er will –, an Grenzen halten, die er auch umgehen könnte?« (Glennon 2003) Durch sie war das globale Imperium des transnationalen Kapitals unweigerlich vom inneren Imperialismus heimgesucht. Um das Weltreich des Kapitals zu stabilisieren, schwang der Weltpolizist als faktischer Gewaltmonopolist, seinen Vorteil im Auge, sich zum Herren auf. Indem er das tat, destabilisierte er sein Herrschaftsgebiet. Ulrich K. Preuß bemüht einen historischen Rekurs, um diese Anomie zu versöhnen: Wie in der Frühzeit des modernen Staates eine öffentliche Aufgabe wie die des Steuereintreibers an Privatunternehmer verpachtet worden ist, so in der unfertigen Ordnung der Weltgemeinschaft gleichsam das Amt des Weltpolizisten an die USA (2002, 77). Nur dass dieser Weltpolizist gleich die Weltherrschaft an sich zu reißen versuchte. Und da Preuß, am Gegenpol zu Gramsci, unter Hegemonie die Gewaltdominanz und, am Gegenpol zu Hardt und Negri, unter Imperium den Imperialismus verstand, begriff er den Weltzustand, zu dessen gewaltsamer Herbeiführung er die USA entschlossen sah, als die »Ordnung eines höchst merkwürdigen und singulären Imperiums«: es »verknüpft die universellen Ideen der Menschenrechte und der Demokratie mit sehr partikularen religiösen Vorstellungen von der Auserwähltheit der amerikanischen Nation und ihrer historischen Mission, der Welt die Demokratie zu schenken« (2003b, 225). Damit tritt eine Antinomie auf: »Nach den Gesetzen des Imperiums ist die Erzwingung eines Regimewechsels durch Krieg eine vollkommen legitime Option. Nach der Satzung der UNO ist sie kategorisch ausgeschlossen.« (Ebd.) Mit impliziter Anleihe bei Carl Schmitt und dessen Theorie des Ausnahmezustands meint Preuß, jene Imperialpolitik folge der Einsicht von Hobbes: »Bevor das Recht gilt, muss die Ordnung geschaffen werden, die dem Recht Geltung verschafft.« (226) In Wahrheit verläuft die Geschichte bei Hobbes umgekehrt: Da auch der Stärkste in Gestalt einer Koalition von Schwächeren noch immer seinen Totengräber findet, kann einzig ein allseitiger Abtretungsvertrag des Rechts auf Gewaltanwendung, also ein selber bereits rechtsförmiger Akt, eine Ordnung stiften, die allen, die diese Ordnung nicht antasten, ihr Eigentum schützt und das Überleben gestattet. Freilich wäre dies der totale Weltstaat, der alles politische Recht eingezogen hätte. Preuß, dessen Überlegungen die Ebene der Ideen und Prinzipien nie verlassen, endet mit der vagen Hoffnung auf Selbstzähmung des US-amerikanischen Imperiums, das »keineswegs auf Macht und Zwangsgewalt« zu verzichten hätte, diese jedoch »zu einem Instrument des Rechts« machen würde (227).

Die »Demokratie« aber, welche die Supermacht mit ihrer Militärgewalt auszubreiten behauptete, entpuppte sich im eigenen Land immer deutlicher als ein über medial entlockte Akklamation inmitten weitverbreiteter politischer Apathie sich reproduzierender Sicherheitsstaat. Die Erwartung, die einmal den Menschenrechtskrieg legitimieren sollte, Menschenrechte und Demokratie würden dabei im Huckepack auf dem Unrecht ins Ziel einziehen, wich einer Resignation, die in der Sache sich einem CDU-Positionspapier von Wolfgang Schäuble annäherte, das Christian Geyer auf die Formel der »Entrechtlichung durch Verrechtlichung des Rechtsbruchs« gebracht hat (2003).[170] Preuß bejahte jedenfalls die Frage, »ob Amerika auf dem Weg zu einem Empire sei – zu einer nationenübergreifenden, weltumspannenden universalen Oberherrschaft« (2003a, 224).[171] Er tat dies in der Überzeugung, dass damit das Rätsel der Weigerung der USA, »ihre überlegenen militärischen Fähigkeiten in den Dienst der Vereinten Nationen« zu stellen, sowie ihrer alle Rechts- und Bündnisrücksichten preisgebenden Kriegsentschlossenheit gegenüber dem Irak nun doch »eine plausible Lösung« erfahre: Der Irakkrieg war demnach als »imperialer Gründungskrieg« zu begreifen (ebd.).

In die Geschichte könnte dieser Krieg jedoch ebenso gut eingehen als imperialer Selbstzerstörungskrieg. Der Griff nach direkter

170 Ein Jahr später hakte Geyer (2004b) nach: »Die rechtsförmige Rechtlosigkeit ist die zivilisatorische Innovation, für die Bush steht« und »deren Dynamik nur schwer abzustoppen ist, weil sie eine grundlegende zivilisatorische Sperre knackt: die der Rechte-Zuschreibung für jedermann«. Er zitiert den *New Yorker*, der die so legitimierte Praxis der staatlichen Gewaltagenten auf die Formel gebracht hat: »Greift euch, wen ihr braucht, und macht mit ihnen, was ihr wollt«. In die Finger der Gewaltapparate gerieten u.a. »komplett unverdächtige Iraker, die ihren Peinigern bloß zufällig vor die Füße liefen«. Amerika trägt »Bushs Brandzeichen Guantánamo«.

171 Auch Sibylle Tönnies (2004) arbeitete dieser Oberherrschaft argumentativ zu: »Würde Hobbes sein Modell, den nationalen Frieden durch die Monopolisierung der Gewalt herzustellen, auf die Weltstufe heben, so würde er die Unterwerfung der Nationen unter die überlegene Macht der Vereinigten Staaten fordern. Ihm würde es nicht auf die Legitimität dieser Macht ankommen; für ihn stünde die Zentralisierung der Waffengewalt – und erfolgte sie auch mit Gewalt – absolut im Vordergrund.«

Weltherrschaft nahm unter der Regierung von George W. Bush ebenso tollpatschig-arrogante wie zerstörerische Züge an. Doch damit war diese Dialektik nicht zu Ende. In der widersprüchlichen Doppelrolle der USA lag beschlossen, dass auch dieses Projekt des »Amerikanischen Jahrhunderts« mit seinem Gegenteil schwanger ging, schien es doch eher den Grundstein für ein Jahrhundert des Antiamerikanismus zu legen. Die Schwangerschaft mit dem eigenen Gegenteil erfasste aber auch den Antiamerikanismus, den das Bush-Regime überall in der Welt säte. Selbst wo er eindeutige Losungen zu verkünden schien,[172] sprang bei näherer Betrachtung deren Zweideutigkeit ins Auge. So in einer gemeinsamen Erklärung von Samir Amin, François Houtard und Ignacio Ramonet unter dem plakativen Titel »Das imperiale Projekt zum Scheitern bringen«. Im analytischen Teil heißt es dort: »Die USA vernichten die Autonomie der Länder des Südens und schränken auch die Autonomie der ›Verbündeten‹ von Washington erheblich ein. Die Ökonomie bringt die Triade-Länder zusammen, die Politik aber bringt ihre Nationen auseinander.« (2006, 3) In Wirklichkeit könnte es sich umgekehrt verhalten und wäre möglich, dass das Kapital diese Nationen – aber sind sie die Subjekte, um die es hier geht? – auseinanderbringt, während die Politik unablässig beschäftigt ist, die Risse zu kitten. Die Erklärung gipfelte in dem Appell, »das Militärprojekt der USA zum Scheitern zu bringen«. Sie schwieg darüber, wie das gehen könnte. Stattdessen gestand sie ein: »Aber dieses Scheitern wird mit entsetzlichen Folgen für die Menschheit einhergehen.« (4) Aber wie konnte man zu etwas aufrufen, was mit entsetzlichen Folgen für die Menschheit einherginge? War eine Rettung von außerhalb zu erwarten? Der Appell beließ es bei schattenhaften Andeutungen: »Nur die angegriffenen Völker selber sind in der Lage, den Ansprüchen von Washington Einhalt zu gebieten.« Doch auch hier lauerte schon das Gegenteil: »Allerdings sind ihre Kampfmethoden oft von fragiler Effizienz [...]. Sie greifen nämlich zu Mitteln, die eine Kristallisierung der Solidarität von Seiten der Völker des Nordens verzögern.« (4) Klarer spricht Aijaz Ahmad: »Wo nationale

172 »Within this schema, there is only one actor in the world: the United States.« (Postone 2006, 97) Einen Grundfehler des Antiimperialismus sieht Postone darin, »that other powers, such as the European Union, are not treated critically as rising cohegemons/competitors in a global capitalist dynamic order, whose rising positions help shape the contours of global power today« (102).

Befreiung war, ist jetzt Terrorismus« (2003, 47). Es ist wahr, die neoliberale Globalisierungspolitik hatte dem Rest an nationalen Befreiungs- und Entwicklungsregimen vollends das Rückgrat gebrochen. Dennoch war es fragwürdig, ob die Aussage Amins u.a., die USA würden die Autonomie der Länder des Südens vernichten, sich in dieser Allgemeinheit halten ließ. Die Politiken der Abkoppelung (*delinking*) vom Weltmarkt und des Auf-die-eigenen-Kräfte-Bauens (*self reliance*), die Amin früher für die nationalen Modernisierungsregime der Dritten Welt verfochten hat – nicht zu verwechseln mit nationaler Entwicklungspolitik, die sich der Kapitalverkehrskontrollen, Local-content-Regeln im Beschaffungswesen zur Privilegierung nationaler gegenüber ausländischer Produktion bedient –, sind aus endogenen Gründen gescheitert.[173] Die BRIC-Länder (Brasilien, Russland, Indien, China), von denen zumindest drei zum »Süden« zählen, haben durch ihre Integration in den Weltmarkt mit industrialisierungspolitischen Steuerungselementen[174] und bei gleichzeitigem Ausbau des Binnenmarktes ihre Handlungsspielräume bei allen Widersprüchen zum Teil erheblich erweitern können – auf freilich sehr unterschiedliche Weise. Kaum hatten Amin und seine Mitverfasser Russland, China und Indien zu den »drei strategischen Feinden des amerikanischen Projekts« erklärt (3), wurde in Neu Delhi die strategische Partnerschaft mit den USA besiegelt, während China zum Hauptfinancier des US-Überkonsums aufstieg und aus dem Handel mit den USA die Kraft für seinen Aufstieg zum »hauptsächlichen neuen Wachstumszentrum der Weltwirtschaft als solcher« (Gowan 2007, 169) zog. Weil aber »Russland und China als gewaltige Magneten [wirken], welche die Kapitalismen des Zentrums magisch anziehen« – und, wie wir ergänzen können, dadurch aus- und gegeneinander in die Konkurrenz ziehen –, »kann

173 Jameson meint dagegen, »that the ›collapse‹ of the Soviet Union was due, not to the failure of socialism, but to the abandonment of delinking by the Socialist bloc« (2000, 56, Fn. 5). Doch das hätte eher die Stagnation verlängert, und die Abkopplung von den über Satelliten übertragenen Medien und vom Internet ist schlecht vorstellbar.

174 Ähnliche Bedingungen, wie sie China mit Aufträgen an westliche Konzerne verbindet, um den Technologietransfer zu gewährleisten, stellen auch Länder des ›Südens‹ untereinander. So versuchen etwa Brasilien und Argentinien gegenüber China, von der Rohstofflastigkeit ihrer Exporte loszukommen. Z.B. hat Brasilien mit China den Bau einer Bahnfabrik vereinbart im Gegenzug zum Auftrag, die U-Bahn Rio de Janeiros mit Zügen auszustatten.

der Politikansatz [...] zur Russland- und Chinafrage nicht mehr die Kalte-Kriegs-Formel der Eindämmung sein« (168f).

Ist es also nicht der Moment für abschließende Antworten, so doch des Versuchs, mit kapitalkritisch bewanderten politiktheoretischen Denkmitteln die Widersprüche des Weltkapitalismus zu analysieren, um die Handlungsfähigkeit der emanzipatorischen Bewegungen innerhalb desselben zu erhöhen und der noch ausstehenden Renaissance einer progressiven Alternative zum Kapitalismus den Boden zu bereiten. Anders wird die Antwort zunehmend von »reaktionären und atavistischen Elementen« kommen (Leys/Panitch 2003, IX). Das passte ins Kalkül der Bush-Regierung. Schon unter deren Vorgängern hatte die US-Politik den reaktionären Antiimperialismus groß gemacht. Schließlich wurde daraus ein veritables Weltkriegsszenario mit der ubiquitären Figur des virtuell omnipräsenten Terroristen. Es war dieses Szenario, welches das Imperium des transnationalen Kapitalismus einem flagrant imperialistischen Management aussetzte. Imperium oder Imperialismus? Diese Frage suchte das kapitalistische Weltsystem seither heim. Den emanzipatorischen Kräften aber, die sich in der Form der Globalisierungskritik globalisiert und eine die Welt umspannende gegenhegemoniale Sphäre etabliert haben, bleibt nur von innen heraus eine Chance. Würde der gesellschaftliche Antagonismus ins Staatensystem exportiert, um als Weltkrieg neuen Typs zu eklatieren, hätten sie verloren.

Achtes Kapitel

Rekonstruktion der US-Hegemonie unter Obama?

Wenn es stimmt, dass die Krise sich wie eine Spirale
immer tiefer in die Fundamente bohrt, [...]
könnte Obama zu spät kommen [...] –
und keinem Romancier hätte man
diese Koinzidenz von Systemangst
und der Systemrhetorik abgenommen...
FRANK SCHIRRMACHER (2008b)

1. Hegemoniales Vorspiel: Obamas Wahlkampf

Die Koinzidenz der militärischen, ökonomischen und politischen Krisen bei internationalem Hegemonieverlust verlangte einen erneuten Paradigmenwechsel der US-Politik, und Barack Obamas erstaunlicher Wahlsieg machte diesen Wechsel möglich, wie die Krise seinen Sieg befördert hatte. Dass Obama sich ins Weiße Haus durchkämpfen konnte, war – in den Worten von Felipe González (2009) – »für sich allein schon eine historische Tatsache, die bis heute in keinem anderen der demokratischen Länder [...] hätte geschehen können. Von den anderen ganz zu schweigen.« Obamas Präsidentschaftswahlkampf konnte als eine erste Probe auf künftige Rückgewinnung von Hegemoniefähigkeit der Vereinigten Staaten gedeutet werden. Das gegnerische Lager der als Konservative firmierenden Marktfundamentalisten[175] setzte auf das klassische

175 In einer Zeit des Etikettenschwindels muss man vielleicht daran erinnern, dass ein in irgendeinem Sinn historisch gehaltvoller Konservatismus sich zum Marktfundamentalismus wie Wasser zu Feuer verhält. Denn es ist das Feuer des kapitalistischen Marktes, in dem »alle festen eingerosteten Verhältnisse mit ihrem Gefolge von altehrwürdigen Vorstellungen und Anschauungen aufgelöst« werden, »alles Ständische und Stehende verdampft« und »alles Heilige entweiht« wird, wie im *Kommunistischen Manifest* beschrieben (4/466). Für die Bundesrepublik hat Frank Schirrmacher dies auf die Formel einer Politik gebracht, »die das Wort Bürgertum so gekidnappt hat wie einst der Kommunismus den Proletarier« und deren Krise »sich zur Selbstbewusstseinskrise des politischen Konservatismus« entwickelt (2011).

Muster *passivierender Hegemonie*:[176] Es beschwor viele Gefahren für alle Vereinzelten und baute einen Einzelnen als Machtanwärter mit dem Versprechen auf, er allein könne an der Spitze des Staates für ihre Sicherheit sorgen. Man musste nur die Stimme für ihn abgeben, um weiterhin in Ruhe den je eigenen privaten Angelegenheiten nachgehen zu können. In Form und Inhalt seiner Kampagne situierte Barack Obama sich am Gegenpol zur stillstellenden Hegemoniestrategie. Er trat als Katalysator auf, an dem die isolierten Einzelnen sich zur Geschichtsmächtigkeit zusammenschließen konnten. Mit seinem *yes we can*, das einen Kampfruf des Streiks der Reinigungs- und anderen Dienstkräfte in den Hightech-Bürotürmen von Los Angeles aus dem Jahre 1990 aufgriff,[177] mobilisierte er Bevölkerungsschichten, die der konstituierten ›Politik‹ den Rücken zugekehrt hatten. Richard Sennett hatte zwei Jahre zuvor die einfachen Menschen der USA als »von einem Gefühl der Resignation erfüllt« beschrieben, »als ob es keinerlei Handlungsmöglichkeit gäbe, ihre sozialen und ökonomischen Probleme anzugehen« (2006, 30). In dieser Gestimmtheit der Endphase der Bush-Regierung sah Sennett ein typisches Symptom von »Gesellschaften, die sehr tief zu fallen drohen« (ebd.). Obama setzte alles daran, die von Sennett diagnostizierte »Art Passivitätskrise« (33) innerhalb der Linken in eine aktivierende Aufbruchsstimmung zu verwandeln. Dabei ging der ›Optimismus‹, den er ausstrahlte, nicht auf Kosten des Intellekts. Er täuschte nicht vor, eine rosige Zukunft stehe bevor;

176 Von passiver Hegemonie sprechen wir, wenn ein Projekt zwar nicht den aktiven Konsens einer Mehrheit findet, aber auch nicht ihren aktiven Dissens herausfordert, nicht einmal ihren »passive dissent« (Clarke 2004), sondern mit »disaffected consent« (Jeremy Gilbert, zit.n. Hall 2011, 668) hingenommen wird. Wo das so ist, erhält eine herrschende »Minorität [...] durch die passive widerstandslose Haltung der Majorität, den Anschein, als sei sie Vertreterin des ganzen Volkes« (Engels 1995, 7/515). Die Passivität wurzelt letztlich im Fehlen einer für die Mehrheit überzeugenden Alternative. Ingar Solty (2011) scheint diesen Zustand zu meinen, wenn er von »posthegemonialer Herrschaft« spricht. Diese könne sich »als Dominanz am Leben erhalten, solange sich ein kohärentes Projekt zur Erneuerung von Herrschaft durch Konsens nicht durchsetzen kann.« Doch warum warum sollte sich diese Regierungsform als unumwundene Dominanz zeigen, wenn sie auf keinen Widerstand trifft?

177 Kean Loach hat in seinem Film *Bread and Roses* von 2000 der Kampagne Justice-for-Janitors-Bewegung ein Denkmal gesetzt. Das streikende Dienstpersonal war überwiegend weiblich und lateinamerikanischer Herkunft; in dem Film taucht der Ruf auf spanisch auf: *Sí se puede!*

sondern benannte Aufgaben und eröffnete Handlungsräume. Er durchbrach den Bann der passivierenden Hegemonie durch das aktivierende Hegemoniemuster. An ihn glaubend, glaubten Millionen US-Amerikaner wieder an ihre eigenen Kräfte. Dieser Glaube an sich selbst und dass es möglich sei, Demokratie wahr zu machen, elektrisierte sie. Die Rechte wiederum setzte alles daran, gegen dieses Selbstvertrauen die allgemeine Furchtsamkeit zu mobilisieren. Wenn sie damit scheiterte und »Wechsel« zum fast allgemein Verlangten wurde, so überlagerte sich in diesem Verlangen das weithin geteilte, durch Kriegs- und Krisennachrichten täglich weiter genährte Gefühl, dass ›es so einfach nicht weiter geht‹, mit jenem in der Auseinandersetzung erfahrbaren anderen Wechsel, dem Paradigmenwechsel vom passivierenden zum aktivierenden Modus der Hegemonie. Obama *versprach nicht nur* etwas Neues, sondern *verkörperte es bereits* durch seine Interaktion mit den Menschen. Seine Wirkung wirkte dadurch sekundär ihrerseits als *news*. Weil sie strukturell neu war, besaß sie bereits als solche Nachrichtenwert. Diese sekundäre Wirkung überstrahlte die primäre. Die über die Medien berichteten Wirkungen wirkten weiter. Das war der Ausstrahlungsmodus eines *aktivierenden Hegemonieprojekts*. Dabei wiesen die von ihm Angezogenen die im Sinne von Gramscis Hegemoniekonzept ideale Zusammensetzung auf, »die Beherrschten und die Gebildeten« zu vereinen und »die Mittelklassen, die popularen Klassen und die Intellektuellen zusammenzubringen« (Colombani 2008).

Bereits der Wettbewerb um die Nominierung bei den Demokraten schlug dank des satellitengestützten Fernsehens und des Internet weltweit Menschen aller Schichten und Ränge in seinen Bann. »Je mehr sie davon sahen, desto mehr erschienen ihnen die USA wieder als das Land der unbegrenzten Möglichkeiten.« (Birnbaum 2008) Die USA waren abgemeldet gewesen bei ihnen; sie hatten nicht nur ihre frühere Attraktion verloren, sondern sie waren in eine Situation der Dyshegemonie geraten, in der die Repulsion die Attraktion überwog. Nun strahlte das Ringen zwischen Barack Obama und Hilary Clinton als solches hegemoniale Potenz aus. Dass es sich zwischen einem schwarzen Mann und einer weißen Frau abspielte, elektrisierte zusätzlich, indem es gewohnte Frontstellungen aufbrach. Überall auf der Welt, nicht nur in den USA, nahmen Menschen in Massen daran teil, und zwar unabhängig davon, welcher Seite sie zuneigten. Zunächst überzeugte sie die bloße Tatsache, *dass und wie* hier gekämpft wurde. Mehr und mehr drang dann Obamas Botschaft durch. Sein Berlinbesuch im Sommer 2008 bezeugte, wie sehr der US-Vorwahlkampf um die Kandidatur für die Demokratische Partei die politikmüden Deutschen hingerissen hatte. Zu Obamas Rede vor der Siegessäule kamen »annähernd hundertmal mehr Menschen, als ein europäischer Politiker angezogen hätte« (Birnbaum 2008a). Die Szenerie mit der von Hunderttausenden gefüllten Straße des 17. Juni gemahnte an jene andere Kundgebung vom 15. Februar 2003, dem denkwürdigen Tag, an dem in 600 Städten der Welt gegen den bevorstehenden Irakkrieg der USA protestiert wurde und so die »Globalisierung der öffentlichen Meinung« [178] Premiere feierte. Hier »schien sich eine ›zweite Weltmacht‹ zu formieren, die in der Lage sein könnte, der Hypermacht der USA Paroli zu bieten: die *Weltöffentlichkeit*« (Hack 2003, 558). Im Spiegel eben dieser Weltöffentlichkeit las Paul Kennedy (2008) die Antwort auf die Frage ab, ob Obama in den Augen der Welt die unter Bush »verschwundene« Fähigkeit der USA, »andere Länder davon zu überzeugen, ihre Führungsrolle zu akzeptieren«, wiederherstellen könne. Die Antwort war ein »uneingeschränktes Ja«.

2. *Ein Trümmerfeld als neuer Ausgangspunkt*

Zwei Tage nach der Wahl Barack Obamas zum neuen US-Präsidenten brachte die spanische Tageszeitung *El País* eine furiose Abrechnung mit der Ära des scheidenden Präsidenten. Autor war ihr Gründungs-Herausgeber, Juan Luis Cebrián, eine der führenden Gestalten des transnationalen Medienkonzerns PRISA. Bushs »Schlussbilanz könnte nicht verheerender sein«, schrieb Cebrián (2008). »Er hat die Weltwirtschaft ärmer gemacht; er hat zwei schreckliche bewaffnete Konflikte erzeugt, für die keine unmittelbare Lösung in Sicht ist und die unzählige Opfer gefordert haben; er hat die Folter gerechtfertigt; ein ums andere Mal hat er die internationale Legalität verletzt und das Ansehen Amerikas beschädigt. Die Welt ist schlechter nach Bush, das heißt wegen Bush.« In der

178 So die französische Zeitung *La Croix* am 16.2.2003.

2008 unkontrollierbar gewordenen Finanzkrise sah Cebrián »keine der klassischen zyklischen Krisen des Kapitalismus, sondern eine neuerliche Warnung, die bisher nachdrücklichste, dass wir Zeugen eines Paradigmenwechsels sind, bei dem sich die planetarischen Probleme durch die nationalen oder lokalen Institutionen nicht lösen lassen«. So wichtig der Staat sich in dieser Zuspitzung als »Feuerwehr der Situation« erweise, werde doch keiner allein, so groß er auch sei, die Probleme in den Griff bekommen. Deren national nicht mehr kontrollierbare Überlagerung sah Cebrián darin begründet, dass die »durch die neuen Technologien mit Lichtgeschwindigkeit vorangetriebene Globalisierung sich unkontrolliert durchgesetzt hat und man, als man sie regieren wollte, dies in imperialem und dazu heuchlerischem Geiste zu tun versucht« hatte, begleitet von der »schuldhaften Selbstzufriedenheit der führenden Klassen«. Die düsteren Züge des realen Amerika der letzten Jahre reduzierte Cebrián nun aber gänzlich auf die Person George W. Bushs, und die Abrechnung mit dieser mündete in die Erneuerung des Glaubens ans »wahre Amerika«, verkörpert in Obama, von dem Cebrián sich versprach, in Bälde werde »Amerika wieder Amerika sein«.[179]

Dass die Ära Bush mit einem Fiasko nicht nur für die USA, sondern für die gesamte Welt zu Ende gegangen war, barg die geschichtliche Chance eines Neuanfangs. So wie bisher konnte es nicht weitergehen. Wer seine Sinne beisammen hatte, vermochte seine Augen nicht davor zu verschließen, dass der »neoliberale Neoimperialismus« der USA (Anderson 2005) mit seinem »Projekt für ein Neues Amerikanisches Jahrhundert [...] in Reaktion auf die Ereignisse des 11. September 2001« allseitig und »abgrundtief [...] auf irakischem Testgelände« gescheitert war (Arrighi 2007, 249). Die Frage der Führung, also auch die der Hegemonie, war durch die »gewalttätigen Hegemoniebestrebungen der USA« (Hennessy

179 Cebriáns Bild vom wahren Amerika verkennt die Zerrissenheit der amerikanischen Gesellschaft und ihre materielle Einschreibung in die Weltverhältnisse. Die USA waren von Anfang an dieses zweideutige Land, einerseits die schon Goethe anziehende Neue Welt des amerikanischen Traums, andrerseits immer auch rassistisch, im Umgang mit den Ureinwohnern völkermörderisch und mit anderen Völkern imperialistisch verfahrend, aber auch sich selbst im Bürgerkrieg die schwersten, bis heute nachschwelenden Wunden schlagend. Sie würden auch unter Obama nicht über den Schatten des Hyperkonsumenten, des größten Umweltverbrauchers und der militärischen Supermacht springen können.

2007, 278)[180] in Verbindung mit »rücksichtsloser Verschuldung, Bereitschaft zum Bankrott« ökonomisch und ideologisch »mit null multipliziert« (Schirrmacher 2008b).[181] Der Westen und die von ihm abhängigen Regionen waren führungs- und orientierungslos. Die Bush-Ära mündete in ein »steuerloses Dahintreiben des internationalen Kapitalismus« (Gowan 2007, 170). Momentan galt: »niemand, weder die Regierungen noch die Märkte, weder die Ökonomen noch die Politiker, wissen wirklich, was sie machen sollen« (Napoleoni 2009). Das Projekt einer mittelfristig stabilen Weltordnung der kapitalistischen Zentren, die sich als Imperium des transnationalen Kapitalismus bezeichnen ließe, hatte demnach »einige krampfartige Erschütterungen und tiefgreifende Turbulenzen zu erwarten und zu erdulden, bis aus diesen eine neue und stabilere Konfiguration entspringen mag – oder auch nicht« (Gowan 2007, 170).

War bereits die Finanzkrise ein Ereignis, wie es einmal in 100 Jahren vorkommt (Alan Greenspan), so fiel dieses mit einer umfassenden Krise der US-Politik nach innen wie außen zusammen. »Herrschaft ohne Hegemonie«, diese Formel, auf die wir die Weltordnungspolitik der USA unter Bush gebracht haben (HTK I, 239-52), pfiffen inzwischen die Spatzen von allen bürgerlichen Dächern. Irak und Afghanistan waren besetzt, aber außer Kontrolle. Die militärische Supermacht verbrauchte sich in ungewinnbaren Kriegen, derer das eigene Land zunehmend müde ward. Wie einst im vietnamesischen Dschungel versanken die USA im Dschungel der irakischen Städte. Das besetzte Land hatte sich »in ein Terrain des Blutvergießens, des religiösen Fanatismus, des irrationalen Terrorismus verwandelt«, wo der Widerstand gegen die Besatzung zu einem »wirklichen nationalen Befreiungskrieg geworden« war – »und die USA haben ihn

180 »Gewalttätige Hegemoniebestrebungen« sind vom Standpunkt der klassischen Hegemonietheorie nicht nur ein begriffliches Paradox, sondern eine auf Dauer praktisch-politische Unhaltbarkeit. Vollends auf die Spitze treibt Ulrich K. Preuß die Begriffsverwirrung im Sog des herrschenden Sprachgebrauchs, wenn er in der »alles durchdringenden kontrollierenden Macht eines hegemonial-absolutistischen Herrschers« (2003a, 227) keinen unhaltbaren Widerspruch sieht und erklärt, dass »ein Imperium von Verbündeten ein Ding der Unmöglichkeit ist« (224). Zur Kritik vgl. Haug 2003b.

181 »Was Aktienbesitzern jetzt schwant, dass sie nach Jahren der Akkumulation nichts mehr besitzen, gilt ebenso für unser Handeln und Denken.« (Schirrmacher 2008b)

verloren« (Naïr 2004).[182] Was die Kriegskosten betraf, so war inzwischen Rudolf Hickels auf Berechnungen von William D. Nordhaus gestützte Schätzung der Irak-Kriegs- und Kriegsfolgekosten auf eine Bandbreite zwischen 99 und 1924 Milliarden USD (HTK I, 247f) von den Fakten überholt. Bereits 2006 rechnete eine neue US-Studie mit 2 Billionen USD (*Hamburger Abendblatt*, 11.1.2006). Dabei waren die im Irak angerichteten Verwüstungen und die Folgen des durch die US-Invasion entfesselten Bürgerkriegs ebenso wenig einberechnet wie die makroökonomischen Auswirkungen in Gestalt der von der Weltwirtschaftskrise angerichteten Zerstörungen. In einer Rede anlässlich des Abzugs von Kampfverbänden aus dem Irak vom 31. August 2010 nannte Präsident Obama als unmittelbare Kriegskosten ›nur‹ eine Billion USD, führte aber zusätzlich die Wirtschaftskrise der USA auf den Irakkrieg zurück.[183]

Man mochte es drehen und wenden, wie man wollte, der imperialistische Alleingang war gescheitert, der Unilateralismus blamiert. Eine denkwürdige passive Dialektik war hier am Werk. Gerade der Unilateralismus der Supermacht USA hatte die Tendenz zur »Multipolarität« unumkehrbar gemacht. Der Anspruch, den Krieg bei sinkenden Steuern zu finanzieren, ging auf Kosten der staatlichen Investitionen in die Infrastruktur des Landes. Die vor allem mit asiatischen Krediten finanzierte Hochrüstung zum militärischen Weltherrscher wurde mit partieller Entindustrialisierung bezahlt. Der Versuch, all dies dank der Konsumentenkredite ohne Einbuße an privatem Konsum zu tun, unterhöhlte zusammen mit den Staats- und Handelsdefiziten langfristig die Weltwährungsrolle des Dollars, auch wenn diese Unterhöhlung mangels einer alternativen Reservewährung[184] – und solange dieser Mangel anhält – nicht zum Zusammenbruch der US-Kreditwürdigkeit führen muss.

182 Naïr meinte (oder hoffte), das »alte« Europa könne »mit seiner Kultur die der Versuchung der Barbarei ausgesetzten USA auf den Weg der Zivilisation zurückführen« (ebd.).

183 Eine Studie des Watson Institute for International Studies der Brown University errechnet direkte Kosten und Folgekosten für beide Kriege in einer Höhe von insgesamt 3,7 bis 4,4 Bio USD <http://costsofwar.org/>. Geführt wurden die Kriege auf Kredit, sprich auf Kosten der Zukunft der USA: »The current wars were paid for almost entirely by borrowing.«

184 Das Vertrauen in den US-Dollar ungeachtet seiner ökonomischen Unterhöhlung dürfte »nicht zuletzt auf den politischen und militärischen Kapazitäten des amerikanischen Staates als Garant der bürgerlichen Ordnung« beruhen (Sablowski 2009, 119).

»Imperialismus oder Imperium« war in dieser Situation keine Frage mehr, sondern eine reale Alternative, bei deren erster Möglichkeit entweder Imperialismus im Plural in Gestalt konkurrierender imperialistischer Zentren wiederkehren oder das von Arrighi für möglich gehaltene »endlose weltweite Chaos« (2007, 249) herrschen würde. Eine US-Weltherrschaft schied aus. Damit, erklärte Joschka Fischer 2007, sei die welthistorische Chance verspielt, unter US-Führung die Welt zu ›ordnen‹. Denn einzig die USA hätte dazu die Macht und das Sendungsbewusstsein gehabt.[185] Jetzt schien sogar unsicher, ob es wenigstens die reale Option einer Hegemonie der USA unter den traditionell dem ›Westen‹ zugehörigen Ländern geben würde, nachdem die Bush-Regierung Großbritannien und das postkommunistische »Neue Europa« gegen das »Alte Europa« in Stellung gebracht und auch sonst kaum etwas unterlassen hatte, um Europa zu spalten.

Ein Imperium des Hightech-Kapitalismus im Sinne eines durch ausgehandelte Regeln und Konfliktbearbeitungsmechanismen gebildeten Wirkungsfeldes des transnationalen Kapitals war dagegen noch immer Realität, wenngleich knirschend prekäre. In diese Tatsache war ein Element von US-Hegemonie eingeschrieben, auch wenn die EU-Globalisierungskonzeption »einer rechtsbasierten – Konsens oder zumindest Akzeptanz generierenden – Hegemonialpolitik den Anforderungen der globalisierten Weltordnung eher [entsprach] als die unilateral und interventionistisch orientierte Übermachtstrategie der USA« (Bieling 2010, 249).[186] Längerfristig bedroht war dieses Imperium nicht so sehr von seinem ›Außen‹ als von der inneren Möglichkeit eines auf Krieg zutreibenden Rückfalls in rivalisierende Imperialismen. An der zunehmenden Virulenz des Rechtspopulismus in den Vereinigten Staaten ließ sich ablesen, wie gefährlich ein Imperialismus im Abstieg noch werden konnte,

185 »Einzig dieses Land konnte (und kann noch potenziell) in seiner Außenpolitik den Realismus mit dem Idealismus und das Interesse mit der Ethik verbinden« (Fischer 2007). Das war Honig ums Maul der Imperialisten der ›weichen Macht‹.

186 »Sie scheint weniger legitimationsverzehrend und kostenintensiv zu sein, läuft also nicht so leicht Gefahr, sich imperial zu übernehmen. […] Die Globalisierungsstrategie der EU ist dabei primär ökonomisch definiert. Sie basiert in erster Linie auf dem Versuch, durch interne Strukturreformen und externe Liberalisierungsschritte für die europäischen Unternehmen, insbesondere für die Transnationalen Konzerne (TNKs), die Investitions- und Verwertungsbedingungen zu verbessern« (Bieling 2010, 249).

zumal konfrontiert mit einem vorläufig noch potenziellen Aufstieg Chinas zur Weltmacht.

Nachdem gerade noch »die normative Autorität Amerikas [...] in Trümmern« (Habermas 2003) gelegen hatte, beugten sich Beobachter in aller Welt über die Frage, ob die USA unter Obama ihre Führungsrolle in der mit den Weltmarktakteuren verbundenen Staatenwelt zurückgewinnen und ausfüllen können würden. Nichts deutete auf »any easy accession to the role of global hegemon« (Harvey 2009). Doch was sollte unter der Position eines »globalen Hegemons« verstanden werden? Dachte man ihn als Herrscher dieser Welt, dann durfte diese Position für die USA wie für jeden anderen denkbaren Anwärter unerreichbar sein. Dachte man den Hegemon dagegen mit Thukydides (III.9) als zumindest formal »gleichgestellten Führer« unter Gleichen und verstand Hegemonie als »Dominanz durch Konsens« (Wahl 2006, 7), dann konnte man ihre Erreichung für bedingt möglich halten.

John Gray von der London School of Economics, der einmal als Berater von Margret Thatcher angefangen hatte und inzwischen vom neoliberalen Saulus zum kritischen Paulus geworden war, bezweifelte diese Möglichkeit. Im September 2008 verstieg er sich zu der Prophezeiung, die Krise werde die USA zu Fall bringen »auf die gleiche Art wie die Sowjetunion, als die Berliner Mauer fiel«. Doch das war unfundiert, denn anders als die untergegangene Sowjetunion sind die USA kein Vielvölkerstaat, sondern zumindest mit ihrer Lebensweise ein Schmelztiegel. Von keiner anderen Supermacht wurden sie ›zu Tode gerüstet‹. Vor allem aber lauerte keine wirtschaftlich potentere Gesellschaftsform darauf, einen gescheiterten Kapitalismus abzulösen, wenn man nicht den autoritärstaatlich regulierten »Sinokapitalismus«[187] dafür halten mochte. Bei der Frage aber, ob der Phönix sich aus der Asche des Bush-Regimes neu erheben und das Land unter Obama seine Hegemonie rekonstruieren können würde, war Gray wieder mit einer allzu schnellen Antwort zur Stelle: »Die Ära einer globalen

187 »Bereits heute lässt sich von einem eigenständigen Sinokapitalismus sprechen, in dem sich der über 2200 Jahre in China vor/herrschende Zentralismus und die in dieser mehr als 70 Generationen umfassenden Zeitspanne eingewurzelte bürokratische Staatsorganisation fortsetzen – und so ein ökonomisch erfolgreiches Gegenmodell zum westlichen Liberalismus, insbesondere seiner neoliberalistischen Verfallsform der Gegenwart, begründen.« (Zinn 2008c, 119f)

amerikanischen Führungsrolle [...] ist vorbei.« Er mochte ja im Effekt Recht behalten. Doch Gray folgte dem Sprachgebrauch des *mainstream*, der von Gramsci nichts wusste und auch kritische Intellektuelle angesteckt hatte. Der wirkliche Ausgang war noch nicht entschieden, und um das Ringen um ihn zu begreifen, musste Herrschaft als Beherrschung (*dominance*) von Führung (*leadership*) analytisch scharf unterschieden werden, auch wenn »im Konkreten politische Führung und Durchsetzung von Interessen gegen die Betroffenen schwer voneinander zu trennen« sein mögen (Wissel 2004, 698).

Wir müssen noch einmal neu ansetzen mit der Frage nach den globalen Hegemonieverhältnissen im Zeichen der durch die US-Hypothekenkrise eingeleiteten Großen Krise des transnationalen Hightech-Kapitalismus. Dafür halten wir die Frage der Rekonstruktion der US-Hegemonie einstweilen offen und tun, wofür die Philosophen bekannt sind. Wir arbeiten an der Um-Stellung der Frage. Dazu werden wir einmal mehr versuchen, die tragenden Begriffe so weiterzubilden, dass es leichter fällt, sie dem gegenwartsgeschichtlichen Prozess »anzuschmiegen«, wie es in Adornos *Negativer Dialektik* heißt (GS 6, 24). Die strategische Fragerichtung wird die nach der Hegemonie im transnationalen Hightech-Kapitalismus sein. Denn in ihrer zweiten, durch die Große Krise eingeleiteten Phase hat die Globalisierung weit über ein Exportland wie Deutschland hinaus einen neuen Typ transnationaler Hegemoniepolitik unabdingbar gemacht. Und zwar muss, in Ulrich Becks Worten, »die Maxime nationaler Realpolitik – nationale Interessen müssen national verfolgt werden – ersetzt werden durch die Maxime kosmopolitischer Realpolitik: Unsere Politik ist umso nationaler und erfolgreicher, je kosmopolitischer sie ist; und sie ist umso mehr zum Scheitern verurteilt, je nationaler sie ist.« (2008) Freilich darf diese Maxime, im wohlverstandenen nationalen Interesse weltbürgerlich zu denken und nach Möglichkeit auch zu handeln, nicht so verstanden werden, als hätte der Nationalstaat ausgespielt und als dürfte die Politik sich in neoliberale Marktentfesselung auflösen.

3. *»Clintons Witwen« hatten nie aufgehört, den US-Hegemon zurückzuverlangen*

Führen heißt das Notwendige möglich machen.
José Manuel Durão Barroso (2011)

Im Jahr der Invasion des Irak durch die USA ließ sich das Ringen zweier Imperialprojekte diagnostizieren: »Das eine will, dass die USA ihre Herrschaft primär über Führung, das andere, dass sie ihre Führung primär als Herrschaft ausüben.« (HTK I, 249) Wie bei Luigi Pirandello *Sechs Personen einen Autor suchen*, suchten die mit dem unverblümten Dominanzanspruch der Regierung Bush vor den Kopf gestoßenen Alliierten der USA einen neuen Hegemon, dessen baldige Ankunft Perry Anderson bereits 2002 (10) mit den spöttischen Worten vorhergesagt hatte, »Clintons Witwen« würden Trost finden.[188] Der sexistisch getönte Spott verdeckte, dass es die ökonomische Struktur war, die nicht so sehr nach Trost als nach einer hegemonial durchregelten Tätigkeitssphäre verlangte. Unterhalb der durch das *Teile und Herrsche* und die Bildung einer *Koalition der Willigen* – die nicht viel zu sagen hatten – verursachten Spaltung Europas und des Westens insgesamt meldeten sich »gemeinsame Interessen des transnationalen Kapitals, die allerdings nicht immer zugleich im Interesse der einzelnen Nationalstaaten liegen« (HTK I, 244). Dass für einen Staat »die Schaffung optimaler Voraussetzungen für das international operierende Kapital zur obersten politischen Priorität wird« (Hirsch 2004, 681), verweist ihn, wenn ihm die Alleinherrschaft über den Weltmarkt verwehrt ist, auf die Bildung eines internationalen geschichtlichen Blocks zur Bildung einer Ordnung des aggregierten transnational aktiven Gesamtkapitals in einem »Verhältnis konkurrierender Kooperation« (Wissel 2004, 697).[189] Denn der Staat des transnationalen Kapitalismus ist nicht mehr der Staat der bei aller bereits bestehenden internationalen Verflechtung des Kapitals national zentrierten Expansionspolitik, »weil das für den klassischen Imperialismus

188 »... the widows of Clinton will find consolation«.

189 Dabei stützen sich die konkurrierenden »geoökonomischen Interessen [...] nicht nur auf die räumlichen Investitions- und Reorganisationsstrategien transnationaler Unternehmen, sondern auch auf wirtschaftspolitische Konzepte und Aktivitäten, durch die staatliche Akteure die nationale oder regionale Wettbewerbsfähigkeit zu sichern oder zu steigern versuchen« (Bieling 2010, 225, Fn. 3).

charakteristische nationale Kapital an Bedeutung verloren hat« (698). »Im Nationalstaat verdichten sich nun auch transnationale Kräfteverhältnisse.« (Ebd.) Auch »US-amerikanische Globalisten sind Teil einer transnationalen Bourgeoisie und die vielen strukturellen Veränderungen des transnationalen Akkumulationsmodells untergraben eine US-zentrierte Weltsicht« (Harris 2004, 667).

Selbst wenn daher den gemeinsamen Interessen wiederum die alten spaltenden Interessen der Konkurrenz entgegenstanden, spaltete sich Europa angesichts der US-Kriegspolitik unter Bush keineswegs in Befürworter und Gegner der US-Hegemonie. Ein hegemonial von den USA geführtes »Imperium« im Sinne machtgesicherter Räume, Verkehrsformen und Eigentumsansprüche war es ja, wonach auch die den Irakkrieg ablehnenden europäischen Regierungen verlangten. Fast flehentlich tönte es aus dem Munde des spanischen Staatssekretärs für Europafragen, die USA mögen unter Obama wieder die erste Geige spielen »in einem Konzert von Nationen, das fürs gemeinsame Interesse in der Epoche der Globalisierung arbeitet [...]. Können und wollen die Vereinigten Staaten auf diesen Appell zur euroatlantischen Konzertierung hören?« (López Garrido 2008) Es klang wie »erhören«. Dabei weiß die politische Klasse, aber auch die Politikwissenschaft,[190] oft nicht, was sie sagt. Zum Beispiel kleidete jener Staatssekretär den Wunsch, die USA möchten wieder hegemoniefähig handeln, in die Worte, sie sollten »nicht mehr die Hegemonie beanspruchen« (ebd.). Selbst der Politologe Ignacio Sotelo erklärte es zum »größten Irrtum [der USA] der vergangenen zwanzig Jahre [...], eine weltweite Hegemonie zu praktizieren, wo doch die einzige unbestreitbare Suprematie im militärischen Bereich angesiedelt ist« (2008). Abgesehen von der übermächtigen Anziehungskraft der US-Massenkultur und –Lebensweise, das technologische Potenzial und die Verfügung über die Weltreservewährung nicht zu vergessen, identifiziert auch Sotelo hier Suprematie mit Hegemonie. Selbst wenn es wahr sein sollte, dass Hegemonie Suprematie impliziert, um die hegemoniale Funktion ausführen zu können,[191] so impliziert Suprematie nicht

190 »Seit dem Amtsantritt von Bush hat die amerikanische Außenpolitik unübersehbar militarisierte, unilaterale und hegemoniale Züge angenommen.« (König/Sicking 2004, 11)

191 Zumal »die militärische Macht [...] parallel zum Entwicklungstrend des internationalen Kapitalismus verlaufen« muss (Gowan 2007, 150).

notwendig Hegemonie. Das notgedrungene Ende des Griffs der USA nach Weltherrschaft bedeutete nicht zwingend das Ende ihrer Hegemonie, sondern konnte sogar als eine Bedingung der konkreten Möglichkeit der Rückgewinnung von Hegemonie verstanden werden.

Als der US-amerikanische Vizepräsident Joe Biden auf der Münchener Sicherheitskonferenz im Februar 2009 erklärte, künftig solle die Macht des Beispiels dem Beispiel der Macht gleichgewichtig zur Seite stehen, konnte man das Aufatmen der atlantischen Eliten förmlich hören. In der Tat versäumte Präsident Obama keine Gelegenheit, diesen Worten ähnliche folgen zu lassen, die einer erstaunt aufhorchenden Welt die Öffnung längst verschüttet geglaubter Möglichkeiten signalisierten. So seine Rede in Kairo, die der islamischen Welt die Partnerschaft anbot. In Deutschland konstatierte die Frankfurter Allgemeine »ein nahezu globales Interesse, dass den Vereinigten Staaten diese Erneuerung gelingt, und zwar schnell.« (Frankenberger 2009)

Doch die Hoffnung, »Europa könnte endlich den begehrten Status eines wirklichen, von gleich zu gleich behandelten Verbündeten gewinnen« (Sotelo 2008), musste ohne eine Veränderung des Aggregatzustands der europäischen Politik leer bleiben. Ihre Verwirklichung verlangte eine über den gemeinsamen Markt hinausgehende Einigung Europas, seine Entwicklung vom ökonomisch motivierten Staatenbund zu einer – sei es auch schwachen – Version von Bundesstaat. Und selbst dann, wenn dieses vorerst Blockierte wirklich geworden wäre – eine militärische Ebenbürtigkeit mit den USA wäre auch für eine integriertere EU ebenso unerreichbar wie unwünschbar. Von gleich zu gleich konnte also nur formal die Rede sein. Dennoch konnte man Sotelo recht geben, wenn er »in dieser Hinsicht die wichtigste Wende in der US-Außenpolitik nach Bush« erwartete: »Denn wenn die USA schwach sind, so ist Europa noch schwächer. Die Chance Europas läge darin, dass die USA ihr spalterisches Spiel auf Grundlage bilateraler Beziehungen mit den europäischen Staaten aufgäben.« Auch das war nicht ohne weiteres zu erwarten. Würde der Euro den US-Dollar in seiner Funktion als Welt-Reservewährung ablösen, verlören die USA die Möglichkeit, ihren privaten und öffentlichen Überkonsum weiterzuführen, und das Phantasma einer panischen Flucht aus dem Dollar mit unabsehbaren Folgewirkungen könnte wahr werden.

Gemessen am bisherigen Privileg des Weltwährungs-Emittenten käme das einem Geld-Untergang gleich: »Die Geldquelle könnte austrocknen und mit ihr vielleicht auch der legendäre Optimismus der USA.« (Stiglitz 2009) Die Hegemoniefrage, konkret gestellt, lautete unter solchen Bedingungen, ob die USA sich mit der Zurückstufung des Dollars von der Monopolposition der Weltreservewährung[192] auf die bescheidenere Position eines gewichtigen Elements neben anderen Elementen in einem Währungskorb abfinden und ob sie sich im Umgang mit ihren im Gewicht höchst unterschiedlichen Alliierten mit der Position des *Primus inter pares* bescheiden würden. Für diese nun im genauen Begriffssinn hegemoniale Stellung der USA sprach, dass kein anderer Anwärter für sie in Frage kam. Gezeigt hatte sich, in den Worten Joschka Fischers (2007): »dass die USA unfähig sind, auch nur ein einziges der brennenden Weltprobleme unilateral zu lösen«, und vieles sprach dafür, »dass die übrige Welt erst recht unfähig ist, sie ohne die USA zu lösen«. Der Artikel endet damit, dass auch Fischer die USA gleichsam anfleht, wieder hegemonial zu agieren. Tun sie das nicht, werde in zehn oder zwanzig Jahren möglicherweise China »die Regeln definieren«.[193] »Definieren« scheint hier für

192 In der Tat arbeitet der IWF an der Entwicklung einer Reservewährung in Gestalt des Währungskorbs der Sonderziehungsrechte. Vermutlich ist es der dominante Einfluss der US-Dollarinteressen, der diese Entwicklung nicht nur im Virtuellen belässt, sondern auch den Zeithorizont großzügig bemisst, indem die nächste »Überprüfung« aufs Jahr 2015 vertagt ist. Bis dahin soll »ein fiktiver Schattenwährungskorb berechnet werden, um die Folgen eines Einbezugs etwa des Renminbi zu prüfen.« (FAZ, 28.9.2011, 10, »Auf dem Weg zu einem neuen Währungssystem«) Ernest Mandel hat das Problem 1973 auf die Frage eines Weltstaates gebracht: Ein »von einem Weltgremium verwaltetes Weltgeld setzt eine Gruppe von Experten voraus, die von den Interessen einer einzelnen Regierung und einer bestimmten imperialistischen Macht unabhängig ist, was eine Fiktion ist. […] Ein konfliktloses Gremium zur Verwaltung des Weltgeldes […] setzt eine tatsächliche Weltregierung voraus, das heißt, einen Super-Imperialismus. Von diesem Zustand sind wir noch weit entfernt.« (Zit.n. Wolf 2009)

193 Fischer fährt fort: »Daher haben nicht nur die Freunde der USA ein vitales Interesse daran, dass sie zum Multilateralismus zurückkehren. Angesichts der Gefahren, die der Unilateralismus für die gegenwärtige Weltordnung darstellt, gilt das auch für ihre Feinde.« Soll das für Nordkorea, den Iran oder gar Al Qaida gelten? Soll damit am Ende angedeutet werden, dass einzig Mit- und Einsprache von Verbündeten im Rahmen eines hegemonialen (multilateral sich abstimmenden) geschichtlichen Blocks die USA vom Einsatz von Atomwaffen abhalten könnte? Dieser Schluss wirkt wie von Selbstzensur durchkreuzt.

»diktieren« zu stehen. Aber transnationale Regeln lassen sich nicht definieren, sondern nur aushandeln. Und Hegemonie beweist sich darin, dass sie diese Aushandlung anführt und dem konkret Möglichen zur Welt verhilft. Aber war Hegemonie für die USA selbst in diesem gramscianisch verstandenen Sinn des Vorrangs der den Konsens moderierenden Führung vor direkter, letztlich gewaltgegründeter Herrschaft überhaupt noch erreichbar? War, mit anderen Worten, das Imperium des transnationalen Kapitalismus im hier entwickelten Sinn überhaupt noch zu retten? Oder würde es in rivalisierende Imperialismen auseinanderbrechen? Die Ökonomie stellte das Problem. Die Lösung war von ihr nicht zu erwarten. Die Politik war gefragt. Doch was, wenn diese Anfrage nicht auf Politiker stieß, die begriffen, wie der Kapitalismus funktionierte, und die nötige Weitsicht mit Gestaltungsfähigkeit verbanden und politisch durchzusetzen verstanden?

4. Das hegemoniale Opfer

In seiner Inauguralrede versicherte Obama der Welt, die USA seien »bereit, erneut die Führung zu übernehmen«. Alsbald erhob sich die Frage, ob es ihm tatsächlich möglich sein würde, »andere Länder davon zu überzeugen, seine Führungsrolle zu akzeptieren«, und das heißt, auch solche Maßnahmen hinzunehmen, welche die USA wünschten, während sie den anderen widerstrebten (Kennedy 2008). Unter Bush war diese Fähigkeit »verschwunden«; damit war ein Bein des »Dreifußes der Macht« aus militärischer Überlegenheit, Kontrolle der Finanzmärkte und politischer Hegemonie weggebrochen (ebd.). Obamas Projekt, US-Führungsfähigkeit wiederherzustellen, musste sich entfalten in der »Spannung zwischen der Vision einer wiederbelebten kennedyschen US-amerikanischen Führungsrolle in der Welt, die er seinem eigenen Land eröffnete, und dem, was die übrige Welt [...] nunmehr zu akzeptieren bereit sein« würde (Ash 2009). Es ist die Spannung zwischen national-korporativer und inter/national-hegemonialer Politik. Sie muss die Führungsfähigkeit nicht lähmen, solange es gelingt, die beiden Pole zusammenzuhalten. Dazu muss die national-bornierte (›korporative‹) Politik wenigstens einer gewissen Katharsis unterzogen werden, um international hegemoniefähig zu werden. Auch Wilson, Roosevelt und Kennedy taten nie etwas anderes, als nationale Interessen der USA zu vertreten, »doch sie besaßen den Geist und die Intelligenz, dasjenige, was den USA passte, mit dem, was der Welt oder zumindest großen Teilen derselben passte«, auf einen gemeinsamen Nenner zu bringen (Kennedy 2008).

Mit Geist und Intelligenz allein ist es nicht getan. Die Antagonismen haben massive Interessenfundamente, und die Intelligenz der jeweiligen Führungen kann nicht viel mehr als die Austragungsformen beeinflussen und Kompromisse aushandeln, was freilich an den Kipp- und Schwellenpunkten der Geschichte einen Unterschied ums Ganze bedeutet. List und Geschmeidigkeit und alle anderen ›weichen‹ Führungstugenden kommen nicht um die Notwendigkeit herum, die harten Stolpersteine aus dem Weg zu räumen.

Voraussetzungen der Hegemoniefähigkeit sind von den Bedingungen zu unterscheiden, die erfüllt werden müssen, um die von den Voraussetzungen her gegebene Möglichkeit zu verwirklichen. Die Voraussetzungen sind ökonomischer (produktiver und finanzieller), militärischer und politisch-kultureller Art. Die Hegemonialmacht muss auf einem allgemein gangbaren Weg voranschreiten, Schutz und Sicherheit gewähren und das Hegemonieprinzip des Primats der politisch-ethischen Führung vor der Domination in ihrer Kultur verankert und die Anwendung von Zwang und Gewalt aufs Unumgängliche eingegrenzt haben. Die härteste Bedingung für die hegemoniale Umsetzung des ökonomischen, militärischen und politisch-kulturellen Potenzials aber ist die des *hegemonialen Opfers*. Verlangt ist nach Gramscis Einsicht die »Katharsis«, das heißt die Überwindung des rohen Gruppenegoismus der Herrschenden und das »Opfer«, mit dem sie den »Kompromiss« besiegeln müssen, um zu einem relativen »Gleichgewicht« im Ungleichgewicht der Mächte zu gelangen. Zwar können »solche Opfer und ein solcher Kompromiss nicht das Wesentliche betreffen, denn auch wenn die Hegemonie politisch-ethisch ist, dann kann sie nicht umhin, [...] ihre materielle Grundlage in der entscheidenden Funktion zu haben, welche die führende Gruppe im entscheidenden Kernbereich der ökonomischen Aktivität ausübt« (Gef 7, 1567). Gleichwohl setzt Hegemonie »voraus, dass den Interessen und Tendenzen der Gruppierungen, über welche die Hegemonie ausgeübt werden soll, Rechnung getragen wird, dass sich ein gewisses Gleichgewicht des Kompromisses herausbildet«; so scheint es zwar auf den ersten Blick

»ungereimt«, erschließt sich bei näherem Überlegen aber als von der Sache geboten, »das konkrete Stellen der Hegemoniefrage als etwas zu interpretieren, das die hegemoniale Gruppe unterordnet« (ebd.). Dies gilt mutatis mutandis nicht nur im Inneren des Nationalstaates, sondern in der Staatenwelt des transnationalen Kapitalismus insgesamt. Eine »hegemoniale Weltpolitik [muss] darauf beruhen, untergeordneten Staaten und Gesellschaften durch materielle Konzessionen eine ökonomisch-politische Entwicklungsperspektive zu geben« (Hirsch 2004, 688).

Das scheinbare Paradox, dass die Führungsmacht sich den Geführten in gewisser Hinsicht unterordnen muss, bezeichnet eine der Schwellen, an denen die Wiederherstellung der US-Hegemonie in einer multipolaren Welt stockte. »Ist es wirklich möglich«, fragt der Direktor des Forschungszentrums von Global Impact (Escudero 2008), »die Führungsrolle in einer so globalisierten und interdependenten Welt wie der unseren zu bewahren, wenn der Führer unfähig ist, auf irgendein Stück seiner Entscheidungsmacht zugunsten globalerer Autoritäten zu verzichten?« Dass Obama diese Schwelle nicht zu nehmen vermochte, zeigte sich gleich in seinem ersten Regierungsjahr bei der UN-Umweltkonferenz in Kopenhagen Ende 2009. Das Bisschen – ohne Verpflichtung und Kontrolle –, was herauskam, handelte er im Hinterzimmer mit China, Brasilien und Indien aus, ohne die anwesenden Regierungschefs – über hundert an der Zahl –, geschweige denn die mehr als tausend Delegierten zu konsultieren. Die Europäer, die sich geschmeichelt hatten, nun als Gleiche unter ihrem Ersten zum Kern des Imperiums zu gehören, sprachen von einem US-Diktat. Andererseits soll Obama den Führungen der drei weltgrößten in nachholender Industrialisierung befindlichen Länder ihre Zustimmung zu der Minimalerklärung durch die Drohung abgewonnen haben, sie der Welt als Boykotteure vorzuführen. Falls es so gewesen sein sollte, hätte er sich zumindest in dieser Hinsicht der Logik der Hegemonie bedient, da er mit nichts anderem als internationalem Ansehensverlust, also mit einem negativen Hegemonie-Effekt winkte. Demnach wäre er in dieser Hinsicht in Führung gegangen, nicht ohne für sein Land weiterhin die partielle Souveränitätsminderung verweigert zu haben, die in der Verpflichtung auf kontrolliert rechenschaftspflichtige Obergrenzen des CO2-Ausstoßes bestanden hätte. Das zugemutete Hegemonialopfer hätte in diesem

Fall die Form partieller Souveränitätsübertragung an die Vereinten Nationen bedeutet.[194]

Generell müssten die USA darauf verzichten, ihren Verbündeten Regeln aufzuherrschen, die sie selbst nicht befolgen. Sie dürften sich nicht länger der internationalen Jurisdiktion entziehen. Sie müssten sich integrieren in jene Ordnung, bei deren Integration ihnen eine führende Rolle zugekommen war und weiter zukäme. Und als integrierter Integrator eines »informellen Imperiums« würden sie dann tatsächlich, wie Arthur Schlesinger es bereits für 2005 behauptete, zum »virtual prisoner of its client states« (2005, zit.n. Rilling 2007, 166).

Tatsächlich waltete im Verhältnis von Gewaltmacht und hegemonialem Opfer eine denkwürdige Dialektik der Gegensätze: War die Stärke der Supermacht zur Quelle ihrer Schwächung geworden, so öffnete ihre Schwäche ihr die Chance zur Rückgewinnung »weicher Macht«. Nichts käme der Regenerierung der Führungsmacht der USA so entgegen wie der Zwang, aus schierer Schwäche die Schwelle des hegemonialen Opfers zu überwinden.

5. *Zurück zur Ausgangsfrage nach Imperium oder Imperialismus*

Wenn ein Imperium ein Herrschaftsgebiet mit gewaltbewehrten Regeln ist, so kann man das durchregelte und umsicherte Terrain, auf dem die transnationalen Weltmarktakteure ihre Aktivitäten entfalten, zumindest als werdendes Imperium begreifen. Global Governance als »Regulierung ohne Regierung« zu fassen (Wahl 2006, 4), trifft die Sache, solange man Regierung eng, nämlich nur als Exekutive eines Staates begreift, nicht aber, wenn man die »staatsapparativen Gebilde« berücksichtigt, die »auf internationaler Ebene [...] wichtige Stützpunkte des internationalen [transnational aktiven;

194 Anthony Giddens etwa sah das chaotische Scheitern der UNO-Umwelt-Mammutkonferenz von Kopenhagen daher weniger kritisch als der Hauptstrom der Medien, da immerhin mit China und den USA die Urheber von 40 % des Welt-CO_2-Ausstoßes erstmals das Problem offiziell anerkannt hatten und damit eingebunden waren. Zu berücksichtigen war zudem die Ungerechtigkeit einheitlicher Begrenzungen angesichts dessen, dass 90 % des akkumulierten Welt-CO_2-Ausstoßes seit Beginn der Industrialisierung von den 20 größten ›alten‹ Industrieländern zu verantworten sind.

WFH] Kapitals darstellen« (Hirsch 2004, 681, mit Bezug auf Robinson 2001, 164ff). Inkohärent im Sinne des engen Begriffs von Regierung ist es, wenn Wahl fortfährt: »Die Gestaltung und Steuerung der neu entstandenen transnationalen Räume der Globalisierung [...] wird dominiert von den USA und dies zunächst unabhängig von den G8 und anderen internationalen Institutionen. Insofern trägt dieses Governance-System imperiale Züge.« (5) Was aber soll Dominanz der Gestaltung und Steuerung der neu entstandenen transnationalen Räume durch die Exekutive eines Nationalstaates bedeuten, wenn nicht Regierung? Wenn unter Dominanz nur der prägende Einfluss auf die Regelsetzung gemeint sein sollte, dann wäre es wiederum inkohärent, den Begriff des Imperiums an nationalstaatliche Dominanz, sprich: an die direkte Herrschaft der USA zu binden. Das mit Gericht und Sanktionen bewehrte Regelwerk der WTO etwa absorbiert ein seinem konfliktiven Anwendungsbereichen entsprechendes Stück nationaler Souveränität der WTO-Mitgliedsstaaten, auch der USA. Das reale Problem, auf das solche transnationalen Regierungsansätze antworten, besteht darin, dass eine »wirklich planetare kapitalistische Ökonomie [...] eine global wirksame rechtliche und politische Form benötigt, in der sich zugleich staatliche und private Herrschaftsverhältnisse und eine entsprechende Position und Funktion ihrer Repräsentanten im globalen Machtraum der Politik ausdrücken« (Rilling 2008a). Als Aktionsfeld *müssen* zumal die transnationalen Konzerne einen möglichst homogenen Herrschaftsbereich mit einheitlichen Verkehrsverhältnissen, Eigentumsgarantien und Instanzen der Konfliktschlichtung anstreben, der nicht weniger global sein darf als ihr eigenes Operationsfeld. Ungeachtet ihrer Konkurrenz macht sich für alle früher oder später die Notwendigkeit geltend, das Operationsgebiet insgesamt gesichert zu bekommen.

Das Ideal dieses betriebsnotwendigen Bestrebens ließe sich dann mit Hardt und Negri als »die neue globale Form der Souveränität« bezeichnen oder als die »Herrschaftslogik«, die »eine Reihe nationaler und supranationaler Organismen verbindet« (*Empire*, 10). Das Herrschaftsgebiet dieser Logik kann im Vergleich zum imperialistischen Nationalstaat als »*dezentriert* und *deterritorialisierend*« beschrieben werden, auch kann man – immer noch mit Hardt und Negri – sagen, dass es »Schritt für Schritt den globalen Raum in seiner Gesamtheit aufnimmt« (11) und sich tendenziell »die gesamte

›zivilisierte‹ Welt« einverleibt (12f).[195] Ulrich Becks auf Länder wie Deutschland gemünzte Empfehlung einer »Politik der ›goldenen Handschellen‹« und der »Schaffung eines dichten Netzes transnationaler Abhängigkeiten und Allianzen zur Rückgewinnung postnationaler nationaler Souveränität und wirtschaftlicher Prosperität« (Beck 2008) gilt dann grundsätzlich auch für den Mächtigsten unter formal Gleichen, die USA.

Bis zum Ausbruch der Großen Krise mochte es im Zeichen der US-amerikanischen Unilateralität so scheinen, als sei die »wesentliche Form der Imperialität in der Gegenwart die [...] des informellen, pervasiven und expansiven Empires« der USA, also eines nationalen Beherrschers der Welt, der »imstande ist, temporär und selektiv in den Modus formeller territorialer Imperialität überzuwechseln, wo es [ihm] in der Regel aus geopolitischen, eher selten (wie im Falle des Irak) auch aus geoökonomischen Gründen zwingend notwendig erscheint.« (Rilling 2007, 207) Die Große Krise aber hat seither an den Tag gebracht, dass diese Vision als »das alleinig US-amerikanische Projekt der Gegenwart« (ebd.) irreal war. Timothy Garton Ash spielte zum zehnten Jahrestag des Terrorangriffs aufs New Yorker Welthandelszentrum den Gedanken durch, wie die US-Regierung wohl gehandelt hätte, wäre ihr 2001 klar gewesen, »wie der Sieg des Westens am Ende des Kalten Krieges und die daraus folgende Globalisierung des Kapitalismus ökonomische Kräfte im Osten entbunden hatte, die zur größten langfristigen Herausforderung für den Westen würden« (2011); und der erzkonservative Charles Moore reflektierte zum selben Jahrestag darüber, »dass dieser gewaltige Kampf, den Amerika geführt hat, genau die Macht zerrinnen lassen könnte, die es zu bewahren sucht, sodass der Sieg zum Pyrrhussieg wird und die Rivalen des Westens dessen Nachfolger werden« (2011).[196]

195 Fragwürdig wird es, wo Hardt/Negri im Geiste des Postkommunismus diese Sphäre transnationaler Herrschaft »am Ende der Geschichte« situieren (13), und falsch, wenn sie ihr »kein Außen mehr« zuschreiben. Für die Autoren folgt ferner fälschlicherweise, dass Ökonomie und Politik tendenziell zusammenfallen »und das Imperium als ein aus dem Primat der Produktivkräfte hervorgegangenes Mischwesen aus Ökonomie und Politik erscheint« (Wissel 2004, 696), das heißt, sie verkennen die Eigenlogik des Politischen.

196 Moore belegte diese die USA von hinten ereilende, passive Dialektik statistisch: »In 2001 US indebtedness to China stood at $78 billion. In 2011, it is more than $1.1 trillion.« (2011b)

Abgesehen von solchen erhellenden Gedankenexperimenten des Was-wäre-wenn, gilt in der realen Welt: »Die USA können die einzige Supermacht sein, doch Präponderanz ist nicht Imperium« (Nye 2009). American Empire hieße US-Imperialismus mit der ausschließlichen »Festschreibung von Regeln, die die USA wünschen (in Bezug auf alles Mögliche, von Märkten bis zu Massenvernichtungswaffen), während sie sich selbst von anderen Regeln ausnehmen (z.B. dem Kyoto-Protokoll oder dem Internationalen Strafgerichtshof)« (Ignatieff 2003; zit.n. Hack 2003, 559). Dieses trügerische Traumbild glich allzu sehr dem Alptraum, »die Weltgemeinschaft in die erweiterte Untertanenschaft einer straff disziplinierten heimischen Ordnung zu verwandeln, die nach Belieben ausgeplündert werden kann« (Spillers 2003, 526). Die begehrte Unmöglichkeit hatte die Vereinigten Staaten um die mögliche internationale Vormachtposition gebracht. Denn das einzig mögliche ›Imperium‹ war dasjenige des transnationalen Kapitalismus.[197]

»Die Welt«, hört man jetzt oft, »befindet sich im Übergang vom amerikanischen Hegemon zu einer multipolaren Ordnung.« (Steltzner 2008) Die so sprechen, wissen nicht, was sie sagen. Soweit nämlich eine multipolare Ordnung eben dies wäre, was der Ausdruck besagt: Ordnung, würde sie es kraft einer Form von Hegemonie sein, die sich der strukturellen Hegemonie als der Hegemonie der Struktur annähern müsste, in der jedem dieser Machtpole mehr Handlungsfähigkeit zuwächst als im universellen Gegeneinander, dies gerade dadurch, dass das Gegeneinander in geregelte Bahnen gelenkt wird. In erster Linie die Ordnung selbst, nicht nur ihr Promotor muss hegemoniale Qualitäten aufweisen. Sie muss aber nicht – und kann vielleicht auch nicht, anders, als ich früher angenommen habe[198] (PM I, 158-84) – Hegemonie ohne Hegemon sein. Auch kann der Hegemon vielleicht keiner sein, der nicht mehr Macht als jedes einzelne andere »Klubmitglied« (Gowan) hat, wobei der entscheidende Akzent in der jeweiligen Mischung ökonomischer, mili-

197 Anders als der spanische Filmregisseur Alejandro Amenábar meint, können die USA nicht »das Römische Imperium unserer Zeit« (2010) sein, denn für eine solche Imperialstruktur bietet der transnationale Hightech-Kapitalismus keine Basis.

198 Allerdings nicht für die Staatenwelt; vgl. <www.wolfgangfritzhaug.inkrit.de/documents/strukturelle-Hegemonie-1981.pdf> englisch: <www.wolfgangfritzhaug.inkrit.de/documents/struct-hegemony1981.pdf>.

tärischer, politischer und kultureller Einflussfaktoren sich je nach Situation verschiebt. Auf jeden Fall wäre der Hegemoniebewerber gehalten, sich darauf zu besinnen, dass er nur durch den Vorrang des Führens vor dem Kommandieren »seinem Begriff entspricht«, wie Hegel sagen würde, und nur durch diese Priorität – welche den Einsatz ›harter‹ Machtmittel keinesfalls ausschließt, aber unterordnet – seine mögliche Hegemonialmacht immer aufs Neue verwirklicht. Seine relative Schwäche, die Hobbes einst auch dem Stärksten im Naturzustand vorgerechnet hat, zwingt ihn dazu, primär *durch Überzeugung zu führen, statt durch Dominanz zu überzeugen*. Selbst dann braucht er noch immer robuste Elemente der Dominanz, sofern er sich nicht darauf beschränken lassen will, wie der Kleine Prinz von Antoine de Saint-Exupéry der Sonne zu befehlen, bei Sonnenaufgang auf- und bei Sonnenuntergang unterzugehen. In der wirklichen Welt endet solch gute Miene zum bösen Spiel wie bei Gorbatschow mit dem Untergang dessen, der nur mehr über die Fassade der Hegemonie verfügt.

Bushs Präsidentschaft hatte zwei Kriege, ein hochverschuldetes Land und eine durch den Zusammenbruch des Finanzmarkts gezündete Weltwirtschaftskrise hinterlassen. Für Obama stellte sich die Frage der Wiedergewinnung US-amerikanischer Hegemonie aufgrund dieser Hinterlassenschaft besonders hart, auch wenn er persönlich noch so vorteilhaft von Bush abstach und die USA gegenüber der Staatengemeinschaft – in den Worten von Carlos Fuentes (2009) – »›von Gleich zu Gleich‹, als ›Socius‹, nicht als ›Chef‹« zu repräsentieren sich anschickte.[199] International war damit »die Isolierung, in die die USA unter der Vorgängerregierung gefallen war, durchbrochen« (Caño 2010). Speziell in Europa schien »eine Führungsrolle der Vereinigten Staaten wieder weitgehend akzeptiert« (Frankenberger 2010). Wenn man zögerte, von einer Neugewinnung von US-Hegemonie zu sprechen, so deshalb, weil die Nummer Eins unter den Mächten der Welt ökonomisch auf tönernen Füßen stand und militärisch im Sumpf ihrer ungewinnbaren Kriege steckte.

199 Auch Ignacio Sotelo erfährt Obama als einen US-Präsidenten, »der endlich als Führer unter Gleichen agiert, bereit, über seine Ansichten zu verhandeln und sie nicht aufzuzwingen. Die Europäer sind dabei, etwas zu bekommen, wonach es sie immer verlangt hat, nämlich treue Verbündete der Vereinigten Staaten zu sein […], ohne zu bloßen Komparsen herabgewürdigt zu werden« (2009).

Neuntes Kapitel

Hegemoniekämpfe im eigenen Land

No Great Power can survive at the top if it cannot pay its way.
Paul Kennedy 2010

1. *Erwartungen vs. Aufgaben: Obamas Zwickmühle*

Der anfängliche Überschwang war bald verflogen. Nach einem Regierungsjahr waren viele der zunächst Begeisterten von Obama enttäuscht. Hatten sich auf ihn »unmöglich zu erfüllende übermenschliche Erwartungen gerichtet« (Caño 2010)? Oder war es, dass er den geschichtlichen Roosevelt-Moment von 2008/2009, in dem die Welt der US-Mittelklasse aus den Fugen ging und für den er die ideale Gestalt schien, ungenutzt verstreichen ließ (Frank 2012, 13)? War der Gründungsfehler seiner Präsidentschaft, dass er die unter Bush im September 2008 begonnene Bankenrettung – »einen jener Momente, die den Glauben einer Nation zerstören« (33)[200] – fortsetzte, statt das Bankensystem auf eine Weise zu retten, die es in sozialem Auftrag und zum Nutzen des arbeitenden Amerika umstrukturierte? Thomas Frank sieht darin »den Schluck politischen Giftes, den Obama noch vor Beginn seiner Präsidentschaft nahm und von dem er sich nie wirklich erholte« (2012, 173). Im Frühjahr 2009 erreichte der Volkszorn seinen Höhepunkt, als die Manager der mit Steuergeldern geretteten AIG sich 165 Millionen Dollar Boni bedachten. Auch diesen Moment für einen Schnitt ließ der Präsident verstreichen. Die Quittung kam im Herbst. Inzwischen hatte die Rechte »in tausend Tea-Party-Versammlungen« die ohnmächtig gebliebene Wut der Leute populistisch organisiert und von den Bankern weg auf »Washington« gerichtet und in eine Bewegung »zugunsten genau der Bedingungen« eingebracht, »die es Wallstreet möglich gemacht hatten, die Welt zu plündern« (41f). Es begann die Zeit der Großdemonstrationen.

200 »The awful but unmistakable message of the bailouts was that the lords of Wall Street owned the government. Once they have got themselves in trouble, they simply whistled up the resources of the public treasury: our tax money.« (Frank 2012, 33)

Wenn es im Leitartikel der Frankfurter Allgemeine*n* 2009 hieß, »ein schwaches, in Depression verfallenes Amerika, eines gar, das zu den politischen Weltgeschäften auf Distanz ginge, wäre für die Welt wirtschaftlich wie politisch eine Katastrophe« (Frankenberger 2009), so ließ diese Katastrophe nicht lange auf sich warten. Bereits 2010 registrierten zwei deutsche Beobachter in den USA ein »diffuses Erschöpfungs- und Überforderungsgefühl, das im Staatskörper von unten nach oben hochkriecht« (Klingst/Ross). Als der greise Historiker Gabriel Jackson, der seit 1984 in Barcelona gelebt hatte, im März 2010 in die USA zurückkehrte, bestürzte ihn, bis zu welchem Grad »die Erschütterung, die der 11. September ausgelöst hat, die enorme Zunahme unpersönlicher Technologie und die ökonomischen und moralischen Katastrophen des unkontrollierten Kapitalismus [...] den normalen Optimismus der US-Bevölkerung zerstört haben [...]. Millionen Menschen haben Haus und Arbeit verloren, und das Konjunkturprogramm der Regierung Obama [...] genügt bei weitem nicht für die Schaffung von Arbeitsplätzen.«[201] Warum nur, fragte sich Jackson, der, 1921 geboren, als Junge die Große Depression erlebt hatte, legte Obama keine öffentlichen Beschäftigungsprogramme nach Roosevelts Vorbild im New Deal der 1930er Jahre auf, Programme, die »geeignet wären, der Mittelklasse und der Arbeiterklasse die Hoffnung wiederzugeben« (2010)?

Um die Enttäuschung zu verstehen, ohne sich gleich von ihr mitreißen zu lassen, müssen wir nicht nur das Schicksal einiger der besonders markanten Wahlversprechen skizzieren, sondern den von Obama geweckten Erwartungen vor allem die unumgehbaren Aufgaben gegenüberstellen, mit denen die geschichtliche Situation den frisch gewählten Präsidenten konfrontierte. Ferner gilt es, die wichtigsten Hürden zu besichtigen, die sich der Lösung dieser Aufgaben in den Weg stellten. Schließlich werden wir – wieder mit hegemonietheoretisch interessiertem Blick – Obamas politischen Stil in Wechselwirkung mit dem Stil seiner sich zu extremer, ja extremistischer Gegensätzlichkeit steigernden Gegner beobachten.

Die große Erwartung hinter allen Erwartungen war natürlich der von Gabriel Jackson genannte neuerliche New Deal mit dem Kern staatlicher Programme der wirtschaftlichen Belebung. In erster

201 Tatsache ist, »dass selbst noch das kleine Konjunkturprogramm der Bundesregierung gemessen am Wirtschaftsvolumen das der USA überstieg« (Solty 2010b, 44).

Linie machte nicht nur die dringend verlangte Arbeitsbeschaffung, sondern allein schon der verrottete Zustand der Infrastruktur des Landes deren Erneuerung notwendig. Ökologisch nachhaltige Technologien und die Nutzung erneuerbarer Energie sollten unter Einsatz der in der US-Industrie noch immer stark verankerten Hightech-Kompetenz gefördert werden.

Im Wahlkampf hatte Obama zwei weitere weitreichende Erwartungen geweckt. Die erste bezog sich auf das von der republikanischen Regierung hinterlassene militärische, finanzielle und moralische Debakel des »Weltkriegs gegen den Terror«. Nicht nur die baldestmögliche Beendigung der beiden Kriege hatte Obama zugesagt, sondern auch die Wiederherstellung des vom Ausnahmezustand bedrängten Rechtsstaats. Schluss mit den unter Bush legitimierten Folterpraktiken und Folterauslagerungen in befreundete Diktaturen! Schluss mit den Lügen, die den Krieg rechtfertigen sollten! Und, emblematisch für das weitläufige Feld der Bürger- und Menschenrechte: unverzügliche Schließung jenes rechtsfreien Raumes der Reduktion von Menschen auf nichts als nacktes Leben, der unter Namen wie Guantánamo oder Abu Ghraib zum Schandmal der US-Politik in den Augen der ganzen Welt geworden war. Fotos wie das des nackt, mit ausgebreiteten Armen auf einer Holzkiste stehenden Irakers, Elektroden an Fingern und Genital, oder das des ans Gitter gekreuzigten Gefangenen, waren in Demonstrationen auf der ganzen Welt – auch in den USA – mitgeführt worden. Aufzuräumen mit alledem, die große Reinigung des Augiasstalls der Staatskriminalität, das war die negative Arbeit, die von Obama erwartet wurde.

Im Blick auf die internationale Politik schließlich stand Obama vor der Aufgabe, eine »postimperiale« – in unserer Sprache: postimperialistische – Antwort »auf die imperiale Krise« zu finden, dies mit dem notwendigen »Realismus von Erneuerung, Selbstbeschränkung und Einordnung in die Staatengemeinschaft« (Klingst/Ross 2010). In dem Maße, in dem die Wiederherstellung der Hegemonie der USA deren führende Rolle beim Anpacken der durch die kapitalistische Globalisierung globalisierten Krise des Kapitalismus voraussetzte, würde jene Barriere fallen müssen, an der bisher jede Bemühung um globale Regulation stockte, nämlich die Weigerung der USA, »auch nur auf das geringste Stück ihrer Entscheidungsmacht zugunsten globalerer Autoritäten zu verzichten« (Escudero 2008).

Auf die Frage, ob Obamas Wahl im Innern des Landes einen neuen Hegemoniezyklus einleiten könne, nannte Norman Birnbaum als historischen Stolperstein eines jeden US-Präsidenten die »Unmöglichkeit, Imperium mit Wohlstand, Nationalstolz mit politischem und militärischem Realismus zu vereinbaren«. Die US-Bürger hielten den Irakkrieg mehrheitlich für einen Irrtum, doch sähen sie nicht die Notwendigkeit einer neuen Rolle der USA in der Welt. »Noch schlimmer, die imperiale Ideologie macht es so gut wie unmöglich, eine leidenschaftslose Analyse der Grenzen der nationalen Macht durchzuführen.« (2008b)

Obamas großes positives Vorhaben aber, das Geschichte auf dem Gebiet des Sozialstaats in den Vereinigten Staaten zu schreiben beanspruchte, war die längst überfällige Reform des Gesundheitswesens. Vor diesem Unternehmen war Bill Clinton nach einem ersten Anlauf zurückgeschreckt. Die imperative Notwendigkeit dieser Reform hatte zuletzt Michael Moore in seinem grandiosen Dokumentarfilm *Sicko* gezeigt. In der Tat war und ist »das amerikanische Gesundheitssystem, das teuerste, uneffektivste auf dem Globus, ein menschenverachtendes Desaster. Die Lebenserwartung eines Amerikaners ist geringer als die der Menschen anderer Industriestaaten. Die Kindersterblichkeit nähert sich bedenklich der Rate mancher Entwicklungsländer. Und wer überhaupt das Glück hat, von einer Versicherung aufgenommen zu werden, kann sich nicht sicher sein, ob sie auch zahlt oder ihre Klientel knallhart in den Bankrott treibt.« (Glombitza 2007) Das Gesundheitswesen unterliegt einem ebenso gnaden- wie skrupellosen Profitprinzip. Zugleich tragen die aus der Krankheit ihre Profite ziehenden Kapitale zur Korrumpierung der politischen Klasse der USA bei, denn auf der Liste ihrer Geldempfänger[202] stehen kaum weniger

202 Hier eine Probe: »With the exception of John McCain (R-AZ), Max Baucus (D-MT) received more money than any other current member of Congress from both the health insurance and the pharmaceutical industries. For the 2006, 2008 and 2010 election cycles, Baucus received $213,400 in contributions from health insurance companies and $229,520 from the pharmaceutical industry. As chairman of the Senate Finance Committee, Baucus is one of the primary architects of health care reform in Congress.« Dazu der Kommentar: »›When a key player in health reform has taken more money from health insurers and drug companies than any other member of Congress save one, he has to go the extra mile to prove that industry money hasn't bought the debate‹, said Carmen Balber, Washington director for Consumer Watchdog. ›At the very least, any lobbyist with an interest in the health care bill should be banned from the ›Camp Baucus‹ fundraising retreat. If Senator

Abgeordnete von Kongress und Senat als auf derjenigen des siebtgrößten US-Konzerns, in dessen Geschäftsmodell und schließlichem Zusammenbruch sich der ganze Finanzschwindel der Bush-Ära wie in einem Sinnbild verdichtet hat.[203] Die Rede ist vom Enron-Konzern, von welchem von den »hundert Senatoren mindestens 71 Spenden [...] entgegen[nahmen]« (Mejias 2002; HTK I, 230ff).[204]

2. *Die blockierte Einlösung der Wahlversprechen*

Auf all diesen Gebieten verwässerte die Art ihrer Einlösung die Versprechen. Unterm Zeichen des Nach-vorn-Blickens gab es keine juristische Aufarbeitung der Verletzungen von Recht und Gesetz. Die Folterfreigabe wurde widerrufen, dafür wurden verdeckte Aktionen mit gezielter Liquidierung einzelner Gegner verstärkt und der öffentlich-politischen Kontrolle weitgehend entzogen. Guantánamo wurde nicht geschlossen, weil die Abgeordneten die für die Konversion in international pflichtgemäße Konventionen benötigten Geldmittel verweigerten und weil mit wenigen Ausnahmen die Verbündeten sich der Aufnahme einzelner Gefangener verweigerten. Einige erste Verbesserungen der Wiederherstellung von Rechten mitsamt der Zuständigkeit rechtsstaatlicher Einrichtungen wurden wieder zurückgenommen oder abgeschwächt. Der versprochene Rückzug aus den beiden Kriegsschauplätzen verzögerte sich. Zum Erstaunen vieler Beobachter machte Obama den Afghanistankrieg zu seiner Sache, verkündete Siegesgewissheit, und er, der soeben noch den Friedensnobelpreis entgegengenommen hatte, stockte die Kampftruppen auf.

Als illusionär durchschaute Santiago Carillo (2009) diese »Neue Strategie«: Es werde mehr zivile Opfer geben, den Taliban würden

Baucus can't refuse their money, how will the American people be confident he can refuse their demands?‹« Vgl. <www.consumerwatchdog.org/newsrelease/health-insurers-and-drug-companies-contributed-262-million-111th-congress>.

203 »Zu den neuen *instruments* und zum abstrakt-spekulativen Rohstoffhandel kamen legal-spekulative Buchhaltungspraktiken hinzu.« (Ruoff 2007, 488) Zum Beispiel hatte die Aufsichtsbehörde der Firma die Genehmigung erteilt, »*mark-to-market accounting* anzuwenden, das heißt, künftig erwartete Profite heute schon ins Haben zu verbuchen« (489), um den ›Aktionärs-Wert‹ hochzudrücken.

204 »Die Spuren der raubenden Klasse führten ins Zentrum der US-Macht und der Staatsklasse.« (HTK I, 231)

mehr Kräfte zuwachsen, einheimische sowie aus der gesamten islamischen Welt, während Obama in den USA die Unterstützung der Linken verlieren werde. Carillo räumte ein, dass die Umorientierung einer seit langem auf »Weltherrschaft« ausgerichteten Macht extrem schwierig und langwierig sei. Gegen den Widerstand der verfassungsfremden »faktischen Mächte« – von den an Straflosigkeit gewohnten Geheimdiensten über den militärisch-industriellen Komplex bis hin zu den vom Finanzkapital, nicht zuletzt vom Murdoch-Konzern kontrollierten Medien – war kaum anzukommen. Die reformierten Kriegsziele, die davon ausgingen, ein Jahr später einem nicht mehr korrupten Karzai die Macht übergeben zu können – das war eine Schimäre. Wenn überdies Karzai, der seine Heimat verlassen hatte und im Gefolge der US-Armee zurückgekehrt war, eine Marionette der USA war, warum dann die Korruptheit seines Regimes beklagen? Gab es etwas Korrupteres, als sich in den Dienst einer ausländischen Besatzungsherrschaft über sein eigenes Land zu stellen? Waren die dortigen Wahlen nicht eh ein Simulakrum?

An seinem wichtigsten Regierungsprojekt, der Reform des Gesundheitswesens, um Millionen von Amerikanern zum ersten Mal einen Zugang zur Krankenversicherung zu gewährleisten, hielt Obama fest. Doch er tat es zur Unzeit, weil im Zeichen des Nichtstuns gegen die Macht der Banken und für die Arbeitslosen und die von Zwangsräumung Bedrohten. Als er das Projekt an die erste Stelle seiner Agenda gesetzt hatte, ahnte die Welt noch nichts von dem Tsunami, der über das Finanzsystem und von dort aus über Handel und Industrie hereinbrechen sollte, obwohl die Zahl der Zwangsräumungen zahlungsunfähiger Hypothekenschuldner und die Krisenanzeichen im Bankensystem schon 2007 beängstigend zugenommen hatten. Als Obama 2009 im Anschluss an die Bankenrettung das Projekt umzusetzen begann, hatten bereits Millionen seiner Wähler Haus und Arbeit verloren. Sie waren Opfer einer Krise, welche die mit ihrem Steuergeld und unter Verpfändung ihrer Zukunft geretteten ›Finanzindustriellen‹ angerichtet hatten. Den Banken wurde geholfen. Den einfachen Leuten half niemand. So jedenfalls sahen diese es. Sie konnten nicht verstehen, warum die Schaffung von Arbeitsplätzen in dieser Lage nicht den absoluten Vorrang auf der Tagesordnung ihres Präsidenten haben sollte. Obamas Gegner, deren anfängliche Schockstarre angesichts des unter ihrer Präsidentschaft angerichteten Kriegs- und Finanzdesasters bald verflogen war, verstanden diese Stimmung und verstanden erst recht, sie für sich zu nutzen – mit dem gesundheitskapitalistischen Block und seinen schier unbegrenzten Finanzmitteln im Rücken. Sie setzten alles daran, an diesem Thema dem sozialreformerischen Präsidenten eine vernichtende Niederlage zu bereiten. Viele Abgeordnete seiner eigenen Partei wurden wankend und erzwangen Zugeständnis um Zugeständnis, bis das Herzstück des Reformprojekts, eine öffentliche Alternative zu den privaten Krankenversicherungen zu schaffen,[205] herausgebrochen war, von vielen anderen Elementen zu schweigen.[206] Für die Linken oder sozial Motivierten unter Obamas Wählern war, was schließlich Gesetzesform erlangte, eine »Reform nur dem Namen nach« (Arianna Huffington), »ein Produkt von Onkel Tom« (Ralph Nader), die, wie der Demokratische Kongressabgeordnete Dennis Kucinich seine Gegenstimme begründete, »die Perpetuierung, ja Stärkung eines räuberischen, profitorientierten Versicherungssystems, das Geld macht, ohne Krankenversorgung zu gewährleisten«, förderte, während die Rechten es denunzierten als Schritt in den Sozialismus und Verlust der Freiheit, auf jeden Fall aber als finanzielle Belastung und Vernichtung weiterer Arbeitsplätze. Nicht nur entfremdeten sie ihm derart einen großen Teil seiner Anhänger, sondern sie spannten dafür sogar Obamas argumentative Stärke ein, die sie zum Argument gegen ihn umzufunktionieren verstanden. Wir kommen darauf zurück, wo wir uns seinem politischen Stil zuwenden.

3. Die wirtschaftliche Hauptaufgabe

Würden die USA den Weltkapitalismus aus der Krise herausführen können? So stellte sich letztlich die Frage der internationalen Hegemonie. Eines stand fest: Der Weg musste im eigenen Lande beginnen. In der realistisch-radikalen Sicht von Mike Davis standen die Chancen dafür nicht gut. Was die für eine wirtschaftliche Konsolidierungspolitik unabdingbaren innenpolitischen Hegemonieverhältnisse betraf, sah er einzig die hochtechnologischen Industrien mit »ihren konzerneigenen Universitäten und breitgestreuten

205 Institutionen des öffentlichen Sozialversicherungswesens gelten der Amerikanischen Ideologie als ›kommunistisch‹.

206 »In full retreat before the right-wing onslaught, the Democrats threw themselves into the arms of their corporate allies.« (Frank 2012, 170)

Internet-Fangemeinden« als soziale Kräfte, die »noch genügend öffentliche Legitimität (im Inland und international) und inneres Selbstvertrauen besaßen, dass man von ihnen erwarten konnte, sie würden eher als ein konstruktiver hegemonialer Block denn als ein Haufen verzweifelter Lobbyisten agieren« (2009, 38). Doch bald nachdem Davis dies schrieb, war nicht nur die US-Automobilindustrie zum Rettungsfall geworden, sondern ausgerechnet Kalifornien mit dem Silicon Valley in Depression versunken. Zudem war »Obamas gemäßigt-altneoliberales Kabinett« (Solty 2010b, 46) mit Ökonomen bestückt, die bis gestern Deregulierer gewesen waren. Ihnen billigte Davis »etwa so viel Chancen zu, die Banken wiederzubeleben«, »wie seine Generäle Chancen haben, den Krieg gegen die Paschtunen in Afghanistan zu gewinnen« (40). Billionen Dollar würden nötig sein, um die erforderliche »bad bank« oder die Verstaatlichung des Bankwesens zum Laufen zu bringen. Früher hätte der Staat einfach Geld gedruckt. Doch die monetäre Souveränität der USA schwebte in Erosionsgefahr. Denn »falls Obamas Inlandsausgaben für Amerikas Handelspartner keine relevanten Nebengewinne abwerfen, mögen sie zweimal nachdenken, bevor sie Washingtons Schulden kaufen, oder sie werden sich dafür entscheiden, eigene Bedingungen zu stellen«. Man solle ferner bloß nicht glauben, »die Chinesen seien Sklaven ihres Handelsüberschusses und ihrer unterbewerteten Währung und hätten keine Alternative zur Subventionierung der US-Staatskasse« (ebd.).

Damit deutete sich eine fast unleistbare Aufgabe an. Das »Neue Wallstreet Regime« stand zuletzt für unglaubliche 40 Prozent der in den USA realisierten Konzerngewinne. Nun aber lag dieses System am Boden. Und noch ließ sich nicht sagen, ob die Maßnahmen zur Bremsung der Talfahrt greifen würden, zumal sie durch die Konservativen verwässert und behindert wurden, ferner erst mittelfristig wirken konnten. Ein zweiter Roosevelt tat not. Bei der bangen Frage, ob der neue Präsident diesem Vorbild gerecht werden könne, warnte Paul Krugman vor Halbheiten. Klotzen, nicht kleckern, war seine Devise, und er erinnerte daran, dass das Projekt des historischen New Deal seinerzeit durch zu kleinliche Bemessung der Mittel fast gescheitert wäre. »Was die Ökonomie und den *New Deal* gerettet hat, war das gigantische Arbeitsprojekt der öffentlichen Hand, das als der Zweite Weltkrieg bekannt ist und das der Ökonomie endlich den geeigneten fiskalischen Anreiz bot.« (2008)

Vorübergehend sah es aus, als sei, entgegen dieser pessimistischen Erwartung, der Weg aus der Krise dennoch gangbar. Das Bankensystem war anscheinend gerettet, die Gewinne und Bonuszahlungen sprudelten dort schon wieder, und die vom Staat erhaltene Hilfe war weitgehend zurückgezahlt. Selbst der General Motors-Konzern, den die Welt schon abgeschrieben hatte, war nach seiner vorübergehenden Verstaatlichung in geschrumpftem Format und mit gedrücktem Lohnniveau[207] auf Erfolgskurs.

Doch die Arbeitslosigkeit ging kaum zurück und begann wieder zu steigen, als die ersten Konjunkturprogramme ausliefen.[208] Ihren Erfolg hatte das Scheitern des Versuchs gemindert, die Konjunkturprogramme international abzustimmen und dadurch ihre Wirkung in jedem der Hauptländer des Weltkapitalismus zu steigern. Obama scheiterte damit nicht zuletzt am Einspruch der BRD, die – relativ gut durch die erste Phase der Krise gekommen und bald wieder aufstrebend als eines der Länder, die »Hightech-Ausrüstung nach China exportieren« (Harvey 2011, 263) – der vorbeugenden Inflationsbekämpfung und damit den Interessen der Geldgesellschaft den Vorzug gab, während die US-Regierung einen Weg aus der Depression und der damit einhergehenden Deflationsgefahr für vordringlich hielt und auf schuldenfinanzierte staatliche Konjunkturprogramme drängte. Kurz, als die Frage der internationalen Führung wirtschaftspolitisch konkret wurde, blieb dem Führungsversuch Obamas die internationale Gefolgschaft weitgehend versagt. Nur China brachte umgehend ein am Bruttoinlandsprodukt gemessen enormes Konjunkturprogramm im Gegenwert von 458 Milliarden Euro, mehr als 8 Prozent des BIP, auf den Weg und verschob die Gewichte zwischen Exportorientierung und Binnenwirtschaft zugunsten der letzteren.

Der Handlungsspielraum und die Erfolgsbedingungen sozialkeynesianischer Antikrisenpolitik im versprochenen Sinne eines ›grünen New Deal‹ mit einer Kombination von ökologischen Innovationen und Infrastrukturverbesserungen waren von der Erblast

207 »The negotiated bankruptcy of General Motors led to the creation of a two-tier labour system in which people joining the labour force agree to lower wages and benefits than those who are already employed. This two-tier system has now spread throughout much of the US.« (Harvey 2011, 264)

208 »Jeder zehnte hat keine Arbeit, trotz des fast eine Billion Dollar teuren Konjunkturprogramms, und ein spürbarer Aufschwung ist einstweilen nicht in Sicht.« (Klingst/Ross 2010)

der Bush-Regierung niedergedrückt. Seit über einem Jahrzehnt war die Verschuldung der USA mit einem Rhythmus von täglich zwei Milliarden Dollar gewachsen. Staat und Privathaushalte hatten mit beiden Händen Geld auf Pump ausgegeben, der Staat für die beiden Kriege und die Privathaushalte, angereizt durch das mit den Börsenkursen und Hauspreisen scheinbar unaufhaltsam wachsende, in Konsumkredite umsetzbare Buchvermögen, für neue Konsumrekorde. Schulden aber zeigen sich dem historischen Blick »als ein Hauptindikator der Schwächung führender Weltmächte« (Arrighi 1994, zit.n. Harvey 2009). Der neoliberale Staat hatte die keynesianischen Rezepte ad absurdum geführt. Um die Krise zu verhindern, hatte er vor der manifesten Krise Schuldenmacherei als Wirtschaftspolitik betrieben. Nun, in der desto tieferen Krise, war die Manövriermasse verspielt. Der bereits hoch verschuldete US-Staat[209] hatte weitere riesige Schulden zu machen, und dazu musste er Geldgeber finden. Brach das Vertrauen an irgendeiner Stelle zusammen, konnte der Fall eintreten, dass kein Halten mehr wäre. Auch wenn dieser schlimmstmögliche Fall nicht eintrat, war dennoch die von Davis benannte Gefahr nicht zu bestreiten, dass die Entwicklung des Dollars »den neuen New Deal abzuwürgen« drohte. Für Davis duldete es keinen Zweifel, dass »die Blasenwelt des amerikanischen Konsumismus, wie sie zu Beginn von Obamas formeller Kandidatur 2007 noch existierte, niemals wiederhergestellt werden« würde. Das aber mache »verlängerte Stagnation« zum »realistischsten Szenario für die Epoche, die eines Tages seinen Namen tragen mag«.[210] Man musste diese skeptische Sicht nicht in jedem Punkt teilen, um anzuerkennen, dass sie eine der Achsen, um welche die Lösung der Probleme sich drehen musste, ins Blickfeld rückte.[211]

209 »Aggregate US debt as a percentage of GDP rose from 163 per cent in 1980 to 346 per cent in 2007.« (Gowan 2009, 26)

210 Einen Vorgeschmack gab bereits im März 2009 der Anblick, der sich Paul A. Samuelson vom Fenster seines Winterquartiers an der Westküste Floridas bot: »Die meisten Läden sind leer. Es gibt ein Überangebot an Krankenpflegediensten, da die meisten Ehemänner der Krankenschwestern keine Arbeit finden. Man stolpert über Rechtsanwälte und Ingenieure, die bereit sind, Autos zu waschen, wobei es heutzutage kaum Arbeit dieser Art gibt. Verlassene halbfertige Gebäude verkommen von Monat zu Monat mehr.«

211 Oft wird allerdings übersehen, »dass die steigende äußere Verschuldung der USA auch ein Zeichen ökonomischer und militärischer Potenz ist. Daraus entsteht eine Art tributärer Situation« (Hirsch 2004, 686).

Nicht viel anders stand es in den meisten europäischen Ländern, nicht zuletzt in Spanien, das dem US-amerikanischen Vorbild einer chronisch negativen Handelsbilanz bei einem wesentlich auf eine Immobilienblase gestützten Wachstum gefolgt war, ohne freilich über die Stärken der USA zu verfügen. Die falsche Architektur der EU – Markt und Geld zu vereinheitlichen, aber jedes Land seine nationale Wirtschafts- und Finanzpolitik und damit seine eigenen Schulden machen zu lassen und deshalb auch der Europäischen Zentralbank die volle Funktionsfähigkeit und dem Europäischen Parlament die Kompetenz einer demokratischen Volksvertretung vorzuenthalten – blockierte die Krisenbekämpfung. Diese Selbstdurchkreuzung des europäischen Projekts durchkreuzte nun Versuch um Versuch, der Krise der Eurozone beizukommen, und ermächtigte die Finanzmärkte, gegen den Euro zu spekulieren. Statt das eigene Versagen zu beheben und die fälschlich als »Diktat« bejammerte Quelle des nach Ländern gestaffelten Zinstributs auszutrocknen, flüchtete die europäische Staatenwelt nun, da antizyklisches Schuldenmachen geboten war, in die prozyklische Austerität, was die Krise zur Rezession potenzierte und einen erneuten Einbruch der Weltwirtschaft heraufbeschwor.

Die Politiken der Staatsverschuldung auf der einen und der Austeritätspolitik auf der anderen Seite des Atlantik liefen beide Gefahr, krisenverstärkend zu wirken. Beide Wege waren aus demselben Grund nicht ohne weiteres beschreitbar, der das Wiederaufleben der Weltkonjunktur lähmte: Die von der Krise jäh abgebrochene Epoche des kreditfinanzierten Überkonsums der US-Bürger und des US-Staates war die Bedingung für Länder wie China – aber auch Deutschland –, ihr Mehrprodukt abzusetzen, den Mehrwert zu realisieren und in neues Kapital zu verwandeln, dies in wachsendem Ausmaß als Finanzkapital, indem sie nicht zuletzt US-amerikanische Schulden kauften. Zumal zwischen den USA und China hatte sich jene dynamische Symbiose herausgebildet, die, als »Chimerica« beredet, zum entscheidenden Motor der Weltkonjunktur wurde, dabei aber ihre Existenzbedingung zugleich mit der Ausstiegsmöglichkeit beider Seiten – am meisten aber der USA – untergrub. Paul Krugman diagnostizierte die im Finanzwesen ausgebrochene Große Krise als »Rache des Überschusses« (2009a). China sparte, und die USA verschwendeten Chinas Überschuss. China legte seinen Überschuss in US-Staatsanleihen an, das verbilligte den Kredit in den USA. China investierte nicht aus Gefälligkeit in US-Schulden, sondern aus merkantilistischen Gründen, um damit die eigene Währung billig und damit die Preise seiner Exportgüter niedrig halten. Im Effekt trug es hierdurch zugleich dazu bei, die Zinsen in den USA niedrig zu halten, die Verschuldung billig zu machen und mit dem billigen Geld die Spekulationsblase im Immobiliensektor der USA aufzupumpen.

Solange die USA Chinas Überschuss dank dieses billigen Geldes absorbieren konnten, lief die Akkumulation auf Hochtouren. Im Falle der Dollarkrise aber galt für China: mitgefangen, mitgehangen. China hatte sich in eine »Dollarfalle« (Krugman 2004) hineinmanövriert, indem es rund 70 Prozent seiner akkumulierten Handelsüberschüsse in Dollar angelegt hatte. Bei einer Schwächung der Position des Dollars als Welt-Leitwährung würde es einen großen Teil dieses nominellen Reichtums verlieren. Seine US-Schatzbriefe konnte es nicht durch Umschichtung in andere Währungen in Sicherheit bringen, denn »es kann sie nicht verkaufen, ohne den Dollarkurs zu senken und damit genau den Kapitalverlust loszutreten, den seine Führung fürchtet« (Krugman 2009b).

Als die Kreditkette zunächst in ihrem schwächsten Glied, den prekären Hypotheken von Millionen von US-Eigenheimbesitzern riss, brach die Konjunktur in rascher Folge wie ein Kartenhaus zusammen. Auch in den USA hatten daraufhin die »plötzlich verarmten Konsumenten die Tugenden des Sparens wiederentdeckt« (ebd.). Hatte man bisher in der Welt die mangelnde Sparbereitschaft der US-Bürger beklagt,[212] beklagte man nun das Gegenteil. Als die US-Sparquote in Folge der Krise von quasi null auf fünf bis sechs Prozent gestiegen war,[213] geißelte Joseph Stiglitz dies als »desaströs fürs ökonomische Wachstum« (2009), und auch Paul A. Samuelson registrierte geradezu vorwurfsvoll, sie machten durch »ihre Wende zum Sparen das Investitionswachstum unmöglich« (2009). Nun litt die Welt unter einem »globalen Paradox des Sparens«, das in eine

212 Im 3. Quartal 2002 hatte die Gesamtsparquote (Staat, Privathaushalte und Unternehmen zusammen in Bezug aufs BIP), aus der sich die Kapitalakkumulation speist, das niedrigste Niveau aller Zeiten erreicht: 1,6 % (weniger als ein Drittel des Durchschnitts der 1990er und weniger als ein Sechstel der 60er und 70er Jahre).« (Clairmont 2003)

213 Jim O'Neill, Chef von Goldman Sachs Anlage Management (GSAM) hielt ein Niveau von 8 bis 10 % für nötig (»EE UU y los BRIC«, EP, 30.1.11, Negocios 23).

weltweite »Pleite« (*bust*) mündete und das Überangebot anlagesuchenden Geldkapitals weiter anschwellen ließ: »in der ganzen Welt übertrifft das herbeigewünschte Sparvolumen das Ausmaß, das die Geschäftswelt zu investieren bereit ist« – mit dem Resultat eines »weltweiten Einbruchs« (Krugman 2009a).

Das »Paradox des Sparens« ist eines der Pseudonyme, unter denen eine Ahnung von der Überakkumulation von Kapital ins Bewusstsein der Ökonomen tritt. Die Erklärung, mit der die G 20 ihr Treffen in London am 2. April 2009 beendeten, nahm davon nicht einmal unter diesem Pseudonym Kenntnis. Ihre nicht zuletzt unter deutschem Einfluss formulierte Diagnose der »wesentlichen Auslöser der Krise« beschränkte diese auf »schwere Versäumnisse im Finanzsektor und in den die Finanzmärkte betreffenden Regulierungs- und Aufsichtsmechanismen« (Erklärung 2009, §13).[214] Diese Aspekte sind gewiss nicht vernachlässigbar. Doch die Frage, vor die sich die Weltwirtschaft in der Großen Krise zuletzt gestellt fand, ohne dass ihre Repräsentanten sich dessen bewusst zu sein schienen, war die, wie die Überakkumulationskrise des Hightech-Kapitalismus gelöst werden konnte. Diese Basisdimension der Krise blieb unterirdisch fürs offizielle Diskurswesen, das den Alltagsverstand darin bestätigte, das Finanzkapital haftbar zu machen, während die Politik sich darauf konzentrierte, das Finanzwesen als kapitalistisches zu retten, statt es in öffentliche Hände zu geben. Halbbewusst machte sich die Überakkumulationskrise bemerkbar in der panischen Innovationskonkurrenz, die den »moralischen Verschleiß« [215] einer ganzen noch funktionsfähigen Generation von Gütern und Produktionsanlagen betrieb. Teils kam dieses auf Weltmarktüberlegenheit zielende Projekt als grüner Keynesianismus daher, teils als Projektierung eines weiteren Informatisierungsschubes in nächster Zukunft. Auf die eng begrenzte Vernichtung fiktiven Kapitals, also nur virtuell vorhandenen Geldwerts, würde damit die innovative

214 Der ehemalige deutsche Außenminister Joschka Fischer (2009) vermisst daher »eine globale und überzeugende Antwort« auf die Krise: »Für diesen Kampf ist keine Führung in Sicht.« Warum? Weil Amerika die Deflation, Europa die Inflation fürchtet.

215 Unter moralischem Verschleiß versteht Marx die Entwertung von Anlagegütern in dem Maße, »worin entweder Maschinen derselben Konstruktion wohlfeiler reproduziert werden können oder bessre Maschinen konkurrierend neben sie treten« (K I, 426).

Gebrauchswertvernichtung und Ausrangierung stofflich fixierten Kapitals und der um ihre technische ›Langlebigkeit‹ gebrachten Gebrauchsgüter folgen. Vielleicht muss man den Widerspruch zwischen dem grenzenlosen Akkumulationstrieb des Kapitals und seinen begrenzten Realisationsbedingungen jenem anderen Widerspruch zur Seite stellen, der »im ununterbrochnen Opferfest der Arbeiterklasse, maßlosester Vergeudung der Arbeitskräfte und den Verheerungen gesellschaftlicher Anarchie sich austobt« (23/511). Beides geht zu Lasten der Menschen und ihres Ökotops, der Erde. Daher ist es mit der Regulierung des Finanzwesens und der staatlichen Förderung technischer Innovationen nicht getan.

4. Obama vs. Tea Party – ein Präsident, der nicht kämpft, verliert die Hegemonie

Neokonservativ, das ist, diesseits und jenseits des Atlantik, die eigentliche Kriegspartei.
LORENZ JÄGER (2011)

Die Tea Party könnte so Ausdruck und Beschleuniger des Niedergangs der US-Hegemonie zugleich sein.
INGAR SOLTY (2010a)

Obamas Strategie oder vielleicht eher seinen politischen Stil konnte man mit der Formel »Versöhnen statt Spalten« des früheren Bundespräsidenten Johannes Rau beschreiben. Angesichts der Spaltung des Landes weigerte er sich, Politik gegen die Hälfte des Landes zu machen. Doch die Asymmetrie des Kampfes übertraf noch die bereits extreme des Präsidentenwahlkampfs von 2004, als die Demokraten »den Ton ihrer Reden ahnungslos dämpften und den Eindruck einer Partei an der Macht vermittelten«, während die Republikaner auf ihrem Wahlkongress »wütenden Kultur- und Klassenkampf« vorführten (Frank 2004, 642). Dem frischgebackenen Präsidenten nun, der eine Brücke zur Opposition schlagen wollte, antwortete diese mit immer extremerer Blockade- und Anfeindungspolitik, der Obama ein ums andere Mal mit Kompromissbereitschaft begegnete, während die Linke und die durch den Wahlkampf frisch politisierten Jungwähler sich enttäuscht von ihm abzuwenden begannen.[216] Obamas Vorsicht und Versöhnlertum im Umgang mit der militanten Rechten, seine Versuche, sich als »Präsident aller Amerikaner« überparteilich zu verhalten, versagten nicht nur, sondern schlugen in der »bis zum Exzess polarisierten« politischen Kultur (Klingst/Ross 2010) um ins Gegenteil.

Dass die Rechte entschlossen war, im Kampf gegen Obama aufs Ganze zu gehen, zeigte sich beim Ringen um die Reform des Gesundheitswesens. Statt für deren Kernpunkte zu kämpfen und sie kämpfend immer wieder der Nation zu erklären, trat Obama immer schon als Vermittler in eigener Sache auf und bot den Kompromiss an. Damit unterstellte er, es ginge ihnen um die Sache, von der sie sprachen. Ihnen aber ging es um ihm. Jede Sache war ihnen recht, ihn zu Fall zu bringen. Seine Kampflosigkeit goss Öl ins Feuer der Rechten. Statt gegen sie die Unzufriedenheit des Volkes zu organisieren, und das wahrhaftiger als sie es gegen ihn taten, begegnete er ihnen, die ihn als Feind behandelten, höflich, beherrscht und maßvoll. Ihre begeisterte Wut artikulierte sich desto populistischer, abstechend von solch intellektueller Gepflegtheit. Sie konzentrierten sich darauf, Volkes Zorn antiintellektuell[217] zu orchestrieren und auf Obama zu lenken. Sie spürten genau, dass sie in einem zivilisierten und vernünftigen Ideenaustausch, worin der gebildete Liberale Meister war, von vorneherein verloren hätten. Daher die Hetze und der Hass, das Kindische und Schmutzig-Verleumderische ihrer Kampagne. Auf der Welle der uneingestandenen rassistischen Angst vor der Umdrehung der Suprematie der Weißen ins spiegelverkehrte Gegenteil[218] wurde der schwarze Obama abwechselnd

216 Der Kommentar der FAZ, höflich in der Form, gab zu verstehen, dass da jemand geträumt hatte, mit schönen Ideen lasse sich die Welt aus der Krise führen: »Die Akteure in Washington und Amerikas Feinde in der Welt haben ihm nicht den Gefallen getan, ihre Interessengegensätze hintanzustellen, sich von einem neuen Geist des Idealismus beseelen zu lassen und sich fortan seinem Willen zu fügen.« (Frankenberger 2010)

217 Nun galt: »America is made up of two classes, roughly speaking, ›ordinary people‹ and ›intellectuals‹.« (Frank 2012, 90) Als Ursünde der ›Intellektuellen‹ galt nicht mehr wie noch in den 1990er Jahren, ihre Geringschätzung der Werte der »Familie«, der »Heiligkeit des Fötus« usw., sondern ihr Zweifel an der Marktwirtschaft (92).

218 »Obama's election meant that America no longer needed white Americans to reproduce its structures of power.« (Pease 2010, 103) Dem muss nicht widersprechen, dass an der Oberfläche des Diskurses »the new conservatism does not systematically generate racist statements or policies, and its leaders take pains to converse in the polite language of diversity« (Frank 2012, 8).

als Kommunist oder als neuer Hitler gebrandmarkt und wurden Ängste vor staatlicher Verfügung übers Lebensrecht der Alten geschürt, als stünde deren behördliche Liquidierung bevor.[219] Die parlamentarische Vertretung der Rechten behandelte jedes Kompromissangebot nur als Ausgangspunkt für neue Anklagen und Abstriche am Reformentwurf. Der Erfolg bestätigte sie. Ein Gesetz wurde am Ende beschlossen, aber die beiden Hauptziele, der privaten Krankenversicherung eine mit der AOK vergleichbare öffentliche Alternative zur Seite zu stellen und die Versicherungspflicht auf die gesamte Bevölkerung auszudehnen, waren fallengelassen worden, und der Kampf um die Köpfe war verloren. Laut einer CBS-Umfrage waren von hundert Wählern nur noch 36 dafür, 54 dagegen. Die Rechte hatte »die politische Initiative zurückgewonnen«, und die Konservativen waren »wieder die ideologische Mehrheitsgruppe des Landes« (Caño 2010).

Bei alledem bekam Obama zu spüren, was »Regieren in der Ära von Fox News« (Paul Starr) für einen demokratischen Präsidenten, der zudem ein Farbiger war, bedeutete. Rupert Murdochs transnationaler Medienkonzern, zu dem dieser Sender gehört, weckte im deutschen Beobachter die Erinnerung an den Hugenbergkonzern und seine Rolle beim Untergang der Weimarer Republik. Seine Macht befähigte ihn, in mehr als einem Land Regierungen ans Ruder zu bringen oder zu stürzen. In den USA agierte der Konzern als Antreiber des radikalisierten Neoliberalismus, der als Neokonservatismus firmiert. Von klassisch konservativem Standpunkt aus attestiert Lorenz Jäger dem »Pseudokonservatismus, den man auch Neokonservatismus nennen kann«, den Selbstverrat des Konservatismus, der »zu einer Ideologie der Großindustrie und der Kriegsverkäufer geworden« ist (2011).[220]

Einer der Fernsehstars von Murdochs Fox-TV, Glenn Beck, spielte eine wesentliche Rolle bei der Orientierung und Verbreitung

219 »The fantasies of death camps and other imagined indignities turned whites into the imaginary victims of real technologies of Euro-American racism.« (Pease 2010, 103)

220 »Einerseits ist man superpatriotisch, andererseits weltpolitisch-missionarisch. Sozialpolitik sei von Übel, der Großindustrie gehört alle Sympathie. Und dass diese Tendenz das Wort ›konservativ‹ für sich monopolisieren konnte, ist eine Schande für die einstmals achtenswerte Gedankenwelt eines Edmund Burke.« Jägers Artikel endet: »Wenn Fox News rechts ist, dann bin ich es definitiv nicht.«

jener politischen Bewegung, die sich in historischer Anspielung an den US-Staatsgründungsmythos der Befreiung vom Status einer Kolonie Englands Tea Party nannte und seither unter diesem Namen Schlagzeilen machte. Lange Zeit war auch in Deutschland »Glenn Beck eine gute Adresse der Rechten« (Jäger 2011).[221] Im Unterschied zum Typus der »konventionellen Instrumentalisierer« unter den Rechtsintellektuellen, welche »die idealen Herrschaftsagenten eines Mitte-Oben-Bündnisses zur Abwicklung des Sozialstaats darstellen«, zählt Ingar Solty ihn zur Gruppe der »wahren autoritären bzw. proto-faschistischen Intellektuellen« (2010a, 47f).[222] Als einer der Inspiratoren der Tea Party fungierte Beck doppelt, gleichsam als Täter und Richter in einer Person. Zuerst pflegte er führend an einer Hetzkampagne mitzuwirken, ja sie zu inszenieren, um anschließend im Fernsehen darüber zu berichten auf eine Weise, die den von der Kampagne gehetzten Demokratischen Präsidenten einmal mehr richtete. Beck »war es, der Obama als den ›Kommunisten im Weißen Haus‹ bezeichnete« (Jäger 2011).

Die »Tea-Party« lässt sich beschreiben als eine Bewegung der Empörten vom Typus der im Zeichen der neoliberalen Globalisierung des Kapitalismus und nun verstärkt durch die Krise in vielen Ländern und in vielen Masken auftretenden »radikalisierten Entsolidarisierungs- und Mittelschichtsbewegung« (Solty 2010b, 45).[223] Sie trat auf als Bewegung von unten und verbreitete sich rhizomatisch nach Art der Tupperware-Partys. Doch dieses Unten war von oben, von der reaktionärsten Fraktion des Großkapitals und seiner Hegemonieapparate geschürt.[224]

221 So für den Chefredakteur der *Jungen Freiheit*, Dieter Klein, der sich 2010 »Für eine deutsche ›Tea Party‹« stark machte (Jäger 2011).

222 Zu dieser Gruppe rechnet Solty ferner Glenns Fox-News-Kollegen Sean Hannity sowie die beiden Radiomoderatoren Rush Limbaugh und Michael Savage.

223 Solty sieht sie als Ausdruck einer »Verschärfung der ›Passivitätskrise‹, die Richard Sennett beschrieben hat« (2010a, 50).

224 »Ohne die massive Unterstützung durch kapitalistische Medienunternehmer wie Rupert Murdoch und das Fox-News-Netzwerk hätte sich der kometenhafte Aufstieg der Tea Party so nicht vollziehen können. Ohne das Kapital von einflussreichen Einzelkapitalisten und Konzernen, wie z.B. der marktradikalen Brüder von Koch Industries, deren Vermögen nur noch von Bill Gates und Warren Buffett übertroffen wird, wären republikanische Frontorganisationen wie *Americans for Prosperity* und *Freedom Works* niemals in der Lage gewesen, weite Teile der Infrastruktur der Tea Party zu stellen.« (Solty 2010a, 46)

In ihrer partizipatorisch-mobilisierenden Aufwirbelung von unten konfrontierte die Tea Party Obama mit einem seitenverkehrten Spiegelbild jener demokratischen Bewegung, die ihn ins Weiße Haus getragen hatte.[225] Nun rächte sich, dass er als Präsident nicht an diesen Mobilisierungserfolg von 2008 angeknüpft und seinen engagierten Anhängern keine »gewichtigere Stimme bei der Gestaltung seiner Politik« eingeräumt hatte und »stattdessen [...] auf seine Geldgeber aus der Welt der Finanzen und der Industrie« hörte (Birnbaum 2011a). Der gegenhegemoniale Wind steigerte sich zum Sturm. Dass der sich überparteilich positionierende ›Präsident aller Amerikaner‹ im Glauben, den von ihm als Wahlkämpfer praktizierten Typus aktivierender Hegemonie nun als Präsident aufs ganze Land ausdehnen zu können, seine eigene Wahlbewegung zurückgelassen hatte, lieferte ihn dem Sturm wehrlos aus. Er hatte der Tea Party nichts entgegenzusetzen, was geeignet gewesen wäre, das von ihr »usurpierte Terrain zurückzugewinnen« und auf die von ihr ausgebeutete »Realphantasie erfolgreich zu antworten« (Pease 2010, 105). Das aber wäre desto wichtiger gewesen, als sich in dieser Bewegung »eine tiefe kulturelle Krise« manifestierte, der die halbbewusste kränkende Wahrnehmung des »Niedergangs des US-Imperiums und des inneren gesellschaftlichen Zerfalls« (ebd.) etwas von verzweifelter Hassbereitschaft mitteilte.

Eine ähnliche Erfahrung wie Obama, der Virulenz dieser Bewegung nichts entgegensetzen zu können, machten auch die gemäßigteren Teile der Republikanischen Partei, im Grunde ihr gesamtes traditionelles Establishment, das ansonsten darin geübt war, rechtsextreme Basisstimmungen zu instrumentalisieren. Die Tea Party verkörperte eine fundamentalistisch-religiöse Leidenschaft, der jede Kompromissbereitschaft als Verrat erschien. Wenn die verhetzte US-Bevölkerung zu einem Fünftel an der Überzeugung festhielt, Obama sei Muslim, so wollten das fast die Hälfte der Wähler der Republikaner und die große Mehrheit der Tea-Party-Anhänger glauben. Die spanische Tageszeitung *El País* zeigte sich fassungslos angesichts solch »elephantiasisgroßer Ignoranz«. Doch das ist nur eine der vielen Facetten, in denen sich die heillose politische Zerfal-

225 »In the contest of fantasies that ensued in the wake of President Obama's election, the architects of the Tea Party appropriated the organizing components of Obama's successful grassroots campaign – its anti-war initiative and its status as a constitutional movement – as models and targets.« (Pease 2010, 90)

lenheit der Bevölkerung spiegelte, auf der politischen Bühne immer aggressiver verfochten von der republikanischen Partei und geschürt von den Medien Rupert Murdochs. »Ignoranz« muss hier nicht als Zustand des Nicht-Wissens verstanden werden, sondern als Tätigkeit, deren un- oder halbbewusstes treibendes Motiv Donald Pease auf die Formel bringt, gegen ihr besseres Wissen verlange es diese Menschen danach, an solche Hetzparolen zu glauben, um einen Sinn in die Krise zu bringen.[226] Demnach wäre »das Verstörendste an der Tea Party gerade nicht ihre extremistischen und ›verrückten‹ Auswüchse an den Rändern, *sondern die tiefe Verankerung des Tea-Party-Rechtspopulismus in der gesellschaftlichen Mitte.*« (Solty 2010a, 45f) Insofern lässt er sich – wie seine Verwandten in anderen Ländern – als »Ausdruck des hilflosen Antifaschismus des Blocks an der Macht und seiner ideologischen Staatsapparate« (47) verstehen, da er Geist von deren Geiste ist und lediglich die radikalen Konsequenzen aus deren Positionen zieht. »Schließlich unterscheidet sich die Leistungs- und Eigenverantwortungsideologie der Tea Party von der neoliberalen Ideologie der Herrschenden letzten Endes ›nur‹ *darin*, dass der ihr zugrunde liegende Autoritarismus die Grenzsteine des abstrakten Humanismus der Neoliberalen und konservativen Rechten einreißt.« (Ebd.)

5. Dyshegemonie im eigenen Land

Die Zwischenwahlen im Herbst 2010 wurden negativ vor allem von den Nichtwählern, positiv aber auch von den weißen Arbeitern[227] und den kleinen Geschäftsleuten entschieden. Sie waren »das Gesicht der heutigen Rechten, weil ihre kämpferische, gegen das Big Business gerichtete Botschaft die bittere nationale Stimmung trifft. [...] Hinter ihrer Maske stehen die verhassten Großkonzerne selbst mit ihren üblichen Forderungen nach niedrigeren Steuern« (Frank 2012, 107). Die Mobilisierung der Tea Party[228] machten es

226 »›I know this fantasy isn't true. But since I cannot otherwise make any sense of this crisis, I need to believe it all the same.‹« (Pease 2010, 92)

227 Laut Umfragen vom Januar 2011 wählten »blue-collar whites« landesweit zu zwei Dritteln republikanische Kandidaten (Frank 2012, 43).

228 »Disproportional zur Allgemeinbevölkerung bezeichneten sich 40 % aller Wähler als ihre Sympathisanten.« (Solty 2010b, 43)

möglich, dass 17 Prozent der Wahlberechtigten den Republikanern die Mehrheit im Kongress und den Kandidaten der Tea Party eine Schlüsselposition in der republikanischen Mehrheitsfraktion bescherten. Obamas Aktivierungshegemonie von 2008 war einer Passivitätskrise der damals vom Aufbruchsgeist Mitgerissenen gewichen. Für Obama lief parlamentarisch gar nichts mehr. Als Erneuerer des US-amerikanischen Traums angetreten, vermochte er nicht mehr, die Realität dem Traum anzunähern. Das Urteil von Jeffrey D. Sachs stand damit fest: »Obama kam an die Macht mit dem Versprechen einer Änderung. Bislang hat es keine gegeben. Seine Regierung ist voll von Bankiers von der Wallstreet. [...] Er ist immer bereit, den Interessen der Reichen und Mächtigen zu dienen, ohne eine Grenzlinie zu ziehen« (2011). Im April 2011, als sich in den Verhandlungen über Staatsverschuldung und Steuerpolitik die Fronten immer weiter nach rechts verschoben, sah auch Paul Krugman Obama geschrumpft zu »einer nichtssagenden, furchtsamen Figur, die keine eigene Position zu haben scheint«, »who doesn't seem to stand for anything in particular«. Mattgesetzt durch die rechte Mehrheit, blieb Obama nur mehr das Rednerpult. Doch nicht einmal dieses nutze er, fuhr Krugman fort. Im Gegenteil, er mache davon Gebrauch, »um die Darstellung [narrative] seiner Gegner zu verstärken«. Und zwar habe Obama in seiner Präsentation des mit den Republikanern auf Kosten der Zukunft des Landes und der sozial Schwächeren sowie zum Vorteil der Reichen geschlossenen Kompromisses seine Niederlage auch noch gefeiert. »Obama klammert sich«, schloss Krugman, »offenkundig noch immer an sein Selbstbild als jemand, der Amerikas Parteienstreit überwinden kann.« Defizitreduzierung bei Steuersenkung, ohne den Militäretat anzugreifen, das bedeutete, wie auch Sachs vorrechnete, Einschnitte bei den öffentlichen Gütern (Bildung, Gesundheit, Infrastruktur) und bei der Grundversorgung der Ärmsten.

Auch Norman Birnbaum (2011a), der wie Sachs und Krugman seine Hoffnung auf Obama gesetzt hatte, beschrieb nun einen kleinlaut gewordenen Präsidenten, der statt seiner sozialstaatlichen Überzeugungen den Glauben an den »potenziellen Dynamismus der nordamerikanischen Marktwirtschaft« an die Glocke hänge, obwohl der Marktmechanismus »doch offensichtlich seine Fähigkeit verloren« hatte, »Arbeit und Wohlstand zu gewähren«. Obama war »gut hörbar verstummt, was die einschlägigen Traditionen seiner Partei angeht: Planung, öffentlich-private Kooperation sowie wirtschaftliche und soziale Bürgerrechte«. Die Republikaner, die jeden Staatseingriff in den kapitalistisch Markt und in die von diesem bestimmten gesellschaftlichen Verhältnisse ablehnten, wurden ideologisch gerüstet von einer akademischen Wirtschaftstheorie, die vom Keynesianismus zur Neoklassik übergegangen war. Als sei nichts geschehen, galt die Unantastbarkeit der Märkte wieder oder vielmehr noch immer als Axiom des nationalen Glaubens.[229] Andererseits zeigten die Umfragen, dass die Mehrheit der US-Amerikaner sich um Beschäftigung und öffentliche Dienste wie Erziehung und medizinische Versorgung mehr sorgte als um das Staatsdefizit. Die Mehrheit hing an der staatlichen Sozial- und Krankenversicherung, der die Republikaner mit ihrer Mittelkürzung den Garaus zu machen strebten. »Dies gilt vor allem für diejenigen Gruppen (Jungwähler, Frauen, Latinos und Afroamerikaner, Gebildetere und gewerkschaftlich Organisierte), deren Enthaltung bei den Wahlen von 2000 den Republikanern so gute Ergebnisse geschenkt hat.« (Birnbaum 2011a)

Statt dass Obama das Auseinanderklaffen zwischen dem Mehrheitsverlangen nach sozialer Sicherheit und deren Bedrohung durch die Rechte für eine kämpferische Offensive nutzte, sah Birnbaum ihn jetzt auf einem Kurs, der unter Verzicht auf Gesellschaftsfragen die vermeintlich neutralen Wähler der Mitte umwarb. Offenbar meinte Obama, sich auf die noch ungefestigten Reformkräfte nicht

229 Auch in der Bundesrepublik hatte dieses Axiom in Zeiten des offenkundigen Marktversagens überwintert. Der Wahlsieg der Republikaner vom Herbst 2010 und ihre anschließende Blockadepolitik im Kongress gab ihren deutschen Anhängern neuen Auftrieb. Angesichts der ökonomischen Probleme wirke Obama »wie abgewirtschaftet«, tönte es während des von den Republikanern, die ihrerseits von der Tea-Party-getrieben waren, ein ums andere Mal durchkreuzten Ringens um einen Kompromiss im Juni 2011 aus dem Wirtschafts-Leitartikel der Frankfurter Allgemeinen (Welter). Mit neoliberalen Augen gesehen war Obama »gefangen in nachfragepolitischen Fiktionen« (sprich: Keynesianismus, statt im Sinne der »Reaganomics« sog. Angebotspolitik mit Entbettung des Kapitalismus zu betreiben). Obama fehle »der Mut, der Wirtschaft einfach Freiraum zum Wachsen zu geben. Im Gegenteil treibt er das Land weiter in Richtung Eurosklerosis.« Die Gesundheitsreform bremse die Investitionen, die Unternehmenssteuern seien zu hoch. »Die Freihandelsverträge mit Korea, Kolumbien und Panama legte er wieder auf Eis, weil die Republikaner teure Anpassungshilfen für amerikanische Arbeiter verweigern.« Das war wenige Wochen bevor gegen diesen Trend der FAZ-Herausgeber Frank Schirrmacher in der Sonntagsausgabe den Bankrott der neoliberalen Ideologie verkündete.

stützen zu können. Wenn er sich aber nun auf die Rolle eines konstitutionellen Monarchen zurückzog, würde er sich damit abfinden müssen, dass er »vielleicht Einfluss, aber keine Macht« besaß. Dabei erlaubte der veränderte internationale Kontext es nach Birnbaums Überzeugung den USA nicht mehr, »ihre eigenen Angelegenheiten unabhängig vom Rest der Welt zu regeln«. Die Art von Fragen, die nunmehr auf der Tagesordnung der G 20 standen, ließen sich »nicht mehr auf US-Englisch beantworten«. In diesem Punkt gab Birnbaum Sarah Palin ironisch Recht, die Obama vorgeworfen hatte, er denke in einer »postamerikanischen« Welt. Birnbaums Betrachtung schloss mit dem Widerspruch, »dass ein Präsident, der so viele neue internationale Möglichkeiten in Betracht zieht, eine so verengte Vision von der Veränderungsfähigkeit seines eigenen Landes hat«.

Ende Juli 2011, mitten in der Agonie der Verhandlungen, als die Welt den Atem anhielt, ob die Mattsetzung Obamas durch die von der Tea Party vor sich hergetriebene Kongressmehrheit den Staat der Weltreservewährung zahlungsunfähig machen würde, veröffentlichte Birnbaum einen niedergedrückt-bedrückenden Rundumblick in der Welt der Politik. Mit ihrer Unfähigkeit, Lösungen für die brennenden Probleme zu finden, sah er die politischen Eliten ihre Legitimität verspielen. Obama, den einstigen Hoffnungsträger, sah er nun als »obersten Technokraten« agieren, »bereit, einen Teil der Errungenschaften der letzten 80 Jahre (seit dem *New Deal*) als Verhandlungsmasse zu betrachten und preiszugeben«. Der Präsident akzeptiere die etablierte Hierarchie von Macht und Reichtum. Seine Ruhe und Mäßigung schürten die Wut seiner Gegner, die zu dumm seien, seine vorzügliche Verteidigung der herrschenden Ordnung zu begreifen. Zugleich beunruhige Obamas Konzessionsbereitschaft seine eigene Partei, die sich freilich unfähig zeige, ein neues Projekt für ihr Land zu entwickeln, und gezwungen sei, einem Präsidenten zu folgen, den viele abgehoben fanden »von der sorgengeplagten Seele der Demokraten«. Birnbaums Artikel atmete die Erwartung irgendeines Unheils, wie es Ende der 1920er Jahre, in der Inkubationszeit des Nazismus, manche Filme getan hatten. Auf beiden Seiten des Atlantik erinnerte ihn die Öffentlichkeit an »ein Stadion, dessen Dach ein Wirbelsturm bedroht. Wir wissen nicht, ob es einstürzen oder davonfliegen wird. Wir wissen nur, dass etwas Schlimmes geschehen wird. Überraschend ist nur, dass es uns überrascht.« (2011b)

In einem dritten Artikel, wiederum drei Wochen später (2011c), beschrieb Birnbaum das Schicksal der US-Demokratie als Ergebnis eines »verdeckten Staatsstreichs«. Sein Text zeugt von verzweifeltem Zorn angesichts der Ohnmacht des rationalen Arguments und der Aufklärung. Die Autoren des Staatsstreichs verortete er »in den obersten Positionen der Geschäfte und Finanzen, seine loyalen Diener leiten die Universitäten, die Kommunikationsmedien sowie einen großen Teil der Kultur, und sie monopolisieren gleichermaßen das wissenschaftlich-technische, berufliche Wissen. Seine beflissene Gefolgschaft findet man überall, besonders unter denen, die spüren, dass man sie ignoriert, ja verachtet, und die ein verzweifeltes Bedürfnis nach Kompensation empfinden. Unfähig zu selbständigem Handeln, bestreiten sie lauthals, beherrscht und ausgebeutet zu sein. Als Feinde identifizieren sie die gesellschaftlichen Gruppen im Dienste des Gemeinwohls, deren Existenz sie aus Prinzip ablehnen. Ihre Feindseligkeit gegen die Regierung ist so groß wie ihr Unwissen, wie diese wirklich funktioniert, oder ihre Unkenntnis der Geschichte ihres Landes.« Immer schon habe »das politisch organisierte Kapital« alles unternommen, um das politische System unter seiner Kontrolle zu behalten. Historisch neu sei »die ausdrückliche und entschiedene Propagierung einer Ideologie, die den Markt dem Staat überordnet und dem Privatsektor Regierungsfunktionen zu übertragen strebt«. Neu sei ferner, dass »das Finanzkapital (das Reich des Ausplünderns und Liquidierens produktiver Unternehmen [...]) quantitativ und qualitativ herrschend« geworden sei. »Unter diesem Gesichtspunkt erscheint die außerordentliche Geneigtheit des Präsidenten zur Verständigung nicht als neue Ausrichtung der US-Politik, sondern als vorhersehbare Komponente derselben.«

Für Gabriel Jackson, der von Obama die Wende zu einem neuen New Deal à la Theodore Roosevelt erwartet hatte, begann der Gegensatz zwischen den Präsidenten George W. Bush und Barack Obama an Schärfe zu verlieren: »Nach dem Bankrott mehrerer Finanzriesen, die ›zu groß waren, um zu scheitern‹, konzentrierten sich sowohl Bush als auch Obama darauf, die großen Banken und Finanzorganismen zu retten, statt dem Beispiel Roosevelts zu folgen und zu entscheiden, dass die Massenarbeitslosigkeit das Hauptproblem war.« (2011)

Der Sommer 2011 hatte den bisherigen Höhepunkt der inneren Hegemoniekrise in den USA gebracht, eine wahrhafte Dyshegemonie des politischen Washington. Auf die internationalen

Hegemonieverhältnisse wirkte dieser Zustand als Gegenextrem zum einstigen Vorwahlkampf zwischen Barack Obama und Hillary Clinton um die Präsidentschaftskandidatur. Buchstäblich im letzten Moment wurde die für die Weltwirtschaft katastrophale Zahlungsunfähigkeit der Vereinigten Staaten wenigstens für den Augenblick durch einen Kompromiss im Streit um die Staatsfinanzen abgewendet. In der Sache hatte Obama verloren. Er hatte ein großes Stück Sozialstaat opfern und hinnehmen müssen, dass die unter Bush befristet eingeführten Steuersenkungen für die Reichen de facto unbefristet weiter bestehen würden. Die Republikaner, denen dank der Blockierungsmacht ihrer Kongressmehrheit der Sieg in Gestalt von Steuergeschenken an die Reichen und Sozialstaatsraub an den Bedürftigen zugefallen war, hatten sich als Geiseln ihres rechtsextremen Flügels erwiesen und Zweifel an ihrer Regierungsfähigkeit eingehandelt. Die übrige Welt nahm mit Grausen wahr, dass sie von diesem am Rande zur Unregierbarkeit und irrational dahintreibenden Land ökonomisch und politisch abhängig sein sollte.[230] Im Endeffekt, schrieb Antonio Caño (2011), der Washingtoner Korrespondent der großen liberalen Zeitung Spaniens *El País*, hatten die Vereinigten Staaten »eine Art von politischem Vietnam durchgemacht, bei dem sie als Land Prestige, als Großmacht Glaubwürdigkeit und als Wirtschaftsadresse Zahlungsfähigkeit verbrannt« hatten. Die »Nummer eins unter den Nationen« scherte sich offenkundig wenig um die anderen Nationen. Ihre Welt drehte sich um sich selbst. In sich selbst aber war sie zerfallen.[231] Richard Sennetts Beschreibung der USA 2006 als »Land [...] an der Schwelle zum Zerfall« (29), zunächst allem Anschein nach entkräftet von der Aufbruchsstimmung nach Obamas Wahl, war von der Entwicklung wieder in Kraft gesetzt. Wenn Sennett ferner die USA beschrieb als ein Land, »nicht in der Lage, sich selbst zu begreifen« (ebd.), dann ist dieser Satz, der auch von anderen Ländern und, philosophisch genau genommen, von allen gesagt werden könnte, zu ergänzen.

230 »Dabei entsprechen die ausländischen Zweifel an der Rationalität der Politik in Washington und die Sorge wegen des Zustands der amerikanischen Wirtschaft wie der Finanzen weitgehend der Selbstwahrnehmung in Amerika. Der Verdruss über Washington geht über die für Amerika normale Politfolklore hinaus und ist im Wahlvolk zu einer breiten Grundströmung geworden.« (Frankenberger 2011)

231 »In ihrem politischen System zirkuliert im Moment so viel Gift, dass sachorientierte Rationalität und Lösungskompetenz Mangelware sind.« (Frankenberger 2011)

Im US-amerikanischen Fall überblendete die extreme Polarisierung der Parteien – »am Rande zum Bürgerkrieg«,[232] »short of civil war« (Krugman 2011c) –, dass beide Rivalen die kapitalistische Globalisierung betrieben, und beide neoliberal. Beide klammerten sich, wie Jeffrey D. Sachs (2011) beschreibt, an die Reichsten im Lande und vertraten deren Interessen, weil sie von ihrem Geld abhingen, um den Wahlkampf finanzieren zu können.[233] Beide hüteten dasselbe gesellschaftliche Unbewusste, wo es um die kapitalistische Klassengesellschaft und den Kapitalprozess in seiner Dynamik ging. Während die Demokraten den Klassenkampf in Sozialpolitik aufhoben, übersetzten die Republikaner ihn in einen Kulturkampf. Und während die Demokraten das Klassenkämpferische zum Schweigen brachten, schrien die Republikaner es auf dem Felde der Werte heraus und beschuldigten die Demokraten des Klassenkampfs. Der Gegensatz verdichtete sich im Verhältnis zum Sozialstaat. In jeder anderen Frage war die Grenze zwischen den beiden Formationen mehr oder weniger durchlässig. Gäbe es ein Röntgenbild für soziale Konflikte, hätte es die Republikaner als die radikalere Kapitalistenpartei gezeigt, die sich jegliche Abzweigung vom Mehrwert für soziale und reproduktive Zwecke verbat und im Grunde nur den Gewaltpanzer des Kapitalismus zu finanzieren bereit war. Aber wie konnte eine derartige Partei die Mehrheit gewinnen? Machte sie nicht im Kern Politik gegen den Großteil auch ihrer eigenen Wähler? Nun stand aber ein solches Röntgenbild weder zur Verfügung, noch hätte es zum konkreten Erscheinungsbild dieser Partei gepasst. Denn deren Ideologen sprachen »weniger im Namen der Macht als im Namen einer irgendwie verfolgten Minderheit« (Sennett 2006, 31). Oder in Thomas Franks Worten: »Ökonomisch gesehen sind die Republikaner die Partei des organisierten Geldes, doch wenn die Rede auf ›Werte‹ kommt, verwandeln sie sich in etwas sehr anderes und sehr Attraktives: eine Protest-Partei. In der US-amerikanischen Politik sind es die Republikaner, die gegen ›Eliten‹ wüten und ihre Fäuste schütteln

232 Auch Fredric Jameson beschrieb die USA als »permanently divided in a kind of pre-civil-war situation« (Mitteilung an den Autor vom 18.10.2004).

233 Sachs zählt auf: Allein die Zwischenwahlen vom Herbst 2010 haben 4,5 Mrd USD gekostet. Daher überbieten sich beide Parteien mit Steuergeschenken für die Reichen. Dies geht so seit Reagan. Inzwischen gehört dem einen Prozent der reichsten US-Haushalte netto mehr als den 90 % der ›unteren‹.

gegen die Hohen und Mächtigen; es sind die Republikaner, die am überzeugendsten beanspruchen, für den kleinen Mann zu sprechen und die sich über die Freveltaten entrüsten, die von hochnäsigen Aristokraten an Leuten aus dem einfachen Volk verübt werden.« (2004, 641f) Wenn sie »ihre Opferrolle der Klassenbenachteiligten ausspielen« (643), gegen Schwulenehe und Klimapolitik und, seit sie nicht mehr an der Macht waren, gegen die Staatsverschuldung wetterten, die dem kleinen Mann und der Wirtschaft das Geld entziehe und an der Arbeitslosigkeit schuld sei, dann verklangen dagegen die Mahnungen Obamas zum sozialen Ausgleich, solange er kampflos und wie ein Artikel der New York Times sprach.

6. *Obama kämpft*

Mit dem kurzen Honigmond der an der Oberfläche wiedergewonnenen US-Hegemonie war es also vorbei. Hatten die Vereinigten Staaten in den Verhandlungen über ihre Schuldenobergrenze nicht bewiesen, dass sie – in den Worten José Sarneys (2011), des ehemaligen brasilianischen Staatspräsidenten – »die schlechteste politische Klasse der westlichen Welt« besaßen? Und war nicht die »Krise der Führungen in der westlichen Welt«, zumal die »Brüchigkeit der nordamerikanischen Führung«, in einer »Welt, die sich unsicher fühlt und nach Führern verlangt«, einer der Gründe für das anscheinend unaufhaltsame Fortschwelen der Weltwirtschaftskrise, einschließlich ihres Ablegers, der ›Euroschuldenkrise‹ (ebd.)? Der Zweifel regte sich im Lande nicht weniger als in der übrigen Welt, »ob Obama der Reformpräsident ist, den die amerikanische Geschichte einmal in jeder Generation hervorbringt, oder eine flüchtige YouTube-Gestalt« (Caño 2010). Wie einst Gorbatschow erschien er nun als »Held des Rückzugs« (Klingst/Ross 2010).

Anders sah es der Schriftsteller Carlos Fuentes (2011). Zunächst besichtigte er die Kräfteverhältnisse. Die Tea Party, in der »ultrakonservative Politiker mit faschistoider Ideologie« sogar eine ausgemachte Reaktionärin wie Sarah Palin an den Rand gedrückt hatten, »gewann Wahlen, schüchterte die Mitte der Republikaner ein und stellte Obama vor eine neue Lage: mit dem Feind zu verhandeln«. Obama, fuhr Fuentes fort, stellte sich auf die neue Realität ein. In der Tradition des US-Zweiparteiensystems verhandelte er, machte

Zugeständnisse, schloss einen Kompromiss mit dem republikanischen Mehrheitsführer, der dann aber, desavouiert und eingeschüchtert von der Tea-Party-Minderheit seiner Fraktion, alsbald wieder umfiel und den Kompromiss aufkündigen musste. Die extreme Rechte, der es offensichtlich nicht nur um inhaltliche Punkte, sondern vor allem um die Niederlage Obamas ging, schien damit Erfolg zu haben, denn Obamas Anhänger fielen angesichts der Eselsgeduld, die er in den endlosen und immer wieder festgefahrenen Verhandlungen an den Tag legte, in Scharen von ihm ab, bis die Zustimmung zu seiner Amtsführung auf einen Tiefpunkt fiel. Es war ein öffentliches Experiment, das die Geduld einer von wachsender sozialer Not heimgesuchten Gesellschaft und der vor einer Verschärfung der Krise zitternden weiteren Welt unerträglich strapazierte. In diesem Experiment, schloss Fuentes, demonstrierte Obama durch Kompromissbereitschaft, dass mit den »terroristischen Extremisten der Rechten im Kongress« kein Kompromiss zu schließen, also auch keine Politik zu machen war.

Sechs Wochen später ging Obama zum Angriff über. Er nutzte dafür die Institution einer Gemeinsamen Sitzung von beiden Häusern des Kongresses als Plattform für eine Rede, in der er das Parlament coram publico in zeitgemäßer Form, vor laufenden Fernsehkameras, dazu aufrief, unverzüglich die brennenden Probleme des arbeitenden oder Arbeit suchenden Amerikas und seiner kleinen und mittleren Unternehmen anzupacken. Die Lage beschrieb er als die einer »Wirtschaftskrise, die Millionen unserer Nachbarn arbeitslos gemacht hat, und einer politischen Krise, die das alles noch verschlimmert hat«. Direkt griff er niemanden an. Seine Rede war angelegt wie ein Brechtstück, bei dem das Urteil nicht von der Bühne kommt, sondern auf der Bühne ein Experiment veranstaltet wird, das dem Publikum zur Beurteilung vorgelegt wird. Das Kriterium der Beurteilung formulierte Obama jedoch unzweideutig in der Sprache der Menschen draußen im Land, von denen Millionen und Abermillionen an ihren Bildschirmen der Szene beiwohnten und weitere sich später die Aufzeichnung vom Netz herunterladen würden: »Die Frage ist, ob wir es angesichts einer weitergehenden nationalen Krise fertig bringen, mit dem politischen Zirkus aufzuhören und endlich etwas tun, um der Wirtschaft auf die Beine zu helfen.« Es war eine Standpauke an die politische Klasse: »Den Millionen Amerikanern, die uns gerade jetzt zusehen, ist die Politik egal. Sie haben wirkliche Lebensprobleme.« Obama nannte die Nöte und mögliche Maßnahmen zu ihrer Linderung. *The American Jobs Act*, die Gesetzesvorlage, die er – wissend dass sie blockiert werden würde – unverzüglich zu beschließen und, ohne einen weiteren Moment zu verlieren, in die Praxis umzusetzen forderte, würden die drei zum Unglück des Landes und seiner einfachen Menschen getrennten Elemente mit dem nötigen Geld wieder zusammenbringen: Arbeitskräfte mit Arbeit, Firmen mit Abnehmern und Schäden an Straßen, Brücken, Schulen usw. mit ihrer Behebung.[234] Wie ein Refrain, in den die Zuschauer draußen im Land einstimmen konnten, folgte auf jeden der einzeln durchgegangenen Punkte die Bekräftigung der imperativen Notwendigkeit, *why you should pass this bill right away*. Die Sprache war die der Menschen und ihrer Nöte, und zwar von Menschen, die mit ihrer Geduld gegenüber den Politikern am Ende waren. Obama bedeutete den politischen Gruppen des Parlaments das Gleiche, was er bei den Umweltverhandlungen zu Kopenhagen den Führern Chinas, Indiens und Brasiliens vorgehalten haben soll, dass sie nämlich gerade jetzt im Brennpunkt der Öffentlichkeit standen und ihre Untätigkeit sie Zustimmung kosten würde. Was immer sie für Auseinandersetzungen gehabt hätten oder künftig haben würden – dieser Plan sei das Richtige genau zu diesem Zeitpunkt. Er solle sofort beschlossen werden. »Und ich beabsichtige, diese Botschaft in jeden Winkel dieses Landes zu tragen. Auch werde ich jeden Amerikaner, der zustimmt, auffordern, erheben Sie Ihre Stimme und sagen Sie den Leuten, die heute Abend hier versammelt sind, dass Sie von ihnen jetzt und sofort Taten erwarten. Sagen Sie Washington, dass Nichtstun nicht in Frage kommt.« Die Menschen im Land sollten ihren Abgeordneten vor Ort Bescheid stoßen. So sah Fuentes Obama die Front anordnen: »mit der Nation gegen die rechtsextreme und terroristische Minderheit im Kongress«.

Es gehe nicht um Klassenkampf, fuhr Obama fort, auf einen der Vorwürfe der Republikaner anspielend, sondern um den »Glauben an ein Amerika, wo harte Arbeit und Verantwortlichkeit sich aus-

234 »The American Jobs Act will repair and modernize at least 35000 schools. It will put people to work right now fixing roofs and windows; installing science labs and high-speed internet in classrooms all across this country. It will rehabilitate homes and businesses in communities hit hardest by foreclosures. It will jumpstart thousands of transportation projects across the country.« (Obama 2011)

zahlten. […] Doch nun schon seit Jahrzehnten haben die Amerikaner erlebt, wie dieser Zusammenhang erodierte. […] Und sie wissen, dass ihre Interessen für Washington nicht immer an erster Stelle standen.« Und jetzt gebe es einflussreiche Leute, welche die Krise als Ausrede benutzten, die sozialen Grundsicherungen, auf welche die Amerikaner sich seit Jahrzehnten verlassen haben, auszulöschen. Im Übrigen suchte Obama seine Gegner – oder musste man sie mit Fuentes »Feinde« nennen? – zu entwaffnen, indem er nicht nur auf ihrem Terrain, sondern auch mit ihren Waffen kämpfte: die Finanzierung werde nicht durch neue Schulden, sondern durch Umschichtungen und Einsparungen im Haushalt erfolgen, sie werde Steuererleichterungen für die Mittelschichten und kleinen Geschäftsleute bringen sowie die Schaffung neuer Arbeitsplätze belohnen. Obama sagte nicht direkt und gab allenfalls zu verstehen, dass seine Gegner es mit dem Schuldenargument nicht viel ernster meinten, als dass es ihnen als Waffe gegen ihn und den Sozialstaat diente. Hatte nicht ihre Regierung das ungeheure Staatsdefizit und eine Krise hinterlassen, die neue Verschuldung unvermeidlich machten? Im Übrigen war das Argument gegen Staatsverschuldung ein Argument, das nicht umsonst bei einer Mehrheit im Lande zog: waren doch die vom Finanzkapital beherrschten Medien und jene »fünfte Kolonne«, von der Birnbaums Anklage des »Staatsstreichs gegen die Demokratie« sprach, unablässig zugange, die Behauptung der staatlichen Überschuldungsgefahr gegen allen realwirtschaftlichen Verstand zu schärfen. Zur Finanzierung werde Obama ferner »die wohlhabendsten Amerikaner und größten Konzerne mit einem fairen Anteil heranziehen«. Zahlte nicht derzeit »Warren Buffet einen geringeren Steuersatz als seine Sekretärin«? War das jetzige Steuersystem nicht ein »Monument für den Einfluss von Sonderinteressen in Washington«? Es dürfe keinen »Vorteil für Firmen bieten, die sich die Lobbyisten mit den besten Beziehungen leisten können«, sondern solchen Unternehmen, »die hier in Amerika investieren und Arbeitsplätze schaffen«. Sollte man Steuerschlupflöcher für Ölfirmen aufrechterhalten oder dieses Geld nicht besser dafür nutzen, kleinen Geschäftsleuten eine Steuerstundung einzuräumen, wenn sie neue Arbeiter anstellten? »Sollten wir Steuervergünstigungen für Millionäre und Milliardäre beibehalten? Oder sollten wir Lehrer wieder in Arbeit setzen, damit unsere Kinder eine gute Grundlage fürs Studium und später gute Jobs bekommen?« In der heutigen Welt,

»wo die Technologie es den Konzernen möglich macht, ihr Geschäft irgendwohin zu verlagern«, musste man fähig sein, *to out-build, out-educate, and out-innovate every other country on Earth*. In anderen Worten: In der Konkurrenz, die zur fast unmittelbaren Weltmarktkonkurrenz und »rauer als je zuvor«[235] geworden war, mussten die USA alles daran setzen, jedes andere Land der Erde in angewandter Technik, Erziehung und Innovation zu übertreffen oder, realistischer ausgedrückt, »Amerika langfristig konkurrenzfähiger zu machen« und dafür zu sorgen, »dass die nächste Fertigungsgeneration nicht in China oder Europa Wurzeln schlägt, sondern genau hier, in den Vereinigten Staaten von Amerika«.[236]

Obama sprach arbeitslose oder um ihre Arbeitsplätze bangende Bauarbeiter und Ingenieure, Lehrer und Unternehmer, Forscher und Erfinder direkt an. Er verlor indes kein Wort über die Finanzdienstleister, in deren Betrieben bis zum Ausbruch der Krise fast die Hälfte der US-Firmengewinne erzielt wurde, sagte nichts vom Heer der Anwälte und Grundstücksmakler. Überhaupt schwieg er von dem beträchtlichen Teil Amerikas, der vom jetzigen Zustand zehrte. Es war eine Kampfrede mit zweckmäßiger Begrenzung der Situationsanalyse. In solchen Kämpfen kann nicht alles ausgesprochen werden. Die vorgeschlagenen Maßnahmen waren machbar und würden vielen zugute kommen. Der Horizont, in den Obama sie stellte, trug freilich illusionäre Züge. Was wäre nicht alles nötig, um die USA wieder zur industriellen Exportnation zu machen! Es würde auf eine veritable Konversion der US-Ökonomie mit unvorstellbaren sozialen Umwälzungen hinauslaufen müssen, bevor in Asien ebenso viele US-Produkte gekauft würden wie jetzt asiatische Produkte in den USA.[237]

Schon 2005 hatte Paul Krugman Verhältnisse erhofft, die »sich auf einem Niveau einpendeln, auf dem die USA mehr Fabrikarbeiter und weniger Grundstücksmakler hätten, mehr Arbeitsplätze in

235 »... a world where the competition has never been tougher«.

236 »Building a world-class transportation system is part of what made us an economic superpower. And now we're going to sit back and watch China build newer airports and faster railroads? At a time when millions of unemployed construction workers could build them right here in America?«

237 »If Americans can buy Kias and Hyundais, I want to see folks in South Korea driving Fords and Chevys and Chryslers. I want to see more products sold around the world stamped with three proud words: ›Made in America.‹«

Michigan und weniger in Florida. Der Supermacht USA aber, die vom Kredit lebt – was es seit Philipp dem Zweiten von Spanien nicht mehr gab –, würde von China die Kreditkarte gesperrt«. Solche Verhältnisse, schrieb Krugman weiter, würden herbeigezwungen, wenn die chinesische Regierung eines Tages erkennen sollte, dass ihr Dollarberg nichts nutzte, und sie den Yuan vom Dollar abkoppeln würde. »Eine rasche Aufwertung des Yuan ginge vermutlich mit einer entsprechenden Abwertung des Dollars gegenüber anderen Währungen einher. Das würde die Konkurrenzfähigkeit der US-Industrie verbessern. Doch das Zinsniveau in den USA würde steigen. Der Immobiliensektor würde einbrechen.« Aber war eine solche ›Rückkehr zur Realwirtschaft‹ für die USA noch möglich, nachdem die Arbeitsgesellschaft sich seit Jahrzehnten der ›Dienstleistungsgesellschaft‹ annäherte? Und war es jetzt, in der Großen Krise, möglicher geworden, nachdem der Immobiliensektor tatsächlich eingebrochen war?

In Wahrheit lässt die Lage der USA wie eines jeden anderen Landes sich nicht beschreiben, wenn man den Blick nicht auf die Verschränkung seiner Wirtschaft mit der Wirtschaft anderer Länder richtet. Wenn die USA als riesiger »Walmart mit Armee« beschrieben werden konnten (Ruiz 2005), ist sogleich zu ergänzen, dass der transnationale US-Konzern Walmart der größte Exporteur Chinas war; bereits 2004 soll er nach eigenen Angaben von dort Waren im Wert von 18 Milliarden USD exportiert haben (Gogoi 2005), Äquivalent von rund 10 Prozent des Handelsdefizits der USA mit China (vgl. PBS Frontline 2004); als Land genommen, wäre er 2004 der achtgrößte und 2005 laut Wikipedia bereits der sechstgrößte Handelspartner Chinas gewesen. Zhang Jun, Direktor des Wirtschaftlichen Forschungszentrums der Fudan-Universität Shanghai, rechnete vor, dass der Handelsüberschuss Chinas verschwand, sobald man den Exportwert der 460000 in ausländischem Besitz befindlichen Betriebe abzog (2005). Ebenfalls 2005 hielt Paul A. Samuelson es für »wahrscheinlich, dass Präsident Bush bereits auf seiner Ranch in Texas pensioniert sein wird, bevor seine verheerenden Defizite im Staatshaushalt die Auslandsschulden des Landes so vermehrt haben, [...] dass es zu spekulativen Angriffen auf den Dollar kommt. Wenn die Ausländer sich entschließen, ihre Guthaben aus dem Dollar zurückzuziehen, werden die [...] Amerikaner versuchen, ein Gleiches zu tun. Früher oder später werden der Kongress, die Bundesbank und das Finanzministerium der USA verzweifelt zu den Kapitalkontrollen zurückkehren, die so wenig zur gegenwärtigen Rhetorik der Globalisierung und des Freihandels passen. Aller Wahrscheinlichkeit nach wäre bei einer solchen Wechselkurskrise ein weltweiter Zusammenbruch der Finanzmärkte unvermeidlich.«

In solchen Prospekten der Vergangenheit zu blättern, birgt Stoff zum Nachdenken. Immobilienmarkt und Finanzmärkte waren zwei oder drei Jahre später tatsächlich zusammengebrochen, aber in anderen Phänomen- und Krisenkombinationen, als in den Ausblicken der beiden Nobelpreisträger angenommen. Müssten sich nicht die USA tatsächlich aus Globalisierung und Freihandel zurückziehen, um die Zahl der Arbeitsplätze in der industriellen Fertigung substanziell zu vermehren und über stark steigende Exporte von Industrieprodukten sowie importsubstituierende Eigenfertigung zu einer ausgeglichenen Handelsbilanz zu kommen und ihre wachsende Bevölkerung in Lohn und Brot zu bringen? Würde anders die Vision jenes englischen Gentleman, der sich bereits 1873 chinesische Löhne für die englischen Arbeiter wünschte (wir kommen darauf zurück), für die USA wahr werden müssen? Um die Dynamik der Machtverschiebungen im transnationalen Herrschaftssystem zu verstehen, ist es unumgänglich, einen Blick auf die US-amerikanisch-chinesische Symbiose zu werfen.

Zehntes Kapitel

Chimerika – das amerikanisch-chinesische Paradox

Globalisierung, das ist Reaganomics + Deng Xiaoping-Ideen.
Lluís Bassets (2008)

1. Chinas Großer Widerspruch – Widerspruch im Marxismus

In seinem Werk über die Stellung der USA im globalen System von 1994 spricht Robert Gutmann von der »Multizentrizität mehrerer um Führung ringender Machtzentren (Vereinigte Staaten, Japan, Europa)« und von Produktionsverlagerungen nach Mexiko, Brasilien, Malaysia, Taiwan und Südkorea (59). Zehn Jahre später war Chinas Abwesenheit in beiden Aufzählungen unvorstellbar geworden. Bereits um die Jahrhundertwende vervielfachten sich in den westlichen Medien die Berichte über China. Auch ihr Charakter änderte sich. In Deutschland rückte der ferne Osten der bürgerlichen Öffentlichkeit in erstaunlich kurzer Zeit näher als der ›Nahe Osten‹. Seither zerbricht man sich nicht nur hier, sondern in der gesamten westlichen Welt den Kopf über die politisch-kulturellen Regungen in China. Ablesbar ist es an der China-Berichterstattung der Frankfurter Allgemeinen, die einen ihrer besten Redakteure in die chinesische Hauptstadt delegierte. Begonnen hatte es mit Wirtschaftsnachrichten, zunehmend kam die Politik hinzu, schließlich Features über Aspekte der Lebensweise, der Kultur und Kunst, über Kontroversen und sozial und ökologisch motivierte Konflikte. Zuerst war China als eines der Auswanderungsländer ›unserer Arbeitsplätze‹ und als der Welt größte Macht des Sozial- und Umweltdumpings im Gerede. Zugleich wurden immer mehr Facharbeiter, Ingenieure und Manager von ihren Firmen nach China geschickt. Nicht viel später bestaunten sie dort, wie die Metropolen dieses ›Niedriglohnlandes‹, »konkurrenzlos in ihren wirtschaftlichen und architektonischen Ambitionen« (Anderson 2010, 59), zum aufregendsten Laboratorium architektonischer Ideen der Welt wurden,[238]

238 Einen Höhepunkt bildeten die im Vorfeld der von China ausgerichteten

während sie zugleich in den Smog-Schatten der Umweltverschmutzung eintauchten. Mit dem atemberaubenden Rhythmus der Modernisierung des Landes rivalisierte die Geschwindigkeit, mit der die Schere zwischen Arm und Reich sich öffnete und sich anschickte, alle Rekorde zu brechen.[239]

Ein Entwicklungsland verwandelte sich in eine werdende Weltmacht. Schon jetzt war China eine Weltmarktmacht, deren Arbeitsmarkt und Rohstoffimporte nicht weniger als ihre Exportoffensive die Löhne und Preise und damit die Kapital-Allokationen der ganzen Welt in Bewegung gebracht hatten. Im Frühjahr 2004 teilte die Frankfurter Allgemeine mit, dass »manche Ökonomen [...] inzwischen von einer auf China zentrierten Weltwirtschaft« sprachen, ja man sich »vielerorts« Sorge mache, »welche Auswirkungen die Konjunkturdämpfung durch die chinesische Regierung auf den Rest der Welt haben« werde.[240] Diese Sorgen bezeugten, dass China zu einem vorrangigen Akkumulationsmedium geworden war. Immer mehr transnationales Kapital drängte dorthin, um sich von chinesischer Arbeit transsubstanziieren zu lassen und sich dann vermehrt in den alten Metropolen zu realisieren. China wurde zur »Fabrik der Welt«. Bald dämmerte dieser Welt, dass das nicht alles war. Nicht nur war absehbar, dass es nicht bei der billigen Werkbank des Westens bleiben würde und das Land enorme Mittel in wissenschaftliche Lehre, Forschung und Entwicklung investierte, folglich zunehmend als Konkurrent

Olympischen Sommerspiele von 2008 errichteten Beeindruckungsbauten, etwa das eiförmige Nationaltheater von Paul Andreu, der von Rem Kolhaas entworfene Sitz des chinesischen Fernsehens, der einem räumlichen Schriftzeichen gleicht, halb Tor, halb Unterleib eines riesigen Cyborg. Bauten, für die aufzufallen das oberste Gebot ist, gibt es in Peking zu Hunderten zwischen seriellen Gruppen von Wohntürmen für die neue Mittelschicht. Doch hier verbinden sich Wirtschaftsmacht und avancierte Ästhetik auf Grundlage der Hochtechnologie zur Anwartschaft auf die Hauptstadt des 21. Jahrhunderts. Der von Norman Foster gestaltete internationale Flughafen, das Eintrittsportal, zu dieser Stadt, ist reinste Architektur ohne extra Verpackung, umbauter Raum, der die Reisenden umfängt.

239 Liu Yimeng entnimmt einem Bericht der Weltbank, dass China in dieser Hinsicht sogar die USA übertroffen hat. Dem Bericht zufolge besitzt das eine Prozent der Spitzenverdiener 40 % des Nationalvermögens, während in den USA 5 % der Haushalte mit den höchsten Einkommen 60 % besitzen, »which means the concentration of wealth in China is far more than the US« (2010).

240 »Sorgen über China werden stärker«, in: FAZ, 8.4.2004, 28.

bei technologisch avancierteren Gütern und Dienstleistungen auftreten werde. Sondern am Horizont winkte die Vision eines ungeheuerlichen Marktes, wenn sich erst die rasch wachsende neue Mittelschicht – bereits damals über 200 Millionen[241] – in Bank- und Versicherungskunden und in Käufer westlicher Markenartikel verwandeln ließe.

Für uns gilt es, uns den Widersprüchen dieses »größten Gesellschaftsexperiments der Gegenwart« (Negt 2006) zu nähern. Diejenigen, für die der Kapitalismus etwas Natürliches ist, sehen allenfalls Gegensätze, Spannungen und Konflikte aller Art in und mit China. Für marxistische Augen ist es spontan ein verstörender Widerspruch, dass eine Kommunistische Partei unterm Banner eines in der Verfassung festgeschriebenen ›sinisierten‹ Marxismus-Leninismus (vgl. Tian 2006 u. Salomon 2006) den Kapitalismus »sozusagen ins Land holt« (Zinn 2008c, 126), dessen Entwicklung betreibt und sich quasi in dessen halb ideellen, halb reellen Gesamtkapitalisten verwandelt. Stellt das nicht die Welt auf den Kopf? War die von Charles Bettelheim 1978 angekündigte »Herrschaft einer Staatsbourgeoisie über die werktätigen Massen« (vgl. Suffa-Friedel 1979, 215) Wirklichkeit geworden? War marxistische Theorie zur von der Konsumwerbung immer weiter an den Rand gedrängten Begleitmusik der kapitalistischen Modernisierung geworden, allmählich aus den Angeln gehoben von der untergründigen Wiederkehr eines zum Geist dieses Kapitalismus gewandelten Konfuzianismus, der seinerseits – wie einst beim Aufstieg des europäischen Kapitalismus das Christentum zumal in seiner protestantischen Gestalt – selbst aus den Angeln gehoben wurde, indem der Kapitalismus ihn sich als seinen funktionalen Geist assimilierte? Konnte es sein, dass am Marxismus nur mehr festgehalten wurde als an einer Art ideologischer Reserve

241 Wie Li Qiang (2012), Direktor des Instituts für Human- und Sozialwissenschaften der Qinghua-Universität Beijing, zeigt, ist die Kategorie »Mittelschicht« als Übersetzung der in den USA beliebten Kategorie »Mittelklasse« – der sich dort kurioserweise vier Fünftel der Gesellschaft zurechnen – trübe und lädt zur Ideologisierung ein, weil er »nichts über Eigentumsverhältnisse« sagt und äußerst heterogene Gruppen zusammenfasst. Legt man Beschäftigung und Bildungsgrad als Kriterien zugrunde, betrug »die Mittelschicht […] 2009 […] etwa 17 % der Bevölkerung«, was etwa 200 Millionen entspricht. Im Zuge der weiteren Entwicklung sei jedoch langfristig ein dem westlichen Standard – die Soziologen rechnen für England und USA etwa 65 % der Bevölkerung zu den Mittelschichten – sich annäherndes Größenverhältnis zu erwarten.

für alle Fälle[242], ausgehöhlt »zu einem Gehäuse [...], in dem sich so ziemlich jede Art Politik unterbringen lässt, solange sie nur als Einheit der Gegensätze unter dem Dach einer autoritären Partei interpretiert werden kann – und insofern auch als Gegenmodell zur westlichen Demokratie taugt« (Siemons 2010)?

Die Verbindung einer ›kommunistischen‹ Parteidiktatur mit einem nationalen und einem transnationalen Kapitalismus ist ein »weltgeschichtliches Novum«, dem ein Widerspruch innewohnt, der die gesellschaftliche Entwicklung mit einer »schwindelerregenden« Ambivalenz von »Emanzipation und Regression« (Anderson 2010, 23) heimsucht.[243] Die Politik, die den Widerspruch als komplementären Gegensatz in die Entwicklung des Landes einzuspannen sucht und die der dürre Begriff des »bürokratischen Kapitalismus«[244] so

242 So sieht es Perry Anderson: »Consumer nationalism is a shallow ideological construct, on which it cannot completely rely. Depoliticized as the principal discourse of the CCP has become, purging it of socialism altogether would be counter-productive. The inherited claim to another legitimacy, still inscribed in its name, remains a necessary reserve. For the revolutionary sentiments of injustice, and demands for equality, have not disappeared from the minds of citizens. Nor have the risks of ignoring them.« (2010, 23)

243 In seinem großartigen Vergleich zwischen der Russischen und der Chinesischen Revolution stellt Perry Anderson solche Widersprüche zusammen, um die spezifische Gestalt des kommunistisch regierten Sinokapitalismus zu umreißen: »Never have so many moved out of absolute poverty so fast. Never have modern industries and ultra-modern infrastructures been created on so vast a scale, in so short a space of time, nor a flourishing middle class arisen at such speed along with them. Never has the rank-order of powers been altered so dramatically, to such unforced popular pride. Nor, in the same years, has inequality ever spiralled to such dizzying heights so swiftly, from such low starting-points. Nor corruption spread so widely, where once probity was taken for granted. Nor workers, till yesterday theoretical masters of the state, treated at will so ruthlessly-jobs destroyed, wages unpaid, injuries mocked, protests stifled. Nor have peasants, the backbone of the revolution, been robbed in such numbers of land and livelihood by developers and officials, in clearances as out of the Scottish Highlands. More users of the internet than in any country on earth, no terror, much freedom of private life; with more streamlined and effective machinery of surveillance than ever before. For minorities, affirmative action and cultural-political repression, hand in hand; for the rich, every luxury and privilege exploitation can buy; for the weak and uprooted, crumbs or less; for dissenters, gag or dungeon.« (2010, 23)

244 Karl-Heinz Roth, der so spricht und die chinesische Führung schlicht als »die Pekinger Technokratengruppe« (2009, 202) bezeichnet, behandelt das, was er den »Sonderfall China« nennt, angesichts des wirtschaftlichen Aufstiegs einerseits mit Respekt, andererseits mit vorgefertigten Klischees: »Gegen Ende der 1990er Jahre [...] war [es] der Technokratengruppe der KP gelungen, den *take off* zum Wieder-

wenig ausschöpft wie die Rede von der »skrupellosesten Form von Kapitalismus« (Žižek 2011), stützt sich auf das unterirdisch nachhallende Erbe der dienstältesten Zivilisation der Menschheit. Denkbar ist, »dass sich in China ein Wirtschafts- und Gesellschaftssystem herausbildet, das mit den historischen Erfahrungen der europäischen Entwicklung nicht vergleichbar ist, sondern nur aus der chinesischen (Kultur)Geschichte selbst heraus verstanden werden kann« (Zinn 2008c, 119).

Die Verbindung von Kommunismus und Kapitalismus aber, die wie ein Gemisch aus Feuer und Wasser erscheint, muss aus der Geschichte des zum Staat gewordenen Marxismus, also aus der kommunistischen Erfahrung des 20. Jahrhunderts insgesamt verstanden werden. Am Gegenpol zur bürgerlich-kapitalistischen Entwicklung herrschte die »befehlsadministrative« – das heißt gewaltgerahmte, bürokratisch-zentralistische – Industrialisierung sowjetischen Typs vor.[245] In der Sowjetunion, diesem welthistorisch ersten Laboratorium des revolutionären Sozialismus, erzielte diese aus den Wirren und Existenzkrisen unter Stalins Herrschaft resultierende »staatliche Produktionsweise« (Lefebvre 1977; vgl. 13 Ver, 38 u.ö.) in ihren ›heroischen‹ Phasen und zuletzt im Wiederaufbau des vom nazistischen Raub- und Vernichtungskrieges zerstörten Landes große Erfolge, doch ihre repressive und die Initiative lähmende Betriebsweise zersetzte den ›subjektiven Faktor‹ der ausführenden Klassen und, auf andere Weise, auch den der disponierenden Nomenklatura, die sich zudem als unfähig erwies, einen qualitativen und quantitativen Wirkungsgrad im Umgang mit den menschlichen und naturalen Ressourcen zu erzielen, der mit dem des Kapitalismus hätte konkurrieren können.[246] Im Anschluss

aufstieg irreversibel zu machen, indem sie die allgemeine Bereicherungssucht zur obersten Maxime erhob und die Potenziale der Auslandschinesen eingemeindete. Dabei wandelte sich das zentralistische Planungssystem der stalinistisch-maoistischen Exekutivdespotie in eine komplexe Struktur um, die wir als bürokratischen Kapitalismus bezeichnen können.« (203)

245 Ihre Herausbildung lässt sich nicht zuletzt aus dem Ausbleiben der von Lenin erwarteten Revolution im Westen, zumal der deutschen, und der daraus folgenden Existenz eines als von imperialistischer Gewalt bedrohten »Sozialismus in einem Lande« verstehen.

246 Vgl. den »Abriss einer Apathiemaschine« in Haug 1989, 129-81, wo die Selbstdiagnosen des Scheiterns der SU in einen systematischen Zusammenhang gebracht sind <www.wolfgangfritzhaug.inkrit.de/documents/AbrisseinerApathiemaschine.pdf>.

an Perry Anderson hat Wolfram Adolphi jüngst herausgearbeitet, dass die chinesische Revolution schon auf Grund der aktiven Rolle der Bauernschaft einem ganz eigenen Gang folgte (2012) und dass »Chinas Planwirtschaft als dialektische Aufhebung der sowjetischen« verstanden werden kann (2010). »Dialektisch« lässt sich hier auch in dem Sinne verstehen, dass in dieser Entwicklung dem »Spiel der Gegensätze« (Liedman 1986) viel mehr Raum gelassen ist und trotz entscheidender Rolle des Staates der Masseninitiative ungleich größere Bedeutung zukommt. Diese Dialektik hat sowohl am Pol befehlsadministrativer Leitung wie am Pol der Masseninitiative auf je unterschiedliche Weise die Erfahrung des Scheiterns beim Versuch produziert, zu einer sich intensiv, das heißt, auf dem Wege qualitativen Wachstums reproduzierenden modernen Industriegesellschaft überzugehen. Wenn nach der Sowjetunion und ihrem europäischen Lager »selbst in der bevölkerungsstarken und einer autonomen Entwicklung folgenden VR China der Mao-Ära kein ›Großer Sprung‹ über den Kapitalismus hinweg in die sozialistische Zukunft« gelang, dann lässt sich daraus eine allgemeine Erkenntnis ziehen: Marx und Engels hatten Recht mit ihrer These von der »Unabwendbarkeit eines global flächendeckenden Kapitalismus« und vom nur gleichzeitig in den entwickelten Ländern möglichen Übergang zum Sozialismus[247]; dagegen war der »Aufbau des Sozialismus in einem Land [...] misslungen« (Zinn 2008c, 124) und die in Russland notgeborene These von seiner Möglichkeit konnte als widerlegt gelten.

Diese komplexe Erfahrung, die den chinesischen Kurswechsel von 1978 nicht als einen innerhalb des Marxismus zu ziehenden Schluss verstehen lässt, bildete den Nullpunkt der stürmischen Entwicklung des ›sinomarxistisch‹ legitimierten ›Sinokapitalismus‹. Die zeitnächste Erfahrung, aus deren Abstoßung sich sein Initialimpuls speiste, war die Kulturrevolution. Idealiter ging es bei ihr darum,

247 »Der Kommunismus ist empirisch nur als die Tat der herrschenden Völker ›auf einmal‹ oder gleichzeitig möglich, was die universelle Entwicklung der Produktivkraft und den mit ihm zusammenhängenden Weltverkehr voraussetzt.« (Marx/Engels, *Deutsche Ideologie*, 3/35) Die Bedeutungsfelder von »Kommunismus« und »Sozialismus« decken sich im damaligen Sprachgebrauch noch. – Eine Anmerkung der MEW-Herausgeber relativiert jene These, die mit dem sowjetischen Selbstverständnis unvereinbar war: »sie war richtig für die Periode des vormonopolistischen Kapitalismus.« (549)

»die absolute Autorität von Partei und Staat zu zerschlagen, um dem Ziel eines Fortschreitens zu wirklicher Volkssouveränität näher zu kommen«, mit der Pariser Kommune als Vorbild in Betrieben und Schulen, doch diese »außer-staatlichen Prozesse eines politischen Aktivismus« wurden bei der Wiedereinsetzung des »Parteistaatssystems« rasch unterdrückt (Wang 2006, 35). Realiter hatte die Kulturrevolution wissenschaftliche und kulturelle Produktivität vernichtet. Sie entfesselte einen vor allem von jugendlichen Massen getragenen Totalitarismus und installierte ein von Mao personifiziertes radikalisiertes Führerprinzip. Nach Maos Tod und dem Umschlag der Kräfteverhältnisse wirkte sie als diskret beschwiegenes Unthema (vgl. Siemons 2006) in Gestalt ihres extremen Gegenteils nach, als Legitimationsquelle einer »entpolitisierten oder anti-politischen politischen Ideologie«, die Wang Hui (2006, 39) mit Begriffen von Carl Schmitt als solche beschreibt, ohne ihre dialektische Einheit mit ihrem verdrängten Gegensatz, der Kulturrevolution, die er ein Stück weit idealisiert, aufzuzeigen.

Sofern das Negative, von dem die chinesische Politik sich seit dem Bruch mit dem gleichmacherischen Kommunismus der Volkskommunen immer entschlossener abstieß, integraler Teil der Marxismusgeschichte ist, muss der »Große Widerspruch China«[248] ebenso als einer *im Marxismus* angenommen werden, wie er auch geeignet ist, dem Marxismus seine eurozentrischen Scheuklappen abzunehmen.[249] Das ZK-Plenum vom Dezember 1978 wurde zum

248 So der Titel des *Argument-Buchs* von 2006 (Nr. 268, 48. Jg., H. 5/6).

249 In China selbst hat Marxismus laut Siemons (2010) nicht nur Scheuklappen eingebüßt, sondern vor allem orientierende Relevanz. Zwar sei er »der verpflichtende Überbau des Staats geblieben [...]. Doch auf der anderen Seite scheinen spezifisch marxistische Ideen nicht die geringste Spur im Diskurs des Landes zu hinterlassen.« Siemons registriert die Multiplikation von Marx-Studien, entsprechenden Instituten und ihren Mitarbeitern. Laut Cheng Enfu, dem geschäftsführenden Direktor des Marxismus-Instituts an der Chinesischen Akademie für Sozialwissenschaften, »gehe es heute mehr um Marx selbst, seine ausländischen Interpretationen und um die internationalen Beziehungen«. »Die Theoretiker an der Parteihochschule frönten bloß einem ›Kompromiss-Marxismus‹, der weder die westlichen Theorien verstanden habe noch das, was Sinisierung bedeute.« Das »›Wissenschaftliche Entwicklungskonzept‹, das jüngste Beispiel eines sinisierten Marxismus«, übernehme von Marx' Thesen »nur den Fokus auf die Entwicklung der Produktivkräfte in ihren Widersprüchen, um diesen dann aber zur Theorie eines permanenten Ausgleichs jeglicher Gegensätze auszuweiten; den Funktionären wird dabei ein immer dialektischeres Denken abverlangt: ›Die Entwicklung ist ein zyklischer

Startzeichen einer »spontanen [...] Bewegung« der Bauernschaft überall im Land, die bis 1983 die Rückübertragung der Produktionsverantwortung an die Familien durchsetzte und damit »eine wahre Revolution« in Gang brachte (Seitz 2000, 225). Die Volksrepublik China, die davon ausgegangen war, dem sowjetischen Muster zu folgen, fand sich schließlich auf einem »Weg ohne Vorbild«, wie Wu Shuqing bei einer Pekinger Tagung über die Zukunft des Sozialismus gesagt hat. Desto wichtiger sei es, fuhr er fort, dass dieser Weg graduierlich und im gesicherten institutionellen Rahmen des Staatssozialismus verlaufe.

»Wenn die UdSSR aus der Geschichte ausgeschieden ist«, schrieb ich im ersten Band, »wenn im Gefolge ihres Untergangs die staatlichen Formierungen nationaler Befreiung und Entwicklung fast durchweg zusammengebrochen sind, wenn die Volksrepublik China diesem Schicksal dadurch entgangen ist, dass sie in jähem Kurswechsel zu einer passiven Revolution kapitalistischer Entwicklung bei kommunistischer Parteiherrschaft übergegangen ist, wenn der fast alternativlose Kapitalismus sich globalisiert hat – all diese Erdbeben in den politisch-sozialen Regionen sind Auswirkungen des untergründigen Kontinentaldrifts in der Produktionsweise, deren Folgen wiederum unmittelbar als neue Voraussetzungen wirken.« (HTK I, 38) Die kapitalistische Revolution-Restauration – muss man von einem chinesischen Thermidor sprechen? – war so nicht geplant, als Deng Xiaoping im Dezember 1978 »den Startschuss für eine Ära der Reformen und der Öffnung nach Außen sowie einer Modernisierung des sozialistischen China« (China Radio 2004) gab. Die Initiatoren der Öffnung wurden von dem Geschehen, das sie ausgelöst hatten, mitgerissen. Zwar wurde der Rückzug aus dem staatlich-befehlsadministrativen Wirtschaften selbst befehlsadministrativ angegangen, doch die stürmische und zum Teil wilde kapitalistische Entwicklung, welche die chinesische

Prozess, bei dem sich die Dinge vom Ungleichgewicht zu einem relativen Gleichgewicht und dann wieder zurück zum Ungleichgewicht bewegen‹, heißt es in einem Kommentar des Zentralen Übersetzungsbüros« (ebd.). Der an sich hellsichtige Berichterstatter bemerkt nicht, dass in dem zitierten Kommentar das Echo einer wohl aus uralter chinesischer Weisheitslehre gespeisten, die chinesische Revolutions- und Sozialismusgeschichte von der europäischen unterscheidende Haltung vernehmbar ist. Sie akzeptiert die »Einseitigkeit« einer Gegenwart im Wissen, dass auch sie nur einen Durchgangspunkt darstellt.

Führung unter Deng Xiaoping entfesselt hatte, trug sie weit hinaus über Lenins Wende weg vom Kriegskommunismus zur »Neuen Ökonomischen Politik« (NÖP), bei der die Kommunistische Partei von den »Kommandohöhen« des Staates aus eine »gemischte Wirtschaft« entwickeln sollte, die unterschiedliche Produktionsweisen mit einem Sektor ausländischen Kapitals kombinieren würde. Ins damalige Russland kam das ausländische Kapital nicht, während das transnationale jetzt nach China strömte. Als sich die Nachricht von der Eröffnung ökonomischer »Sonderzonen« im Lande verbreitete, setzte die Landflucht von Millionen und Abermillionen Bauernsöhnen und -töchtern hin zu den neuen Verdienstmöglichkeiten ein. Diese Bewegung wurde zunächst bekämpft. Graduierlich änderte sich die Politik dieser inneren Völkerwanderung gegenüber, bis Kapitalisierung und Entländlichung Hand in Hand gingen.[250] Die Parteiführung versuchte, diese mit der Wucht eines Naturprozesses voranstürmende Verwandlung immer neuer Regionen des riesigen Landes im Sinne eines Übergangs zu einer modernen Industriegesellschaft im Zeichen »Sozialistischer Marktwirtschaft« zu regulieren. Aus diesem Prozess resultierte der Hybrid aus kapitalistischer Struktur und parteikommunistischer Superstruktur »nach Art einer großen Koalition zwischen Kommunismus und Kapitalismus« (Bohnet 2008), ein Doppelwesen, als das die Volksrepublik China zum Brennpunkt einer Entwicklung wurde, die sich anschickt, das Gesicht des 21. Jahrhunderts auf ganz andere und vielleicht desto nachhaltigere Weise zu prägen als einst die Russische Revolution das Gesicht des 20. Jahrhunderts.[251]

Vieles sah nach Manchesterkapitalismus aus. Ließen sich diese Umwälzungen noch als Durchgangsstation auf dem Wege zu den industriegesellschaftlichen Voraussetzungen eines Sozialismus begreifen, der die Phase eines Bauernkommunismus endgültig hinter sich gelassen hätte? Das Vehikel der Transformation wäre dann die Akkumulation des transnationalen Kapitals. Aber würde unter der Herrschaft transnationaler Konzerne dann nicht die Pro-

250 »Die Zahl der Arbeitsmigranten in China beträgt inzwischen ca. 270 Mio.« (Li 2012; die Zahl bezieht sich auf 2010) Seit Januar 2012 übersteigt der urbane Bevölkerungsteil den ländlichen.

251 »If the twentieth century was dominated, more than by any other single event, by the trajectory of the Russian Revolution, the twenty-first will be shaped by the outcome of the Chinese Revolution.« (Anderson 2010, 7)

duktion Chinas und der anderen in die Dynamik hineingezogenen asiatischen Länder vom inneren Markt auf Exportmöglichkeiten umgelenkt, einzig unterm Gesichtspunkt der Kostensenkung und ohne Rücksicht auf soziale und ökologische Folgen (so etwa Hart-Landsberg/Burkett 2006)? Sofern China nur Medium dieser Akkumulation war, wäre die chinesische Akkumulation nur deren Nebenprodukt. Gewann nicht in der Bundesrepublik mit ihren weitgehend ›gesättigten‹ Märkten die Verselbständigung der kapitalistischen Ökonomie gegen die Gesellschaft, deren Reproduktion sie in der Ideologie diente, »in Gestalt der Exportindustrie [...] handgreifliche Existenz«, indem »die globale Einklinkung sich als nationale Abkoppelung [...] von der ›eigenen‹ Gesellschaft bemerkbar«[252] machte? War nicht sogar die deutsche Wirtschaft in der Zeit ihrer Exportweltmeisterschaft zugleich zum Stagnationszentrum der EU bei anscheinend unaufhörlich steigender Massenarbeitslosigkeit geworden?

Im Nachhinein lässt sich nicht bestreiten, dass es der chinesischen Führung gelungen ist, die Exportorientierung als Zünder für einen kapitalistisch getriebenen, aber staatlich regulierten Industrialisierungs- und Modernisierungsschub des Landes zu nutzen und mittels der Weltmarktintegration zunehmend den inneren Markt und die für ihn produzierenden Industrien anzukurbeln. Der enorme Rückstand des Landes forderte den paradoxen Preis, diesen transnational-kapitalistischen Prozess zunächst vom inneren Markt abzukoppeln und in Sonderzonen mit günstigsten Verwertungsbedingungen fürs Kapital einzuschließen, um in der internationalen Konkurrenz um Kapitalimport als Hauptnutznießer unter den Schwellenländern hervorzugehen. Die chinesische Regierung lieferte damit Teile des Landes und seiner Menschen einer sozial- und umweltpolitisch kaum regulierten kapitalistischen Ausbeutung aus und verschloss selbst vor grober Missachtung und Verletzung staatlicher Gesetze durch das Kapital die Augen.[253] Das war das Schicksal eines anfangs »peripheren«, bald nur mehr »semiperipheren« Landes wie China; anders als die »Zentrumsländer« verfügte es nicht

252 Editorial zu *Argument* 262, 2005, 457.

253 So im Falle des taiwanischen Foxconn-Konzerns, der in Shenzhen für Apple u.a. den iPod unter Bedingungen produziert, die an Zwangsarbeitslager erinnern (vgl. Spiegel Online, 2.6.2010).

über die Option, »wenigstens einen Teil der Kosten durch ungleiche Austauschverhältnisse auf die peripheren und semiperipheren Staaten ab[zu]wälzen« (Li 2006, 110).

Das ökonomische Gefälle zwischen den Räumen der überaus heterogenen Struktur des Gesamtlandes erwies sich aber dank staatlicher Steuerung im Ganzen nicht als Blockade, sondern im Gegenteil als förderlich für die sukzessive Ausbreitung der Industrialisierungseffekte ins Land hinein (vgl. Schmalz 2006).

2. *Eine Sub-Ökonomie der USA?*

> Chimerica, despite its name, is no chimera.
> NIALL FERGUSON (2007)

Der Militärputsch von 1973, der Chile in ein Exerzierfeld des autoritären Monetarismus verwandelte, Margaret Thatchers Wahlsieg in Großbritannien (1979), gefolgt von Ronald Reagans Regierungsantritt als Präsident der Vereinigten Staaten (1981) markierten den Siegeszug des Neoliberalismus. In trüb-widersprüchlicher Gemeinschaft mit dem Neokonservatismus gewann er »Ende der 1970er Jahre die Initiative« (Liedman 1982, 501)[254] und vollführte den Bruch mit der Ausgleichspolitik des Sozialen Wohlfahrtsstaats bei mehr »Kanonen auf erhöhtem technologischem Niveau« (Ganßmann 1982, 516). Vorangegangen war diesem politischen Einschnitt die Gründerzeit einer neuen Generation von Hightech-Unternehmen in den USA. Der beschleunigte Übergang zur computerbasierten Produktionsweise strukturierte »die für den Industriekapitalismus charakteristische Klassenstruktur [um ...] zu Anordnungen, wie sie in Theorien über ›nach-industrielle‹ Gesellschaften angedeutet« worden waren (Plotke 1982, 504). Die auf dem »Glauben an die Selbstheilungskräfte des Marktes« beruhende Wirtschafts- und Sozialpolitik der beiden angelsächsischen Hauptländer kam »im Resultat einer Deindustrialisierungskampagne gleich« (Ganßmann 1982, 518).

254 »Der Erfolg des Neoliberalismus und des Neokonservatismus [...] ist [...] mit dem Zusammenbruch der keynesianischen Wirtschaftspolitik verknüpft. [...] Die Stagflation, dieses absolut unkeynesianische Phänomen, bahnte den Weg für das Wiedererwachen der alten Gegner aus der vor-keynesianischen Ära: Marxismus und klassischer Liberalismus.« (Liedman 1982, 501)

Im selben geschichtlichen Moment, als im Führungsland des Kapitalismus die neoliberale Wende erfolgte, vollzog das ferne China unter Deng Xiaoping den Bruch mit den Vergesellschaftungsformen eines direkten Weges zum Kommunismus auf vorwiegend bäuerlicher Grundlage. Im selben Zug wurde die Öffnung der Wirtschaft des Landes zum Weltmarkt hin eingeleitet. Waltete hier die mechanisch-zufällige Gleichzeitigkeit von Ereignissen in auseinanderliegenden Erdzonen, die nach geschichtsmaterialistischen Begriffen ›ungleichzeitig‹ waren? Oder reagierte auch die chinesische Führung auf den sich vollziehenden qualitativen Sprung der Produktivkräfte im Kapitalismus? Jedenfalls reagierten die beiden ungleichzeitig-gleichzeitigen Ereignisse auf einander in einer Weise, die eine atemberaubende weltgeschichtliche Dialektik in Gang setzte. Dem Rückblick erscheinen die beiden Einschnitte als komplementäre Bewegungen, die in eine paradoxe Symbiose mündeten. Niall Ferguson und Moritz Schularick tauften sie auf den Namen »Chimerica«. Um die Diskrepanz zwischen hohen Kapitalerträgen und niedrigen Kapitalkosten (Zinsen) zu erklären, machten sie – mit Anklängen an eine swiftsche Satire – das Gedankenexperiment, die USA und die Volksrepublik China zusammen als eine »einzige Wirtschaft namens Chimerika« zu betrachten (2007, 227f). Das »sonderbare Paar« (Morris 2010, 585) – so Ferguson und Schularick (2007, 227f) weiter – stünde für 13 Prozent der Landoberfläche der Erde, ein Viertel der Weltbevölkerung und ein Drittel des Welt-Bruttoprodukts. »Westchimerikaner sind wohlhabend und hedonistisch; Ostchimerikaner viel ärmer (auf Kaufkraft umgerechnet beträgt ihr Pro-Kopf-Einkommen ca. 16 Prozent des Einkommens der Westchimerikaner). Doch die beiden Hälften des Landes sind komplementär. Westchimerikaner sind Experten in Geschäftsführung, Vermarktung und Finanzwesen. Ostchimerikaner spezialisieren sich auf Technik und Herstellung. Die verschwenderischen Westchimerikaner haben einen unersättlichen Appetit auf die im Osten massenhaft produzierten Gadgets; sie sparen keinen Penny ihres Einkommens. Die sparsamen Ostchimerikaner leben vorsichtiger. Eher würden sie einen erheblichen Teil ihres Einkommens sparen und den Westchimerikanern borgen, um deren Schwäche für Gadgets zu finanzieren und dabei die Ostchimerikaner in Arbeit zu halten.« Die Erschließung der ungeheuren Arbeitskräftemassen Chinas bedeuteten fürs internationale

Kapital den »größten einzelnen Schub« für die Kapitaleinkommen, und die Anlage der chinesischen Handelsüberschüsse in US-Dollar hatte »den Effekt, die globale risikofreie Zinsrate genau in dem Moment zu senken, als die Kapitalerträge stiegen«. Damit erklären Ferguson und Schularick, was sie die bemerkenswertesten Trends der jüngsten Finanzgeschichte nennen: »rasche Fortschritte bei der Globalisierung der Produktion und das Auftauchen massiver Devisenreserven in den Tresoren der (zumeist asiatischen) Zentralbanken« (228).

Der spanische Journalist Lluís Bassets ließ sich davon zu der Überlegung anregen, in Deng den Meisterschüler von Reagan zu sehen, was die Fähigkeiten des letzteren zu überschätzen scheint. Aber was er über die Wechselwirkung der beiden komplementär-gegensätzlichen Prozesse sagt, hat Hand und Fuß: »Die beiden Revolutionen, die von Reagan und die von Deng, überlagern sich in einem Ausmaß, dass die eine ohne die andere nicht funktioniert hätte. [...] Der chinesische Erfolg ist bis jetzt das verborgene Gesicht der US-Ökonomie gewesen.« (2008) Bassets entgeht freilich die hochtechnologische Produktionsweise als Ausgangspunkt und Resultat des aktuellen, zum ersten Mal unmittelbar welthistorischen Globalisierungsschubs, wenn er diesen auf die Formel bringt: »Globalisierung, das ist Reaganomics + Deng Xiaoping-Ideen.«

Während die chinesische Regierung versuchte, sich die entwicklungspolitischen Instrumente zu sichern, um die einheimische Wirtschaft trotz abgrundtief unterlegener Konkurrenzfähigkeit modernisieren zu können, setzten die USA alles daran, ihr diese Instrumente zu entwinden. Dafür waren die im westlichen Interesse geschaffenen Regeln der Welthandelsorganisation gut, der China beitreten musste, wollte es einigermaßen ungehindert agieren in dem, was wir als Imperium des transnationalen Hightech-Kapitalismus beschrieben haben. Die WTO war mit ihrem Schiedsgericht als »Peripherisierungsinstrument« angelegt, das die Hierarchisierung am Weltmarkt in Gestalt von Abhängigkeiten und Wertabschöpfungsverhältnissen nicht zuletzt mittels ›intellektueller Eigentumsrechte‹ zementierte (Fritz 2005). Chinas nach 16-jährigen zähen Verhandlungen erfolgter WTO-Beitritt von 2001 konnte mit seinen harten Bedingungen als notgedrungene »Kapitulation« gegenüber den Forderungen der USA verstanden werden (Cho 2005). Mit dem Beitritt zeichnete sich eine »zunächst eintretende ausländische Dominanz in Hightech-Bereichen wie Telekommunikation, Automobilbau und EDV-Technik« ab; darüber hinaus würden »ausländische Banken und Versicherungsgesellschaften, Handels- und Transportunternehmen sowie Dienstleister in so unterschiedlichen Branchen wie Touristik und Ingenieurswesen, Film- und Musikvermarktung, Rechts- und Finanzberatung auf den chinesischen Markt vordringen« (Scharping 2000, 1). Überlegener Konkurrenz ausgesetzt, würden »kapitalintensive Bereiche [...] mit technologischem Rückstand zunächst unter Kontraktionszwang stehen, arbeitsintensive Sektoren begünstigt sein. Niedrigere Löhne und geringere Sozialleistungen werden dabei ein Hauptanreiz für ausländische Investoren bleiben. [...] Besonders betroffen werden schwache Staatsbetriebe sein, die noch stärker als bisher vor die Alternative Konkurs oder Zerschlagung, Fusion oder Umwandlung in eine AG mit einem hohen Anteil von Fremdkapital gestellt sein werden.« (Ebd.)

Die dann tatsächlich eintretende Ein- und in vieler Hinsicht auch Unterordnung im Verhältnis zum transnationalen Kapital der kapitalistischen Zentren und zumal zu US-amerikanischen Kapitalinteressen wurde von der chinesischen Regierung strategisch langfristig akzeptiert (Cho 2006). China musste sich fürs Erste mit dem zugewiesenen Platz am unteren Ende der Wertschöpfungskette abfinden. Zu Lasten eines ›Billiglohnlandes‹ kam ihr die spezielle Bedeutung einer Wert-*Abschöpfungs*kette zu. China würde zunächst seine Massenwaren gegen hochwertige Güter bzw. Hochtechnologieprodukte[255] austauschen, vor allem aber seine menschlichen und natürlichen Ressourcen ausländischem Kapital verfügbar halten müssen. Selbst die Hochtechnologie-Güter, die sich in der Statistik gewaltig ausnahmen und bei deren Export China 2006 an der Weltspitze lag, enthüllten sich bei näherem Hinsehen zunächst nicht nur als in der Mehrzahl Exporte ausländischer Konzerne (2006 zu 88 Prozent; Xing 2010, i), sondern auch weitgehend beschränkt auf subalterne, durch ungelernte Billigarbeit geleistete Montageprodukte u.ä.m.[256]

255 »China is also one of the largest Hightech importing countries. According to the OECD, China is the third largest Hightech importer, after the US and EU.« (Xing 2010, 4)

256 »The share of processing exports in Hightech products rose from 71 % in 1993 to its peak of 93 % in 2003, suggesting that in the ten-year period, China's Hightech exports became more low skilled and labor intensive.« (Xing 2010, if)

Die Tauschrelationen der respektiven Produkte Chinas und der kapitalistischen Metropolen waren ebenso atemberaubend wie das Verhältnis der jeweiligen Lohnhöhen und das Gefälle zwischen den Produktivkraft-Niveaus. Als Aristoteles in der Nikomachischen Ethik dem Wertausdruck der Waren auf den Grund zu gehen versuchte, war sein Beispiel »fünf Liegen sind ein Haus wert«. Nun hätte er sich den Kopf zerbrechen können über »100 Millionen T-Shirts sind einen Airbus wert«.[257] Dabei war in Rechnung zu stellen, dass dieser Gleichung nicht der Wert (einschließlich Mehrwert), sondern nur der an die chinesischen Produzenten gezahlte Preis zugrunde lag, worin zum Ausdruck kam, dass nur Bruchteile des in ihnen vergegenständlichten Mehrwerts in China realisiert wurden, mindestens vier Fünftel dagegen im ›Westen‹ (vgl. Li 2006).[258] Das und nicht die Währungsrelation war es, was China fürs ausländische Kapital so »unwiderstehlich« (Ferguson 2007) machte.

3. Die USA erfahren eine zweite Form der Herr-Knecht-Dialektik

> Aber die Herrschaft zeigte, dass ihr Wesen
> das Verkehrte dessen ist, was sie sein will,
> so wird auch wohl die Knechtschaft [...] zum
> Gegenteile dessen werden, was sie unmittelbar ist.
> HEGEL, *Phänomenologie des Geistes*

Doch das war nicht das letzte, sondern nur das erste Wort dieser Geschichte, die eine atemberaubende Dialektik des Ungleichzeitigen birgt. Die Schwäche, auf die letzten Plätze der Wert(ab)schöpfungskette verbannt zu sein und hinnehmen zu müssen, dass der Löwenanteil des im Lande produzierten Mehrwerts[259] im Ausland

257 In der FAZ war von 20 Mio T-Shirts die Rede; in China nannte man 700 Mio. Wir begnügen uns mit einer Spielzahl, die nur die eine Funktion hat, einen Eindruck von den *terms of trade* zu vermitteln.

258 Ohne den Unterschied zwischen Preis und Wert sowie Wert und Mehrwert zu machen, illustriert Minqi Li (2006, 106) ähnliche Relationen am Beispiel »›sprechender‹ Globen für Kinder«, das ein hoher Wirtschaftsfunktionär 2002 beim »Strategic Forum of Transnational Corporations in China« angeführt hat. »In diesem Beispiel eignen sich die Produzenten und Händler auf dem chinesischen Festland nur 10,5 % des Wertprodukts an.« (Ebd.)

259 Wie immer, wenn unterschiedliche Produktivitätsniveaus kapitalistischer Ökonomien auf dem Weltmarkt aufeinandertreffen, werden die in der jeweiligen

realisiert würde, verwandelte sich aufgrund der schieren Größenverhältnisse schrittweise, aber unaufhaltsam und am Ende sprunghaft in Stärke. Es war, als ob just solch ›ungleicher Tausch‹ dabei sei, Teile der Industriebasis der privilegierten Länder zu zerstören.[260] Noch ganz anders als Heiner Ganßmann 1982 es an Thatcherismus und Reaganomics abgelesen hatte, kam der ungleiche Tausch für die unmittelbar profitierende Seite, die der anderen das Fell über die Ohren zog, im Resultat einer Deindustrialisierungskampagne gleich. Die Kapazitäten einiger Hochlohnländer mit den USA an der Spitze, die benötigten Güter selbst herzustellen, schrumpften. Ihre Ökonomien nahmen zunehmend postindustrielle Züge an. Wie in Hegels Dialektik von Herr und Knecht war der ausgebeutete Knecht China dabei, die produktive Handlungsfähigkeit der Herrschaften, die auf seine Kosten lebten, verkümmern zu lassen, während die eigene zunahm. Während Kapital vieler Länder, zunächst vor allem der USA, im großen Sprung Chinas in den Kapitalismus ein Akkumulationsfeld und zugleich eine Verjüngungskur für seine ermattete Profitrate fand, ging unmerklich geschichtsbildende Kraft auf die ›Knechte‹ über. Ein Indikator waren die als US-Dollarguthaben akkumulierten Leistungsbilanzüberschüsse. Auch wenn zunächst nur wenige Prozent des mit chinesischen Waren in den USA erzielten Umsatzes von chinesischer Seite angeeignet werden konnten, gab die Menge den Ausschlag. Die USA holten sich zwar im Zuge der Dollarabwertung zunächst noch einmal rund 40 Prozent der

Nationalökonomie verankerten Relationsbegriffe zum Problem. Was ungenau als »ungleicher Tausch« bezeichnet zu werden pflegt, ist, soweit nicht kolonialistische oder imperialistische Verhältnisse herrschen, eher als Tausch zwischen Ungleichen zu begreifen. Wert ist immer relativ zum Gesamt der in einem Wirtschaftsgebiet in durchschnittlicher Produktivität verausgabten Arbeit. Auf dem Weltmarkt treffen unterschiedliche Relativitäten aufeinander, und die Relation, die sich zwischen ihnen herstellt, ist durch viele nicht der unmittelbaren Produktion entstammenden Marktmachtfaktoren bedingt. Das Problem der Relation von Relationen spitzt sich zu beim Mehrwert, der sich als Wertprodukt minus Wert der Arbeitskraft darstellt, wobei letzterer wesentlich davon abhängt, unter welchen Bedingungen, und daher mit welchen Gewohnheiten und Lebensansprüchen die Klasse der freien Arbeiter sich gebildet hat« (Marx, 23/185). Das Problem verdient eine eingehende Behandlung, die hier nicht geleistet werden kann. Vgl. den Exkurs in Kap. 12.7.

260 »Ein Lohngefälle von eins zu zwanzig drängt unter marktradikalen Bedingungen mit ungeheurer Wucht zum Ausgleich und saugt die Arbeitsplätze aus den Hochlohnländern ab.« (Haug 2005c, 456)

in Dollar angelegten chinesischen Überschüsse zurück, wie Andre Gunder Frank (2005) bis zuletzt nicht müde wurde zu betonen. Wenn China fortfuhr, trotz des Wertverfalls US-Schatzbriefe zu kaufen, so aufgrund eines der Mysterien, die der Kapitalismus dem gesunden Menschenverstand bietet. Die Regel dieses Spiels schien auch hier zu lauten: Nur wer verliert, gewinnt. Auf den ersten Blick sah es aus wie eine modifizierte Neuauflage der Lage jener kleinasiatischen Städte, die jährlich ihren Geldtribut ans alte Rom entrichten mussten. »Mit diesem Geld kaufte Rom Waren von ihnen und kaufte sie zu teuer. Die Kleinasiaten prellten die Römer, indem sie den Eroberern einen Teil des Tributs wieder abluchsten auf dem Wege des Handels.« (K I, 177) War es nicht auch in Dollargestalt chinesisches Geld, mit dem die USA chinesische Waren kauften? Das marxsche Beispiel vom römischen Imperium geht so weiter: »Aber dennoch blieben die Kleinasiaten die Geprellten. Ihre Waren wurden ihnen nach wie vor mit ihrem eignen Gelde gezahlt.« (Ebd.) China lieh den USA Geld, das dabei an Wert verlor, um die Zahlungsfähigkeit dieses seines Schuldners beim Kauf chinesischer Waren aufrechtzuerhalten. Doch im Unterschied zum römisch-kleinasiatischen Beispiel von Marx funktionierte die chinesisch-amerikanische Symbiose für die chinesische, anfangs so hoffnungslos unterlegene Seite als Akkumulationsregime. Es ging dabei zu wie in Mandevilles *Bienenfabel* von 1714, wo das private Laster luxuriöser Verschwendung den öffentlichen Vorteil der Konjunktur erzeugt. Nur dass es dieses Mal ein ganzes Land war, das reichste und militärisch mächtigste der Erde, das dem Laster des unterproduktiven Konsums frönte.

Solange das ›periphere‹ China seine Währung an die des imperialen Zentrums band, die zugleich als Weltreservewährung fungierte, blieb das Gefälle der wechselseitigen Produktionspreise erhalten. Wie schon in den letzten Lebensjahren von Marx aufgrund der in den 1870er Jahren entfesselten Weltmarktkonkurrenz »chinesische Löhne [...] das ersehnte Ziel des englischen Kapitals« waren (23/627f, Fn. 53), so waren jetzt »chinesische Preise« zum Schreckenswort zumindest in denjenigen Branchen der kapitalistischen Metropolen und sogar einiger Schwellenländer geworden, die bereits mit chinesischer Konkurrenz rechnen mussten, während sie dem Kapital insgesamt halfen, die Löhne niedrig zu halten. Dabei verschlug es wenig, dass jene unwiderstehliche Konkurrenz nicht selten unter der Herrschaft der ›eigenen‹ transnationalen Konzerne wirkte.[261] In manchen Fällen sollen chinesische Preise unter den Rohstoffkosten einer Produktion in den Kapitalzentren gelegen haben, eine Behauptung, die einer agitatorischen Übertreibung der von der chinesischen Billigkonkurrenz in ihrer Existenz bedrohten Branchen entsprungen sein könnte. Doch allein in den Jahren 1998 bis 2003 waren den USA in der industriellen Fertigung 3 Millionen Arbeitsplätze verloren gegangen, davon 2,7 Millionen seit 2000. Der Gesamtkonsum nahm zu, während der Anteil der im eigenen Land produzierten Güter an den konsumierten Gütern zwischen 1997 und 2003 von 89,2 Prozent auf 76,5 Prozent abnahm (Bivens 2004, 4ff).

In den dreißig Jahren ihrer Blüte wurde diese »chimärische Symbiose« (Ferguson) zum Gravitationszentrum der Weltwirtschaft. In dem Maße, in dem sich die ökonomischen Gewichte zwischen ihren ungleichen Partnern verschoben, vergrößerte sich das weltwirtschaftliche Ungleichgewicht. Die Frage war nur mehr, wie und wann sich diese Spannung entladen würde.

4. Rückwirkungen

Nachdem China mit seiner Liefermacht die Welt das Fürchten gelehrt hatte, veränderte es sie mit seiner Einkaufsmacht auf den Energie- und Rohstoffmärkten. Der Lieferant hatte die Herren der Welt mit solchem Eifer bedient, dass die Ressourcenpreise am Weltmarkt gestiegen waren. Beispielhaft machte sich 2004 die Verteuerung auf dem Koksmarkt fühlbar (das Folgende nach Sturbeck 2004). Bislang Exportland des zur Erzverhüttung benötigten Kokses, war China zum Großimporteur geworden, weil sein Stahlverbrauch seit 2000 von 100 auf 140 Millionen Tonnen (bei einem Weltbedarf von 550 Millionen Tonnen) gestiegen war. Die deutsche Stahlindustrie aber hatte, als der Weltmarktpreis für Koks noch unter dem deutschen lag, in langjährigen Konflikten den »Hüttenvertrag« gekippt, der sie zur Abnahme von Koks aus deutscher Produktion verpflichtet hatte, worauf die Kokereien des Landes bis

261 »80 % der chinesischen Hochtechnologieexporte [wurden 2005] von Unternehmen unter Kontrolle ausländischen Kapitals realisiert.« (Delgado Ramos 2006, 52) Höhepunkt war das Jahr 2006 mit 88 %; 2008 waren es noch immer 85,2 % (Xing 2010, 7).

auf eine den Betrieb einstellten. Im Jahre 2000 kostete die Tonne Koks am Weltmarkt noch 70 USD; Anfang 2004 war der Preis auf 450 bis 500 USD gestiegen. Der Riese bewegte sich, und über den Kleinen schlugen die Wellen zusammen.

Mit dem Steigen der Energie- und Rohstoffpreise stieg am anderen Ende der Produktionskette der Preisdruck, der auf Massenprodukten lastete. Bis in die letzten Winkel der Welt erlagen einheimische Industrien der Konkurrenz der chinesischen. Wenn es in Brechts Versfassung des Kommunistischen Manifests heißt: »Es lächeln Agenten / Bomben mit Ballen von leichtem Kattun die chinesischen / Mauern / Lautlos weg.« (GA 15, 140), so lächelten jetzt chinesischer Kattun, chinesische Haushaltsartikel und zunehmend in China gefertigte elektronische Ausrüstungen,[262] aber auch Klaviere[263] mit ihren Preisen[264] angestammte Produktionsstandorte mitsamt den sozialen und ökologischen Eindämmungen des Kapitalismus weg. Da Kapitalprofit sich immer im Vergleich bemisst, wurde die Profitschraube überall auf der Welt angezogen.[265]

4.1 Das südkoreanische Beispiel

Rückwirkungen der chinesischen Entwicklung auf die asiatischen Tigerstaaten haben Martin Hart-Landsberg und Paul Burkett am Beispiel Südkoreas nachgezeichnet: Die südkoreanische Ökonomie musste sich in kürzester Zeit in das durch Chinas Aufstieg

262 Bereits 2003 lag China »z.B. mit einem weltweiten Exportanteil von 26 % bei der Produktion von Computern und Büroelektronik direkt hinter den USA« und vor der EU (22,8 %) und Japan (12,9 %) (Delgado Ramos 2006, 52). – Die European Alliance for Innovation (EAI) gibt, gestützt auf OECD und Eurostat, folgende Zahlen: »By 2006, the global share of China's Hightech exports surged to 16.9 %, followed by the US' 16.8 %, EU-27's 15 % and Japan's 8 %.« (Xing 2010, 2)

263 Unter der einstmals göttinger Klaviermarke »Rittmüller« produzierte die halbstaatliche Firma »Pearl River« in Guangzhou. »100000 Klaviere und Flügel verlassen jedes Jahr das riesige Werk.« Ein Drittel der 2003 in den USA verkauften Klaviere soll chinesisches Fabrikat gewesen sein. Entsprechendes galt für die ganze Palette der Musikinstrumente. »Die Preise [...] sind schlicht konkurrenzlos.« (»Chinesische Unternehmen erobern den Musikmarkt«, FAZ, 2.4.2004, 19)

264 Während die Durchschnittspreise der US-Importe aus Industrieländern von 2000 bis 2010 um 31 % stiegen, gingen die der Importe aus China nicht einmal um ein Zehntel dieses Werts nach oben, nämlich nur um 2,7 % (Campbell 2011).

265 »China's economic expansion accelerates the structural profit squeeze of the capitalist world-economy.« (Wallerstein 2009, 15)

veränderte Kräftefeld des Weltmarkts, das im Umkreis Chinas die Regionalisierung der Produktionsketten[266] zur Folge hatte, neu einfügen. Chinas Entwicklung war ihre Haupttriebkraft geworden, zugleich verdrängte sie Südkorea aus seinen bisherigen Märkten. 2001 war China zum Hauptzielland der transnationalen Kapital-Direktinvestitionen geworden; 2004 ging beinahe die Hälfte der südkoreanischen Auslandsinvestitionen dorthin, und im November desselben Jahres hatte China bereits weit über 30 000 Projekte südkoreanischer Firmen akzeptiert. Ausländische Direktinvestitionen gingen nach einer Phase des »vulture investment«, d.h. des billigen Aufkaufs von im Zuge der ›Asienkrise‹ ins Schleudern geratener südkoreanischer Firmen durch ausländisches Kapital, dramatisch zurück. Die Regierung antwortete mit der Einrichtung von Sonderwirtschaftszonen mit Steuerbefreiung und der Außerkraftsetzung von Arbeits- und Umweltschutzgesetzen. Der Sprecher der US-amerikanischen Handelskammer in Soeul machte aber klar, dass ohne weitere Schwächung der Gewerkschaften und Abbau von Arbeits- und Sozialgesetzgebung die chinesische Konkurrenz mit ihrer wenig geschützten und kaum organisierten Billigarbeit das US-Kapital in die Volksrepublik ziehen würde. Die Industrie-Emigration, die zunächst die Leichtindustrie (Schuhe, Kleidung) erfasst hatte, griff rasch über auf Elektronik-, Telekommunikations- und Metallindustrie sowie auf den Maschinenbau. Die Reduktion der Massenkaufkraft führte zum Einbruch des inneren Marktes. Die Regierung antwortete darauf mit der Propagierung von Kreditkarten durch Steuererleichterungen auf damit getätigte Käufe und die Heraufsetzung der Höchstbeträge bei Bar-Abhebungen. Das gab zwar einen Konsumschub, doch war dieser von einer Verschuldungsexplosion begleitet. Zwischen 1999 und 2001 stieg die Durchschnittsverschuldung der Haushalte von 87 Prozent auf 131 Prozent der verfügbaren Einnahmen. Mit der Überschuldung stieg die Verbrechensrate. Im Frühjahr 2003 begrenzte die Regierung den Kreditkartengebrauch wieder. Der Konsum brach ein, und die Wirtschaft schrumpfte im selben Jahr um 1,4 Prozent und im Folgejahr noch einmal um 0,9 Prozent. Die Exportabhängigkeit des Wirtschaftswachstums stieg angesichts der

266 Das Wachstum des Regionalhandels ist auch an der Verzehnfachung der philippinischen Exporte nach China seit 2001 exemplarisch ablesbar (Camacho 2011).

Stagnation des inneren Marktes 2003 auf über 98 Prozent. Damit wuchs zugleich die Abhängigkeit von den Exporten nach China. Die Abhängigkeit vom instabilen US-Markt ging zwar zurück, doch China fungierte wiederum selbst weitgehend als Ausgangspunkt für Exporte, und bei den südkoreanischen Exporten nach China handelte es sich großenteils um Waren, die zur Produktion anderer Waren gebraucht wurden. Im Endergebnis wurden etwa 40 Prozent der nach China exportierten südkoreanischen Waren von dort re-exportiert in die USA. Landsberg und Burkett, die diese Zahlen erhoben haben, sahen »Südkoreas ökonomische Zukunft [...] zunehmend abhängiger geworden von einer schrumpfenden Bandbreite von Exporten im Rahmen eines China-basierten, aber US-orientierten Exportsystems« (2006, 32). Noch erziele das Land einen Überschuss im Handel mit China, doch seine industrielle Basis werde ausgehöhlt, und seine Konkurrenzfähigkeit mit chinesischen Waren auf Drittmärkten nehme ab. Kurz, der Sog ging dahin, die entwickeltere südkoreanische Ökonomie zu einer Sub-Ökonomie der weit weniger entwickelten chinesischen zu machen. Diese wiederum war jedoch insofern zu großen Teilen eine Sub-Ökonomie der US-Wirtschaft, als die Niederlassungen von deren transnationalen Konzernen den chinesischen Export in die USA dominierten.

Untergeordnete Ökonomien pflegen je nach ökonomischen Kräfteverhältnissen in die transnationalen Produktionsketten eingegliedert zu werden, die an ihrem Ende, das zugleich der herrschende Ausgangspunkt ist, die Vorteile konzentriert. Unter Bedingungen globalisierter Konkurrenz bezahlen den Preis jedoch die Arbeiter *aller* Länder, in diesem Fall die US-amerikanischen oder die europäischen (relativ) nicht viel weniger als die südkoreanischen. In Korea wurden Tausende regulär angestellter Arbeiter entlassen, um dann befristet oder sogar auf Tagesbasis wieder eingestellt zu werden. Im Vergleich zu den Verhältnissen vor der Krise von 1997/98 stieg der Anteil der Irregulären bis 2003 von 42 auf 55 Prozent. Sie erhielten im Schnitt fast nur die Hälfte des Stundenlohns der Regulären. Zudem unterstützte der Staat die Entstehung einer riesigen Reservearmee. ›Selbst-Unternehmer‹ mit ihren unbezahlten Familienmitgliedern bildeten rund ein Drittel der Gesamtarbeitskraft des Landes.

4.2 Rückwirkung auf die Metropolen

Die konkurrierenden Kapitalinteressen werden im Zeichen der Verlagerung der Brennpunkte des Verwertungsprozesses auf den Weltmarkt nur mehr partiell von den Nationalstaaten gebündelt. Quer zu diesen dehnt sich eine Form globaler Herrschaft im Interesse des transnationalen Kapitals aus, die von den Einrichtungen der Weltmarktregulation flankiert ist und als deren bewaffneter Arm zunächst vor allem der US-Militärapparat und die NATO fungierten, bis die Wiederkehr der Piraterie eine breitere internationale Beteiligung ins Feld rief. Dieses transversale Herrschaftsgebiet ist es, was wir als Imperium des transnationalen Kapitals umschrieben haben. Den nationalen Regierungen weist es, wie in Kap. 7 entwickelt, die Aufgabe zu, den Gesetzen des Weltmarkts und den Ansprüchen des Finanzkapitals und der transnationalen Konzerne im Lande Geltung zu verschaffen. Die Imperialmacht entscheidet sich in der Fähigkeit, einen möglichst homogenen Herrschaftsbereich mit einheitlichen Verkehrsverhältnissen, Eigentumsgarantien und Instanzen der Konfliktschlichtung durchzusetzen. Mit ihrer Integration in den Weltmarkt und ihrer Inkorporation ins Weltfreihandelsregime unter US-Hegemonie hatte die chinesische Führung sich dafür entschieden, langfristig als mittragender Teil dieser globalen Ordnungsmacht zu agieren. Bis auf weiteres würde sie sich allenfalls von einem immanenten Standpunkt aus imperialistischen Alleingängen der USA als der ›natürlichen‹ Führungsmacht dieses Imperiums widersetzen und insgesamt auf multizentrischen Anerkennungsverhältnissen bestehen.

Die Metropolen wiederum begannen, sich in dem Maße partiell zu entindustrialisieren, in dem sich ihr Kapital in der chinesischen Industrialisierung und ähnlich aufsteigenden Regionen verwertete und akkumulierte. Kraft ihres Vorsprungs in der wissenschaftlichen Produktivkraftentwicklung wandelten sich dabei ganze Sektoren zu dem, was in der Frühzeit der wissenschaftlich-technischen Revolution »Blaupausen«-Produzenten hieß, in der Sprache des kybernetischen Zeitalters ›Informationsrentiers‹.[267] Indem China auf eine Weise zur Industriegesellschaft wurde, die dazu beitrug, die imperialen Zentren zu ›postindustriellen Gesellschaften‹ zu

267 Zum Begriff der »Informationsrente« vgl. HKWM 6/II, 2004, 1100ff.

machen, waren die Lohnabhängigen der Metropolen im Großen Widerspruch China gefangen. Ihnen winkten zwar chinesische Preise, doch um den Preis zwar nicht chinesischer Löhne, aber doch eines sinkenden Lohnniveaus, wo nicht gar des Arbeitsplatzverlusts. An die Stelle der tariflich und sozialpolitisch abgesicherten Arbeiterklasse, in die das ›sozialdemokratische Zeitalter‹ das Proletariat verwandelt hatte, trat immer mehr das Prekariat, verwandelte Wiederkehr jenes Proletariats, das sich allerdings als solches nicht wusste – zumindest noch nicht – und noch nicht zur assoziierten Handlungsfähigkeit zusammengenommen hatte. Die Folgen spürten auch all diejenigen Kapitalfraktionen, die sich mangels Weltmarktkompetenz binnenwirtschaftlich halten mussten. Gerade noch hatten sie die Löhne ihrer Leute gedrückt, da drückte sie schon die Folgewirkung, die Verwandlung wachsender Bevölkerungsteile »aus Käufern in Nicht-Käufer« (Marx, 23/463) oder genauer: aus konsumistisch gestimmten Kauflustigen in Wenig-Käufer, denen es nur mit knapper Not bis zum Monatsende reichte. Wie in Südkorea brachte diese Rückwirkung auch in den kapitalistischen Zentren den Einbruch innerer Märkte, zunächst der Immobilien- und PKW-Märkte. Bestenfalls herrschte Stagnation. Dies war die andere Seite des Großen Widerspruchs China. Sie erklärte zum Beispiel, wie es möglich war, dass im Lande des Exportweltmeisters Deutschland die Arbeitslosigkeit seit der Krise des Fordismus wuchs und das Land binnenwirtschaftlich zum Kranken Mann Europas wurde, während die Arbeitskosten sanken und die Konkurrenzfähigkeit zu Lasten anderer EU-Länder stieg.

In den USA verdichteten sich diese Widersprüche besonders intensiv. Die Armen kamen an billige Güter, die Reichen an die in steigende Kapitalerträge verwandelte Mehrarbeit der ›Billiglohn‹-Länder. Das Kreditsystem und die Position des ›Weltkonsumenten letzter Instanz‹ taten ein Übriges. Als Mitte 2004 die Konjunktur so gefestigt war, dass die Fed den Leitzins wieder anheben konnte, blieben »die langfristigen Zinsen unten«, und die Immobilienhausse setzte sich fort (Fehr 2008). An die Arbeiterhaushalte drängte der Kredit heran. Mit ihm stand der künftige Lohnabzug ins Haus, denn die Arbeiterklasse, deren qualifiziertere Teile in den USA zu den »Mittelklassen« gerechnet werden, schuldete dem Kapital in der Folge immer schon erst noch zu leistende Arbeit. Sie aß ihre Zukunft auf. Aber noch aß sie, auch wenn sie sich zunehmend ›arm arbeitete‹.[268] Die Empörung der durch die Globalisierung in Lohn und sozialen Errungenschaften herabgestuften Arbeiterklasse verlor durch diese »gespaltene Situation« (Arrighi 2006) an Rückhalt.[269] In China konzentrierte sich derweil ein riesiger Sektor taylorisierter Montagearbeit in dem Maße, in dem diese in den entwickelten kapitalistischen Ländern und selbst einigen Schwellenländern schwand. Die Konkurrenz von billiger Arbeitskraft mit relativ teureren arbeitssparenden Maschinen verlangsamte nun aber den technischen Fortschritt. Andererseits war die wissenschaftlich-technische Aufholjagd in China angelaufen, nicht zuletzt dank eines – wenn auch bescheidenen (siehe Xing 2010, 8ff) – Technologietransfers in Gemeinschaftsunternehmen, vor allem aber zunehmend forciert durch enorme staatliche Investitionen in Natur- und Technowissenschaften sowie Ingenieursausbildung. Im Gegenzug würden die kapitalistischen Metropolen und die in ihnen ansässigen transnationalen Konzerne sich zu immer neuen Anstrengungen gezwungen sehen, um ihren ständig schwindenden technologischen Vorsprung ebenso ständig zu erneuern und ihre ›Informationsrenten‹ nicht zu verspielen. Zugleich blockierte das Überangebot billiger Arbeitskraft die klassische Innovationsrichtung der Steigerung der Produktivkraft der Arbeit durch weiterentwickelte Maschinerie. Dieser Widerspruch zwischen Erzwingung bei gleichzeitiger Blockierung der Produktivkraftentwicklung suchte seine Bewegungsform in deren qualitativer Richtungsänderung hin zu mehr Erschließung weiterer Naturkräfte und qualitativ neuer Güter bei gleichzeitiger Befestigung der Institution der ›intellektuellen Eigentumsrechte‹. Nicht umsonst ging etwa der Kurs von Apple mitten im Börsenkrach vom August 2011 nach oben und erreichte einen Bör-

268 Ende 2011 kam eine »Studie der dem Handelsministerium angegliederten Statistikbehörde U.S. Census Bureau zu dem Schluß, daß nicht weniger als 48 % der US-Amerikaner – insgesamt fast 150 Millionen Menschen – mittlerweile als arm gelten können, weil sie mit ihren Gehältern unter die offizielle Armutsgrenze gerutscht sind oder zu der nur knapp darüber liegenden Schicht mit ›geringen Einkommen‹ gehören. 57 % der Kinder in den USA leben in dieser Klasse. Das Durchschnittseinkommen aller Familien ist seit 2007 inflationsbereinigt um 6,7 % gesunken.« (Scheer 2011)

269 »Von den Chinesen verlangen, dass sie weiterhin billige Güter produzieren, um unsere Bedürfnisse zu befriedigen, und sie dann zu beschuldigen, den Wechselkurs zu manipulieren, um uns die Arbeitsplätze zu rauben, ist Demagogie.« (Ruiz 2005)

senwert[270], der aufgrund der dramatisch gefallenen Bankenwerte den der 34 größten europäischen Geschäftsbanken zusammen übertraf und Apple momentan zum Unternehmen mit der höchsten Börsenkapitalisierung der Welt machte, bis wieder Exxon Mobile an die Spitze kam. Verschärftes wissenschaftlich-technisches ›Wettrüsten‹, Waffentechnik eingeschlossen, schickte sich an, in den »reifen« Kapitalismen mehr und mehr die Szene zu beherrschen.

Die Bedeutung der intellektuellen Eigentumsrechte zeigt sich im IKT-Sektor besonders schlagend. Das Konzernvermögen besteht zu großen Teilen aus Patenten. Google, von Patentschutzklagen wegen der anscheinend in kürzester Zeit aus dem Boden gestampften Android-Software belagert, kaufte – noch immer in derselben Börsen- und Bankenkrise vom Spätsommer 2011 – Motorola Mobile für 12,5 Milliarden USD,[271] nachdem ein von Apple und Microsoft geführtes Konsortium über 6000 Patente von der 2009 untergegangenen kanadischen Fa. Nortel Network gekauft hatte, worauf Google von IBM 1000 Patente erwarb. Hier wurde ein »Krieg der Patente« geführt (EP, 21.8.2011, Negocios, 3). Wenn Google für Motorola Mobile 63 Prozent über dem Börsenkurs zahlte, so bildete dieses ›Zuviel‹ die stillen Reserven ab, die der Patenteschatz offenbar darstellte. Dessen Anwendungen wirkten nicht nur als Mittel unternehmerischer Produktivkraftsteigerung, sondern auch als Erschließungsmittel neuer Handlungsräume und Bequemlichkeiten fürs Alltagsleben, wobei der Massenmarkt sich diesen konsumtiven Verwendungen verdankte.

Spätestens darin, dass US-Konzerngruppen sich solche Schlachten lieferten, zeigte sich, dass die USA mehr waren als ein Riesen-Wal-Mart plus Armee und Dollardruckereien. Zumindest im IKT-Sektor waren sie noch immer die technologisch-ökonomische Führungsmacht. Andererseits deutete Googles Delegation der

270 Im April 2011 hatte Nokia etwa den gleichen Umsatz wie Apple; doch Apple erzielte den zehnfachen Gewinn. Das drückte sich in der Börsenkapitalisierung aus. Apples Erfolg verdankte sich seinem von Unterhaltung über Kommunikation bis hin zu Organisationszwecken nutzbaren Vielzweckgerät, dessen Design den ästhetisch-funktionalen Abstand schaffte, auf den es die vergleichbaren Produkte seiner Konkurrenten hielt.

271 Motorola besitzt die größte Zahl von Patenten, die für die Mobiltelefonie relevant sind, nämlich ca. 17000.

Hardwareproduktion an andere Firmen[272] oder die sich abzeichnende Abwendung von Hewlett & Packard vom PC-Markt bei Hinwendung zum Softwaregeschäft auf die weitere Verschiebung in den Profit- und Machtverhältnissen hin. Würde es auf die Herrschaft der Programmproduzenten hinauslaufen? Und sollten damit wirklich, wie auf dem Höhepunkt der Dot.com-Spekulation an der Jahrhundertschwelle von der FAZ verkündet, die Hersteller der stofflichen Produkte das Nachsehen haben?[273] Nur dass es in diesem Fall eine Produktionshierarchie innerhalb des »reifen« Kapitalismus der USA bedeutete, statt die stoffliche Herstellung nach China zu verlagern und nur den Informationsrentenbezug im eigenen Land zu halten. Noch 2010 war China weit davon entfernt, im Kernbereich der Hochtechnologie zum Konkurrenten auf dem Weltmarkt aufzusteigen.[274]

4.3 Rückwirkungen auf China

> Der Warenaustausch beginnt, wo die Gemeinwesen enden
> Karl Marx (K I, 102)

Vermutlich konnte nur ein Land, das die maoistische Revolutionsschule mit ihren in die äußerste Konsequenz durchexerzierten Entwicklungspolitiken durchlaufen und das Scheitern dieser Versuche erfahren hatte, eine solche Verwandlung ins extreme Gegenteil bewerkstelligen, und das in historisch kürzester Zeit. Die statistisch ausgewiesenen Erfolge sind schlagend, selbst wenn man nicht den Ausgangspunkt der Weltmarktöffnung von 1978, sondern nur die Veränderungen im ersten Jahrzehnt des 21. Jahrhunderts nimmt: »Dank der chimerikanischen Symbiose war China in der Lage, sein Brutto-Inlandsprodukt von 2000 bis 2008 zu vervierfachen, die Exporte um den Faktor fünf nach oben zu schrauben und zig

272 Motorola produziert Geräte, die mit Googles Software Android funktionieren.

273 Der Vorstandsvorsitzende von Bosch bestätigt zumindest einen tendenziellen Bedeutungsverlust körperlicher im Vergleich zu informatischer Produktion: »Die Bedeutung von Maschinen und Geräten werde in den Hintergrund rücken« (FTD, 27.9.2011, 7). Freilich gilt dies nur für hochentwickelte kapitalistische Länder, in deren bisherige Akkumulationsfelder ›jüngere‹ Kapitalismen eindringen.

274 »The small share of indigenous local firms in Hightech exports implies that the firms are far from being a real competitor to multinational firms in industrialized countries.« (Xing 2010, 8)

Millionen industrielle Arbeitsplätze für die Landarmut zu schaffen.« (Ferguson/Schularick 2009) Allerdings saugte China nicht nur den Ökonomien mit hohem Lohnniveau die Arbeitsplätze in der stofflichen Fertigung weg, sondern aufgrund des Rückbaus defizitärer Staatsbetriebe auch eigene. Zwischen 1995 und 2002 büßte China aufgrund der Schließung oder Rationalisierung konkurrenzunfähiger Staatsbetriebe mehr Arbeitsplätze in der industriellen Fertigung ein als die USA, nämlich 15 Millionen, ein Rückgang um 15 Prozent (Hart-Landsberg/Burkett 2006, 38f). Dies geschah sogar oft in den gleichen Industrien wie in den Metropolen, so in der Textilindustrie, wo China ganze 1,8 Millionen Arbeitsplätze einbüßte, während die Vereinigten Staaten nur einen Bruchteil verloren, nämlich 220 000 (ebd.), wobei allerdings, wie bei allen Produktionsverlagerungen aus Metropolen in neu auftauchende Kapitalismen immer auch ein Stück Sozialstaat, gewerkschaftliche Arbeiterbewegung einbegriffen, abgebaut wurde.[275]

Wachstumsraten des Brutto-Inlandsprodukts von über 10 Prozent fast Jahr um Jahr sind vom Standpunkt der ›reifen‹ Kapitalismen

275 Ignasi Carreras, Generaldirektor von »Intermon Oxfam«, beschrieb 2004, gestützt auf drei neueste Untersuchungen, einige Erscheinungsformen und Folgen solcher Verlagerung zwecks lohnsparender Reorganisation der transnationalen Produktionsketten. Die andere Seite der Medaille des Arbeitsplätzetransfers zeigt sich in Empfängerländern der Arbeitsplätze wie Marokko, Thailand, Bulgarien, China und Honduras, wo die elementarsten Rechte der Arbeitenden systematisch verschlechtert werden. Für Millionen von Arbeitenden, in der Mehrzahl Frauen, bedeutet dies u.a. »Minimallöhne, obligatorische unbezahlte Überstunden, Gewerkschaftsverbot, Drohung mit Entlassung, wenn jemand während der Arbeit auf Toilette zu gehen verlangt, ungesunde Arbeitsbedingungen und Fehlen jeder Lohnfortzahlung bei Mutterschaft oder Krankheit«. Die »direkte Ursache der Hölle am Ende der weitgespannten Produktionsketten ist das allgemeine Geschäftsmodell des ›Flexibelsten, Schnellsten, Billigsten‹ der großen Modefirmen, der Großkaufhäuser, der Hersteller von Sportkleidung oder der Supermärkte. Es besteht eine direkte Relation zwischen der 30-prozentigen Reduktion der Liefertermine bei den Textilfabriken der Welt in den letzten 30 Jahren und den 150 monatlichen Überstunden der Konfektionsarbeiterinnen in der chinesischen Provinz Guandong, oder zwischen der Hose, die eine Fabrik in Tanger an die großen spanischen Modefirmen für zwei Euro das Stück verkauft, statt für 3,30, wie noch vor drei Jahren, und den bis zu sechzehnstündigen Arbeitstagen der marokkanischen Arbeiterinnen dieser Branche.« Der ganze Druck geht am Ende auf die Frauen als dem schwächsten Glied der Kette. Ein Arbeitsplatz kommt unter diesen Umständen einer Verurteilung zu unabänderlicher Armut gleich. Wie schon lange in den USA schlägt das globale Verteilungsmuster ins Innere der bisherigen »Sozialstaaten« zurück.

Westeuropas, Japans und der USA schier unvorstellbar. Schwindelerregend für den gesunden Menschenverstand war die Vorstellung, dass Chinas Devisenreserven 2006 stündlich um 30 Millionen Dollar zunahmen und im November desselben Jahres die Billionengrenze überschritten. Doch was da wuchs, war bei Lichte besehen – zumindest in der Phase einer primären Akkumulation – weniger der Reichtum einer Gesellschaft als eine »Fabrik der Welt«. Mehr noch, diese schuf wesentlich fremden Reichtum. Die Exporte waren zu großen Teilen das Werk und der Vorteil transnationaler Konzerne des Auslands, allen voran der USA.

Das sich anhäufende US-Dollarvermögen des Landes schien hauptsächlich der Finanzierung der US-Importe aus China und damit immerhin indirekt der Weiterführung der chinesischen Überproduktion zu dienen. Den Geldcharakter des chinesischen Handelsüberschusses beschränkten die politisch Mächtigen der USA, indem sie ein ums andere Mal Investitionsvorhaben blockierten.[276] Sie hätten den Dollars in chinesischem Besitz am liebsten nur die Verwandlung in fiktives Kapital, nicht aber in Realkapital zugestanden. China sollte niedrigverzinsliche US-Staatspapiere erstehen und den staatlichen und privaten US-Überkonsum finanzieren,[277] nicht jedoch US-Unternehmen kaufen. 2005 wurde etwa die Absicht der chinesischen Erdölgesellschaft CNOOC, für 18,5 Milliarden USD die Aktienmehrheit der US-Firma Unocal zu kaufen, von Senatoren beider US-Parteien als »Anschlag auf die Sicherheit der USA« vereitelt. Während es hier um die strategische Ressource Energie, in andern Fällen um den Zugang zu technologischer Kompetenz und Patentrechten ging, konnte die chinesische Firma Legends Ende 2004 wenigstens eine »strategische Allianz« mit dem IBM-Konzern eingehen und unter dem Namen Lenovo dessen zunehmend weniger konkurrenzfähige PC-Sparte übernehmen.

Paul Krugman (2005) sah in den chinesischen Devisenreserven einen völlig nutzlosen Dollarberg. Dieser Geldreichtum wäre besser genutzt, würde er das Lebensniveau der chinesischen Gesellschaft erhöhen. Zhang Jun (2005) wies darauf hin, dass die enormen

276 Die USA hatten »ihren Markt abgeschottet, damit China nicht zu mächtig wird« (Sieren 2011).

277 »Goods imported from China accounted for about a third of that overconsumption.« (Ferguson/Schularick 2009)

Handelsüberschüsse »die Strukturprobleme der nationalen Wirtschaftssektoren und der ärmsten Regionen Chinas« maskierten. Der Exportsektor war vom Rest der chinesischen Ökonomie noch immer weitgehend abgekoppelt. Es sei daher eine Illusion, meinte Zhang, den Yuan für unterbewertet zu halten, während Krugman sich von dessen Aufwertung den Beginn der Abkoppelung vom Dollar und damit die Einleitung eines Prozesses versprach, der die Weltwirtschaft vom Kopf auf die Füße stellen werde. »Alles dreht sich um die Richtung, in der das Kapital fließt.« (2005) Bis zur Weltfinanzkrise von 1997-98, der sogenannten Asienkrise, folgten die Kapitalflüsse dem traditionellen Muster, indem sie von den entwickelteren zu den davon »absolut abhängigen«[278] weniger entwickelten, aber aufsteigenden Ökonomien, kurz, von Reich nach Arm wanderten, von wo ihnen allerdings die Tribute in Gestalt der Schuldzinsen und transferierten Gewinne entgegenflossen. Dann hatte sich die Flussrichtung in den Gegensinn verkehrt. Nun floss das Kapital »von den neuen Märkten, v.a. China, in die USA«. Bezogen auf die Werte von 2004 und umgerechnet auf die Proportionen der US-Ökonomie war das, als hätten die USA 2004 für eine Billion Dollar niedrigverzinsliche japanische Staatsanleihen gekauft, und 2005 für anderthalb Billionen. Krugman mutmaßte, die chinesische Regierung sei eher zufällig in diese Politik hineingeraten beim Versuch, die Krise von 1997/98 zu vermeiden, und habe dann, weil die Ökonomie gut lief, eben daran festgehalten. Aber es scheint, dass er Geld und Kapital oder auch fiktives und Realkapital verwechselte. Wenn nämlich von China Geld in die USA floss und dort Schulden kaufte, so investierten die transnational operativen US-Konzerne derweil in chinesische Produktionsstätten, Arbeitskräfte usw., verwandelten Geldkapital dort also in fungierendes Real- und Humankapital, das Mehrwert bildete und dem Land zugleich entzog. Später sprach Krugman dann von der Dollar-Falle, in die China sich hineinmanövriert habe und aus der es kein Entkommen gebe, ohne die Voraussetzung und den Ertrag des chinesischen Erfolgs zu zerstören. Würde nicht eine Flucht aus dem Dollar mit dem Einbruch der US-Nachfrage eine Weltwirtschaftskrise hervorrufen? Die chinesische Wirtschaft würde

278 Fraglos erschien bis dahin »the absolute dependency of nation-states outside the First World core on foreign capital, in the form of loans, supports and investments« (Jameson 2000, 55).

in eine zunächst ausweglose Krise gestürzt. Mit der politischen Stabilität wäre es vorbei. Bereits die vorsichtige Yuan-Aufwertung von 2005 musste nicht als Abkoppelung vom Dollar und erst recht nicht als erster Schritt zur »Sperrung der Kreditkarte« für die USA aufgefasst werden. Zhang Jun zufolge hat China damit nicht nur den USA ein eher symbolisches Entgegenkommen gezeigt, sondern auch etwas gegen die Inflation getan, da die Aufwertung des Yuan Chinas Rohstoff- und Erdölimporte verbilligte.

Was nun die Rückwirkung auf die Verhältnisse in China betraf, so schien die praktizierte Politik in vielem das programmatische Ziel, den Kapitalismus für die Modernisierung einzuspannen und dabei eine Art sozialdemokratisches Modell anzustreben, zu dementieren. In der unmittelbaren Praxis modernisierte sich China zunächst weder sozial noch demokratisch, sondern auf dem Wege eines wilden Kapitalismus unter dem rigiden Panzer der Staatsgewalt. Partei- und Staatsmacht waren aufgrund des Mangels an rechtsstaatlicher Eingrenzung und öffentlicher Kontrolle durch unabhängige Medien ihrerseits der Korruption ausgesetzt. Der Grund ist leicht einzusehen. Gerade der direkte, durch keine unabhängigen Zwischeninstanzen vermittelte oder kontrollierte Durchgriff der Staatsmacht auf die Gesellschaft war es, auf dessen Bahn die potenteren Akteure unter Ausschluss der Öffentlichkeit in umgekehrter Richtung zu wirken vermochten. Insgesamt musste die absolute Staatsmacht mit dem entfesselten Geld um die Position des *nervus rerum* (K I, 145), des großen Verknüpfers von Menschen und Dingen konkurrieren, und in der Masse blieb das Geld mächtiger, während die Politik sich damit begnügte, einzelne Exempel zu statuieren. Der staatliche Absolutismus konnte vor Ort jederzeit umschlagen in den Relativismus des in der DDR einst »Vitamin B« genannten, mit monetären oder anderen Zuwendungen unterhaltenen Beziehungswesens. Wie eh und je zersetzte das Geld die Elemente des Gemeinwesens. Mit dem Geld griff das Unrecht Platz. Was dem Geld im Wege stand, beseitigte es teils mit dem Magnetismus des Verlangens nach dem »gesellschaftlichen Unterpfand« (ebd.), teils mit dessen Umsetzung in gekaufte Gewalt, sei es private, sei es staatliche. Indem die Kommunistische Partei dagegen ankämpfte, kämpfte sie zugleich gegen sich selbst. Zeitweilig sah es so aus, als hätte sie sich in einen kollektiven Bürgerkönig verwandelt, dessen »Bereichert euch!« allgegenwärtig über der Szene schwebte. An Loyalität und Pflichtbewusstheit gegenüber Programm und Gesetz, diesen Daseinsbedingungen von Partei und Staat, zehrte so die Korrosion, und die private Variante der Privatisierungspolitik, nämlich sich selbst zu bedienen, droht zur Devise zu werden, wo einst »dem Volke dienen« galt. Die Regierung versuchte dem gegenzusteuern und zugleich die Wendung hin zu einer sozial gerechteren und die Umweltzerstörung eindämmenden Politik zu vollziehen. Die Gesetzgebung eilte den Zerstörungen hinterher und den Verhältnissen voraus.

Nicht nur die Schere zwischen Arm und Reich öffnete sich, auch die Einkommensunterschiede zwischen Regionen und Wirtschaftszweigen explodierten. 2007 war das Durchschnittseinkommen in der Rüstungsindustrie, dem Sektor mit den höchsten Löhnen, knapp fünfzehnmal so hoch wie das der Landwirtschaft (vgl. Liu 2010). Ausgehend von den Weltbank-Klassifikationen hat Hu Angang daher die Formel »Ein China – vier Welten« geprägt (2010). Auf eine Erste Welt mit Peking und Shanghai oder 2,2 Prozent der Gesamtbevölkerung folgt eine Zweite Welt im oberen Segment der mittleren Einkommen, das einige der Küstengebiete und ein Fünftel der Bevölkerung umfasst. Hier spricht man über die Bevölkerungen des Inlands oft mit denselben Stereotypen, mit denen die Gesellschaften der ›Ersten‹ Welt über die der ›Dritten‹ gesprochen haben, wie Edward Friedman beobachtet hat (Dirlik 2006, 115). Die Dritte Welt in Shandong, dem Nordosten und Teilen Nordchinas im unteren Segment der mittleren Einkommen umfasst ein Viertel der Bevölkerung. Die Vierte Welt aber hat weniger als das Durchschnittseinkommen der am wenigsten entwickelten Erdzonen; sie umfasst die verarmten Zonen von Zentral- und Westchina, einige Gebiete ethnischer Minderheiten, einige ländliche Gebiete und Randgebiete. Diese absolute Armutszone umfasst rund die Hälfte der Bevölkerung des riesigen Landes.

Wenn in den Armutszonen die Geschichte sich als Arbeitsmigration bemerkbar machte und ansonsten noch immer stillzustehen schien, brodelte sie in den aus dem Boden schießenden Großstädten und den Industriezonen desto gewaltiger. Hier schlug die Universalisierung der Konkurrenz, die der Neoliberalismus entfesselt und die Chinas Eintritt in den Weltmarkt verschärft hatte, ins Innere der Gesellschaft zurück. Als flüchteten die Menschen noch immer vor der ehemaligen Kollektivität, stürzten die in den Aufstiegssog Gerissenen sich in die Privatisierung aller Beziehungen. Als Folge der sozialen Atomisierung legte sich der Nationalismus auf die Lauer als dumpfe, gegen Fremde stiftende Ersatzgemeinschaft der voneinander Isolierten.

Die Privatkonkurrenz pflanzte sich selbst auf die uralten Auslesetraditionen dieses Landes, das die Schriftgelehrten dem Militäradel übergeordnet hatte. Durch Staatsprüfungen in der Form des Wettbewerbs der Anwärter waren die Besten für die Besetzung der Ämter ermittelt worden. Dass dasselbe Wort »Wettbewerb« so auseinanderliegende Praxen wie ein Aufnahmeverfahren und die Konkurrenz der Warenanbieter bezeichnen kann, liegt an der formalen Analogie, die dem Inhalt an sich fremd ist. Sie bezeichnet das Einfallstor, durch das Privatisierung und Marktkonkurrenz das Bildungswesen als Medium des Kampfes ums soziale Mehrsein eroberten, als gelte es, Althussers These von der Schule als dem dominierenden ideologischen Staatsapparat neoliberal umzusetzen. Die Schulen konkurrierten mit materiellen Privilegien um besonders erfolgreiche Subjekte, sowohl auf der Ebene der Schüler wie auf der Ebene der Lehrer, um ihr Prestige auf eine Weise zu heben, die reiche Eltern dazu bewegen würde, ihre Kinder auf diese Schule zu schicken. Sie warben für sich mit dem durch demonstrative Erfolge beglaubigten Versprechen, eine Leistungs- und Erfolgselite heranzuzüchten. Was dies für Eltern und Kinder der neuen Mittelschichten bedeutete, hat Wolfgang Haible geschildert: »Je erbitterter die Konkurrenz freilich geführt wird, desto mehr wird klar, was das ›Jeder kann es schaffen, wenn er und sie nur fleißig lernt‹, bedeutet: eine Form der Reproduktion der Herrschaft einer Klasse. Dass die in den Genuss spezieller Förderung kommenden Kinder keine Kindheit mehr haben, scheint die Eltern wenig zu stören. Es entsteht eine Gesellschaft des Jeder-gegen-Jeden, deren einzige ›Wärmestube‹ der Familienverband ist, der seinerseits in Gefahr steht, sich in ein Trainingscamp zu verwandeln.« (2006, 229f)

Wie überall traf die Umwälzung auch in China die Geschlechter ungleich. Im Zuge des Vordringens kapitalistischer Produktionsverhältnisse traten alte Gewohnheiten der Frauenunterdrückung wieder hervor, und neue sexistische Formen der Degradation des weiblichen Körpers entwickelten sich. Doch die Entwicklung war widersprüchlich: Durchaus auch als Emanzipation, doch zugleich durchkreuzt von Überausbeutung, geschah es, dass Millionen junger Frauen vom Land in Lohnarbeitsverhältnisse kamen, zwar im

»Ausschweißungssystem« (Marx, K I, 577) der Maquiladoras, aber doch auf eigene Füße gestellt und eigenes Geld verdienend. Wenn das Kapital im Allgemeinen sich immer nur als radikaler »Leveller«-nach-unten verhält, der, wie Marx sagt, »in allen Produktionssphären Gleichheit der Exploitationsbedingungen der Arbeit als sein angebornes Menschenrecht verlangt« (K I, 419), so hier, indem es Löhne und Arbeitsbedingungen dem jeweils niedrigsten Niveau anglich. Durch sexuierten Sortiermechanismus nach Arbeitsarten schuf es zunächst neue Ungleichheit nach westlichem Muster. Insgesamt verdienten Frauen weniger, trugen größere Verantwortung für Reproduktionsarbeit (Wichterich 2006), waren ungleich betroffen bei Umsiedlungsprojekten (Gransow 2006) und drohten so zu den großen Verliererinnen der kapitalistischen Modernisierung zu werden. Eine Politik, welche die zuvor über Jahrzehnte praktizierte Gleichstellung nicht blind aufgeben wollte, dürfte die konfuzianischen Grundlagen (Ahnenkult, vgl. Gransow 2006, Hong 2006, Wichterich 2006, Dieckmann 2012) der traditionellen chinesischen Gesellschaft auf keinen Fall rehabilitieren, ohne die Dimension der Geschlechtergerechtigkeit in sie einzuschreiben. Die Frauenbewegung aber, die sich als Antwort entwickelte, geriet zum Teil in den ideologischen Bannkreis westlicher Feminismen, deren Selektion die Ford Foundation durch gezielte Subventionen beeinflusste (Spakowski 2006). Die Veränderungen im Leben der vom Land in die Stadt ausgewanderten Frauen dürften von nachhaltiger Wirkung auf die gesamte Gesellschaft sein. Diese Frauen erfahren die »Befreiung« von überkommenen »Verpflichtungen«: Sie »suchen sich mit größerer Wahrscheinlichkeit ihren Ehemann selbst aus, heiraten später, wollen weniger Kinder, gebären in einem Krankenhaus« – und nicht, wie es die Tradition verlangt, in der Wohnung der Schwiegereltern, womit der Anspruch der Familie des Mannes auf den Nachwuchs symbolisiert war –, »wollen Gleichberechtigung in der Ehe und halten die Scheidung für eine akzeptable Möglichkeit« (Chang 2010, 224).

Die absoluten Arbeitslöhne Chinas stiegen in der chimerikanischen Epoche, doch der gesellschaftliche Reichtum stieg bedeutend schneller. Im Effekt sank die Lohnquote – nicht anders als in den dreißig Jahren neoliberaler Herrschaft in den westlichen Metropolen. In China verlief dieser Prozess allerdings, wenn man Liu Yimeng glauben darf, mit der Besonderheit, dass seit 2000 die Einkommen im öffentlichen Dienst schneller stiegen als im Privatsektor.[279] Der Anteil des Nationaleinkommens, der den Privathaushalten zufiel, sank von 56,5 Prozent im Jahre 1983 auf 39,74 Prozent im Jahre 2007 (Liu 2010).[280] Staat und Kapital teilten sich in den Löwenanteil des Zuwachses an gesellschaftlichem Reichtum.

Den Lohnarbeitenden aber, obgleich 2009 schwer geschlagen durch die Große Krise, kam, wo immer sie knapp wurden, die Konkurrenz der Unternehmen zugute. In den Regionen, wo die Weltmarktproduktion auf Hochtouren lief, begannen die Löhne zu steigen. Vor allem entwickelte sich das Selbstbewusstsein der jungen Arbeiterklasse und machte sich in Kämpfen um Lohn, Arbeitsbedingungen und Arbeitszeit geltend, angekündigt und verstärkt durch sich häufende Akte demonstrativer Selbstverstümmelung und -tötung. Kampferfolge wie die der Streikwelle junger Arbeiter im Frühjahr 2010 im Honda-Werk von Foshan (Guangdong) sprachen zunehmend gegen die unter westlichen Linken anzutreffende »Gewohnheit, die chinesische Arbeiterklasse mehr als Opfer der Reform denn als Akteur der Veränderung« abzubilden (Pringle 2001). Das Billiglohnland wurde zum Schauplatz von Lohnerhöhungen.

5. *Chimerika in der Krise*

> Now we may be witnessing the death throes of the monster.
> NIALL FERGUSON & MORITZ SCHULARICK (2009)

Als im Moment der Großen Krise der Welthandel einbrach und mit ihm der chinesische Export in die USA, waren »die Grundannahmen des ›Chimerika‹-Modells in Frage gestellt« (Wolf 2009). Zehntausende chinesischer Fabriken mussten schließen,[281] Millionen

279 »Since 2000, the real wages of the public sector has been higher than the non-public sectors, with the gradually enlarged discrepancy of 12.07 %, 21.78 %, and 34.71 % respectively in 2000, 2004 and 2006.« (Liu 2010)

280 »From the perspective of final national income distribution to the three entities of households, enterprises and the government, we also find that the households income proportion declined more than 10 % since 1996, with the proportions of enterprises and the government increasing accordingly.« (Liu 2010)

281 »In Guangdong« – aus dieser Provinz kommen ca. 30 % der Exporte – »mussten bereits im ersten Halbjahr dieses Jahres nach Angaben der chinesischen Nachrichtenagentur Xinhua 67000 Fabriken die Werkstore schließen – darunter alleine 3632 Spielzeugfabriken.« (Berger 2008)

Arbeiterinnen und Arbeiter fanden sich auf der Straße wieder und strebten zurück in ihre Heimatdörfer. Minxin Pei, Leiter des Chinaprogramms der Carnegie-Stiftung, erwartete in jenem düsteren Krisenwinter Ende 2008, dass die Hälfte der schätzungsweise 40 Millionen Bauern, die in der Exportindustrie beschäftigt waren, ihren Arbeitsplatz verlieren würde oder bereits verloren hatte.[282] Wenn diese Arbeitslosen in die Dörfer zurückkehrten, würden auf dem Land Unruheherde entstehen, während Millionen von Hochschulabsolventen – 2005 waren es 3,8 und für 2009 wurden laut *China Daily* (27.6.2008) 6,1 Millionen erwartet – in den Städten ein Potenzial der Unzufriedenheit bilden würden, sofern Staat und Wirtschaft sie nicht mehr absorbieren könnten.[283] Mit schwindendem Wachstum würde die Gongchandang, die Kommunistische Partei Chinas (KPCh), an Zustimmung verlieren; wenn es keine Geschenke mehr zu verteilen gäbe und die Suche nach Schuldigen anhöbe, würde die Führungselite sich spalten. Statt »pharaonischer Paläste« müsse China daher einen Sozialstaat aufbauen und unter anderem erreichen, dass die Reichen Steuern zahlten.

In der Tat setzte die Regierung alles daran, die Nachfragelücke durch Staatsaufträge wenn nicht zu schließen, so doch entschieden zu verringern, und brachte ein gewaltiges Programm der Infrastrukturentwicklung auf den Weg. »Zugleich wurden die Leitzinsen gesenkt, Kreditgarantien für Kleinbetriebe gegeben, verbilligte Kredite für den Wohnungsbau angeboten, Exporte durch Erhöhung der Umsatzsteuerrückerstattung angekurbelt, (im Interesse der Bauern) die staatlichen Ankaufspreise für Getreide erhöht und massive Programme zum Aufbau einer ländlichen Sozialversicherung, zum Ausbau der Infrastruktur und des Bildungswesens beschlossen. Überdies nutzte China die Krise für eine Neustrukturierung seiner Wirtschaft: von der ›Werkbank der Welt‹ hin zu Hochtechnologie

282 Die Zahlenangaben variieren. Einem Bericht der Chinesischen Akademie für Sozialwissenschaften zufolge waren bisher vier Mio Wanderarbeiter gezwungen, in ihre Heimat auf dem Lande zurückzukehren; ferner nahm man an, dass bis Ende 2008 anderthalb Mio Hochschulabsolventen mit großer Wahrscheinlichkeit keine Stellen finden würden, ein Problem, das sich 2009 zu verschärfen drohte (<German.china.org.cn>, 23.12.2008).

283 »Die chinesische Staatsführung weiß, dass das Land mindestens 8 % Wachstum benötigt, um jährlich 20 Millionen Schulabgänger und Universitätsabsolventen in Lohn und Brot zu bringen« (Berger 2008).

und nachhaltigem Wachstum. Binnenmarkt und -nachfrage wurden angekurbelt«, und mit enormer Anstrengung wurde versucht, den über 20 Millionen arbeitslos Gewordenen in ihrer Heimatregion entweder neue Arbeit zu verschaffen oder sie in Fortbildungsprogramme zu integrieren (Heberer 2012). Was in den USA, politisch vielfach durchkreuzt und verwässert und von der Bankenrettung auf den zweiten Platz verwiesen, nicht funktionierte, hier in China brachte der ›keynesianische‹ Staatseingriff den gewünschten Erfolg. Er funktionierte nicht nur aufgrund der Devisenreserven und eines Infrastrukturbedarfs, der Investitionen in diesen Bereich gesamtwirtschaftlich produktiv machte (Harvey 2009), sondern auch dank der »zentralisierten staatsfinanziellen Architektur« (Myerson/Roberto 2009, 59). Hier kam das Paradox zum Tragen, dass eine Kommunistische Partei die kapitalistische Entwicklung des Landes leitete. In der Krise zeigte ihre staatsbetonte und bei allen Schrecken der primären Akkumulation im Ganzen letztlich doch sozialorientierte Betriebsweise des Kapitalismus sich der markt- und privatorientierten westlichen Betriebsweise überlegen, wie Karl Georg Zinn schon 2008 vermutet hatte.[284] Zumindest aus dieser ersten Schockphase der Weltwirtschaftskrise ging China gestärkt hervor. Das zeigen die ökonomischen Daten: Im Krisenjahr 2009 schrumpfte die Wirtschaft der Vereinigten Staaten um 2,5 Prozent, die deutsche um 5 Prozent, während die chinesische um 8,7 Prozent wuchs. Bereits im Folgejahr wurde die Überhitzung der Konjunktur zum Problem. Als ein weiteres Jahr später die Euroländer in den Strudel der Staatsschuldenkrise gerieten und mit ihrer Depression, in die sie zu versinken begannen, die Weltwirtschaft anzustecken drohten, lockerte die chinesische Zentralbank ihre Antiinflationspolitik. Die Wirkung eines ihrer Eingriffe anlässlich des panischen Einbruchs der Kurse von Bankaktien an den Weltbörsen führte eine finanzpolitische Handlungsfähigkeit vor Augen, von der die Europäer und ihre ›halbfertige‹ Zentralbank nicht einmal zu träumen wagten. Nachdem der Anlagearm des chinesischen Staatsfonds (Central Huijin Invest-

284 »Der ›Sinokapitalismus‹ dürfte wegen seiner interventionistischen Struktur und der auf längerfristige Entwicklungspläne gegründeten Wirtschaftslenkung den Zukunftsproblemen eher gerecht werden als das ›neoliberalistische‹ Notstandsregime des Westens, wie es von der Finanzkrise erzwungen wird.« (Zinn 2008b, 13f) Nicht anders urteilt der Vizepräsident von Credit Suisse für Asien-Pazifik: »Das chinesische Modell war ein Vorteil in dieser Krise.« (Camacho 2011)

ment Ltd.) für umgerechnet ca. 23 Millionen Euro Aktien der vier großen Staatsbanken gekauft hatte, um die Kurse zu stützen, war einen Tag später die summierte Marktkapitalisierung des Bankenquartetts um rund 35 Milliarden Euro gestiegen (FAZ, 12.10.11, 13). Der Zuwachs betrug also etwa das Eintausendfünfhundertfache der eingesetzten Mittel. 2008 hatte eine ähnliche Stützungsaktion zu einem Kursanstieg von 21 Prozent binnen einer Woche geführt.

Wenn Chinas Aufstieg von den USA schon lange misstrauisch beäugt wurde und manche Auguren den künftigen Rivalen im Ringen um globale Hegemonie – die sie als Vorherrschaft oder sogar Herrschaft schlechthin verstanden – womöglich als militärisch irgendwann niederzuwerfenden Feind sahen,[285] erschien dieses Land vom Standpunkt des Wieder-in-Gang-Setzens und der Aufrechterhaltung des Kapitalismus vielen nicht mehr als das Problem, sondern als die Lösung. Obgleich die Krise auch in Ländern wie China, Indien oder Vietnam hart zugeschlagen hatte und obwohl auf jede Million neuer US-amerikanischer Arbeitsloser allein in China an die zehnmal so viele kamen, erhoffte sich so mancher Exponent der alten kapitalistischen Zentren Abhilfe durch weiterhin positive Wachstumsraten in Asien (so Sachs 2009).

Diese Erwartung ging vor allem für Länder in Erfüllung, die wie die Bundesrepublik ihre industriellen Kapazitäten bewahrt und modernisiert hatten. China wurde ihr Akkumulationsmekka. Denn nun begann Chinas Binnenmarkt, mehr und mehr ins Gewicht zu fallen. Die Indikatoren sprachen eine zunehmend deutliche Sprache. In den USA sank der Absatz von Honda-Motorrädern im März 2008 um 8 Prozent; in China legte er im selben Monat 72 Prozent zu. Im ersten Quartal kauften Chinesen über zweieinhalb Millionen PKW, 21 Prozent mehr als im 1. Quartal 2007. Der Trend hielt an. In China verdoppelte der Lenovo-Konzern, der 2007 den Markennamen IBM gestrichen hatte, im ersten Quartal 2011 seinen Nettogewinn (auf 108 Millionen USD). In Europa brach der Computerabsatz im zweiten Quartal 2011 um 18,9 Prozent ein. Der Coca-Cola-Konzern, der bislang 3 Milliarden USD in China investiert hatte, kündigte an, ab 2012 weitere 4 Milliarden nachzulegen. Das waren nur einzelne

285 Meyerson/Roberto (2009) erwarten, dass aus der Konkurrenz mit China eine wachsende Militarisierung der US-Wirtschaft folgt; indes biete Krieg anders als 1929ff keinen Ausweg, da bereits Teil des Problems (62).

Indikatoren, doch sie fügten sich mit vielen anderen zum Bild eines stetig an Breite und Tiefe gewinnenden Prozesses zusammen. Alles deutete auf China als gelobtes Land der Kapitalakkumulation.

Für die junge chinesische Arbeiterklasse bedeutete das Wiederanspringen der Konjunktur, dass auch die Löhne wieder anzogen. In einem Dutzend Regionen gingen Mindestlöhne um 20 Prozent nach oben (Campbell 2011). Chinas Zeit als Billiglohnland und Sonderzone begann, sich dem Ende zuzuneigen. Schon 2011 war China »nicht mehr der billigste Arbeitsmarkt Asiens« (Camacho 2011).[286] Einer Studie von JP Morgan zufolge waren die mexikanischen Durchschnittslöhne im Industriebereich zehn Jahre zuvor noch 273 Prozent höher als die chinesischen, jetzt nur mehr 45 Prozent. Die chinesischen Maßnahmen zur Inflationsbekämpfung (steigender Außenwert des Yuan und zugleich steigende Löhne im Innern) könnten den Magnetismus, in China billiger produzieren zu lassen, in der Tat schwächen. Doch die zweite Anziehungskraft für ausländische Direktinvestitionen, wächst im gleichen Maße wie der infolge der Innenwendung der chinesischen Wirtschaft weiter rasch wachsende Absatzmarkt, zumal im Kontrast zu den gesättigten oder stagnanten Märkten der ›reifen‹ kapitalistischen Länder. Stiegen auch die Löhne kräftig, so fraß die nun ebenfalls steigende Inflation die Lohnsteigerungen wieder auf.[287] Aus Guangzhou verlautete im Frühjahr 2011, dass der Haarschnitt um 50 Prozent teurer geworden sei (Campbell 2011). Vor allem die Lebensmittel, die für die ärmeren Schichten den Löwenanteil der Ausgaben ausmachen, verteuerten sich sprunghaft. Die Politik der US-Zentralbank, der im Gegensatz zur überschäumenden chinesischen Konjunktur in Stagnation verharrenden US-Ökonomie durch Dollarverbilligung Auftrieb zu geben, trieb die Rohstoffpreise und damit den chinesischen Inflationsimport in die Höhe, solange Chinas Währung an den Dollar angebunden blieb. Was in den USA wenigstens eine stagnierende

286 »Indonesien ist viel billiger, oder Indien, auch Thailand und die Philippinen. [...] Nokia hat kürzlich seine Produktionsstätte von China nach Vietnam verlegt (Camacho 2011).

287 Ende März 2011 hatten Chinas Devisenreserven erstmals die Schwelle von 3 Bio USD überschritten (3,04 Bio, 24,4 % mehr als vor einem Jahr und quasi das Dreifache der Reserven Japans). Doch auch die Inflation zog an auf 5,4 % im Jahresvergleich, getrieben vom Preisanstieg der Lebensmittel (11,7 %). Ian Campbell sah darin eine mögliche Quelle weltweiter Inflation (2011).

Wirtschaft am Laufen hielt, heizte in China die überschäumende Konjunktur weiter an und verstärkte, anders als in den eher deflationären USA, die Inflation. Die Weichen waren gestellt fürs Steigen chinesischer Exportpreise, sprich: für die Abschwächung chinesischer Konkurrenzfähigkeit auf dem Weltmarkt und längerfristig also für einen gewissen Rückgang der Exporte.[288] Die chinesische Regierung versuchte, mit geld- und währungspolitischen Maßnahmen die Konjunktur zu dämpfen. Gegen die importierte Inflation (Energie und Grundstoffe) würde die Aufwertung des Yuan helfen (seit Juni 2010 war er um 4,5 Prozent gegenüber dem Dollar nach oben gegangen). Westliche Beobachter glaubten, ein Nachlassen des chinesischen Interesses an ausländischen Devisen registrieren zu können (Reinoso 2011a). »Doch gerade die Überschüsse aus der Außenhandelsbilanz des ersten halben Jahres 2009 haben die chinesischen Machthaber erneut zu einem erheblichen Teil in US-Dollar angelegt. Mit gutem Grund: Ein größerer Kursrückgang des Dollars kommt einer entsprechenden Entwertung des chinesischen Dollar-Schatzes gleich. Vor allem würde ein radikaler Dollar-Sturz bedeuten, dass das ›Chimerika‹-Modell nicht nur schwächelt, sondern kollabiert.« (Wolf 2009) Was den Dollarkauf Chinas betraf, hielt sich das von Reinoso bemerkte »Nachlassen« also in Grenzen, denn weder auf den US-Markt noch auf die Dollarbindung seiner Währung konnte China vorerst verzichten, abgesehen von seinem vitalen Interesse an der Stabilität des Weltsystems. So kam es, dass die USA, »bis zu den Zähnen bewaffnet nicht nur mit Flugzeugträgern, sondern auch mit einer unerschöpflichen Zufuhr von Kreditkarten, China noch immer dazu bringt, seine wachsenden Schulden zu kaufen. Alle anderen müssen darauf hören, was ihnen ›die Märkte‹ sagen« (Streeck 2011, 26).

Wie hatte doch Peter Gowan 2007 (168) gesagt: »Gelingt es dem chinesischen Staat, die Bevölkerung [...] stabil in diese kapitalistische Entwicklung einzubinden, dann wird dies die gesamte Dynamik des internationalen Kapitalismus in all seinen Bereichen – der Politik, der Wirtschaft und der Kultur – dramatisch umschichten«. Damit aber würde »die absolut zentrale Frage, welche die zukünftige Bedeutung

288 Momentan lief der Export noch auf Hochtouren: der Juli 2011 brachte einen Handelsüberschuss von 31,48 Mrd USD dank einer Exportzunahme von 20,4 % auf 175,13 Mrd USD bei einer Importzunahme von 22,9 %.

Amerikas und die Struktur einer möglichen neuen Weltordnung bestimmen wird, jenseits der Kontrolle Washingtons beantwortet werden« (170). Die Bedingung war fürs erste erfüllt: »Die erfolgreiche Entwicklung seit den 1980er Jahren [hatte] bewirkt, dass der Parteistaat in China von der Bevölkerung weitgehend als legitim, d.h. als rechtmäßig angesehen und unterstützt wird. Selbst Länder übergreifende Studien westlicher Sozialwissenschaftler verdeutlichen, dass der Parteistaat in China einen hohen Grad an Legitimität besitzt, höher als in manchen demokratischen Ländern.« (Heberer 2012 unter Berufung auf Gilley 2008, Gilley/Holbig 2009, Schubert 2008) Der Erfolg der politisch-ökonomischen Antwort Chinas auf die Krise hatte die Umschichtung beschleunigt. Was wir für die Zeit um 2005 im Blick auf die BRIC-Länder und Südafrika als »Entwicklung von Strukturen eines Weltmarkts der Schwellenländer innerhalb des Weltmarkts« skizziert haben (Kap. 7.2), hatte sich inzwischen zu einer im Vergleich zum ›Westen‹ florierenden Handelssphäre und zu einem Brennpunkt des Weltmarkts entwickelt. Die beteiligten Länder waren in den »Weltordnungsklub« aufgenommen, und der Schrecken der Großen Krise hatte verhindert, dass es darüber zu »sehr heftigen Spannungen« kam.[289] Das transnationale Herrschaftssystem war in Bewegung geraten. Nicht der Dreißigjährige ›Weltkrieg gegen den Terror‹ würde einmal das Bild unserer Epoche prägen wie der Kalte Krieg das der zweiten Hälfte des 20. Jahrhunderts, urteilte Timothy Garton Ash jetzt, »sondern die historische Machtverschiebung von West nach Ost, mit einem viel mächtigeren China und einem weniger mächtigen Amerika, einem stärkeren Indien und einer schwächeren EU« (2011).[290]

Nun überraschte China die Europäer damit, dass es »sich zum Sprecher eines ökonomischen Universalismus« machte, von dem

289 »Angesichts der Tatsache, dass kapitalistische Weltordnungen die Form von Ad-hoc-Totalitäten annehmen, bei denen es auf Kompromisse zwischen Insidern in einer ganzen Reihe von potenziell konfliktträchtigen Themen ankommt, ist der Eintritt von neuen Mitgliedern in diesen Weltordnungsklub eine Quelle von sehr heftigen Spannungen.« (Gowan 2007, 166) »Klubsystem« ist Gowans Metapher für den transnational-ökonomischen Verkehrsraum, den wir als »Imperium des High-tech-Kapitalismus« mehr als prekäre Tendenz denn als gesichertes *fait accompli* analysiert haben.

290 Ash fährt fort: »this geopolitical shift will occur within the larger frame of an unprecedented rate of technological advance, on the bright side, and an unprecedented array of global challenges, on the dark side.« (2011, mit Hinweis auf Morris 2010)

der Berichterstatter der Frankfurter Allgemeinen, Mark Siemons, meinte, dass er »im Finanzwesen von vornherein angelegt war, sich bislang aber immer bloß unter der Dominanz einzelner Staaten und Kulturkreise entfaltete«, was »mit der Relativierung des Einflusses, den Amerika bisher über den Dollar auf die Welt ausübt«, und »einer stärkeren Gewichtung von Brasilien, Russland, Indien und vor allem China [...] einherginge« (2009b).[291]

Die eigentliche Überraschung für die Europäer aber war, dass China sich, »alteuropäisch gesprochen, um die Seele des Kontinents« sorgte (Siemons 2009a). Das ging aus einer 2009 veröffentlichten Studie der Chinesischen Akademie der Sozialwissenschaften hervor. Dieses »›Blaubuch‹ der Regierungsberater hatte in Europa einen tiefsitzenden Kulturpessimismus angesichts der Globalisierung konstatiert, der sich zunehmend gegen den vermeintlichen Nutznießer der Entwicklung, gegen China, richte. Es sei auffällig, dass gerade in Ländern wie Deutschland und Frankreich, die die empfindlichsten ökonomischen Einbußen hätten, auch die Vorbehalte gegenüber der Außenwelt am größten seien.« (Ebd.) Das erfasste den Moment der dramatischen Schrumpfung der beiden größten Volkswirtschaften der Europäischen Union.[292] Dem Blaubuch zufolge war Deutschland »anders als Großbritannien [...] immer noch ein wichtiger Produktionsstandort und sehe China daher eher als Bedrohung an«. Das erkläre die unter Angela Merkel vollzogene Abwendung von der »›realistischen und weitblickenden‹ China-Politik Schröders«. Andererseits bewege »die Krise Europa noch stärker als seine Angst vor China«. Diese Einschätzung, die sich als richtig erweisen sollte, bestimmte offenbar den chinesischen Ministerpräsidenten Wen Jiabao dazu, seine Reise nach Europa, das bereits 2007 die USA als größten Exportmarkt Chinas abgelöst hatte, zu einer »Tour der Zuversicht« zu erklären. Der Berichterstatter der Frankfurter Allgemeinen hatte

291 Siemons hält den Verdacht eines so sich drapierenden Wirtschaftsnationalismus für unbegründet: »Die Idee besteht ja gerade darin, das globale Finanzsystem dadurch zu stabilisieren, dass es von den inneren Konflikten und Widersprüchen einer einzelnen Macht unabhängiger wird. Das könnte sogar Amerika selbst zugutekommen. Denn bisher erleichterte ihm die Fülle an eigenen Währungsreserven das Schuldenmachen, die Finanzierung immer neuer Blasen, was es aber schwerer machte, die eigene Währung noch zu kontrollieren.« (2009b)

292 »›Viele Europäer‹, heißt es in dem Papier, ›spüren den Druck, den das Erstarken Chinas ausübt, am eigenen Leib.‹ Es wachse die Sorge um die eigene Konkurrenzfähigkeit.« (Siemons 2009a)

den Eindruck, dass »sich China inmitten der Krise eine neue Rolle verordnet« hatte: »den Auftrag, die Alte Welt von ihrem Pessimismus zu heilen, indem es sie am Schwung seiner trotz allem fortdauernden Aufwärtsbewegung Anteil nehmen lässt. [...] Aus Pekinger Sicht würde sich die geläufige Rollenverteilung dadurch geradewegs umkehren: Einem in sich verschlossenen Europa würde plötzlich ein Verkündiger von Öffnung, Rationalität und Markt gegenüberstehen, mit dem niemand gerechnet hätte.« (Siemons 2009a) Das war offenbar nicht nur die Sicht der chinesischen Regierung, sondern die von Mark Siemons. Es war, als spürte er den Chancen für einen Rückbau imperialistischer Elemente dessen nach, was wir als das transnationale Imperium des Hightech-Kapitalismus analysiert haben: »Mit der Relativierung der amerikanischen Machtposition sehen chinesische Kommentatoren, etwa in der Parteizeitung *Renmin Ribao*, zum ersten Mal in der Geschichte ein Zeitalter des ›globalen multikulturellen und multipolaren Wettbewerbs‹ aufziehen, eine Ära der Zusammenarbeit statt der Konfrontation.« (Ebd.)

Wie eine Probe aufs Exempel eines solchen »globalen multikulturellen und multipolaren Wettbewerbs« im Rahmen eines weniger auf die USA hin ausgerichteten und zentrierten Imperiums des transnationalen Kapitalismus wirkte es, als im Juni 2011 die chinesische und die deutsche Regierung eine gemeinsame Kabinettsitzung abhielten, was China bis dahin »mit keinem anderen Land« gemacht hatte, wie die Frankfurter Allgemeine stolz vermeldete, während »Deutschland solche Treffen mit Frankreich, Israel, Russland, Polen und Indien veranstaltet« hatte.[293] Die Auszeichnung der Bundesrepublik seitens der VR China honorierte die weltwirtschaftlichen Machtverschiebungen, denen die innereuropäischen entsprachen. Ein einfacher Zahlenvergleich ist geeignet, die Verschiebung anzudeuten: 1999 hatten deutsche Unternehmen Güter im Wert von 6 Milliarden Euro nach China ausgeführt, während sie nach Griechenland, Irland, Portugal und Spanien zusammengerechnet Waren im Wert von 30 Milliarden Euro lieferten; 2010 gingen deutsche Waren im Wert von 53 Milliarden Euro nach China, mehr als in jene vier europäischen ›Peripherieländer‹ (EP, 31.12.11, Negocios, 9). Vom deutschen Kapital, dessen »bedeutendster Standort« im Ausland China war, erwartete die chinesische Führung, »den Strukturwandel mit[zu]gestalten«, um im Fünfjahresplan bis

293 »Deutschland und China rücken zusammen«, in: FAZ, 25.6.2011, 14.

2015 wegzukommen »vom Massenexport mit geringer Wertschöpfung hin zu neuen Techniken, Qualitätsgütern und Dienstleistungen« (FAZ, 25.6.2011, 14).[294] In Gestalt von China und Deutschland trafen zwei Exportländer mit Außenhandelsüberschüssen aufeinander, deren industrielle Kapazitäten und ökonomische Interessen in diesem geschichtlichen Übergangsstadium, das zehn, vielleicht zwanzig Jahre dauern mochte, sich überwiegend ergänzten. Es wäre nicht der auf Dauer unhaltbare Austausch zwischen einem Überkonsumenten und einem Überproduzenten. Ihre Beziehung würde mithin weniger destabilisierend auf die Welthandels- und Finanzverhältnisse wirken.

Doch was würde aus Chimerika in dieser Perspektive? Die Erfinder und Taufpaten dieses virtuellen Landes hielten es innerhalb der nicht viel mehr als drei Jahre, in denen ihre Worterfindung Wellen schlug, wie der Hahn auf dem Mist, dessen Krähen bekanntlich anzeigt, dass »sich das Wetter ändert oder bleibt, wie's ist«. Am Vorabend der Großen Krise versicherte Ferguson, die Beziehung zwischen den USA und China sei nicht im Ungleichgewicht, und was seien »bloße Regenschauer verglichen mit dem Jahrhundertsommer der chinesisch-amerikanischen Symbiose.« [295] Ein Jahr später bildete für ihn das Ungleichgewicht den Brennpunkt der Krise, und Chimerika, »die Partnerschaft zwischen dem großen Sparer und dem großen Verschwender«, galt als Schlüssel für ihre behutsame Entschärfung.[296] Wiederum zwei Jahre später erklärten Ferguson und Schularick die Auflösung Chimerikas für »indispensabel«.[297]

294 Der aktuelle Austausch zwischen beiden Ländern war »fast so groß wie Chinas Handel mit Großbritannien, Frankreich und Italien zusammen. Die deutsche Einfuhr aus China nahm 2010 um 35 % zu, die Ausfuhr stieg um 44 %. Der deutsche Industrie- und Handelskammertag DIHK erwartet, dass China schon 2012 Deutschlands wichtigster Handelspartner sein wird.« (Ebd.)

295 »Their relationship isn't necessarily unbalanced; more like symbiotic. […] As in all good marriages, the differences between the two halves of Chimerica are complementary.« (Ferguson 2007)

296 »At the heart of this crisis is the huge imbalance between the United States, with its current account deficit in excess of 1 percent of world gross domestic product, and the surplus countries that finance it: the oil exporters, Japan and emerging Asia. Of these, the relationship between China and America has become the crucial one. […] Now that the age of leverage is over, ›Chimerica‹ – the partnership between the big saver and the big spender – is key.« (Ferguson 2008)

297 »Correcting the economic imbalance between the United States and China – the dissolution of Chimerica – is now indispensable if equilibrium is to be restored to the world economy.« (Ferguson/Schularick 2010)

Die Desintegration würde bei der Währung beginnen. Nachdem Chinas Staatschef Hu Jintao »die Dollar-Dominanz im Weltwährungssystem als ›Produkt der Vergangenheit‹ bezeichnet« hatte, erlaubte die chinesische Zentralbank im März 2011 den Ex- und Importunternehmen des Landes, den gesamten Außenhandel in Yuan (Renminbi) zu fakturieren. Die deutschen Banken machten sich prompt daran, die Eröffnung von Renminbi-Konten vorzubereiten. Das erlaubte ihren Industriekunden, unabhängig von Schwankungen der Devisenkurse in China Festpreisangebote zu machen. Die chinesische Seite würde dann kein Währungsrisiko mehr tragen, da ihre Währung dadurch zur Reservewährung avancierte. Das war der Anfang einer Veränderung von großer Tragweite.[298] In den USA prognostizierte Barry Eichengreen, »dass die globale Herrschaft des Dollar zum Ende komme«.[299] Damit würde sich auch Chimerika allmählich auflösen, dessen Bindeglied der faktische Währungsverbund des Yuan mit der Welt-Reservewährung war. Beiden Ländern hatte dieser Verbund als Wachstumsdroge gedient, wovon das – linear gesehen – benachteiligte China widerstandslos seine langfristige Kraft bezogen hatte, während die USA ihren überwältigend wirkenden Vorteil in eine Schwäche verwandelt hatten, die es ihnen schwer machte, wieder auf eigene Beine zu kommen. Dreißig Jahre lang schienen die Vereinigten Staaten dem Ideal eines Landes nachzueifern, das »nur kauft, ohne zu verkaufen, also auch nur konsumiert, ohne zu produzieren« (23/176). Ihr Überkonsum löste für so unterschiedliche Exportökonomien wie die chinesische

298 Ende 2011 folgte ein entsprechendes Abkommen mit Japan (dessen größter Handelspartner China ist). In ihm vereinbarten die zweit- und die drittgrößte Wirtschaftsmacht der Erde, ihren bilateralen Austausch künftig in ihren eigenen Währungen, ohne Dazwischenkunft des US-Dollars, abzuwickeln. Das reduzierte die Rolle der US-Währung im Ostasiatischen Raum. Japans Banken würden darüber hinaus chinesische Staatsanleihen kaufen und weltweit vertreiben dürfen. Das wurde als Schritt in Richtung der Konvertierbarkeit der chinesischen Währung verstanden. (Reinoso 2011b)

299 FAZ, 4.3.2011, 13, »Interesse am Handel in Renminbi«. – Die Krise beschleunigt und verlangsamt diesen Prozess zugleich. Das zeigt sich in der sich noch verstärkenden Flucht in US-Staatsanleihen. »Wertpapiere aus Amerika gefragt wie noch nie«, titelte die FAZ, am 18.5.2010, 19: »Im März floss netto so viel Geld in amerikanische Wertpapiere wie nie seit Beginn der entsprechenden Statistiken vor rund 80 Jahren.« Netto-Zufluss 140,5 Mrd USD, die vor allem in Staatspapiere angelegt wurden. Chinas Bestand an diesen betrug 895,2 Mrd (17,7 Mrd mehr als im Februar), Japans 784,9 Mrd (16,4 mehr als im Februar).

und die deutsche das Akkumulationsproblem. Sie waren der vielberedete »Konsument letzter Instanz«, ein lasterhafter Wohltäter des Weltkapitalismus, der für sich und alle andern durch Verschuldung das luxemburgsche Akkumulationsproblem löste, durch eine Politik der Kreditverbilligung sich und seiner Bevölkerung die Verschuldung erleichterte und die Krise durch die immer weitere Dehnung der Kreditkette hinausschob bis zu dem Punkt, an dem sie riss und jenen in den Genen des Kapitalismus angelegten Sachverhalt zu Tage treten ließ, für den Marx den Begriff der »Überakkumulation von Kapital« geprägt hat – mit der fürs erste unvermeidlichen Folge »unbeschäftigten Kapitals auf der einen und unbeschäftigter Arbeiterbevölkerung auf der andren Seite« (K III, 25/261). Damit war eine Epoche zu Ende gegangen.

Elftes Kapitel

China und die Welt nach Chimerika

We are approaching the greatest discontinuity in history.
IAN MORRIS (2010)

1. Weltkapitalistische Perspektiven

Niemand wusste, ob und wie sich die chinesisch-amerikanische Konjunkturmaschine mit ihrem madoffschen Treibstoff fiktiven Kapitals ersetzen ließe.[300] Wie sollte die Weltkonjunktur wieder anspringen, wenn diese kreditfinanzierte Absorption fremden Mehrprodukts seitens der USA entfiel? Mussten die anderen Regionen den von der Zukunft zehrenden überkonsumtiven Sektor bei sich in gewissen Proportionen ausbilden, um den bisherigen Schuldner-Konsumenten letzter Instanz zu ersetzen? Oder würde die militärische Supermacht der USA weiterhin als Magnet wirken, der Mehrwert aus aller Welt anzog, weil die primären Aneigner desselben dort ihre Schäfchen ins Trockene zu bringen hofften? Aber auch wenn es so lief, wo sollte sich das Geldkapital verwerten? Für sich selbst genommen, stand der Welt des ›reifen‹ Kapitalismus die Stagnation und damit, wenn sie sich nicht radikal umgestaltete, die Dauerkrise bevor. Die Blicke der Unternehmer und Anleger der ganzen Welt richteten sich daher von allen Seiten auf Asien mit China als seinem dynamischen Zentrum. Die Asiatische Entwicklungsbank rechnete vor, die Region benötige in den kommenden zehn Jahren Investitionen in Höhe von 7,7 Billionen USD, um den Rückstand ihrer Infrastrukturen aufzuholen. Das bedeutete Akkumulationsmöglichkeiten in den Branchen »Energie, Wasser, Häfen, Flughäfen, Telekommunikation« (Camacho 2011).

300 »Dieses globale makroökonomische Ungleichgewicht konnte bislang durch eine wachsende äußere und innere Verschuldung der USA stabilisiert werden, die in der Art eines globalen Keynesianismus wirkt. Dies ist die Kehrseite des programmatisch antikeynesianischen neoliberalen Projekts.« (Hirsch 2004, 683) Allerdings war diese Stabilisierung der Effekt eines ständig wachsenden Ungleichgewichts, so dass man ebenso sagen konnte, dass die USA die Gesetze der Thermodynamik außer Kraft zu setzen versuchten, indem sie das Ungleichgewicht durch mehr Ungleichgewicht zu überlisten hofften.

Daran, dass »Schwellen- und Entwicklungsländer inzwischen 70 Prozent der Wachstumsraten und 73 Prozent des Wachstums der globalen Verbrauchernachfrage« stellten, las IWF-Vizechef Zhu Min ab, »dass sich das Gravitationszentrum für Wirtschaftswachstum« verschob, wobei »Nord-Süd-Handelsströme von Süd-Süd-Handelsströmen verdrängt« wurden (FTD, 27.9.2011, 15). Große Teile Asiens waren dabei, sich sukzessive von einem exportdominierten zu einem konsumbetonten Markt zu wandeln. Der Konsumgütermarkt würde, angestoßen durch den Urbanisierungsschub, weiter wachsen. Eine Studie von Goldman Sachs (O'Neill/Stupnytska 2010) kam zu dem Schluss, die BRIC-Konsumenten könnten künftig zumindest den fehlenden US-Überkonsum ersetzen. Ihre aggregierte Nachfrage werde bis zum Jahre 2025 jährlich um durchschnittlich bis zu »einer Billion Dollar« (inflationsbereinigt – nominell 1,5 bis 2 Billionen) zunehmen und mit der Nachfrage der US-Konsumenten bis zum Ende des Jahrzehnts gleichziehen. Mehr noch: China allein könne bis 2025 die US-Konsumnachfrage einholen, falls es dem Land gelinge, die Konsumtionsrate gemessen am BIP kontinuierlich zu steigern,[301] und falls die entsprechende US-Rate von 70 Prozent (seit 2000) auf ihren historischen Durchschnitt von 66 Prozent zurückfalle. Bereits 2010 war China der größte Automarkt der Erde, in 15 Jahren dürfte es auch der weltgrößte Absatzmarkt für Luxusgüter und Reisen sein. Hinzu kämen die »Nächsten 11« (Bangladesch, Südkorea, Ägypten, Philippinen, Indonesien, Iran, Mexiko, Nigeria, Pakistan, Türkei und Vietnam). Die kommenden zehn bis fünfzehn Jahre brächten demnach »eine beispiellose Machtverschiebung vom Konsumenten der entwickelten Welt hin zum Konsumenten in den großen aufsteigenden Märkten bzw. Wachstumsländern«. Die »enormen Chancen für die Angebotsseite und die damit verbundenen Aussichten der Entwicklung der Kapitalmärkte«[302] böten eine entscheidende Chance

301 Noch war es nicht soweit. China umfasste 2010 ein Fünftel der Weltbevölkerung, 11 Prozent des globalen BIP und nur 3 Prozent des Weltkonsums. Obgleich die chinesischen Konsumausgaben im ersten Jahrzehnt des 21. Jh. absolut gestiegen waren, blieb die Konsumrate hinter dem Wirtschaftswachstum zurück. 2011 betrug sie in China 35 %, in den USA 70 % des BIP (Botschaft 2011; die recht umfassend zusammengestellten »Wirtschaftsdaten kompakt« der Pekinger BRD-Botschaft verschweigen diskret Lohnniveau und Arbeitszeit).

302 »As companies grow and develop on the back of the rising consumer, capital markets in the BRICs and alike will benefit. New issuance, privatisations, capital raisings via debt and equity will contribute to the capital markets deepening in

für die USA – wir präzisieren: für ihr transnationales Kapital, nicht fürs heimisch produzierende.

In solcher Aussicht, die eine bereits jetzt ökologisch unhaltbare, konsumistische Lebensweise extrapolierte und überdies die Rechnung ohne die krisenhafte Struktur des Verwertungsprozesses machte,[303] versprach ›alter‹ Kapitalismus sich ›junge‹ Kapitalismen als Akkumulationsfelder. Hier könnte das Kapital im frühen 21. Jahrhundert sogar noch einmal Werke vollbringen, die, wie Rosa Luxemburg an der Schwelle zum 20. Jahrhundert sagte, »für den allgemeinen Kulturfortschritt [...] von enormem und bleibendem Wert« (RL 1/1, 287f) wären. Doch die Voraussetzung war, dass der Prozess primärer Akkumulation in China auch ohne die Symbiose mit den USA weiterlaufen und weder von der zweiten Rezession im Rahmen der Großen Krise des westlichen Kapitalismus eingeholt werden noch von einem Zusammenbruch des Immobilienmarktes in einen hausgemachten Gründerkrach gerissen würde. Andernfalls käme es zur Entladung der wachsenden Spannungen zwischen den befehlsadministrativen Elementen des parteistaatlichen Machtgebrauchs einerseits und den Ansprüchen einer rasch wachsenden Zivilgesellschaft und einer aus elementaren Klassenkämpfen zunehmend selbstbewusst hervorgehenden jungen Arbeiterbewegung.

2. *Chinas Herausforderungen*

Die Aufgaben, denen die chinesische Regierung gegenüberstand, als die Große Krise das Land gezwungen hatte, seinen Industrialisierungsprozess aus der Abhängigkeit von der US-Nachfrage zu lösen, waren Jahrhundertaufgaben voller alter und neuer Widersprüche, die sich in einer Form und Dringlichkeit stellten, für die

these countries. Financial intermediation will also develop further.« (O'Neill/Stupnytska 2010)

303 Im 2011 noch relativ geringen Konsumanteil am BIP Chinas mochte man den Unterschied eines ›jungen‹ Kapitalismus im Vergleich mit einem ›reifen‹ sehen. Dazu fügte sich die schwindelerregende Höhe der chinesischen Investitionsausgaben, die etwa die Hälfte des BIP erreichten. Paul Krugman (2011f), der diese Zahlen mit der gebotenen Vorsicht nannte, nahm an, dahinter verberge sich eine inflationäre Immobilienblase, da nach grober Schätzung die Hälfte des Investitionszuwachses seit dem Jahre 2000 aufs Konto baulicher Investitionen ging. Früher oder später war damit zu rechnen, dass diese Blase platzte.

es keine geschichtlichen Erfahrungen gab. Wie ein Gleichnis stand dafür die Umweltpolitik. Der Smog im London des 19. Jahrhunderts war so selbstverständlich, dass er dem »Nebel« des englischen Kriminalromans sein ›natürliches‹ Flair gab. Der Smog der chinesischen Riesenstädte im frühen 21. Jahrhundert trat nicht nur in einer Epoche auf, als die Aufzehrung der für die belebte Natur der Erde günstigen Klimabedingungen bereits einen kritischen Grad erreicht hatte, sondern machte sich dazu mit einer giftigen Gewalt geltend, deren Folgen dem Land ein Ultimatum stellten. An den anderen Fronten präsentierten sich die Widersprüche und Herausforderungen kaum weniger geballt. Da war das Problem eines jungen Kapitalismus mit einer rasch alternden Bevölkerung, für die noch kaum Vorsorge getroffen war. Für eine dreiviertel Milliarde Menschen war ferner die primäre Industrialisierung und Urbanisierung noch zu leisten, während die erste und kleinste der vier chinesischen Welten in den Hightech-Kapitalismus überging, der vor der Zeit, in der es einer alternden Gesellschaft entgegenkäme, das Problem der hochtechnologischen Arbeitslosigkeit mit sich bringen konnte.[304] Führung und Leitung des Landes waren in der Hand einer sino-marxistisch firmierenden Partei, aus deren politisch-ethischer Leitidee jedoch das Leben gewichen schien, falls man ihr nicht die Konzentration auf kapitalistische Modernisierung gutschreiben wollte. Aus der Nähe sah einer der westlichen Beobachter »die Einparteien-Diktatur in China gegenwärtig dem demokratischen Indien in allen menschlichen Grundbedürfnissen um mindestens ein Jahrzehnt voraus. Kaum jemand hungert noch, die Hygiene stimmt einigermaßen, und die Menschen können lesen und schreiben. Wenn ich als armer Mensch die Wahl hätte, in China oder Indien zu leben, würde ich China aussuchen. Es ist eine Frage der Priorität: Demokratie braucht einen gewissen materiellen Entwicklungsstand, um zu funktionieren. [...] Eines ist

304 »Moderne Mega- und Großunternehmen tendieren aus Effizienzgründen in der Regel dazu, in Produktion und Verwaltung modernste Technologien anzuwenden, den höchstmöglichen Automatisierungsgrad durchzusetzen. Die bei ihnen Beschäftigten stellen nur einen sehr kleinen Teil des Arbeitskräftepotenzials des ganzen Landes dar. Wo werden die über 800 Millionen Arbeitskräfte der VR China künftig vor allem Jobs finden? In kleinen und mittleren Betrieben. Der Ausweg wird eine Beschäftigungsstruktur sein, in der kleine und mittlere Einheiten den Ton angeben.« (Li 2010)

den Menschen in China einstweilen zu Recht noch viel wichtiger als Demokratie: Rechtsstaatlichkeit. Die Chance, im Streitfall auch gegenüber dem Staat recht zu bekommen, ist ein noch viel weiter verbreiteter Wunsch als das Verlangen, eine Regierung demokratisch zu wählen.« (Sieren 2012) Im Verlangen nach Rechtsstaatlichkeit, nicht in dem nach Demokratie, trifft das Kapital sich mit der Zivilgesellschaft.

2.1 Politik

Da die politische Stabilität die Vorbedingung für die des sozialökonomischen Prozesses ist, wie dessen Erfolge diese Voraussetzung immer wieder rückwirkend erneuern müssen, beginnen wir mit einem Blick auf die diesbezüglichen Widersprüche. Während Cho Hyekyung »die Transformation des KP-Staates von einer planwirtschaftlichen Entwicklungsdiktatur zu einem nicht minder autoritären ›nationalen Wettbewerbsstaat‹« beobachtete (2005, 617) und Wang Hui die KPCh, die »nicht länger eine Organisation mit spezifischen politischen Werten, sondern ein Machtmechanismus« sei (2006, 32), längst »ihre Klassenbasis wechseln« (39) sah, hielt Giovanni Arrighi die Entwicklung einer sozialistischen Marktwirtschaft für möglich, die mit ihrem »Energie sparenden, Kapital sparenden, arbeitsintensiven Weg […] ein alternatives Modell für die Welt« entwickeln könnte.[305] Waren nicht bereits jetzt die chinesischen Filialen von Wal-Mart die weltweit einzigen dieses Konzerns, in denen es Betriebsgewerkschaften gab? Wie einen Refrain wiederholte er: »Ist es möglich? Ich denke, ja! Ist es wahrscheinlich? Ich weiß es nicht.«

Martin Hart-Landsberg und Paul Burkett glaubten, die Antwort zu wissen. Sie verstanden »das China-Phänomen als […] Prozess, der zum Vorteil des transnationalen Kapitals und zum Nachteil der nicht in diesen Prozess einbezogenen Unternehmen

305 Karl Georg Zinn baut darauf, das kulturelle Erbe Chinas werde dazu beitragen, dass »im Unterschied zur nachkolonialistischen bzw. imperialistischen Unterwerfung von Ländern durch den Westkapitalismus, der auf Eingliederung und Homogenisierung der Unterworfenen gerichtet ist […], der ›Kapitalismus in China‹ zum ›chinesischen Kapitalismus‹ [mutiert], und der künftige Sinokapitalismus wird sich noch deutlicher vom Westkapitalismus abheben, als heute bereits sichtbar ist.« (2008c, 126)

und der meisten Arbeiter in den involvierten Ländern Produktion grenzüberschreitend verknüpft« (2006, 34). Doch das fixierte nur einen Moment in einem Prozess, der eher in Anlehnung an die Kampfkunst als an eine lineare Machtlogik zu denken sein mochte und der chinesischen Entwicklung ihre Einzigartigkeit verlieh.[306] Eines der Geheimnisse des chinesischen Aufstiegs war die für westliche Begriffe anscheinend widerstandslos, in Wahrheit daoistisch-dialektische Art, dem transnationalen Hightech-Kapitalismus den Zugang zu riesigen Akkumulationsmöglichkeiten und einem nicht weniger riesenhaften Heer billiger Arbeitskräfte geöffnet und damit eine neue Dynamik zugeführt zu haben, die dessen Fortschritt zum Fortsturz beschleunigte. Dieser Akt des Dramas glich einem Lehrstück darüber, wie auf Dauer »das weiche Wasser den harten Stein« besiegen kann. Aber auch das Geld wirkt wie das weiche Wasser. Und die Frage war offen, ob die KPCh auf Dauer den Kapitalismus oder ob dieser sie, seinen komplementären Gegensatz, sich assimilieren würde. In der bisher vorherrschenden neoliberalen Logik des transnationalen Kapitalismus mit seiner von Kenichi Ohmae beschriebenen Verwandlung der Regierungen in die Verwaltungschefs seiner »local outposts« (1995, 74) wären die Tage von Chinas politischer Stabilität unwiderruflich gezählt. Denn vom Standpunkt der avancierten Sektoren wäre »eine lose Gruppierung chinesischer Regionalstaaten« optimal (97). Käme diese Logik in China zum Zuge und verwandelte sich die Staatspartei an, würden die Gegensätze sich dieser bemächtigen und das Land zerreißen, zumal unter der von Partei- und Staatsführung eisern durchgesetzten Einheit die unterschiedlichsten Kräfte und Antagonismen wirken, nicht zuletzt die stumme Gewalt des Kapitals. Würden Kräfte obsiegen, die es auf eine ›nationale Wiedergeburt‹ Chinas als modern-kapitalistische Imperialmacht absehen? Würde gar eine neue Epoche imperialistischer Konflikte dadurch geschürt? Würde Chinas historische und aktuelle Singularität die weitere Entwicklung der Weltverhältnisse anstecken, und wenn ja, wie? Mit seinem Autoritarismus oder mit

306 Während die Erfahrung in allen anderen Fällen lehrt, dass eine »zu rasche Privatisierung in Kombination mit einer Liberalisierung des Kapitalmarktes [...] den Nährboden wirtschaftlicher Katastrophen« bereitet, bietet China das einzige Beispiel, wo es gelungen ist, »Einkommen und ausländische Beteiligung nachhaltig zu erhöhen, ohne sich die Bedingungen diktieren zu lassen« (Boris/Malcher 2001, 47; zit. in HTK I, 230).

seiner ans Dao des Laodse gemahnenden Dialektik der komplementären Gegensätze und des Kommen-Lassens? Oder würde China sich an den Imperialismen anstecken, mit deren Aufflackern zu rechnen war, und »sich in scharfer Konkurrenz zu allen anderen zu einem ›klassischen‹ Zentrumsland entwickeln« (Adolphi 2012)? Sollte das Ende von Chimerika den Zerfall des transnationalen Imperiums des Hightech-Kapitalismus nach sich ziehen? »Das Vernichtungspotenzial, das einem solchen Weg innewohnt, ist unüberschaubar groß. Wirklich zukunftsträchtig ist nur der andere Weg: der der Überwindung dieser alles bedrohenden Konkurrenz.« (Ebd.) Hierzu müsste der im Januar 2011 zwischen den Präsidenten Obama und Hu Jintao in Washington vereinbarte Aufbau einer »chinesisch-amerikanischen Kooperationspartnerschaft auf der Grundlage von Respekt und gegenseitigem Nutzen« (zit.n. Li 2012) vorankommen.[307] In ihren öffentlichen Verlautbarungen setzte die chinesische Regierung auf einen »allgemeinen Trend in Richtung stärkerer Verteilung geopolitischer Macht auf die internationale Gemeinschaft« und bekräftigte die »feste Absicht [...], niemals Hegemonie anzustreben oder eine globale Dominanz einer kleinen Minderheit von Staaten zu unterstützen« (Li 2012). Die Konkurrenz der Waren und Währungen und des Zugangs zu Ressourcen und Märkten würde freilich nicht ruhen, und im Fortgang müssen wir nach ihrer perspektivischen Wirkung auf die USA und die anderen Zentren des entwickelten Kapitalismus fragen.

2.2 Ökologisierung

»Normalerweise werden Industrieländer erst reich und dann grün«, sinnierte 2011 ein Artikel in der *Zeit*, um fortzufahren: »China muss grün werden, bevor die meisten Chinesen reich geworden sind.« (Köckritz 2011) Das war, denkt man an die ›vier Welten‹ des riesigen China, recht naiv und wohlstandsverwöhnt angesichts der

307 Der ehemalige chinesische Außenminister nennt als Gehalt einer solchen Partnerschaft »Anerkennung der Souveränität und territorialen Integrität des jeweils anderen [...] und Übereinkünfte in grundlegenden strategischen Fragen [...]. Diese enthalten Bemühungen zur Stärkung der Zusammenarbeit in der asiatisch-pazifischen Region und in multilateralen Institutionen sowie eine gemeinsame Antwort auf regionale und globale Herausforderungen von Frieden und Stabilität, etwa auf der koreanischen Halbinsel.« (Li Zhaoxing 2012)

zur Hälfte quasi absoluten Armut einer Milliarde von Chinesen und des nach westlichen Maßstäben bescheidenen Wohlstands der neuen städtischen Mittelschicht. Die Volksrepublik war gezwungen, die den Europäern als selbstverständlich erscheinende historische Abfolge umzukehren. Das Entwicklungsland musste den entwickelten Ländern vorausgehen, der Letzte zum Ersten werden. Zum Erstaunen der Welt schien es auf bestem Wege, dieses Müssen in ein konkretes Können umzusetzen. »Deutschland zum Beispiel war extrem stolz auf die Marktführerschaft in der Umwelttechnik«, um dann festzustellen, dass China es »in weniger als fünf Jahren eingeholt und abgehängt hat« (Sieren 2011). Die Potenz der in China fertig installierten Windkraftanlagen überholte 2011 die der in den USA fungierenden Windparks und machte das Land zum Weltmeister (Lin 2011). Die Wasserkraftwerke mit ihren Staudämmen waren in den westlichen Medien fast nur unter den Gesichtspunkten der Veränderung der Ökosysteme und der Zwangsumsiedlung der Bewohner des nunmehr überfluteten Bodens beachtet worden, und doch waren sie ein in den Metropolen längst getaner Schritt zur Vergrößerung des Anteils erneuerbarer Energie. Weltmeister war China auch in Sonnenenergie, wenngleich fürs Erste nur auf dem Weltmarkt, nicht im Lande selbst. »Chinas Solarmodulhersteller beliefern die ganze Welt«, konnte man in der *Zeit* lesen. »Sie bestreiten fast die Hälfte der globalen Umsätze und streichen rund 60 Prozent der Gewinne ein, die in der Branche gemacht werden« (Köckritz 2011). In der Rangfolge der drei wichtigsten Quellen erneuerbarer Energie stand die Installation von Solaranlagen im eigenen Land hinter Wasser- und Windanlagen an dritter Stelle, weil Solartechnologie im Vergleich mit den beiden anderen regenerativen Energiequellen noch am teuersten war. Doch das würde nicht so bleiben, und das Wasserpotenzial würde bald ausgeschöpft sein, sodass die solare Revolution in China zum Zuge kommen würde, zumal sich das Volumen der inländischen Solarinstallationen 2011 im Vergleich zum Vorjahr bereits mehr als verdoppelt hatte (*shareribs*, 16.12.2011). Freilich täuschte auch dieser erstaunliche Vorgang, dass ein Entwicklungsland sich an die Spitze umweltfreundlicher Energieproduktion setzt, anfangs noch über die ökonomische Realität dessen, was stofflich bereits verwirklicht war. Denn mehr noch als im Deutschland der angestrebten Energiewende musste das Stromnetz erst noch mitwachsen, und nach vorsichtiger Schätzung verpuffte zum Beispiel fürs Erste rund ein Viertel der winderzeugten Elektrizität nutzlos (Lin 2011). Doch der Aufholprozess war im Gange und die Ökologisierungstendenz real – solange die politisch-ökonomischen Krisenpotenziale nicht zum Ausbruch kamen.

2.3 Ökonomie

Wenn wir dieses Kapitel »China und Amerika nach Chimerika« genannt haben, so darf das nicht so verstanden werden, als sei die chinesische Regierung willens und in der Lage gewesen, ihr Land und dessen Wirtschaft angesichts der Großen Krise von den USA oder gar vom Westen allgemein und damit vom Weltmarkt abzukoppeln. Auch sprechen wir, wenn wir »China« und »USA« sagen, immer zugleich von Chinas asiatischem und Nordamerikas atlantischem Umfeld. Laura Tyson hat festgestellt, dass im Moment der akuten Weltfinanzkrise »2008, als Exporte etwa 45 Prozent des asiatischen Bruttoinlandsprodukts (ohne Japan) ausmachten, keine Abkopplung stattfand« (2012). Bei seither wieder etwa gleich hohem Exportanteil, von dem etwa die Hälfte noch immer an Industrieländer ging, würde es nach ihrer Einschätzung auch bei einem zweiten Einbruch im Rahmen der Großen Krise nicht anders sein. Verfügte doch zumal China über die Ressourcen und die politische Handlungsfähigkeit, der Rezession im Westen mit einer strukturellen Neuausrichtung des Wachstums auf den Binnenmarkt zu begegnen. »Der 2012 in Kraft tretende zwölfte chinesische Fünfjahresplan berücksichtigt diese politischen Notwendigkeiten und enthält einige Maßnahmen zu ihrer Umsetzung, darunter Lohnerhöhungen für städtische Arbeiter, Einkommenszuschüsse für Haushalte auf dem Land, verbesserten Kapitalzugang für kleine Unternehmen, insbesondere im unterentwickelten Dienstleistungssektor, und großzügigere soziale Wohlfahrtsprogramme.« (Tyson 2012) Der Binnenmarkt mit seinem enormen Investitionsbedarf in Quellen erneuerbarer Energie und ins Stromnetz zu ihrer Einspeisung und Verteilung, überhaupt in Infrastrukturen und sozialen Einrichtungen aller Art sowie in die Modernisierung der Landwirtschaft war das Eine, der regionale Auslandsmarkt das Andere, was die Abhängigkeit vom Westexport ermäßigte. Freilich stammte noch immer »die Hälfte der Wertschöpfung chinesischer Exporte aus westlichen Fabriken«, die im Lande produzierten oder produzieren ließen, und hatte die chinesische

Seite insgesamt »zu wenig Anteil an ihren immensen Exporterfolgen« (Gärtner 2011). Andererseits erzielte China schon jetzt »die Hälfte der Handelsbilanz in Schwellenländern« und waren »viele Fabriken inzwischen auch ohne die Aufträge aus dem Westen gut ausgelastet«, was ihre Position bei der Preisverhandlung mit westlichen Auftraggebern stärkte; der Engpass war eher bei der Teilhabe am »westlichen Technologiefortschritt als bei den chinesischen Marktanteilen zu suchen« (Sieren 2011).[308]

3. Die USA in der Finanzprofitfalle

Anders als man in den USA zu Beginn des Jahrhunderts geglaubt hatte, zeigte sich zehn Jahre später, dass die Gleichung Globalisierung = Amerikanisierung nicht aufgegangen war. Russland und China waren als Systemgegner systemerhaltend gewesen. Ihre Hinwendung zum Kapitalismus wurde zur Quelle von Spannungen, deren zukünftige Verschärfung Peter Gowan (2007, 166) vorausgesagt hatte. Nun zeigte sich, dass »des Westens eigener Sieg am Ende des Kalten Krieges und die daraus resultierende Globalisierung im Osten ökonomische Kräfte entfesselt hatten, die zur größten langfristigen Herausforderung für den Westen« geraten waren (Ash 2011). Die Herausforderung erwischte zumal die westliche Führungsmacht auf dem falschen Fuß. Wenn Antonio Gramsci achtzig Jahre früher die USA im Kontrast zum verkrusteten Europa mit seinen ›parasitären‹ Schichten als junge und proletarische, jedenfalls auf Arbeit bezogene Nation sehen konnte, wo die Hegemonie »in der Fabrik« entsprang (Gef 1, H. 1, §61, 132), so boten die USA jetzt den Eindruck eines im Weltmaßstab parasitären Landes im Griff des großen Geldes, mit verrottender Infrastruktur, wachsender Armut und bis zur Unregierbarkeit verstrickt in eine rechtsextremistisch dynamisierte Polarisierung seiner beiden großen Parteien, die mitunter wirkte, als sei der Bürgerkrieg nicht ausgestanden. In Politik und Finanzsystem herrschte eine Kurzfristigkeit, wie sie getriebenen Treibern eigen ist. Wie hatte man ein »amerikanisches Jahrhundert« erwarten können in der

308 »Stark vereinfacht kann man sagen: China tauscht Marktanteile gegen Technologie.« (Sieren 2011)

mit schleichender Machtverschiebung und permanent wachsendem Ungleichgewicht einhergehenden Scheinkomplementarität von Produktions- und Konsumtionsüberschussländern? Diese Verhältnisse mussten zu Ungunsten der USA wirken. Was hatte ein Land auf die Dauer davon, wenn seine winzige herrschende Klasse – ein Tausendstel seiner Einwohner – die Profite der Welt absahnte, aber die Produktion abwandern ließ? Die transnationalen US-Konzerne hatten etwas davon. Sie wanderten mit. Dass »die Hälfte der Wertschöpfung chinesischer Exporte aus westlichen Fabriken« stammte, die in der Volksrepublik produzierten (Gärtner 2011) und nicht zuletzt US-Konzernen gehörten, war die andere Seite der US-Misere. Auch das spekulative Finanzkapital fischte in allen Erdzonen und mit großem Erfolg nach Differenzprofiten. Doch Staat und Gesellschaft samt einheimischer Industrie der USA saßen in der Finanzprofitfalle. Es war, als reagierte die Vabanque-Politik der von ihrem extremistischen Flügel ebenso dynamisierten wie terrorisierten Republikaner auf diese unhaltbare Lage des Landes.[309] Obamas Projekt, »Präsident aller Amerikaner« zu sein, also unparteiisch und quasi überparteilich aufzutreten, war gescheitert und in den Augen vieler seiner Wähler blamiert. »Verstrickt ins Krisenmanagement« hatte Obama einen »strategischen Rückzug« angetreten, wie Jean-Marie Colombani (2011) feststellte, ein Rückzug, der freilich nach einem aus der Strategie aussah. Man konnte sehen, wie ihm Potjemkinsche Dörfer vorgeführt wurden: Die ARD zeigte am 8. September 2011 in den Abendnachrichten Obama, wie er vor laufenden Kameras ein Werk für Fotovoltaik besuchte und im Gespräch mit den Arbeitern in solcher Produktion die Zukunft des Landes beschwor. Die Szene, teilte der Sprecher mit, sei einige Monate zuvor aufgenommen, die gezeigte Fabrik soeben geschlossen und die gesamte Belegschaft entlassen worden. Als einer der leitenden Redakteure und früherer US-Korrespondent von El País Ende 2011 nach New York kam, überraschte ihn, wie tief die Enttäuschung saß. In New York spreche man von Obama »mit wenig Respekt«, berichtete er, ja sogar halte man ihn »großenteils für irrelevant« (Basterra 2011). Obama sei »nicht der Umgestalter, von dem wir träumten, sondern der

309 »... the political brinkmanship that has come to dominate Washington« (Yang 2011).

kalte und pragmatische Politiker, der unfähig ist, den Kongress in die Pflicht zu nehmen, wie Reagan und Clinton es gemacht haben«. Nach seinen drei Jahren im Weißen Haus wisse »die Mehrheit der Bevölkerung noch immer nicht, wer er ist und was er will« (ebd.). Drei Jahre zuvor hatte der Gründungs-Herausgeber von *El País*, Juan Luis Cebrián, Obamas Wahlsieg in der Gewissheit begrüßt, in Bälde werde »Amerika wieder Amerika sein« (vgl. Kap. 8.2). Nun aber fand Basterra ein deprimiertes und angstgereiztes Amerika vor. Auf dem Sachbuchmarkt dominierten »zwei Ideen: der Niedergang der USA und die Bedrohung durch China« (ebd.). Diese »Bedrohung«[310] bestand darin, dass das Brutto-Inlandsprodukt Chinas mit seiner fast viermal so großen Bevölkerung irgendwann das der USA einholen würde, wobei es pro Kopf erst ein Viertel des US-Wertes erreicht und insgesamt die USA noch lange nicht eingeholt hätte. Schneller, als die Jahre fortschritten, rückte diese »Bedrohung« näher: »2003 sagte man, China würde die USA im Jahre 2041 einholen; 2008, dass es 2027 sein würde; heute spielen wir mit dem Datum 2018.« (Torreblanca 2012)[311]

310 Auch Immanuel Wallerstein sah die Bedrohung, nur dass er sie umgekehrt bewertete und auf den Kapitalismus bezog, den sie seinem wohlverdienten Ende näher brächte. Der relative Aufstieg Asiens unterminiere den Kapitalismus »by overloading the numbers of persons to whom surplus-value is distributed« (Wallerstein 2009, 14). Aber hatte nicht chinesische Massenarbeit zunächst einmal die Masse des globalen, vom Kapital angeeigneten Mehrwerts ungeheuer vermehrt? Lag jenem Bedrohungsgefühl die unbewusste Wahrnehmung zugrunde, dass diese Mehrwertmasse aufgrund der Wertabschöpfungsketten zunächst großenteils im Westen, vor allem in den USA realisiert werden konnte, während nun der Teil, den chinesisches Kapital im Inland realisierte, allmählich zunahm? Aber dann war nicht einzusehen, warum dies den Kapitalismus unterminieren sollte.

311 Nun projizierte man aus dem in Depression eingetauchten Westen dessen eigenes Profil auf den auftauchenden Osten: »Staaten (wie China und Russland) mit einem Übermaß an Souveränität […], welche die Märkte selektiv nutzen, ohne deren Regeln zu akzeptieren, um ihre Macht und politische Autonomie zu vergrößern: sie begrenzen ausländische Investition, beschränken die Einfuhren und weigern sich, die Kurse ihrer Währungen zu liberalisieren.« (Torreblanca 2012) Im Kontext geht es um den »Aufstieg der Geoökonomie«, bei der Machtfragen zu Zugangsfragen würden (Märkte, Rohstoffe, internationale Institutionen – die Liste ist heterogen), und der Zugang sich nicht durch den freien Markt (Preise), sondern durch den Einsatz von Staatsmacht entschiede. Ein Schelm, wer bei diesem auf China gemünzten Suchbild an die USA dachte!

4. Europa unter deutsch-französischer Hegemonie im Neugründungszwang

4.1 Grundwiderspruch der europäischen Konstruktion

Das Bild, das sich auf der anderen Seite des Atlantiks bot, war nicht besser. Die »Europäische Union«, und ihr Geld, der »Euro«, näherten sich gefährlich dem Untergang und waren dabei, ihre Legitimität in den Augen der Völker zu verlieren. Strukturell war die EU, als Überbau eines Gemeinsamen Marktes entfesselter Konkurrenz unter den beteiligten Nationalökonomien,[312] ein Geschöpf des Neoliberalismus, und von dessen Geist waren Personal, Apparat und Programme bis ins Mark durchdrungen. Mit neoliberaler Politik die Folgen des Neoliberalismus zu bekämpfen aber hieß, den Teufel mit dem Beelzebub auszutreiben. Zu dieser Selbstfesselung bei der Verteidigung kam der Angriff von außen. Denn die internationale Spekulation, welche die gemeinsame Währung in die Enge trieb, verfolgte, wie es schien, nicht ausschließlich kurzfristige Profitzwecke, sondern hier kämpften auch Wallstreet und ihre europäische Außenstelle, die Londoner City, um ihr Imperialprivileg.[313] Letzteres war ein Derivat der Monopolstellung des Dollars als Weltreservewährung, und diese singuläre Position war dabei in Erosion begriffen. Nicht nur weitete China den Transaktionsraum seiner Währung ins Internationale aus, sondern schon jetzt bot der Euro Ausweichmöglichkeiten. Die europäischen Regierungen, von denen die Möglichkeit einer Gegenwehr abhing, konnten diese nicht wirklich leisten, solange sie auf neoliberalen Grundpositionen verharrten. Wo wie in Spanien die Rechte an die Macht kam, nützte sie die ›von den Finanzmärkten aufgezwungene‹ Austerität als den idealen Moment, um soziale und emanzipatorische Errungenschaften zu

312 Öffentliche Medien, Banken, Versorgungs- und Daseinsvorsorgebetriebe, die einen sozialen Auftrag hatten und nicht profitorientiert arbeiteten, wurden als Fremdkörper behandelt, die in die Konkurrenz mit Privatunternehmen gezwungen oder kurzerhand in die Privatform des Kapitalbetriebs versetzt werden mussten.

313 Jean-Marie Colombani (2011) sah »gewisse Institutionen und Spekulanten« – er nennt die USA und die Londoner City – am Werk, »die alles Erdenkliche tun werden, um den Euro zu beseitigen, der die Suprematie des Dollars gefährdet«. Er verglich die Situation mit der vor 20 Jahren, als die USA mit ihrer Politik des billigen Dollars den japanischen Yen stärkten und dadurch die japanische Wirtschaft und mit ihr den Yen in der seither währenden Stagnation versinken ließen.

schleifen, Entlassungen zu erleichtern und die Herabstufung der Lohnabhängigen durch den Abbau von Normalarbeitsverhältnissen voranzutreiben, ohne dabei vor den eignen Wählern als Täter dazustehen. Solange die Öffentlichkeit sich mit Phrasen wie der von einer ›Diktatur der Finanzmärkte‹ abspeisen ließ oder selbst abspeiste, war die teils interessierte, teils überzeugte, teils aber auch einfach aus Feigheit oder Ideenlosigkeit gespeiste Komplizenschaft der Regierenden und ihrer Beraterstäbe aus der Schusslinie.

Konnte man unter diesen Bedingungen wirklich sagen, dass der »Machtkampf zwischen dem Primat des Ökonomischen und dem Primat des Politischen« (Schirrmacher 2011b) der zentrale Konflikt der Gegenwart war? Vordergründig hatte der Satz handfesten Sinn, und man konnte verstehen und teilen, was er einklagen wollte: der Staat sollte endlich der Spekulation Grenzen setzen. Aber genau genommen versteckte jener Satz die Akteure und ihre Interessen hinter einer mythischen Personifikation. Denn Primat kämpft nie gegen Primat, sondern ist ein umkämpftes Ergebnis von Kämpfen. Welche Interessen im aktuellen Fall die Oberhand gewannen, war das Resultat widersprüchlicher Kräfteverhältnisse sowohl in der Wirtschaft als auch in der Politik und bildete gewissermaßen ein Verhältnis von Kräfteverhältnissen ab. In gewisser Weise war es der Gründungswiderspruch bürgerlicher Politik auf Basis des »Unterschieds von Bürger als *bourgeois* und *citoyen*« (W 4, 266), von dem Hegel spricht, der sich dem bürgerlichen Denken in dieser heroischen Form eines Souveränitätsringens zwischen Staat und Kapital darstellte. Wenn es noch der alte Kampf zwischen dem Bürger als Citoyen und dem Bürger als Bourgeois war, dann standen die Chancen für ersteren schlecht. Dann bliebe es beim Kampf zwischen dem verschönerten Lichtbild der bürgerlichen Gesellschaft und ihrer irdischen Gestalt, und dieser Kampf, bei dem wieder einmal einige Don Quijotes auf der Strecke bleiben würden, wäre immer schon entschieden. Es sei denn, der Bürger führte ihn gegen sich selbst wie der bürgerliche Staat gegen seine eigene gesellschaftliche Grundlage, und beide würden sich dadurch über ihre eigenen Grenzen hinaustreiben lassen. Wer oder was aber sollte sie treiben? Wir müssen so fragen, wenn wir uns nicht damit zufrieden geben wollen, als Angehörige der »zur Illusion privilegierten Stände« – wie Marx und Engels die Intellektuellen (im weiten Sinn der nicht von Profit- oder Lohnzwecken okkupierten, sondern mit Fragen der Allgemeinheit

Befassten) auf den Arm nehmen – »der Interesselosigkeit einen [...] überschwänglichen Ausdruck« zu verleihen (3/179). Wenn der Staat noch immer »auf der ungehinderten Entwickelung der bürgerlichen Gesellschaft, auf der freien Bewegung der Privatinteressen etc. als seiner Grundlage« beruhte (2/130), wie Marx bei der Analyse des napoleonischen Scheiterns am Kapitalismus bemerkt hat, und seine Souveränität kein Selbstzweck war, sondern sich von der konstituierenden Macht seiner Bürger herleitete, so musste auch von dieser Basis die Macht einer Mehrheit kommen, die der Bereicherungsfreiheit Grenzen setzen würde. Wir kommen darauf zurück.

Auf eine Weise gebaut, dass ohne Einstimmigkeit der Nationalstaaten nichts lief, lief in der EU bei dringendem politischem Handlungsbedarf nicht viel mehr als nichts. Ökonomisch galten einzig der gemeinsame Markt und – bis dahin – der Euro als Erfolg. In Wahrheit war auch das ein Erfolg, der unablässig sowohl seine ökonomische als auch seine demokratisch-politische Basis erodierte. Von der Gründung her war dem europäischen Projekt unterm Druck des Kapitals »tödlich das Gift des Werdens eingespritzt« (*Epikurs Weisungen*, 30). Ganze Generationen von Europapolitikern und –beamten, darunter auch sozialdemokratische, hatten an nichts anderes mehr gedacht als an Konkurrenz und Deregulierung »und blockierten den Aufbau gemeinsamer öffentlicher Unternehmen oder Sozialprogramme Europas« (Birnbaum 2011e). Jetzt waren sie intellektuell und institutionell hilf- und schutzlos den durch die Ratingagenturen angeheizten Attacken der Finanzmärkte ausgeliefert.

Im Fest der billigen Kredite der ersten Jahre des Euro war untergegangen, dass sich – in abgemilderter und zeitlich verzögerter Weise – das Grundmuster des ersten Akts der deutschen Wiedervereinigung wiederholte. Die Währungsunion mit der nahezu doppelt so produktiven bundesdeutschen Wirtschaftsmacht machte die der DDR über Nacht konkurrenzunfähig. Im zweiten Akt wurde der politisch-juristische Überbau der Bundesrepublik auf die sich ihr anschließenden Länder übertragen und eine Strukturangleichungspolitik eingeleitet, in deren Rahmen nach Schätzung von Ulrich Busch in den folgenden zwanzig Jahren rund 1,3 Billionen Euro in den »Aufbau Ost« gesteckt wurden, ohne dass sich Produktivitäts- und Innovationsniveau voll angeglichen hätten (Endres 2010). Im Falle des gemeinsamen, nach dem Muster der Deutschen Mark

›harten‹ Euro als Vollendung des Gemeinsamen Marktes gab es dagegen zwar Struktur- und Kohäsionsfonds, jedoch keine gemeinsame Haushalts- und Wirtschaftsstrukturpolitik. Die Nationalstaaten Europas basierten, wie Samir Amin (2011, 71) bemerkt hat, mehr auf konkurrierenden als auf komplementären Kapitalismen, oder wenn auf komplementären, dann mit Produktivitätsunterschieden. Die Bundesrepublik wurde nicht nur weltweit, sondern auch innerhalb Europas Exportmeister und akkumulierte Exportüberschüsse, während die ökonomisch weniger stark aufgestellten Länder Schulden anhäuften. Früher oder später musste dieses Missverhältnis als Krise explodieren. Im Grunde verhielt es sich gemäß dem marxschen ABC. Man hatte die ökonomische Struktur verändert, ohne die politischen und verfassungsrechtlichen Superstrukturen entsprechend zu verändern.[314] Europas Regierungen waren »zur Handlungsunfähigkeit verdammt durch ihre Obsession mit dem Defizit und ihrer Weigerung, sich den Mächten des organisierten Kapitals zu widersetzen«, und ohne Kursänderung würden »ihre Völker (einschließlich der Deutschen) der Verarmung und möglicherweise dem Chaos und der Desintegration anheimfallen, gefolgt vom Autoritarismus« (Birnbaum 2011e). Die Frage war nicht mehr, ob Europa scheitern würde, es war bereits an seiner eigenen Konstruktion gescheitert, und es fragte sich nur noch, ob dieses Versagen sich beheben ließ und wer dafür bezahlen musste.

4.2 Das Merkozy-Regime

Alle Augen richteten sich auf Deutschland, den »Stabilitätshegemon«, wie Timothy Garton Ash (2011b) einen »senior politician« hatte sagen hören. Für den Weg aus der europäischen Krise rief der polnische Außenminister die Bundesrepublik als politischen Hegemon an, der die Euroländer »führen, nicht beherrschen« solle (EP, 1.12.11). Die Rettung der Eurozone würde, wenn überhaupt, nach deutschen Bedingungen erfolgen. Die historische Bedeutung der Wiedervereinigung, Deutschlands »zweite Chance« (Fritz Stern),

314 Vermutlich im Banne irgendeines sedimentierten Marxismus seiner Jugend hält José Manuel García-Margallo y Marfil (2011), seines Zeichens stellvertretender Vorsitzender des Wirtschaftsausschusses des Europäischen Parlaments, das Scheitern jener politisch gewollten Missgeburt für eine Widerlegung von Marx.

würde sich in dieser Bewährungsprobe entscheiden (Ash 2011b).[315] Die dem Land zugewachsene europäische Führungsrolle schien von vorneherein durchkreuzt durch die Tatsache, dass Frankreich die Hegemonie so wenig leisten konnte wie England, doch beide ebenso wenig auf ihre durch Nuklearrüstung und ständige Mitgliedschaft im Weltsicherheitsrat beglaubigte Souveränität verzichten konnten. Denn auch wenn man, ohne beherrscht zu werden, sich einer Führung unterstellte – oder anvertraute, weil man es ihr zutraute –, musste man ein Stück Souveränität aufgeben. Für »das durch den Neoliberalismus de-industrialisierte Großbritannien« (Attac-Beirat 2011a) stand das Privileg seiner Finanzbranche mit ihrer speziellen Anbindung ans Wallstreet-Dollar-Regime auf dem Spiel. Die EU sollte sich nicht regulierend einmischen dürfen. Außerdem gab es keine Pfundkrise, sondern die spekulativen Attacken mit London als einem der Zentren galten dem Euro. Zudem verfügte Großbritannien, anders als die sich selbst in den Weg tretende EU, über eine veritable Zentralbank, die ihrer Rolle als Ausleiher letzter Instanz unumschränkt nachgehen konnte. Auch flottierte das Pfund am Markt, und das Land steckt nicht im Widerspruch einer der Konkurrenz enthobenen Gemeinschaftswährung bei Konkurrenz der Nationalökonomien, Steuersätze und, indirekt, auch der Staatshaushalte. Damit koppelte sich Großbritannien als einziges der EU-Länder vom krisengepeitschten nachholenden Integrationsprozess ab, und das Schicksal des europäischen Projekts hing an deutsch-französischer Verständigung.[316] Ökonomisch hatte Deutschland die Suprematie, politisch hatte Frankreich den Vortritt. Deutschland, das spät als desto brutalere imperialistische Macht konstituierte und zweimal nachdrücklichst als solche ausgeschaltete, trug den Makel dessen, der das 20. Jahrhundert zum blutigsten der Geschichte gemacht hatte durch seinen Versuch, Europa mit Gewalt seiner Herrschaft zu unterwerfen. Andererseits hatte es den Vorteil, dass

315 Dunkel deutet Ash an, dass das Zerwürfnis zwischen England und Deutschland schon einmal der Beginn einer Katastrophe war.

316 Dieses mögliche Kondominium war atlantischen Strategen nicht erst jetzt ein Dorn im Auge. »One of the emerging ongoing areas of tension is between the Atlantic powers and a Europe organized around a French-German condominium. The war in Iraq can, in part, be seen as an opening salvo in this rivalry. […] ›Europe‹ is changing its meaning. It is now being constructed as a possible counterhegemon to the United States.« (Postone 2006, 109)

die Spuren seiner ehemaligen Kolonialherrschaft lange verwischt waren und nukleare Souveränität à la Frankreich und England ausgeschlossen war. In Gefolgschaft gegenüber den USA geübt, hatte es an sich selbst Lage und Ansprüche der einem Hegemon Folgenden erfahren. Seit der Niederlage von 1945 hatte es Handel getrieben, während andere Länder Kriege führten. Nun verfügte es als einziges europäisches Land über die ökonomische Potenz, die in der Finanz- und Wirtschaftskrise der Führung allein anstand. Die anderen riefen es zur Hegemonie, wobei die deutsche Regierung die Klugheit bewies, in diese Position nicht ohne Frankreich einzutreten. Zugleich aber stellte sie die Bedingungen, ohne die sie nicht bereit war, das hegemoniale Opfer zu bringen. So trat die deutsch-französische Doppelhegemonie auf die Bühne, der alsbald der Name Merkozy angehängt wurde. Das Verhältnis erinnerte an Immanuel Kants Rollenbeschreibung der Eheleute, die dem Mann die Position eines Königs zuweist, der Frau aber die des Ministers, der dem König sagt, was er zu tun habe.

Nachdem Deutschland gegen die keynesianische Alternative seine neoliberal-euromonetaristischen Regeln in Europa durchzusetzen sich anschickte, war der Ausstieg Englands absehbar gewesen. Der Vorgang erinnerte an die zweite deutsche Reichsgründung unter Bismarck, die Österreich draußen ließ, um Preußen die Hegemonie zu sichern. Künftig mochte es sich als historische Weichenstellung herausstellen. Nicht vor allem Vernunft, sondern schiere Not ums Geld gab den Ausschlag für die anderen EU-Länder (außer den Briten), Deutschland auf diesem Weg zu folgen. Es war zwar kaum eine halbe Sache, was da herausverhandelt wurde. Aber dennoch war ein *point of no return* passiert. Die Beschlusslage schuf wie jede der bisherigen Maßnahmen wiederum eine neue unhaltbare Situation, die zum nächsten Schritt zwingen würde. Man konnte es für fundamentalistische Narretei und wirtschaftsideologische Verbohrtheit halten, wie die deutsche Regierung die anderen mit dem Zwang zur Kürzung der Staatsausgaben ähnlich an den Rand zur Politikunfähigkeit trieb wie die republikanische Kongressmehrheit in den USA den demokratischen Präsidenten. Für die deutsche Politik war Haushaltsdisziplin das Zauberwort. Sie bestimmte in den Augen der Bundesregierung und einer Mehrheit der von den Medien unaufhörlich darauf eingestimmten Bevölkerung die »Hausaufgaben«, welche die anderen Länder zu machen hätten.

Aber war das nicht gerade die prozyklische Medizin, die in der Großen Krise und an der Schwelle zu einer sich ankündigenden Rezession das Übel schüren würde? War es ideologische Verblendung oder Mittel zu einem anderen Zweck oder beides, darauf zu bestehen? Es lag ja auf der Hand, dass die Staatsverschuldung nicht der wirkliche Ursachenherd der Krise war. Spanien hatte eine geringere Staatsverschuldung als die BRD, geschweige denn die USA oder GB, von Japan gar nicht erst zu reden. Und die USA, die für ihre Staatsanleihen nicht einmal mehr den Inflationsausgleich zahlen mussten, waren über beide Ohren verschuldet. Die deutsche Zucht, würde es bei ihr bleiben, musste Europa in die Rezession treiben. Der Hauptabsatzmarkt der deutschen Exportökonomie bräche ein, und die Krise schlüge nach Deutschland herein.

Doch das industrielle Exportland mit seiner kompetitiven »Arbeitsverdichtung, Höherqualifikation und Auslagerung« (Vester 2011, 635) verschloss sich, gefolgt von einer Reihe kleinerer nordeuropäischer Staaten, der Einsicht, dass es den verschuldeten Ländern, die das schwächste Kettenglied bildeten, unmöglich gemacht wurde, wieder auf die Füße zu kommen, solange sie in die Abwärtsspirale von Austerität und Rezession gezwungen wurden. Das allmählich ins Bewusstsein rückende Wahrheitsmoment dieser Verweigerung war der Geburtsfehler der EU als primär gemeinsamer Markt des Kapitals, nicht politisches Gemeinwesen der Bürger. Politisch-ökonomisch war damit ein Feld der entgrenzten Konkurrenz geschaffen. Im Blick auf die in der Konkurrenz mit Deutschland nicht konkurrenzfähigen Regionen mit Ausnahme des ehemaligen DDR-Gebiets war somit »offensichtlich, dass diese Länder zu einem starken Absinken ihres Lebensstandards verdammt« waren und »gleichzeitig mehr arbeiten mussten« (Ortega Carcelén 2012). Wenn die reichen Länder die europäische Solidarität aufkündigten, würden sie die gemeinsame Währung zusammen mit der Union in den Zusammenbruch führen; daher der »laute Ruf der Experten« nach der Ausgabe europäischer Schuldentitel (ebd.). Die Alternative zur Auflösung war der Übergang zu einer tatsächlichen europäischen Wirtschafts- und Fiskalregierung. Fiskalunion hieß Verzicht auf die volle Haushaltssouveränität und damit auf das Recht der nationalen Parlamente, die Steuern festzusetzen. Dieses Recht war einmal der Kern gewesen, aus dem der Parlamentarismus sich entwickelt hatte. Während die ökonomisch potenteren Staaten sich weigerten, entsprechende Abstriche an ihrer Souveränität hinzunehmen, muteten sie den kleinen Staaten de facto zu, »dass ihre alte Souveränität einen symbolischen und kulturellen Wert behält, doch wenig wirtschaftlichen Gehalt« (ebd.).

5. Re-Industrialisierung als Sinisierung im Westen

Der chilenische Schriftsteller Jorge Edwards überliefert den Ausspruch einer »chinesischen Autoritätsperson« (2012), der zeigt, wie man die Situation von Chile aus von chinesischem Standpunkt sehen konnte. Am Rande einer Botschafterrunde über die europäische Krise hatte jener Ungenannte ihm auf Englisch zugeraunt: »Kein Wunder, dass es eine Krise gibt, wenn man nur fünf Tage pro sieben Stunden in der Woche arbeitet.« Diese ungenannte Autorität scheint nicht gewusst zu haben, was sie da sagte. Ebenso gut hätte man ihr erwidern können, es sei kein Wunder, dass China vom Export abhängig sei, wenn man dort zu Hungerlöhnen bis zu sechzig Stunden an sechs, womöglich sieben Tagen die Woche arbeite. Offenkundig wäre das unsinnig. Herrschten in Europa und in den USA chinesische Arbeitszeiten, Arbeitsbedingungen und Löhne, hätte es fürs westliche Kapital keinen Grund gegeben, nach China zu wandern. Umgekehrt hätte China mit westlichem Lohn- und Sozialniveau keinen Fuß auf den Boden des Weltmarkts bekommen. Käme aber, um das absurde Gedankenexperiment fortzuführen, unter den jetzigen Bedingungen das den chinesischen Arbeitszeiten entsprechende Arbeitsquantum in Europa hinzu, und zwar nicht zusätzlich bezahlt, sondern als Mehrarbeit, würde sich die Mehrwertrate vervielfachen. Mit ihr wüchse das zur Akkumulation bestimmte Neukapital, und Kapital-Überproduktion mit Finanzüberhang im Gefolge sprengten die kritischen Grenzen und brächten im Effekt den Wirtschaftskreislauf zum Stillstand.

Das fiktive Beispiel ist absurd, und dennoch war die Bemerkung jener Autoritätsperson nicht ganz aus der Welt. Zwar müsste irgendeine Wirtschaftseinheit, »um z.B. mit China konkurrieren zu können, nicht so lang arbeiten wie die Chinesen oder die Löhne auf chinesisches Niveau senken, sondern weiterhin eine höhere Produktivität als sie erreichen, dank besserer Arbeitsorganisation, einem größeren Einsatz von Kapital und Technologie und qualitativ besserer Erziehung und Ausbildung« (de la Dehesa 2007), aber China akkumulierte technologisches Wissen, Bildungsniveau und Produktivität, und bald, verstärkt durch die Krise, fielen den steigenden chinesischen Löhnen die US-amerikanischen entgegen, wenn auch aus großem Abstand. Die europäischen Lohnniveaus taten es ihnen nach, katastrophal in den Peripherieländern. Beiderseits des Atlantiks wurden die sozialen Sicherungssysteme geschwächt. In den USA wurde selbst die Sozialversicherung (»Social Security«) im Zuge der von Obama mit der Rechten geschlossenen Notkompromisse von einer garantierten staatlichen Einrichtung zu einem jener Regierungsprogramme uminterpretiert, die bei den Etatverhandlungen regelmäßig als mögliche Kürzungsposten auf den Tisch kamen.[317]

Bleiben wir zunächst beim Führungsland des westlichen Kapitalismus. Hier stellte sich das Problem als das einer bereits weitgehend ›postindustriellen‹ Gesellschaft, die zunehmend auf Pump lebte. Allein seit 2001 hatten die USA nach Angaben des Quarterly Census 54600 Fabriken und fünf Millionen Industriearbeitsplätze an Billiglohnländer verloren, deren Waren und Dienstleistungen sie zu einem beträchtlichen Teil auf Kredit bezogen, also die Rechnungen als Schulden akkumulierten. Ein Zweig dieses Kreditwesens war zusammengebrochen und hatte um ein Haar das Weltfinanzsystem mit sich in den Abgrund gerissen, ja in ihrem fünften Jahr drohte die Krise schon wieder und noch immer damit. Dieses System konnte nicht dauern. Die USA mussten ihre Stellung in der Weltwirtschaft neu ausrichten. Sie mussten den Entindustrialisierungstrend umkehren. Verkürzt gesagt, mussten sie im Verhältnis zu China die Konkurrenzfähigkeit als Kapitalstandort zurückgewinnen. Wenn allein dieses Unterfangen schon aussichtslos schien, so waren dem Reformpräsidenten, für den an der Bekämpfung der Arbeitslosigkeit die Wiederwahl hing, die Hände gebunden. Die republikanische Kongressmehrheit verweigerte Obama die Waffen gegen Arbeitslosigkeit, da ihr die Arbeitslosigkeit als Waffe gegen Obama diente.

Nun endete das Jahr 2011 mit Vorzeichen eines industriellen Wiederauferstehens (»Resurgence«) der USA (Sirkin u.a. 2011, 3).

317 Ende 2011 zeichnete sich ab, »that Social Security will lose its status as a protected benefit owed to every working American and instead become politically vulnerable, just like any other government program« (Yang 2011).

Als Anzeichen dafür konnte die Rückkehr von Industriekapital in die USA verstanden werden. Das Manager-Magazin kündigte sie überschäumend an unter dem Titel »USA werden zum China des Westens« (Gärtner 2011).[318] Grundlage war vor allem die Studie einer Consulting-Firma aus Boston, die für 2015 eine zumindest ausgeglichene Kosten-Nutzen-Balance US-amerikanischer Standorte im Vergleich zu chinesischen prognostizierte (Sirkin u.a. 2011). Damit würde sich der Trend umkehren. Als wichtigster Grund für eine sich anbahnende Wende galten kräftige Produktivitätszuwächse bei schrumpfenden Reallöhnen. Letztere waren allein in den 12 Monaten bis November 2011 um 1,2 Prozent zurückgegangen. Zwischen Juni 2009 – dem offiziellen Ende der Großen Rezession – und dem Juni 2011 waren sie insgesamt um 6,7 Prozent gefallen (Gärtner 2011; von hier auch die folgenden Angaben). Demnach hatte sich der schleichende relative Verarmungsprozess der Industriearbeiterschaft seit Ausbruch der Großen Krise beschleunigt. Die Erfolgsmeldung, die US-Arbeitskraft, die *work force*, werde »zunehmend flexibel« (Sirkin u.a. 2011, 3), spiegelte die Verschlechterung ihrer Verhandlungsmacht am Arbeitsmarkt, die – ganz von fern – der Mobilität chinesischer Wanderarbeiter zu ähneln begann. Zum einen wurde dieser Prozess über Auslagerung an Zulieferfirmen vorangetrieben; so vergab etwa Ford in Dearborn oder General-Motors in Lake Orion, beide bei Detroit, Aufträge für Reparaturen und Instandhaltung nur noch an Vertragsfirmen, bei denen die Stundenlöhne zehn Dollar (ohne Zuschläge) betrugen. Das VW-Werk in Chattanooga, Tennessee, zahlte mit 15 Dollar je Stunde die niedrigsten Einstandslöhne im Land und erhielt dennoch für die ersten 1 500 ausgeschriebenen Stellen 35 000 Bewerbungen, u.a. von Arbeitern, die früher in Michigan bei General Motors 28 Dollar die Stunde verdient hatten, also außer der Lohnherabstufung auf die Hälfte auch eine Migration von tausend Kilometern gen Süden auf sich nehmen mussten.

Wenn es daher hieß, seit der Finanzkrise würden die USA mit wachsendem Tempo Wettbewerbsfähigkeit zurückgewinnen, so

318 Zum Beispiel baute Samsung den neuen Prozessor A5, der das iPad2 und das iPhone 4S steuerte, nicht in Asien, sondern in Austin/Texas (Gärtner 2011). Ford kündigte an, etwa 2000 Arbeitsplätze in die USA zurückzuverlagern aufgrund einer »günstigen Vereinbarung« mit der Automobilarbeiter-Gewerkschaft, die dem Konzern zugestand, neue Arbeiter zum Stundenlohn von 14 USD einzustellen (Sirkin u.a., 2011, 6).

lag dem stillschweigend der (die Gesamtkosten berücksichtigende) Vergleich mit den chinesischen Löhnen zugrunde. Betrugen chinesische Durchschnittslöhne um 2000 noch ca. drei Prozent der US-amerikanischen, so Ende 2011 bereits knapp zehn Prozent, und für 2015 ließen sich 17 Prozent extrapolieren (Sirkin u.a. 2011). Bei geringem Arbeitskostenanteil am Produktenwert reduzierte sich der weiter bestehende Lohnvorteil chinesischer Standorte für transnationales Kapital auf einen einstelligen Wert.[319] Die Asiatische Entwicklungsbank (ADB) rechnete Ende 2010 vor, »der Anteil der Lohnkosten am iPhone, dessen Zutaten zu 34 Prozent aus Japan und zu 17 Prozent aus Deutschland kommen (Infineon), betrage weniger als 3,6 Prozent. Schon vor einem Jahr hätte demnach laut der ADB die komplette Verlagerung der Endmontage des iPhones von Südchina in die USA einen leicht zu verkraftenden Effekt gehabt. Die Brutto-Gewinnmarge von Apple wäre von 62 Prozent auf 50 Prozent gesunken« (Gärtner 2011). Nahm man die mit dem Ölpreis steigenden Transportkosten, den sich verteuernden Boden und die steigenden Sozial- und Umweltstandards in China hinzu,[320] dazu die Nähe zum US-Markt und damit die Möglichkeit, schneller auf Kundenwünsche reagieren oder erschöpfte Lagerbestände auffüllen zu können, würde der Kostenvorteil zusammenschmelzen. Freilich deutete der letzte der genannten Posten bereits die Einschränkung an. Diese Rechnung hielt nur für Lieferungen nach Nordamerika stand, nicht aber für solche nach Europa oder Asien, für die China eine bedeutende »Exportplattform« bleiben würde, sodass eine teilweise Re-Industrialisierung der USA Chinas Rolle als »globale Fabrikmacht« nicht beeinträchtigen musste (13).

Im Zuge dieser Entwicklung und im Visier der Profitorientierung tauchte überraschend für US-Bundesstaaten eine Bezeichnung auf, wie man sie bisher nur für China, Vietnam, Thailand und ähnliche ›Schwellenländer‹ kannte: Billiglohnländer.[321] In dem Maße, in dem

319 Dieser Trend hält langfristig an. Von 1972 bis 2010 ist in den USA der Produktenwert auf 250 % gestiegen, während der Arbeitseinsatz um ein Drittel gefallen ist (Sirkin u.a. 2011).

320 Frank Sieren (2011) sieht in China »nur eine wirkliche Gefahr für das Wachstum: das Problem der Wasserverschmutzung«.

321 »... certain U.S.states, such as South Carolina, Alabama, and Tennessee, will turn out to be among the least expensive production sites in the industrialized world« (Sirkin u.a. 2011, 5f).

US-Bundesstaaten derart zu einem »China des Westens« wurden, erhöhte sich der Konkurrenzdruck auf den Westen insgesamt. In der Tendenz würden dann nicht nur die USA zum »China des Westens«, sondern der Westen würde zu seinem eigenen China werden wie auf der anderen Seite China zu seinem eigenen Westen. Die Formel von Hu Angang, »Ein China – vier Welten«, würde sich, modifiziert, auf den Westen anwenden lassen, wenn auch vielleicht nicht mit vier, aber doch mit drei Welten, wie ja auch in China selbst die »vierte Welt« der nahezu absoluten Armut zumindest perspektivisch aufgehoben sein würde. Wenn wir im vorangegangenen Kapitel gesagt haben, die Universalisierung der Konkurrenz, die der Neoliberalismus entfesselt und die Chinas Eintritt in den Weltmarkt verschärft hatte, schlage ins Innere der chinesischen Gesellschaft zurück, so schlüge sie nun unterm Druck der durch Chinas Aufstieg bewirkten tektonischen Verschiebung der Weltverhältnisse verstärkt ins Innere der westlichen Gesellschaften zurück. Das Schicksal der Peripherieländer Europas aber würde seinen reicheren Ländern Aspekte ihrer Zukunft zeigen. 1867 schrieb Marx im Vorwort zum *Kapital*: »Sollte jedoch der deutsche Leser pharisäisch die Achseln zucken über die Zustände der englischen Industrie- und Ackerbauarbeiter oder sich optimistisch dabei beruhigen, dass in Deutschland die Sachen noch lange nicht so schlimm stehn, so muss ich ihm zurufen: De te fabula narratur!« (23/12) Wer heute in Europa die Achseln zuckt über die Zustände der chinesischen oder amerikanischen oder spanischen usw. Industrie- und Ackerbauarbeiter oder sich dabei beruhigt, dass in seinem Land die Sachen noch lange nicht so schlimm stehen, dem müssen auch wir jetzt zurufen: Es ist Deine Geschichte! Sie spielt an den Grenzen des Kapitalismus.[322] Und Politik müsste sich ihren Namen zurückverdienen, indem sie diese Geschichte gestaltet, statt sie dem natürlichen Selbstlauf zu überlassen. Ohnehin scheinen im Handeln der Regierenden, ob sie es wissen und wollen oder nicht, jene Grenzen auf. Jenseits ihrer holt bereits der subsidiäre

322 Ohne den Begriff zu haben, beschreibt Wolfgang Streeck (2011) das ganze Drama seit den späten 1970ern als Politik an den Grenzen des Kapitalismus. Generell schreibt er der Politik ins Stammbuch, dass »building the alliances necessary for an advanced industrial society to fully use its productive potential cannot be left to capitalist actors, or for that matter to actors with a capitalist mindset« (Streeck 2010, 32).

Kapitalismus,[323] der sich abzeichnet, wenn aus dem sozialen Konsumfonds Mittel abgezogen und in die Finanzierung von Profitbedingungen gesteckt werden, seine Existenzbedingungen. Diese Grenzen sind dehnbar. Sie sind das, wohin alles tendiert. Der Systemzustand muss nie dort ankommen. Zu diesem Ziel gibt es keinen ökonomischen Selbstlauf. Ihm praktisch entgegenzugehen, verlangt geschichtliches Handeln, »geschichtliche Tat«, wie Marx in anderem Zusammenhang sagt (K I, 50). Der Selbstlauf der ökonomischen Kategorien des Kapitals eilt von einer Katastrophe zur nächsten, eine schlimmer als die andere.

323 Die »Bankenrettung« bot das Schauspiel eines subsidiären Finanzkapitalismus, dessen führende Großbanken mitten in der Krise gewaltige Gewinne machten und ihre Obermanager mit riesigen Tributen bedachten.

Zwölftes Kapitel

Hightech-Antikapitalismus und Krise der Demokratie

Die Antipolitik ist zutiefst reaktionär.
Albert Solé (2012)

1. Virtuelle Vergesellschaftung übers Handy

Nicht nur Systeme politischer Herrschaft entfalten sich im Möglichkeitsraum der Produktivkräfte einer Epoche (vgl. Kap. 3.3), sondern auch herrschaftskritische Emanzipationsbewegungen. 2001 hat Hans-Jürgen Krysmanski den »postmodernen High-Tech-Kapitalismus der *California Ideology*« unter der Perspektive untersucht, welche »Möglichkeiten eines High-Tech-Anti-Kapitalismus« sich daraus ablesen ließen. Das »System des globalen Kapitalismus« sah er »durch vielfältige anti-systemische Bewegungen (teilweise mit High-Tech-Charakter) herausgefordert« und fand, dass »die interessantesten anti-systemischen Bewegungen [...] heute von [...] gewaltlosen Konfliktaustragungspraktiken [lebten], basierend auf den neuen ›virtuellen‹ Hochtechnologien«. Als neuartige Akteursform registrierte er die »sogenannten Netzgemeinschaften, mit ihrer Kommunikationsdichte und ihren Kommunikationsformen«, und aus dem Cyberpunk las er einen neuen Intellektuellentyp heraus, »dem unsere Kids nacheifern: der allseitig entwickelte und vor allem allseitig mit bestem Gerät ausgestattete, wider die hochtechnisierten Mächte der Finsternis antretende Einzel-Cyberkämpfer«, der »mit virtuellen, friedlichen Mitteln – effektiv« kämpft. Der Hightech-Intellektuelle sollte über einen vernetzten Multimedia-Computer sowie über Internet- und Medienkompetenz verfügen, und er sollte sich in geeignete Kommunikations- und Publikationsnetze integrieren.

Seither ist der »Blogger« als Akteurstyp aufgetaucht. Was ihm den Ausbruch aus der massenhaften Einsamkeit des Meinens in die Gemeinschaft des Weltänderns ermöglichte, waren die Netzwerkformen der Kommunikation und Koordination der Massen selbst, zu deren Terminal das multifunktional erweiterte Taschentelefon alias »Handy« geworden war. Ein Rückblick ist angebracht.[324] Entwickelt in Finnland, wo Anfang der 1980er zwei Drittel der Handynutzer der Welt residierten, entband das Mobiltelefon das Fernsprechgerät vom Festnetz und verlagerte es in die Tasche des potenziellen Sprechers. Neben der herkömmlichen Telefonierfunktion wurde es mit der Möglichkeit ausgestattet, auf 160 Zeichen begrenzte Kurzmitteilungen (SMS) zu versenden, was als eine Art Notrufmedium gedacht war. Zur Überraschung seiner Erfinder flutete das Leben dieses kleine SMS-Format, erfand sich neu im Möglichkeitsraum der neuen Technobasis und machte das Gerät zum Mittel einer »lebendigen Message-Kultur« (Castells/Himanen 2002, 62). Allein die fünf Millionen Finnen verschickten 2001 mehr als eine Milliarde SMS. Wenn es 21 Jahre gedauert hatte, bis die erste Milliarde Handy-Anschlüsse erreicht war, so brauchte es nur drei weitere Jahre bis zur zweiten Milliarde. Jeder dritte Erdbewohner lief jetzt mit einem Handy herum. Ende 2005 war China zum größten Markt mit 395 Millionen Nutzern geworden. In Spanien waren mehr Mobiltelefone angemeldet als Einwohner (EP, 13.2.2007). Immer mehr IT-Funktionen wuchsen ans Taschentelefon an, bis es nicht nur Fotographie, Spiele und Fernsehen integrierte, sondern GPU und Routenplanung und ständige Internetpräsenz vermittelte. Aus dem Handy wurde das ›Glokalisierungs‹-Gerät par excellence, indem es globale Lokalisierung und lokale Globalisierung in einem bot. Rifkin schloss daraus auf den »postmodernen Handy-Charakter: das mobile, flexible Individuum, das eigentums- und ortlos ist und damit [...] auch zunehmend frei von Eigenschaften, Eigenarten, Besonderheiten und Fähigkeiten.« (Greffrath 2001) Ganz konnte das nicht stimmen. Man denke nur an die rund 6300 Designfirmen, die Judith Lembke 2006 in Berlin ausgemacht hatte, von denen »die meisten nicht mehr Beschäftigte als den Inhaber« zählten, dazu »fernab von festen Arbeitsverträgen« und ohne Altersvorsorge waren und zum Teil als »kreative Tagelöhner [...], mit Handy und Laptop ausgerüstet, in Friedrichshainer Cafés auf Aufträge« warteten.[325] Zumindest brauchten sie besondere Fähigkeiten, und bei aller

324 Vgl. hierzu und zum Folgenden <www.wolfgangfritzhaug.inkrit.de/documents/Contradictions-of-Globalization-07.pdf>.

325 Bei den Glücklichen, die Aufträge hatten, endete »der Arbeitstag nie – zumindest im Kopf gehen die Projekte immer weiter« (Lembke 2006).

Flexibilität musste der strukturelle Individualismus ihrer Daseinsform der Kultivierung von Eigenarten sogar entgegenkommen.

Mit Gramsci (Gef 6, 1381) konnte man sagen, dass aus dem ununterbrochenen Redestrom ungezählter »Blogs« sich die »verbreiteten und zusammenhangslosen Eigenschaften eines allgemeinen Denkens einer bestimmten Epoche in einem bestimmten Volksmilieu« abhoben. Sie waren nicht nur zusammenhangslos, sondern kraft des unorganisierten und zunächst solipsistischen Do-it-yourself auch ohne kollektive kulturelle Unterscheidung von richtig und falsch, wichtig und banal, Sinn und Blödsinn. Die Netz-Öffentlichkeit ist – sieht man von den sich allmählich zuziehenden Zensurprogrammen der Staaten und der Portalbetreiber ab – zunächst ohne Sichtung, ohne Qualitätsfilter, ohne unabhängige Auswahlinstanz, wahllos. Sie hebt privat, als Möchtegern-Öffentlichkeit an und mündet in einen Dschungel, wenngleich ohne anderes Gefressenwerden als das des Unbemerktbleibens. Dann beginnt die Buschtrommel, die Auswahlinstanz zu ersetzen. Ihr verdankt sich, an welchen virtuellen Netzorten die Besucher sich häufen. Ist dieser Zustand zunächst noch nicht über das Stadium der Privatisierung der Kultur hinaus, bei der die Warenlogik des Info-Konsumismus herrscht, so ändert sich das in dem Maße, in dem der Redefluss der Blogger es Beteiligten ermöglicht, sich »modellhaft« zu fragen, »wie denn aus der Zusammenhangslosigkeit, ihrer oder noch einer krasseren, eine ›Assoziation freier Individuen‹ entstehen soll« (Jäger 2010, 242). Wo das geschieht, bleibt es zunächst bei virtuellen Assoziationen, die sich um irgendein Ausgedachtes herum versammelten. Albert Solé (2012) hat aus der Struktur der Netz-Öffentlichkeit das »anarchisierende Abdriften der Kollektive« abgeleitet, »die von unmöglichen Revolutionen träumen«. Vor Augen standen ihm die Forderungen der spanischen Bewegung vom 15. Mai 2011, deren Losung »Democracia real ya!«, »wirkliche Demokratie jetzt!«, ihm aus dem Herzen sprach, doch deren Abwendung von der Politik und Gleichgültigkeit gegenüber dem Unterschied zwischen rechts und links und vollends dem Aufruf zum Nichtwählen er als »echte Geschenke für den Neoliberalismus« begriff. Und doch waren Blogger in den unterschiedlichsten Regionen der Welt als Identifikationsfiguren und organische Intellektuelle, ja zum Teil als namengebende Märtyrer von Volksbewegungen eines neuen Typs hervorgetreten.

Dieses Medium der Selbstvernetzung und globalen Echtzeitverbundenheit beanspruchte Zeit und Geld. Seine Nutzung vernutzte Lebenszeit in einem Zeitlabyrinth aus unzähligen Labyrinthen. Oder, wie David Gelernter, Vater des weltweiten Netzes (www), den der Una-Bomber 1993 aus der Welt schaffen wollte, 2011 sagte: »ein Click auf einen Hyperlink, und schon ist man in einer anderen Cyberwelt.« Er fuhr fort: »Kinder lernen nicht mehr, bei einem schwierigen Thema nicht gleich wegzurennen. Aber inzwischen sind SMS und das ständige Telefonieren noch perfekter geeignet, das elektronische Kind in eine Komödie zu verwandeln, in der es dauernd zu Unterbrechungen kommt. Das Kind wartet gespannt auf den Klingelton und die allerneueste SMS, es ist immer bereit, sich unterbrechen zu lassen, um seine Zeit auf möglichst viele unterschiedliche Weisen zu vergeuden.«

In die Taschen der Kinder und damit in die ihrer Eltern riss das Handy ein Loch, durch das Geld an die Mobilfunkanbieter floss.[326] Die transnationalen Konzerne rangen erbittert um den Zugriff auf diese Goldgrube. Laut Umfragen besaßen in der Bundesrepublik 2011 zwei Drittel der schulpflichtigen Kinder ein Handy, die Hälfte von ihnen hatte ihr erstes zwischen dem siebten und zehnten Lebensjahr bekommen. Unter den 13- bis 14-Jährigen nutzten schon rund 80 Prozent Vertragshandys.[327] Diese Generation wuchs mit dem Handy auf und hinein in den Daseinsmodus der permanenten Konnektivität und bald auch des Am-Netz-Seins, der Online-Existenz. Während Handys für Ältere nicht viel mehr als ein kabelloses Telefon waren, erwarteten Jüngere in ihnen eine universelle Kommunikations-Schnittstelle.[328] Die eine besaßen, waren allerorts und jederzeit für ihre Kohorte erreichbar, in der man sich persönlich kannte. Deren Grenzen aber waren offen zu den unpersönlichen sozialen Netzwerken hin, durch die es unaufhörlich ›zwitscherte‹.

326 2002 hatten Jugendliche unter 18 fast eine Milliarde Euro für ihre Handy-Rechnungen ausgegeben. »Handy-Spiele« wurden zum Milliardengeschäft, und auf dem Schulhof zählten nur mehr diese »mobilen Spielkonsolen« (Schmidt 2003). Um 2007 waren in Deutschland 12 Prozent der 13- bis 24-Jährigen mit durchschnittlich 1800 Euro verschuldet, zumeist wegen »unbedachter Nutzung« (Rehfeld 2007).

327 <www.jugendschutz.net/news/201111/news_11-11-03_13-51-23_KH.html>.

328 »Während jeder dritte Jugendliche unter 20 Jahre beispielsweise starkes Interesse am Kauf eines Apple-iPhone hat, ist bei den über 50-Jährigen nicht einmal jeder Zehnte an dem Vorreiter-Gerät interessiert.« (Spiegel, 30.12.2010).

Die Offenheit ermöglichte die Überschreitung, und die Pseudo- oder Anonymität erleichterte Aggression, sexuelle Anmache seitens Erwachsener, ja selbst Erpressung. »Bereits 38 Prozent der Jugendlichen in Norddeutschland wurden nach einer repräsentativen Forsa-Umfrage schon Opfer von Cybermobbing.«[329] Das »Simsen« und »Twittern« im neuen Medium änderte den Kommunikationsstil, schuf einen Netzjargon mit eigener Kürzelsprache und veränderte die Lesekultur, indem es unter der jungen Generation mit ihrer Gewohnheit des »infosnacking« einen Exodus aus der Welt des gedruckten Wortes auslöste.

Neben dem Medium eines tausendfältigen Blabla aus Langeweile wurde es eines der persönlichen Verabredung, der Einladung zu einer Party, aber auch der Verbreitung von Informationen und bald auch von Bildern. Die mit dem Handy aufgenommenen Photos oder Kurzvideos konnten mit demselben Gerät unmittelbar verschickt werden. Dieser Möglichkeit verdankte die Welt die sexual-sadistischen Folterbilder aus dem irakischen US-Gefängnis Abu Ghraib.[330] Dass ›es‹ herauskam, verdankte sich der Ambivalenz der Hochtechnologie, die jenen ersten elektronisch geführten Krieg zunächst zum Spaziergang für die US-Truppen gemacht und der irakischen Armee den Untergang bereitet hatte. Es war die gleiche Elektronik, die den auf Zelluloid und Papier angewiesenen Schnappschuss durch die digitale Aufnahme und die zensierbare Frontpost durchs Mobiltelefon mit integrierter Kamera abgelöst hat. Wenn es durch »Einbettung« der Journalisten unter die Frontsoldaten den Strategen zunächst gelungen war, ›unfreundliche‹ Berichterstattung weitgehend zu verhindern, so verwandelten sich die Soldaten, die ihre Digitalkameras mitgebracht hatten, unterderhand in ihre eigenen Journalisten. Auf diese Weise durchschlug, was bei anderen Kriegen erst lange später, aus Nachlässen gesammelt, an die Öffentlichkeit kam – das Posieren mit Leiche –, noch fast zur Geschehenszeit die Sicherungen. Seither hat das multifunktionale Handy den Journalismus verändert. Der Fremdmediatisierung ist eine Konkurrenz in Gestalt der Selbstmediatisierung erwachsen. Emblematisch steht

329 <www.jugendschutz.net/news/201111/news_11-11-08_08-42-18_KH.html>.

330 Man nahm an, »that the torture fotos, taken on digital cameras, have been doing the email rounds of soldiers in Iraq and their families in America for the past few months« und dass zumindest einige der Bilder über »email-happy soldiers« an die Presse gelangt waren (O'Neill 2004).

dafür das im Februar 2005 eröffnete Videoportal YouTube, das fünf Jahre später mit 2 Milliarden Aufrufen und 65 000 von den Nutzern neu hochgeladenen Videos pro Tag nach Berechnungen von Ellacoya Networks zehn Prozent des gesamten Datenverkehrs im Internet ausmachte. Dieses Medium erlaubte den Nutzern, Ernst zu machen mit der Losung »Werden Sie Ihr eigener Fernsehdirektor« (vgl. Barfuss 2002, 179ff) und als Publikum das Gesehene zu kommentieren. Seither bedienen sich Presse und Fernsehanstalten immer öfter des dort aus Krisen- oder Katastrophengebieten oder einfach vom Ort irgendeines aktuellen Geschehens hochgeladenen Materials.

Waren es hier Bild- und Tonrepräsentationen, die an die Öffentlichkeit gingen, so ließ eine weitere Handynutzung dem Sehen das Geschehen vorausgehen. So bei der Organisation eines »Flashmob«, einer inhaltslosen Ad-hoc-Versammlung von einander großenteils Unbekannten, die von derselben elektronischen Buschtrommel erreicht worden waren, um aus Gaudi der Normalität einen Streich zu spielen durch irgendeine kollektive Geste. Hier zeigte das zusammenhangslose Streuungs- und Zerstreuungsmedium seine Assoziationsmacht in Gestalt vorerst noch nichts weiter als sich selbst bedeutender Kollektivhandlungen, wie man sie zur Zeit des Surrealismus als »actes gratuits« beschrieben haben würde. Doch dann griff die Gewerkschaft Ver.di diese Form im Arbeitskampf auf, und das Arbeitsgericht musste sich damit befassen (Amann 2008). Die Gewerkschaft war weder die erste noch die einzige, die sich dieser Form für gesellschaftliches Engagement bediente. Wenn in irgendeiner Konfliktsache, die eine soziale Bewegung als relevant betrachtete, Not herrschte, etwa weil ein besetztes Haus geräumt oder, zur Zeit der Kämpfe gegen die Verlegung des Stuttgarter Bahnhofs unter die Erde, ein zu schützender Baum gefällt oder ein Gebäude abgerissen zu werden drohte, kam das SOS als SMS an. Auch die Entstehung der dabei vorausgesetzten öffentlichen Betroffenheit und deren Verdichtung und Verwirklichung als soziale Bewegung konnten vom SMS-Verkehr ihren Ausgang nehmen.

Diese engagierten Nutzungen basierten auf einem Effekt, der sich in Anlehnung an Gramscis Hegemonietheorie beschreiben lässt. Aus Stimmen, die sich im unaufhörlichen Fluss abstimmten, konnte ein Konsens hegemonial werden. Denn das Handy gab Zugang zu einem zwar selbstorganisierten, aber zugleich subjekt-, weil zentrumslosen Hegemonieapparat, der seine Effekte im Stimmengewirr generierte. Plötzlich konnte sich die atomisierte Menge im Magnetfeld einer durchdringenden Losung ausrichten.[331] Zerrbilder solcher Effekte lassen sich nach dem Muster der Warenästhetik und der Boulevardpresse erzielen, die darauf aus sind, die Menschen in Konsumenten zu verzaubern durch Erscheinungen dessen, »was einem eingeht wie nichts, wovon man spricht, wonach man sich umdreht, was man nicht vergisst, was alle wollen, was man immer gewollt hat« (KdWÄ, 83). Doch dieser Schein wird schal und ist bald durchschaut. Es ist die viele angehende existenzielle Relevanz eines Themas, das in einer bestimmten Situation die Vielen aus dem Dasein der von Günther Anders beschriebenen Masseneremiten ins gemeinsame Auftreten im öffentlichen Raum zu reißen vermag.

2. *Die Rebellion, die aus dem Netzwerk kam*

Man kann über alles reden, aber man kann nicht über alles hinwegreden. Es ist das Gravitationsfeld der sozial existenziellen Themen, was die Texte aus dem Selbstlauf ins Realistische zieht und unüberhörbar machen kann. So ging es mit der lange passiv hingenommenen Verschärfung sozialer Ungleichheit in Jahrzehnten neoliberaler Hegemonie, als die Große Krise die Gesellschaftsmehrheit mit der Nase darauf gestoßen hatte, dass von ihren Lebenschancen die Rede war.

Vor einigen Jahren brachte *Time* Umfrageergebnisse, denen zufolge 39 Prozent der US-Amerikaner glaubten, sie gehörten zum einen Prozent der Reichsten in den USA. Dieser Phantasmagorie mochte ein Gespür dafür zugrunde liegen, dass sie in der Tat zur

331 Es wird nicht überraschen, dass das Kapital diesen Selbstorganisationseffekt im Möglichkeitsraum des digitalen Kosmos für seine Zwecke einsetzt. So beim »Ambient Marketing«, wo »sich der Schwarm der Schnäppchenjäger über seine SMS-Buschtrommeln und seine Mund-zu-Mund-Propaganda selbst herbeiruft. Wie beim Schneeballsystem pflanzt sich die Losung dabei nichtlinear fort: Jeder Empfänger ist ein potenzieller Fokus eines weiteren Ambientes. Die nicht mitwirken, werden darauf aufmerksam und reden darüber.« (KdWÄ, 274) – Berührungspunkte gibt es auch mit der Methode des »crowdsourcing«, dem »outsourcing« von Forschungsaufträgen übers Internet, einer Unterform von Arbeitsauslagerung. Das Verfahren inspiriert sich am Wikipediaprinzip. Dabei entsteht ein neuartiges Arbeitsverhältnis. Wie immer geht es um Verbilligung, die an Lohnkosten ansetzt, um die Mehrwertrate zu steigern, und zwar ohne jedes Risiko.

Gruppe der Reichsten des Planeten gehörten.[332] Jenseits ihrer Illusion wartete auf die meisten ein subalterner Platz in der von Rifkin (2001) angekündigten »Welt, in der vier Fünftel der Menschheit unselbständig und elend sind, mit einer komfortabel bestochenen oberen Schicht, die für die Aufrechterhaltung der Megamaschine unabdingbar ist, und ganz oben einer winzigen Zahl von Korporationen, Rentenfonds und einer Handvoll Superreicher, denen die ›wirkliche Welt‹ gehört [...], die noch Macht haben und ›altes‹ Eigentum: quadratkilometerweise Natur, den Menschheitsbesitz an Bildern und die digitalen Rechte auf das Produktionswissen unserer ganzen Geschichte, inklusive Gene. Die anderen müssen, so Rifkins knappes Resümee nach seiner Reise durch die kapitalistische Zukunft, ›Eintritt für ihr Leben‹ bezahlen und das Weltkulturerbe von den Entertainment-Netzen zurückmieten, nicely packaged, natürlich.« (Greffrath 2001). Der Finanzkrach von 2008 erschütterte das Selbstvertrauen. Doch noch wartete »der revolutionäre Agent der gefährdeten amerikanischen Zukunft, die ›früheren Mittelschichten‹«, ab (David Brooks, zit.n. Schirrmacher 2008b). Erst als die Große Krise ins allgemeine Bewusstsein eingedrungen war, platzte die Illusion wie eine Seifenblase. Am Widerhall der Bewegung »Occupy Wall Street« (OWS) mit ihrer Losung »Wir sind die 99 Prozent« lässt sich ablesen, wie Zahlen, die man lange als Abstrakta an sich hatte vorbeiziehen lassen, mit einem Schlag sich für Menschen schmerzlich konkretisiert hatten oder, besser, von ihnen konkretisiert und zum Anlass genommen worden waren, sich politisch in Bewegung zu setzen.

Es scheint, dass die Losung direkt auf eine Vorgabe von Joseph Stiglitz antwortete, einen Artikel, der vor allem im Internet, schon bevor er im Mai 2011 in *Vanity Fair* erschien, eine rasante Wirkung entfaltete. Sein Titel, »Of the 1 %, by the 1 %, for the 1 %«, parodierte Abraham Lincolns berühmte Demokratiebestimmung als »Government of the people, by the people, and for the people«, um klar zu machen, dass die herrschenden Verhältnisse nur mehr eine Parodie jenes Anspruchs darstellten. »So gut wie alle US-Senatoren und die meisten der Kongress-Abgeordneten gehören zum obersten Prozent, wenn sie ihr Amt antreten, werden vom Geld des obersten

332 Ein Prozent der Weltbevölkerung verfügt über die Hälfte des Reichtums der Welt.

Prozent im Amt gehalten und wissen, dass, wenn sie dem obersten Prozent gut dienen, das oberste Prozent sie nach ihrem Ausscheiden gut belohnen wird.« In der Praxis lief das auf Obstruktion hinaus, wenn es um sozialpolitische Belange ging, etwa den Arbeitslosen zu Jobs zu verhelfen oder die Pharmaindustrie zu Preissenkungen zu zwingen und das Gesundheitssystem sozialer zu machen. Wie es aussah, konnte mit diesem parlamentarischen Personal der Staatshaushalt nur noch unter der Bedingung verabschiedet werden, dass er Steuervergünstigungen für die Reichen enthielt. »Das oberste Prozent mag auf die Art von Regierungssystem schimpfen, das wir haben, aber in Wahrheit ist es ihm so gerade recht: sich selbst blockierend in Sachen Umverteilung, viel zu polarisiert, um etwas anderes als Steuersenkungen auf den Weg zu bringen.« Die wachsende Armut unter einer konjunkturpolitisch handlungsunfähigen Regierung und die infolge jahrelanger Unterinvestition verrottende Infrastruktur und Bildung verschlechterten die Lebensbedingungen der Masse der Amerikaner weiter, brachten Millionen von ihnen in Not und beraubten die junge Generation ihrer Chancen für die Zukunft. Kein Wunder sei die Wahlbeteiligung der unter dreißigjährigen US-Amerikaner etwa so hoch wie ihre Arbeitslosigkeitsrate, nämlich 21 Prozent, fuhr Stiglitz fort. Zum Schluss richtete er den Blick auf die arabische Volksbewegung für Demokratie. Angesichts der Leidenschaft auf Kairos Tahrirplatz »kommen wir nicht umhin, uns die Frage zu stellen: Wann wird es in Amerika so weit sein? In wichtiger Hinsicht gleicht unser Land einem jener fernen, von Unruhe heimgesuchten Schauplätze.«

Der schleichende Verarmungsprozess der Bevölkerungsmehrheit im Kontrast zur schamlosen Bereicherung der Reichsten hatte seinen theoretischen Ausdruck gefunden. Die Verschiebung der Proportionen, die aus den notorischen Zahlen sprachen, war schlagend. Das Einkommen des reichsten Prozents der Bevölkerung hatte sich im vergangenen Jahrzehnt mehr als verdoppelt, das Durchschnittseinkommen um über 6 Prozent abgenommen,[333] eine Entwicklung, deren Beginn sich auf den Übergang vom Fordismus zum Hightech-Kapitalismus datieren lässt: Zwischen 1979 und 2005 war das inflationsbereinigte Einkommen im mittleren Sektor um 21 Pro-

333 »For men with only high-school degrees, the decline has been precipitous – 12 % in the last quarter-century alone.« (Stiglitz 2011)

zent gestiegen, beim reichsten Tausendstel um 400 Prozent.[334] Das Durchschnitts-Arbeitseinkommen derer, die 50 Millionen Dollar und mehr im Jahr bezogen, kletterte allein zwischen 2008 und 2010 von 91,2 auf 518,8 Millionen. Diese 74 Leute verdienten gleich viel wie 19 Millionen Amerikaner im Durchschnitt. Wie das Institute for Policy Studies im August 2007 errechnet hatte, steckten bereits damals gewisse Private Equity- und Hedgefonds-Manager alle zehn Minuten das Äquivalent eines deutschen Durchschnittsjahreslohnes ein, der seinerseits das Fünfzigfache des Weltminimums betrug (EP, 30.8.07, 49). Das war das Zweiundzwanzigtausendzweihundertfünfzigfache eines deutschen Durchschnittsjahreslohns und das mehr als Millionfache des Jahreseinkommens eines der *working poor* des Globus. Adam Smith meinte seinerzeit, damit ein Reicher sein könne, müsse es 500 Arme geben. Lebte er heute und in Kenntnis der Superreichen, würde er sagen, dass es für jeden von diesen mindestens 500 000 Arme geben müsse, wenn nicht gar eine Million.[335]

Die astronomisch hohen Einkommen dieser finanzkapitalistischen Aneignerklasse[336] und mehr noch deren Quasi-Steuerbefreiung waren skandalös – Mitt Romney, der zu jenem einen Prozent gehörte, hatte 2010 sein Einkommen (weil aus Kapitalerträgen und nicht auf Lohn beruhend) zum selben Satz (13,9 Prozent) versteuern müssen wie das amerikanische Durchschnittseinkommen, obgleich das seine vierhundertzweiunddreißigmal so hoch war wie dieses. Doch die Skandalisierung konnte leicht in die Personalisierung rutschen, »diese Abzocker« für Krise und Misere verantwortlich zu machen, statt die Strukturfrage zu stellen.

334 Krugmans Quelle ist der Ungleichheitsbericht des Kongress-Haushaltsausschusses von 2005; der neuere Bericht differenzierte nicht mehr innerhalb des einen Prozent der Reichsten.

335 In Deutschland besaß 2006 ein Prozent der Bevölkerung etwa ein Viertel des gesamten Vermögens und damit mehr als die unteren 80 Prozent zusammengenommen (Grabka/Frick 2007). Allein die deutschen Geldvermögen wurden 2011 insgesamt auf rund 5 Billionen Euro geschätzt. Daraus ließen sich die deutschen Staatschulden (2 Billionen) mitsamt den italienischen, portugiesischen und griechischen begleichen oder alle Dax-Unternehmen und die größten Unternehmen Frankreichs, Großbritanniens und Spaniens dazu übernehmen (FAZ, 14.10.11, 19).

336 Die Klasse der führenden Manager lässt sich ihre Dienste von den Kapitaleignern feudal entlohnen: Zwischen 1970 und 2003 haben sie ihre Durchschnittseinkommen vom 40- aufs 531-Fache des Arbeitereinkommens hochgetrieben (Clairmont 2003). Sie führen sich auf wie die neuen »Räuber der Nationen«.

3. *»Fuckyouwashington« als Vorspiel*

Wenn Unzufriedenheit sich zu einer allgemeinen Stimmung verdichtet, dann genügt ein unter anderen Umständen unbeachteter Anstoß, die Latenz ins Manifeste umschlagen zu lassen. So im Winter 2011 der Impuls, den die »Bewegung 6. April« in Ägypten gab. Auf ihre bei Facebook gestellte Frage: »Geht ihr am 25. Januar demonstrieren?« erhielt sie im Handumdrehen zehntausende Antworten. Wenige Tage später sah Ägypten die größten Anti-Regierungsproteste seit 30 Jahren. »Was in Ägypten passiert ist, wurde [...] über Facebook organisiert«, sagte der Blogger und Politologe Iskander el Amrani. Wie in Tunesien waren Twitter und Facebook die Kanäle.[337]

Dass auch der landes- und weltweite Widerhall, den die OWS-Bewegung fand und dem wie dieser Bewegung selbst das Internet als Infrastruktur diente, nicht aus heiterem Himmel kam, bezeugt die Erfahrung, die Jeff Jarvis, ein als Blogger renommierter Journalismusprofessor aus New York, gemacht hat und die sich wie eine Geschichte aus dem Bilderbuch für den »Schmetterlingseffekt« ausnimmt, wonach ein Flügelschlag in Brasilien »einen Tornado in Texas auslösen« kann.[338] Es geschah im Juli 2011. Binnen Tagen konnte das Unvorstellbare wahr werden, dass das Land der Weltwährung zahlungsunfähig würde. In Europa spielte derweil die Strategielosigkeit der feilschenden Führer mit dem Untergang der gemeinsamen Währung. In der New York Times erklärte Paul Krugman es für möglich, dass sich jetzt der Bankenkrach von 1931 wiederholte, selbst wenn der Fehler von 1937 vermieden würde, zu früh die wirtschaftliche Wiederbelebung abzubrechen, was in der Folge erst den Großen Krieg zum Ausweg aus der Großen Krise gemacht hatte. So der Kontext jenes Juliabends, an dem Jeff Jarvis seine Mahlzeit einnahm, während die Fernsehnachrichten ihn mit

337 Vgl. »Ägypten: Protest der Facebook-Generation«, in: FOCUS Online, 27.1.2011 <www.focus.de/digital/internet/aegypten-protest-der-facebook-generation_aid_594314.html>.

338 Der Effekt bezieht sich auf deterministische, aber chaotische, nichtlineare Systeme wie das Wetter, bei denen unmerkliche Abweichungen (die mit Epikurs von Lukrez ins Lateinische gebrachtem Begriff des clinamen bezeichnet werden) in den Anfangsbedingungen auf die Dauer zum Umschlagen des gesamten Systems führen können.

dem Spitzelskandal der Murdoch-Medien in England traktierten, um sich dann den stockenden Verhandlungen über die Schuldenobergrenze zuzuwenden, wobei er froh war, vom fundamentalistisch-christlich motivierten Massenmord in Norwegen abgelenkt zu werden. Kurz, er war sauer. »Es stank mich an. Ich hatte es satt. Nach dem Essen schickte ich ein Tweet los: ›Heh, ihr Washingtoner Arschlöcher, das ist unser Land, unsere Wirtschaft, unser Geld. Stop fucking with it.‹« (Jarvis 2011a) Er hatte sich Luft gemacht. Mehr wollte er nicht. Aber einige Leute antworteten und brachten ihn dazu »Fuck you Washington« als Losung vorzuschlagen. Dann kam der Tweeter @boogerpussy mit dem Vorschlag »@jeffjarvis Hashtag it: #FUCKYOUWASHINGTON.« Damit war ein »hashtag«[339] geboren. Kaum war er in der virtuellen Welt, fingen Leute von überall her zu twittern: »#fuckyouwashington for ...«, wobei sie ihre Beschwerden einfüllten: »#Fuckyouwashington, weil Konzerne euch wichtiger sind als das Volk«; »... weil ihr ›Schulden‹ zu einem unanständigen Wort gemacht habt und ›fickt euch‹ zur angemessenen Antwort«; »... weil ihr euch selbst spezielle Vorteile verschafft und den Amerikanern sagt, sie müssen das schlucken oder sie sind selbstsüchtig«; »... weil ihr die Kompromissfähigkeit eines Dreijährigen habt«; »... weil ihr vergessen habt, wen ihr repräsentiert: Familien, Senioren, Mütter, Kinder, Arbeiter«; usw. usf. (nach Jarvis 2011a). Das Echo bei Twitter schwoll unterdessen exponentiell an und steigerte sich zu einem Sturm, wie Jarvis »ihn nie vorhergesagt hätte«. Bald darauf zeigte Trendistic, die Themenstatistik von Twitter, wie das Thema immer größere Wellen schlug, und Trendsmap zeigte die Ausbreitung auf Städte, dann aufs ganze Land. Aus der Twittersphäre hallte es tausendfach zurück: »Give us our future back, fuckers. #FUCKYOUWASHINGTON.« Als Twitter den Zugang von Jarvis wegen zu vieler Tweets sperrte, war der Punkt schon überschritten, wo das Thema ins Allgemeinere übersprang und ihm nicht länger ›gehörte‹. Momentan war ihm die Lawine unheimlich, die er

339 Für Twitter-Laien, zu denen der Autor sich rechnen muss, sei erklärt: »hashtag« heißt eigentlich das Summenzeichen #. In der hier geschilderten Bedeutung einer thematischen Markierung, die es erlaubt, Meinungscluster zu bilden, wurde es 2008 erfunden. Die im Herbst 2009 von Österreich ausstrahlende Studentenbewegung #unibrennt artikulierte sich auf diese Weise. »Hashtags allow us to gather around topics, events, and actions across platforms. Hashtags are in our control.« (Jarvis 2011b)

da losgetreten hatte.[340] »Aus einem empörten Tweet beim Abendessen war also eine Art nationale Online-Demo geworden.« (Helten 2011) Wie in der Inkubationszeit der französischen Revolution die berühmten »Cahiers de doléance« (»Beschwerdehefte«) als Sammlung der Anlässe für Unzufriedenheit und Zorn, so probte hier die Unzufriedenheit »dank der Versammlungsmacht [*coalescing power*] des Hashtag« in rund 84 000 Artikulationen einzelner Beschwerden ihre künftige Wortergreifung. Es gab Echo in den Medien. Hier folgte die Konversation der Menschen nicht ihnen, sondern sie folgten der öffentlichen Konversation. Das neue Medium der flüchtigen, unzusammenhängenden und unverbindlichen Meinungsäußerungen hatte im vorläufig Kleinen als Hegemonieapparat neuen Typs gewirkt,[341] und »das Potenzial eines Publikums mit seinen Öffentlichkeitswerkzeugen in der Tasche« (Jarvis 2011a) hatte Markierungen eingegraben, einen Zusammenhang auftauchen lassen und eine virtuelle Verbindung entstehen lassen, die nur darauf zu warten schien, in Fleisch und Blut aus dem virtuellen in den dreidimensionalen Raum hervorzutreten. Als es im August zu erneuter Panik an den Börsen und einem Einbruch im ›Geschäftsklima‹ kam, während Großbritannien von Unruhen erschüttert wurde, machte das Wort vom »double dip«, dem zweiten Einbruch, der den Krisenverlauf der dreißiger Jahre charakterisiert hatte, die Runde. Regierungen und Zentralbanken schienen angesichts des Börsenkrachs und der anschwellenden Eurokrise völlig ohnmächtig. Ihre Beruhigungsmaßnahmen wurden von den Anlegern als Krisensignale verstanden. Frank Schirrmacher zitierte am 15. August in der Frankfurter Allgemeinen, was der »erzkonservative« Charles Moore noch vor den britischen Unruhen geschrieben hatte: »Die Stärke der Analyse der Linken liegt darin, dass sie verstanden haben, wie die Mächtigen sich liberalkonservativer Sprache als Tarnumhang bedient haben, um sich ihre Vorteile zu sichern.« Dieser Gedanke lag in der Luft. Ein paar Wochen später fand er zur Praxis.

340 »I didn't know what I'd started and didn't want it to turn ugly. After all, we had just witnessed the ungodly horror of anger – and psychosis – unleashed in Norway. I've come to believe that our enemy today isn't terrorism but fascism of any flavour, hiding behind anger as supposed cause.« (Jarvis 2011a)

341 Unter den Äußerungen waren die von »idiots, extremists, and angry conspiracy theorists and just plain jerks […] . But here, that noise was being drowned out by the voices of disappointed Americans« (Jarvis 2011a).

4. Besetzt die Wallstreets der Welt!

Das Jahr 2011 wurde weltweit zum Jahr von Bewegungen, die sich um Losungen wie Demokratie und soziale Gerechtigkeit hauptsächlich über soziale Netzwerke und damit verknüpfte Plattformen im Internet organisierten. Die arabische Welt machte einen fulminanten Anfang, der den Lauf der Geschichte zu ändern versprach. In Spanien nahm die Bewegung vom 15. Mai mit ihrer Losung »wirkliche Demokratie jetzt!« den Impuls auf, in Israel entzündete sich eine ähnliche Bewegung am Protest gegen Mietwucher und Sozialabbau. Das Jahr endete mit einer Demokratiebewegung in Russland.

In den USA hatte Barack Obama am 8. September vor beiden Kammern des Parlaments seine Rede über Arbeitsplätze gehalten, in der er sich über die Köpfe der Abgeordneten hinweg durchs Fernsehen direkt an die Bevölkerung wandte (vgl. Kap. 9.6). Neun Tage später trat »#OccupyWallStreet« aus der virtuellen Welt auf die Straßen der realen Welt. Es war keine Pro-Obama-Bewegung, sondern eine, die das System, dessen Teil Obama war, zur Zielscheibe der Kritik machte. Beschrieben wurden die Demonstranten als vorwiegend »jung, gebildet, internetaffin – und sie haben den Kapitalismus satt«, und ihre Bewegung als »führerlose Organisation« (Wimmer 2011). Jarvis sah sie als »Hashtag-Revolte« (2011c).

Der Gegensatz zu dem von Stiglitz herausgestellten reichsten einen Prozent bestimmte ein halbes Jahr später die Occupy-Losung »Wir sind die 99 Prozent«. Unter den Bedingungen der Großen Krise entfaltete sie eine Evidenz, vor der trennende Unterscheidungen verblassten. Sie bestimmte »den Einsatz als einen der Mittelklasse[342] gegen die Elite«, hob Paul Krugman hervor (2011e), während üblicherweise Armut und Mittelklasse einander gegenübergestellt wurden. Auch ließ sie das weit verbreitete, aber falsche Klischee hinter sich, »die gut Ausgebildeten seien besser dran als die weniger Ausgebildeten«. Allenfalls hätte der Slogan »Wir sind die 99,9 Prozent« lauten können, fuhr Krugman fort, denn tatsächlich fiel die Hälfte aller Kapitalgewinne des Landes einer nochmals um den Faktor zehn kleineren Gruppe zu, dem reichsten Tausendstel der Bevölkerung.

342 Im Unterschied zum europäischen Sprachgebrauch umfasst im amerikanischen Englisch der Ausdruck »middle class« auch die Industriearbeiterschaft, wie sich an der Forderung nach »›good‹ middle-class, blue-collar jobs« (Stiglitz 2012) ablesen lässt.

Die Entgegensetzung 99 % – 1 % bestimmte für mehrere Monate den öffentlichen Diskurs, wurde von den Gewerkschaften aufgegriffen und von den Medien verbreitet. Die neue Politikform elektrisierte die unterschiedlichsten Milieus, und traditionell von einander abgesonderte Bewegungen fanden sich plötzlich in dem »Wir sind die 99 Prozent« wieder und erlebten dies als Befreiung von Fragmentierung.[343]

Der Repressionsversuch der Polizei goss Öl ins Feuer. Die Bewegung sprang von der physischen Wall Street in New York, wo die Börse ihren Ort hat, über in die mythische und auf andere Weise ebenso reale Wallstreet, die sich in jeder großen Stadt der Welt finden lässt. Am 5. Oktober hatte sich »#OccupyWallStreet« auf 147 US-Städte ausgeweitet (Wimmer 2011).

Am 15. Oktober 2011 geschah es, dass zum Erstaunen der Welt in etwa 950 Städten in 82 Ländern Hunderttausende »gegen die Macht und die Auswüchse der Finanzwirtschaft« auf die Straße gingen, wie die Frankfurter Allgemeine auf der Titelseite zu melden hatte. Wie zuvor der 15. Februar 2002 war es ein Tag der Weltöffentlichkeit des Selbstvernetzungstyps. Rund um den Globus artikulierte sich ein Protest gegen die Finanzmacht, an den sich andere Beschwerden ankristallisierten und der zur großen Rückforderung wurde – der Lebenschancen, der Sozialpolitik, der Demokratie – und der bis an eine Systemkritik des Kapitalismus als solchen heranreichte. Drei Tage nach jenem denkwürdigen 15. Oktober lieh Heiner Geißler im ZDF dieser Stimmung seine Stimme: »Wir brauchen eine Art von Revolution«, »das kapitalistische Wirtschaftssystem hat keine Zukunft mehr«, es ist »ein vollkommen überholtes System«.

5. Krise des »demokratischen Kapitalismus«

Eine globale Krise erfordert eine globale Lösung.
ERKLÄRUNG DER G20, London, April 2009

Wenn die Bevölkerungen in der geschichtlichen Schrecksekunde vom Herbst und Winter 2008/2009 »sich vorderhand um ihre Regierungen geschart« hatten, wie wir anfangs sagten (Kap. 1.4), so waren letztere inzwischen reihenweise abgewählt worden. Immer länger wurde die Opferliste zumeist sozialdemokratischer Politiker –

343 Jan Rehmann, briefliche Mitteilung aus New York vom 23.12.2011.

Brown, Sócrates, Papandreou, Zapatero –, die »den Typus des Politikers, der am Spagat zwischen den Welten der Finanzexperten und der Bürger[344] scheitert«, verkörperten (Habermas 2011). Mit Ausnahme Dänemarks rückte Europa nach rechts. Oft wurden genau diejenigen gewählt, denen die Weichenstellungen in Richtung Große Krise am ehesten zugerechnet werden konnten. Unter den herrschenden oder regierenden Eliten mochte sich an jenen Moment, als »jetzt alle Keynesianer« zu sein vorgegeben hatten, niemand mehr erinnern. Auch waren den »reuevollen Absichtserklärungen der G 20 [...] keine Taten gefolgt« (Habermas 2011). Hatte in Deutschland die Bundeskanzlerin 2008 erklärt, keine Bank dürfe so groß sein, dass sie den Staat erpressen könne, waren drei Jahre später die beiden Großbanken noch größer geworden, nachdem sie mit politischer Unterstützung andere Banken übernommen hatten (Wagenknecht 2012). Insgesamt hatten die von den atlantischen Regierungen seit 2008 ergriffenen praktischen Maßnahmen, »anders als nicht wenige unter den kritischen Beobachtern vermuteten – nichts mit einer Wiederkehr des keynesianischen Staatsinterventionismus zu tun. Die Finanzinstitute hatten vielmehr den Staat in ihren Dienst genommen. Sie hatten keine Skrupel, trotz der von ihnen hochgelobten ›Schuldenbremse‹ das staatliche Steuermonopol zu nutzen, um die hunderte von Milliarden Euro und US-Dollar schweren Rettungspakete für den Finanzsektor aus den Staatseinnahmen von den Steuern zahlenden Bürgerinnen und Bürgern finanzieren zu lassen.« (Attac-Beirat 2011, §1) Rückblickend zeigte sich das Krisenmanagement der westlichen Staatenwelt »als das Gegenteil von Transformation: die Wiederherstellung des alten, neoliberalen Kapitalismus durch Staatshilfe« (Solty 2011, 147). Die Staaten verschuldeten sich dafür. Das Finanzkapital dankte es, indem es die »Schlinge der Schuldknechtschaft« um ihren Hals zuzog und eine finanzielle Mediatisierung des Regierungshandelns erreichte. Nun handelte es sich darum, »wie weit Staaten darin gehen konnten, ihren Bürgern die Eigentumsrechte und Profiterwartungen der Märkte aufzuzwingen«, wie sie den Staatsbankrott vermeiden

344 »Beide driften auseinander – die Systemimperative des verwilderten Finanzkapitalismus, den die Politiker selbst erst von der Leine der Realökonomie entbunden haben, und die Klagen über das uneingelöste Versprechen sozialer Gerechtigkeit, die ihnen aus den zerberstenden Lebenswelten ihrer demokratischen Wählerschaft entgegenschallen.« (Habermas 2011)

und dennoch einen Rest ihrer demokratischen Legitimität retten konnten (Streeck 2011, 24). Angesichts dieser Kazikenrolle ihrer Regierungen, bei der die demokratische Basis leichter wog als die Höhe des Finanzierungszolls, den die Finanzmärkte ihrem Land auferlegten, schlug die Enttäuschung der Bürger gegen Europa aus. Doch auch die europäischen Institutionen ›konnten nichts machen‹. Sie waren ja auch dafür gebaut, dass die Macht zwischen Kommission und Parlament und dem Plenum der Regierungschefs so verteilt war, dass keines wirklich zum Zuge kam. Die einfache Mehrheit, mit der die Europaparlamentarier beschließen konnten, war den Regierenden, die mehr zu bestimmen hatten, verwehrt, und im Zweifelsfall mussten über zwei Dutzend Nationalparlamente zustimmen. Unantastbar war nur der Gemeinsame Markt, der nach den neoliberalen Freihandels- und Entstaatlichungs- bzw. Privatisierungsprinzipien festgelegt war. Als sich diese Struktur als institutionalisierte Handlungsfähigkeit in der Großen Krise erwies und der Bankrott des Ganzen vor der Tür stand, verließ die Entscheidungsgewalt dieses untaugliche Schönwettergebäude und verzog sich in die Kammerpolitik im Zeichen des Merkozy-Regimes, dessen namengebendes Duo sich abwechselnd mit der Weltbankpräsidentin, dem Kommmissionspräsidenten oder den ehemaligen Bankern traf, die unter Androhung der Staatspleite den Parlamenten Griechenlands und Italiens[345] als außerparteiliche und außerparlamentarische Verwalter des staatsfinanziellen Ausnahmezustands aufgezwungen worden waren. Die demokratisch legitimierten Gremien wurden übergangen. Die Institutionen der Demokratie fanden sich »abhängig von dem, was bei wenig transparenten Transaktionen zwischen den finanziellen Mächten und einem kleinen Kreis von diesen Mächten bedingter europäischer Führer« herauskam, um dann jeweils »in formelle Beschlüsse der europäischen Institutionen umgesetzt [zu werden], die das Einverständnis zwischen diesen Institutionen und den Bürgern schwächen« (Vallès 2012). In Frage stand jetzt »die Existenz einer europäischen politischen Autorität selbst«, und die Maßnahmen, gedacht, den finanziellen Bankrott abzuwenden, rückten den politischen Bankrott in greifbare Nähe. Indem sie vergebens den Kredit

345 In Spanien holte die Rechtsregierung einen ehemaligen Banker von Lehman Brothers als Wirtschaftsminister.

Europas bei den Finanzmärkten wiederherzustellen versuchten, ruinierten sie Europas Kredit bei den Bürgern.

Angst und Autoritarismus, die alten Säulen der Konservativen, bestimmten das Bild. Das politische Entscheidungswesen in der europäischen Gemeinschaft nahm Züge an, die von fern ans Regieren mittels Notverordnungen erinnerten, wie es das Ende der Republik von Weimar in der damaligen Großen Krise geprägt hatte. Angela Merkels Satz, man werde »Wege finden, wie die parlamentarische Mitbestimmung so gestaltet wird, dass sie trotzdem auch marktkonform ist« (2011), konnte als Ankündigung weiterer Schritte auf dem »postdemokratischen Weg, den Merkel und Sarkozy eingeschlagen haben«, mit seiner »Konzentration der Macht bei einem intergouvernementalen Ausschuss der Regierungschefs, die ihre Vereinbarungen den nationalen Parlamenten aufs Auge drücken« (Habermas 2011), verstanden werden. Die Hackordnung der unterschiedlichen Anleihezinsen, auf die das Merkozy-Regime mit einer Austeritätsauflage antwortete, die den schwächeren Volkswirtschaften die Luft abwürgte, richtete die Völker gegeneinander statt gemeinsam gegen die losgelassene Macht der Finanzmärkte. Populismus und nationale Aufhetzung witterten Morgenluft.[346] Die Krise des Euro wuchs sich zur Krise des »demokratischen Kapitalismus« (Streeck) aus. Fürs Kapital war der autoritäre Kapitalismus chinesischer Provenienz in der jetzigen Krise attraktiver als der Hybrid der dem wilden Kapitalismus aufgepfropften und ihn veredelnden Demokratie. Die Verwachsung der beiden Komponenten lockerte sich von beiden

346 Der deutsche Schriftsteller Ingo Schulze bekam es bei der Vorstellung der portugiesischen Ausgabe eines seiner Bücher in der Stadt Porto zu spüren. »Eine Frage aus dem Publikum ließ die gesamte freundlich-interessierte Atmosphäre von einem Moment auf den anderen kippen [...,] ob wir, gemeint war ich, ein Deutscher, nicht jetzt mit dem Euro das schafften, was wir damals mit unseren Panzern nicht geschafft hätten. Niemand aus dem Publikum widersprach. Und ich reagierte – schlimm genug – plötzlich wie gewünscht, nämlich als Deutscher: Es werde ja niemand gezwungen, einen Mercedes zu kaufen, sagte ich beleidigt, und sie sollten froh sein, wenn sie Kredite bekämen, die billiger wären als Privatkredite. Ich hörte förmlich das Zeitungspapier zwischen meinen Lippen rascheln. In dem Getöse, das meiner Entgegnung folgte, kam ich endlich zu Verstand. Und [...] stammelte in meinem unvollkommenen Englisch, [...] dass wir allesamt in dieselbe Falle gingen, wenn wir als Portugiesen und Deutsche wie beim Fußballspiel reflexartig Partei ergriffen für die eigenen Farben. Als ginge es [...] nicht um oben und unten, also um jene, die in Portugal wie in Deutschland diese Situation herbeigeführt und an ihr verdient hätten und nun weiter verdienten.« (Schulze 2012)

Seiten. »Weniger Demokratie ist besser für die Märkte«, drang als Botschaft, wie Habermas spürte, im entgegengesetzten Sinn bei den Bevölkerungen und ihren herrschenden und regierenden Eliten durch. In der Eurokrise erhielten die Bevölkerungen den Eindruck, vom organisierten Geld regiert zu werden, was nach Roosevelt so gefährlich ist, wie vom organisierten Verbrechen regiert zu werden. »Wir erleben«, hieß es jetzt, »eine Krise des deregulierten Kapitalismus, die den Selbstmord unserer Zivilisation bedeuten kann« (Rocard/Larrouturou 2012). Der Schriftsteller Ingo Schulze, der schon früher die Übernahme der Kulturhoheit durch Finanzmacht kritisiert hatte (vgl. KdWÄ, 314ff), gab dem Protest gegen die finanzielle Aushebelung der Demokratie Ausdruck: »Eine Situation, in der es der Minderheit einer Minderheit gestattet wird, es also legal ist, das Gemeinwohl der eigenen Bereicherung wegen schwer zu schädigen, ist postdemokratisch.« Die Schuld lag in seiner Sicht beim »Gemeinwesen selbst, weil es sich nicht gegen seine Ausplünderung schützt, weil es nicht in der Lage ist, Vertreter zu wählen, die seine Interessen wahrnehmen« (2012). In Wirklichkeit war es wohl noch schlimmer. Die demokratisch Gewählten wurden in ein System entsandt, wo sie sich in einem gestuften Gefüge von Sachzwängen wiederfanden, die sich wie ein gordischer Knoten um sie legten. Sie mussten die Erfahrung machen, dass sie die Macht über die Finanzmärkte, deren Gebrauch man jetzt von ihnen erwartete, gar nicht hatten. Was könnte geschehen? In Spanien forderte Santiago Carrillo (2011a) die Verstaatlichung des Bankensystems und die Schaffung einer »international koordinierten, supranationalen Staatsbank«, die »auf globaler Ebene seitens der UNO koordiniert« würde. Seinen Ausgangspunkt bildeten Bemerkungen des britischen Expremiers Gordon Brown über die aktuelle Unkontrollierbarkeit des Weltfinanzsystems durch die Nationalstaaten. Brown ging von der durch die Globalisierung diktierten Notwendigkeit aus, »dass die globalen Institutionen den Platz der Nationen einnehmen«. Auf Mitterands gescheitertes Nationalisierungsprojekt zurückblickend, erinnerte sich Carrillo nur zu gut: »Das Kapital, das sich quasi mit Lichtgeschwindigkeit bewegt, ging in andere Länder, und die Regierung konnte es nicht verhindern.« Einzig erdumgreifende Maßnahmen könnten helfen. Statt vor den »Märkten« zu kapitulieren, schrieb Carrillo etwas später (2011b), müssten die Regierungen das Finanzwesen in einen öffentlichen Dienst verwandeln. Allerdings müsste dies auf globaler Stufenleiter geschehen, um die Kapitalflucht zu verhindern. – So richtig das alles war, durch das ›es geht nur global‹ wurde es zum Ohnmachtsseufzer. Der Kapitalismus hatte sich in der nationalen – und im europäischen Fall auch supranationalen – Aufspaltung verschanzt. Nach dieser Seite landete man bei dem Satz der jungen Marx und Engels, dass die Änderung »nur als die Tat der herrschenden Völker ›auf einmal‹ oder gleichzeitig« möglich sei, ein Satz, auf den wir weiter unten zurückkommen. Habermas hielt es angesichts der politischen Krise, zu der die ökonomische geworden war, für möglich, dass »sich die Parameter für das, was in der Öffentlichkeit als selbstverständlich gilt, nur noch im Zuge einer sozialen Bewegung verschieben« (2011). Da stand ihm »Occupy Wall Street« vor Augen.

6. Grenzen des Kapitalismus

> Die Realität ist nicht nur alles, was ist, sondern alles, was wird.
> Sie ist ein Prozess. Er verläuft in Widersprüchen. Wird er
> nicht in seinem widersprüchlichen Charakter erkannt,
> wird er überhaupt nicht erkannt.
> Bertolt Brecht (1938)

Große Krisen schreiben Bewusstseinsgeschichte. Mit einem Mal führen eingefahrene Geleise ins Nichts, alte Einheit bekommt Risse, während gewohnte Spaltungen ihren Sinn verlieren und die geglaubte Ewigkeit des Bestehenden wegaltert. Das ist der Moment der Querköpfe, der Selbstdenkenden, deren Stern aufzugehen pflegt, wenn das Spiel der Gegensätze die Konformen überfordert und späte Einsicht billig wird, ein Moment, der ihnen erlaubt, in aller Öffentlichkeit die Abschottungen der politischen Lager zu durchqueren.

»Jeder vernünftige Mensch muss heute Kapitalismuskritik üben«, sagte Heiner Geißler, der Jahrzehnte zuvor für die CDU-Losung *Freiheit statt Sozialismus* stand, zu Sahra Wagenknecht, Autorin von *Freiheit statt Kapitalismus* (2011). Geißler plädierte für »eine ökosoziale Marktwirtschaft und eine radikale Reform der Finanzmärkte«, den allzu kurz greifenden Schluss nahelegend, ein derart regulierter Kapitalismus sei keiner. Wagenknecht sagte, die Demokratie werde heute »Zug um Zug abgeschafft, indem nicht mehr gewählte Politiker regieren, sondern Finanzinstitute«. Doch auch das schloss kurz, war doch die schwarz-gelbe Koalition am ersten Krisenhöhepunkt 2009 mit einem neoliberalen Programm gewählt worden, nach dem sie seither zu regieren versuchte. Die Finanzmarktakteure wiederum regierten nicht, sondern nützten staatlichen Geldbedarf für ihre Profitzwecke, was die Regierenden zwang, auf sie zu reagieren. Konnte man jene beiden Kurzschlüsse als »rhetorische Maßnahmen« im Moment der Krisenkonjunktur verstehen, so bot das Streitgespräch, in dem kaum gestritten wurde, mehr: der CDU-Querdenker bejahte die Zusammenarbeit mit der Partei Die Linke. Damit durchquerte er wie selbstverständlich den antikommunistischen Schutzwall der Konservativen. Auf Wagenknechts Plädoyer für »größere Bereiche an Gemeineigentum; ein Gesundheitswesen, wo der Patient nicht [...] nach seiner Brieftasche behandelt wird; eine Energiepolitik, die nicht abhängig ist von Renditen; und Banken, die sich regulieren lassen, weil sie in öffentlichem Eigentum sind«, antwortete er mit dem Plädoyer für die »Priorität der Politik gegenüber Finanzwelt und Ökonomie. Außerdem: ein globaler Marshallplan der reichen Länder und eine internationale Marktwirtschaft, deren ethisches Fundament das Soziale, Ökologische und Friedenspolitische ist.« Geißlers Vorschlag war vernünftig, wenngleich angesichts der wirklichen Kräfteverhältnisse unwirklich. Wagenknechts Forderung nach mehr Gemeineigentum, einem sozialen Gesundheitswesen, öffentlichen Energieversorgern und Banken schien zurückzuwollen in die ›goldene‹ Nachkriegswirklichkeit des Fordismus, ohne deren unwiederholbare Existenzbedingungen, geschweige denn die Krisen ihrer Errungenschaften zu reflektieren. Schien Geißler sich in einer unwirklichen Welt zu bewegen, so Wagenknecht sich in der wirklich vergangenen, jedenfalls außerhalb der wirklichen Welt des transnationalen Hightech-Kapitalismus, der keinen »geschlossenen Handelsstaat« (Fichte) mehr zuließ. Beider Ziele waren vernünftig, aber weglos. Geäußert werden mussten sie dennoch, um dem Mangel der Gegenwart Ausdruck zu geben. Für Geißlers Ziel galt ein langfristiges Noch-Nicht, für das von Wagenknecht ein Nicht-Mehr oder zumindest Nicht-Mehr-So. Getroffen hatten sie sich auf dem seit der Großen Krise gut bevölkerten Terrain der Kapitalismuskritik.

Auf dem Boden des Antikapitalismus neigte man zum kurzen Prozess. Kapitalismus, erklärte Alain Badiou (2008), sei »nichts als Banditentum, irrational in seinem Wesen, verheerend in seinem

Werden«. Doch musste man wohl von hilflosem Antikapitalismus sprechen, wenn die Widersprüche eliminiert wurden, und »wir wären arg schwache Geister, würden wir fürchten, unsere Kapitalismuskritik zu schwächen [...], wenn wir die historische Produktivität des Kapitalismus durch die von ihm angerichteten Verwüstungen hindurch« zur Kenntnis nehmen (KV II, 201f).

Lucien Sève wendet ein, die Zeit sei vorbei, in der solches Widerspruchsdenken den Nagel auf den Kopf traf. »Lange hatte der Kapitalismus einen Sinn: Bei aller Ausbeutung hat er die Menschheit doch vorangebracht. Doch mit der Selbstzweckhaftigkeit des Finanzsystems, der gänzlich enthumanisierten Form von Reichtum, treten wir in die Ära umfassender Sinnlosigkeit ein. Das Kapital akkumuliert sich zunehmend ohne Ziel und Zweck.« (Sève 2011) – Aber hatte Kapital, wo es seinem Begriff entsprach, je etwas anderes getan, als »Akkumulation um der Akkumulation, Produktion um der Produktion willen« (K I, 620) zu betreiben? Kapitalismus als solcher verfolgt keine sozialen Ziele,[347] sieht man von den selber instrumentellen Zielen ab, Widerstände aus dem Weg zu räumen. Neu war einzig, dass es dies auf hochtechnologischer Basis und daher in globaler, finanzförmig vermittelter Fluidität tat. War also nicht doch der Zugang, die Verhältnisse von ihrer Widersprüchlichkeit her zu denken, der gebotene? – Hierauf hält Sève einen gewichtigen Einwand parat: »Für Marx wächst die proletarische Masse gleichzeitig mit dem Kapital, das seine eigenen Totengräber hervorbringt. Dieser historische Optimismus ist heute fehl am Platz: Die Revolutionierung der Produktion hat die Lohnabhängigen atomisiert, die quasireligiöse Unangreifbarkeit finanzieller Entscheidungen entwaffnet sie, deren Unausweichlichkeit demoralisiert sie.« (Sève 2011) – Diese Sicht war verständlich, dachte man an die Lage in den europäischen Krisenländern oder, mit etwas historischem Atem, ans Verebben der proletarischen Bewegungen und den Niedergang der einstmals großen Kommunistischen Parteien Frankreichs und Italiens oder an den Bedeutungs- und Mitgliederverlust der ehedem mächtigen US-Gewerkschaften. Jener Abschied vom Proletariat speiste sich in allen entwickelten Ländern daraus, dass die Automatisierung das Heer der Massenarbeiter dezimiert, die alte Arbeitsteilung durcheinandergewirbelt und die Klassenidentität fragmentiert hatte und

347 »... capitalism itself has no social goals« (Jameson 2000, 62).

dass die alten klassenmäßigen Anrufungen mehr und mehr ungehört verhallten. Sèves Sichtweise war auch verständlich angesichts des Globalisierungsfiebers, welches das Kapital seit der Einrichtung der »Sonderzonen« für ausländisches Kapital an der Küste der VR China in Schüben ergriffen hatte, um nach dem Untergang des europäischen Staatssozialismus vollends aufzuflammen und arbeitsintensive Massenproduktionen in Billiglohnländer zu treiben. Doch Sèves Perspektive verrät den westeuropäischen Standpunkt. Regional verständlich, war sie global nicht haltbar. Hat nicht Beverly Silver (2003) gezeigt, »wie sich – an verschiedenen Orten – immer wieder neue Führungssektoren innerhalb der kapitalistischen Weltwirtschaft herausbilden, wie die Kapitalmobilität auf die Klassenkämpfe reagiert und wie sich dabei nicht nur das Profil der globalen Arbeiterklasse verändert, sondern auch die Zentren der Klassenkämpfe sich geographisch verlagern« (Deppe 2005)? Wo die in Westeuropa nicht viel anders als in Nordamerika geschlossenen Produktionsstätten neu errichtet wurden, am Industrialisierungspol gegenüber der partiellen Deindustrialisierung des Westens, bildete sich ein neues Massenproletariat, ungleich größer als das in den kapitalistischen Metropolen geschwundene,[348] und wir haben am chinesischen Beispiel gesehen, wie sich in Klassenkämpfen Organisationserfahrung und Strukturen der Selbstführung herausbilden.

Theodor W. Adorno hat die Sichtweise der Sinnlosigkeit, die auch ihn ergriffen hatte, in seinem »Versuch, Becketts Endspiel [1956] zu verstehen«, auf die Formel gebracht: »Dialektik pendelt aus.« (1961, 228) Wie oft ist diese Sicht – mit weniger Tiefenschärfe und in immer anderen Worten und anderen Situationen – vor und nach Adorno artikuliert worden. In Wirklichkeit wechselte die Dialektik nur Schauplatz und Gesicht. Wenn man ihr Verständnis nicht in den hegelschen Sinn der garantierten Synthese und des zielgerichteten Aufsteigens einschloss, »pendelte« sie zwar nicht, doch die »Überraschungen der logisch fortschreitenden oder springenden Entwicklung,

348 Man lese dazu die Einschätzung einer US-Unternehmensberatungsfirma: »China has the highest proportion of able-bodied adults in the workforce (84 %). [...] China has an estimated 215 million industrial jobs. [...] Chinese workers are also more productive than workers in other low-cost nations. [...] Nor can many other low-cost nations match the first-rate infrastructure, skilled talent pool, well-developed supply networks, and worker productivity of China's coastal industrial zones.« (Sirkin u.a. 2011, 12)

der Unstabilität aller Zustände, der Witz der Widersprüchlichkeiten und so weiter«, die für Brecht Dialektik ausmachten (GA 23, 290), waren unablässig am Werk. In stationären Zeiten wirkten sie halb im Verborgenen, doch in den Umbruchs- und Krisenzeiten prägten sie den Rhythmus der Ereignisse. Bei unserem Durchgang durch die Bewegungsformen des Hightech-Kapitalismus in der Großen Krise sind wir nicht wenigen realdialektischen Kipp-Punkten dieser Art begegnet. Wenn unser theoretisch reflektierter Bericht zur Gegenwartsgeschichte wird enden müssen, ohne zum sachgegründet letzten Wort zu kommen, weil der Fortgang der Geschichte es unverzüglich kassieren wird, dann ist damit auch End- und Sinnlosigkeitserklärungen das Urteil gesprochen.

Wie also verhält es sich mit der Arbeiterklasse? Ein schon historisches Beispiel, das noch immer geschichtlich weiterwirkt, gibt den Hinweis. Vor einem Menschenalter wurde São Paolo zum größten deutschen Industriestandort, wie man damals sagte. Dazu trug etwa seit der Zeit, in der Adorno die Dialektik auspendeln sah, der VW-Konzern bei, der in Brasilien seine größte – erst zur Zeit unseres Berichts vom Standort China übertroffene – Auslandsniederlassung errichtete. Das Stammwerk in São Bernardo do Campo, einem Vorort von São Paolo, wurde zur Wiege einer neuen Arbeiterbewegung. In Arbeitskämpfen, Widerstand gegen Repressionsversuche, neu aufflammenden Kämpfen, bildete sich ein Metallarbeiter namens Luiz Inácio da Silva, genannt Lula, als Gewerkschaftsführer heraus. Mit den Streikergebnissen von 1979 unzufrieden, gründete er 1980 zusammen mit weiteren Gewerkschaftern, Intellektuellen und Vertretern anderer sozialer Bewegungen den Partido dos Trabalhadores (»Partei der Arbeiter«). Die Verlängerung dieser Geschichte in die Gegenwart unseres Berichts ist bekannt. Unter dem PT und ihrem Vorsitzenden Lula wurde Brasilien zum Ort einer »Rückkehr des Entwicklungsstaates«, dem es gelang, sich ohne Abschottung vom Weltmarkt der »Auflösung des nationalen Raumes durch eine expansive, alles durchdringende transnationale Kapitallogik« zu widersetzen (Novy 2008, 367), innerhalb von acht Jahren 30 Millionen Menschen aus der Armut herauszuholen und 15 Millionen neuer regulärer Arbeitsplätze zu schaffen (Novy 2011). Das Land stieg auf zu einem der wichtigsten Wachstumszentren der Weltwirtschaft. Neben China, Indien und Russland, um nur die BRIC-Staaten zu nennen, wurde es zu einem der führenden Akteurszentren der multipolaren Weltordnung, die sich im Schatten des scheiternden US-amerikanischen Unilateralismus herausbildete. Unter anderen Bedingungen und in wieder neuen und zugleich auch altbekannten Formen spielte das verwandte Drama, freilich ohne Parteigründung, dreißig Jahre später in der Volksrepublik China. Nicht zuletzt die dortigen Fabriken der transnationalen Konzerne wurden zu Szenen großer und zunehmend erfolgreicher und selbstbewusst werdender Streikbewegungen, deren Anschwellen seit 2010 in den Berichten von China Labour Watch dokumentiert ist, wobei in der westlichen Presse einzelne Erfolge wie die spektakulären Lohnerhöhungen bei Honda oder Foxconn oft vorschnell verallgemeinert werden.[349] Doch China war zum »streikfreudigsten Land der Welt« (Rolf Geffken) geworden.

7. Exkurs über den globalen Gesamtarbeiter und die Welt-Arbeiterklasse

Eine Antwort auf die von Sève konstatierte Atomisierung, wenn auch nicht die Lösung des damit angesprochenen Problems, bietet auf theoretischer Ebene der Blick auf den Gesamtarbeiter, der zwar, wie Marx sagt, »vorn und hinten Augen und Hände hat und in gewissem Grad Allgegenwart besitzt« (23/346), aber unmittelbar abwesend und sinnlich nicht bei sich ist. Zumal bei grenzüberschreitenden Produktions- und Distributionsketten legen sich die Funktionen und Arbeitsplätze des »gesellschaftlichen Arbeitskörpers« (442) je nach Verwertungschancen über den Weltmarkt auseinander. Die »Welt-Arbeiterklasse« (van der Linden 2005) ist zahlreicher denn je zuvor, doch existiert sie in der globalen Diaspora und in gleichsam ethnischer und oft auch geschlechtlicher ›Apartheid‹ und verfügt nur über den Schatten der Fähigkeit, sich zu geschichtlicher Handlungsfähigkeit zusammenzunehmen. Zumal auf national-ökonomischer Ebene »existiert der Gesamtarbeiter nur mehr

349 Zur Ernüchterung illusionärer Vorstellungen vgl. den Bericht in *China Business* vom 9.10.2009, »Die wundersamen Lohnsteigerungen in China« <www.china-business.org/wirtschaft/die-wundersamen-lohnsteigerungen-in-china/>. Damals waren die ca. 140 Mio Wanderarbeiter von der offiziellen Statistik nicht erfasst. Für die 36 Mio Industriearbeiter wurden Monatslöhne im Gegenwert von 135, für die städtischen Angestellten von 250 Euro ausgewiesen.

rudimentär. Er ist zum ›universellen‹ oder Weltarbeiter geworden, aber in einer Welt, deren Völker aller ›Verschlingung in den Weltmarkt‹ zum Trotz durch nationale und religiös-ethnische Spaltungen« getrennt sind, in deren identitären Kulturen sie sich womöglich gegeneinander verschanzen (KV II, 167f). Wenn die Sprache das Haus des Seins ist, so wird allein schon sie für die große Mehrheit, wenn es an ihre Konstitution zur Handlungsfähigkeit gehen sollte, zur Isolierstation. Wie ein für sie fremder, ihnen zugeneigter *general intellect* begleitet eine Schar von Projekten und Organisationen ihre Kämpfe, gibt »Proletariern aller Länder« Gesicht und Stimme, sammelt und verteilt Informationen, Analysen, Bilder und Filme von ihnen und über sie.

Begegnen die Abteilungen des Welt-Gesamtarbeiters einander kaum, so doch ihre Teilprodukte. Soweit sie in Form von Ware-Geld-Beziehungen aufeinandertreffen, treffen Produkte unterschiedlicher Produktivitätsgrade oder sogar Produktionsweisen aufeinander. Dabei ergeben sich erhebliche werttheoretische Probleme, da hierbei die Resultate unterschiedlicher ›nationalökonomischer‹ Normalgrade der Arbeitsproduktivität aufeinanderstoßen. Um die hier als regelnde Größe sich bildende Durchschnittsarbeit zu bezeichnen, hat Marx in der zweiten Auflage von *Kapital I* in Anlehnung an den französischen Ausdruck für Weltmarkt, »marché universel«, den Begriff der universellen Arbeit gebildet. Wenn die als wertbildend gezählte Arbeit sich auf nationaler oder regionaler Ebene als Durchschnittswert der »gesellschaftlich notwendigen Arbeitszeit« bildet, so auf dem Weltmarkt als Durchschnitt von Durchschnitten, deren resultierende »Maßeinheit die Durchschnittseinheit der universellen Arbeit ist« (23/584).[350] Im nationalökonomischen Rahmen senken Produktivitätsvorsprünge den Wert des einzelnen Produkts, während Intensitätsvorsprünge ihn unverändert lassen. Dagegen zählen auf dem Weltmarkt nationale Produktivitäts- als globale Intensitätsvorsprünge. »Der intensivere Arbeitstag der einen Nation stellt sich in höherem Geldausdruck dar [als wäre länger als tatsächlich gearbeitet worden] als der minder intensive der andren.« (548) Ein Beispiel aus der Zeit von Marx hat den Nebeneffekt, dass wir daran die historische Entfernung messen können, die den industriellen Sektor des heutigen China jeden Tag

350 »Im Welthandel entfalten die Waren ihren Wert universell.« (23/156)

mehr davon trennt: »In derselben Zeit, wo der Chinese ein Pfund Baumwolle, verspinnt der Engländer mehrere hundert Pfund.« (632) Die Produktivität des letzteren betrüge also das Mehrhundertfache. Eine englische Arbeitsstunde würde in diesem Verhältnis auf dem Weltmarkt als mehrere hundert chinesische Arbeitsstunden zählen. Dieselbe Ware hat in solchen Fällen auf dem Binnenmarkt einen anderen Wert als auf dem Weltmarkt.[351]

8. *Ist die geschichtliche Produktivität des Kapitalismus erschöpft?*

Hat sich, um Lucien Sèves Reflexion wieder aufzunehmen, die geschichtliche Produktivität des Kapitalismus erschöpft? Kann man angesichts der Destruktivität des Raubbaus an Mensch und Natur sowie der Zerstörung sozialer Errungenschaften gar noch mit Marx von »transitorischer Notwendigkeit des Kapitalismus« (23/618) sprechen (vgl. KV II, 213ff)? Der Große Krieg und der Umwelt-GAU bilden die absolute Katastrophenform der Grenze des Kapitalismus. Die Dialektik aber, der wir bei Chimerika begegnet sind, lässt sich mit allen Vorbehalten noch immer als eine des Fortschritts denken, freilich eines ebenso gefährlichen wie gefährdeten. In einem offenen und praxisphilosophisch grundierten Sinn wagen wir uns damit auf geschichtsphilosophisches Terrain. Wenn Marx und Engels damit Recht haben, dass »Kommunismus empirisch nur als die Tat der herrschenden Völker ›auf einmal‹ oder gleichzeitig möglich [ist], was die universelle Entwicklung der Produktivkraft und den mit ihm zusammenhängenden Weltverkehr voraussetzt« (3/35), dann können wir dem Globalisierungsschub des Kapitalismus in seiner unaufhebbaren Widersprüchlichkeit sein produktives Moment schlecht absprechen. Dagegen scheint der Neoliberalismus, der den Übergang zum transnationalen Hightech-Kapitalismus praktisch-ideologisch geformt hat, nun wirklich in seiner geschichtlichen Produktivität erschöpft. Wenn er mit der globalen Freisetzung des Kapitals und der Entgrenzung der Nationalökonomien und damit der Schwächung oder Privatisierung der sozialen Schutzsysteme der Internationalisierung der Produktionsketten den Weg

351 Dieser Zusammenhang und das Drama, das es für die Beteiligten bedeutet, ist in KV II, 226ff, näher behandelt.

gebahnt und den hochtechnologischen Produktivkräften mit globaler Reichweite operativen Raum gegeben hat, so ist jetzt globales Gegensteuern zu einer Existenzfrage geworden. Mit Privatisierung und Deregulierung fortzufahren, der Finanzspekulation global freie Hand zu lassen und die astronomischen Gewinne, die eine Handvoll Superreicher aus ihr zieht, mehr oder weniger der Steuer zu entziehen, verschärft nicht nur Ungleichheit und Sozialnot, sondern steigert die Krisenanfälligkeit des Kapitalismus bis zu einem Punkt, wo er seine Grundlagen und mit ihnen die Möglichkeit menschendienlicher Veränderungen zerstört.

Von der finanziellen Durchdringung der Wirtschaft zur Vergesellschaftung des Finanzwesens überzugehen, wäre ein kleiner Schritt für Juristen, ein riesiger für die Menschheit, hat der Mainstream-Ökonom Willem Buiter (2008) ein paar Tage nach dem Zusammenbruch von Lehman Brothers in seinem Blog bei der Financial Times geschrieben.[352] Das Einlagegeschäft müsse vergesellschaftet werden, weil es einer Garantie bedarf, die letztlich nur vom Staat unter Einsatz von Steuergeldern kommen kann.

Der Blick auf die Widersprüche zeigt, wie hinter, unter oder einfach in dem Imperium des transnationalen Hightech-Kapitalismus Elemente einer neuen Welt-Gesellschaft im Schoße der alten heranwachsen. Die Technostruktur des Internet, die auf dieses gestützten vielfältigen Formen von Selbstvergesellschaftungspraxis und die im Netz brodelnde und sich zum »general intellect« assoziierende widerständige Vernünftigkeit sind solche Elemente. Jeder Schritt auf dem Weg zum »geschichtlichen Vereinigungsprozess der Menschheit«, von dem Gramsci spricht (Gef 6, 1411), bildet ein solches Element.

352 »From financialisation of the economy to the socialisation of finance. A small step for the lawyers, a huge step for mankind.« (Buiters 2008)

Nachwort in Erwartung geschichtlicher Diskontinuität

Die Ironie der Weltgeschichte stellt alles auf den Kopf.
FRIEDRICH ENGELS (1995)

Was war ein Jahrzehnt später aus dem weltpolitischen Szenario vom Beginn des 21. Jahrhunderts geworden? Vom Standpunkt der 2000 an die Macht gekommenen US-Regierung Bush und ihrem Projekt des Amerikanischen Jahrhunderts spielte die Wirklichkeit verrückt – angefangen mit der Ungewinnbarkeit ihrer beiden Kriege, dem damit einhergehenden moralischen Bankrott, der Wiederkehr des Interventionsstaates zur Rettung der Wallstreet vor dem Zusammenbruch, schließlich der Wahl eines Afroamerikaners mit halb arabischem Namen zum demokratischen US-Präsidenten. Die Weltordnung war unaufhaltsam im Umbruch und auf der Suche nach einem neuen Gleichgewicht. Was jetzt entstehen wollte, war »eine multipolare Weltordnung, in der Kompromissfähigkeit zur wichtigsten Tugend« würde (Sieren 2011).

Der »Weltkrieg gegen den Terror«, ideologisch gerahmt von der Vision eines »Krieges der Kulturen« in Gestalt eines Zusammenstoßes zwischen dem Westen und der islamischen Welt, wurde zurückgeschraubt auf Polizei- und Geheimdienstaktionen, und der Gewaltapparat zog sich aus dem verlustreichen Nahkampf in den Distanzkrieg der unbemannten Drohnen zurück, wahrer Hightech-Wunder zur Ausspähung und Liquidierung vermutlicher Feinde außerhalb jeder Legalität.

Die beiden Kriege, welche die USA im Schatten der Anschläge vom 11. September 2001 gegen diesen ›Feind‹ zu führen begonnen hatten (im Doppelsinn des Durch- und Anführens), hatten eben diesen Feind in der Folge immer größer gemacht. Vulkanische Kraft aus den islamischen Ländern strömte ihm anscheinend unaufhaltsam zu.

Zehn Jahre später brach der wirkliche Vulkan aus, der selbst die spektakulärsten Selbstmordanschläge als sinnlose Rückzugsgefechte erscheinen ließ. Wie hatte doch Obama im Sommer 2009 in Kairo gesagt, nachdem er der islamischen Welt seinen Respekt erwiesen, sich verhalten von der bisherigen Politik seines Landes distanziert und eine historische Verständigung angeboten hatte: »Man muss die Macht durch Konsens, nicht durch Zwang erhalten«. Als Quelle des Konsenses beschwor er die Sehnsucht aller Menschen auf »die

Fähigkeit, seine Meinung zu äußern und ein Mitspracherecht dabei zu haben, wie man regiert wird; Vertrauen in die Rechtsstaatlichkeit und die Gleichheit vor dem Gesetz zu haben; eine Regierung, die transparent ist und die Menschen nicht bestiehlt; sowie die Freiheit, so zu leben, wie man möchte«. Keine zwei Jahre später genügte ein Funke in Tunesien, dass die politische Revolution diesem Verlangen Bahn brach. Die demokratische Revolution Arabiens gegen die bislang vom Westen gestützten Diktaturen stieß die Tür auf zu einem neuen Versuch islamischen Aufbruchs in die Moderne. Die Revolutionäre verloren zwar in der Folge die von ihnen erreichten demokratischen Wahlen, als deren Sieger überall islamistische Parteien hervorgingen. Aber diese waren nicht nur demokratisch gewählt, sondern ihnen bot sich die islamistische Regierungspartei der Türkei als Vorbild. Die mehrheitlich von praktizierenden Muslimen erkämpfte Demokratie schickte sich an, die islamische Theokratie, wo sie bislang von weltlicher Gewaltherrschaft niedergedrückt war, in rechtsstaatliche Schranken zu weisen. Ein ganzes System von Fronten, Satellitenstaaten und Freund-Feind-Beziehungen nebst ihren ideologischen Legitimationen war mit einem Ruck veraltet. Die Zukunft war ungewiss, doch es gab sie wieder.

Die Zukunft deutete sich so schwindelerregend an wie der Abgrund, in den die Große Krise die Welt blicken ließ. Ian Morris (2010) sah »eine völlig neue Art eines kollektiven Wendepunkts« auf die Menschheit zukommen (Schell 2010).[353] Deren hergebrachte, geographisch bedingte Abtrennungen voneinander würden zunehmend anachronistisch werden. Ihre Chancen aber, dem Unheil zu entgehen, hingen an einem seidenen Faden.[354] In der Tat stand die Welt wohl an einer Bifurkation geschichtlicher Tendenzen, ohne sich darüber klar zu sein und praktische Konsequenzen daraus zu ziehen,

353 »Nuclear proliferation, population growth, global epidemics and climate change are in the process of radically altering old historical patterns.« (Morris, nach Schell 2010)

354 »Distinctions of geography are becoming increasingly irrelevant, […] East and West are now in a common mess«, referiert Orville Schell, der Direktor des Center on U.S.-China Relations der Asia Society, Morris' Ausblick. Dieser ist düster. »We must decide between what Morris, borrowing from the writer Ray Kurzweil, terms ›the Singularity,‹ salvation through the expansion of our collective technological abilities, and ›Nightfall,‹ an apocalypse from the old Five Horsemen aided by their new accomplices. […] For the Singularity to win out, ›everything has to go right‹, Morris says. ›For Nightfall to win only one thing needs to go wrong. The odds look bad.‹« (Schell 2010)

um die unvermeidliche Umgestaltung in geregelte Bahnen zu lenken. Sicher schien einzig, dass Chinas Aufstieg und die Formen, in denen er sich weiter vollziehen würde, Gang, Gehalt und Entscheidung jener »größten geschichtlichen Diskontinuität«, die Ian Morris auf uns zukommen sah, entscheidend mitbedingten.

Der Kontrast zwischen der Wirtschafts- und Sozialgeschichte Chinas und der des Westens in der von neoliberaler Hegemonie[355] gezeichneten Epoche konnte kaum größer sein. Dort eine Entwicklungsdiktatur, die sich angesichts der von ihr großgezogenen neuen Mittelschichten in kleinen Schritten rechtsstaatlichen Verhältnissen annäherte; hier eine plutokratische Demokratie, in der »eine komplexe militärisch-zivile juristische, bürokratische und institutionelle Struktur« in einer Situation permanenter Unsicherheit dem Land eine Verfassung der »Postlegalität« aufzuerlegen begann (Tokatlian 2012), die dem Staat zunehmend rechtsfreie Zonen einräumte und rechtsstaatliche Grundrechte einengte,[356] sowie Mittelschichten, die

355 Thomas Sablowski erklärt es im Anschluss an Demirović 2005 für fraglich, »ob der Neoliberalismus tatsächlich als hegemoniales Projekt angesehen werden kann«; zwar sei er eine »machtvolle Ideologie«, doch scheine er »eher zerstörerisch als schöpferisch zu sein«, wogegen Hegemonie à la Gramsci Kompromisse mit den Subalternen bedeute. »Der Neoliberalismus scheint eher Ausdruck der ökonomisch-korporativen Interessen der Bourgeoisie zu sein« (2008, 32). Doch was soll »machtvoll« hier bedeuten, wenn nicht Macht über die Köpfe? Reduzierte sich diese Ideologie auf einen »Ausdruck der ökonomisch-korporativen Interessen der Bourgeoisie«, wäre unverständlich, warum sie bis tief in Gewerkschaft und Sozialdemokratie hineingewirkt hat. Die ökonomischen Axiome des Neoliberalismus entsprechen transnationalen Kapitalinteressen. Doch verkörpert er »trotz alledem […] im Hinblick auf seine Ziele, seine Tiefe und den Grad des Bruches mit der Vergangenheit, die Vielfalt der kolonisierten Orte, seine Wirkung auf den Alltagsverstand und die Verschiebungen in der Gesellschaftsarchitektur zweifellos ein *hegemoniales Projekt*« (Hall 2011, 671). Er »bediente sich im imaginativen Depot des bürgerlichen Denkens: Freiheit, Autonomie, Selbstbestimmung bei gleichzeitiger Achtung von individuellen Werten, die Chance, zu werden, wer man werden will, bei gleichzeitiger Zähmung des Staates und seiner Allmacht« (Schirrmacher 2011a). Zudem hat er Elemente emanzipatorischer Projekte selbstbestimmter Handlungsfähigkeit reartikuliert. Gegen Nancy Fraser (2009), die den Feminismus als eine Art Steigbügelhalter des Neoliberalismus angreift, zeigt Frigga Haug, wie die fordismuskritischen Forderungen der Frauenbewegung im Zuge des Übergangs zum neoliberalen Hightech-Kapitalismus in ihrer Bedeutung verschoben und »ins neoliberale Projekt aufgenommen« wurden (2009, 404).

356 Der Senat hat mit großer Mehrheit 2012 die unbegrenzte Festnahme unter Terrorismusverdacht stehender US-Bürger durch die Militärbehörden abgesegnet. Diese Infragestellung der Legalität »wird früher oder später eine verheerende Auswirkung auf die Demokratie dieses Landes haben« (Tokatlian 2012).

langsam verarmten. Der autoritäre Kapitalismus Chinas betrieb seit Ende der 1970er Jahre eine atemberaubende Industrialisierung und Urbanisierung mitsamt enormem Ausbau des Hochschulwesens und der Forschungseinrichtungen, ein das Land revolutionierender Prozess, der sich in Wachstumsrekorden ausdrückte. Im demokratischen Kapitalismus der USA herrschte im selben Zeitraum eine fieberhafte Entwicklung der computerbasierten Technologien, wobei die Innovationen der emblematischen Produkte einander hektisch jagten, zugleich aber ermattende Wachstumsraten zeitigten, die der Stagnation zustrebten.[357] Diese Tendenz kennzeichnete die kapitalistischen Metropolen insgesamt, was sich in der Weltinvestitionsrate spiegelte: Seit 1979 tendierte diese im Verhältnis zur (ihrerseits sinkenden) Wachstumsrate nach unten. Nach Einbruch in den 1980er Jahren konnte sie sich bis zum Beginn der Krise von 1990 kurzzeitig stabilisieren, blieb danach flach bis zu einem kleinen Investitionsboom im Zuge der Internet-Spekulation. Seither sanken die Bruttoinvestitionen weiter und lagen im Jahr 2008 mit rund 20 Prozent des globalen BIP auf einem historischen Tiefpunkt, 4 Prozent unterm Wert von 1979 (Mariña Flores/Izquierdo 2010, 12, gestützt auf Angaben der Weltbank). Mit den Investitionen blieb das Wachstum trotz steigender Mehrwertrate[358] zurück. An der Schwelle zu seiner Großen Krise präsentierte sich ein »Kapitalismus ohne Projekt« (Artus/Virard 2007, 3). Offenbar vermochten nicht nur die Hightech-Investitionen, sondern auch der Investitionsboom in China, Brasilien, Indien und anderen Schwellenländern diese Tendenz in den alten Kapitalismuszentren nicht zu wenden. Michel Husson kam zu dem lapidaren Schluss, dass »Investitionen im Ausland die schwache inländische Investitionsdynamik nicht kompensieren« (2010). Das Erlahmen der Investitionen zeigte das Ende eines Akkumulationszyklus an.

Verstand man Investitionssättigung (»saturation of investment«) nicht nur in Kategorien des Verwertungsprozesses, als Folge eines

357 »Die Stagnation trat Mitte der 1970er Jahre ein, wird aber bis heute nicht in ihrer von Keynes analysierten ›Gesetzmäßigkeit‹ begriffen, geschweige denn, dass Keynes' Projektion für den Stagnationszustand anerkannt oder auch nur bekannt würde.« (Zinn 2008c, 32)

358 Der Anteil der Gewinne am gesamtwirtschaftlichen Bruttoeinkommen, in dem sich am ehesten ein Echo auf die Mehrwertrate vernehmen lässt, nahm etwa in Deutschland zwischen 1982 und 2010 um 12 % zu (Candeias 2011, 51).

konjunkturellen Sinkens der Profitrate, sondern konnte sie in stofflichen oder Gebrauchswertbegriffen einigermaßen triftig als ein »durch den Wachstumsprozess selbst erzeugtes Wachstumsende« (Zinn 2008c, 162) beschreiben, ließ sich daran mit einiger Vorsicht das strukturelle ›Alter‹ einer kapitalistischen Gesellschaft abschätzen.[359] Angesichts einer »im geschichtlichen Wachstumsprozess eintretenden quasinatürlichen Absättigung der konsumorientierten Bedürfnisse« (161) mochte man von ›reifem‹ oder, mit Fredric Jameson, vom »Spätkapitalismus« (Krysmanski 2001) sprechen. Die Stagnation deutete dann auf die Schwelle zu einer Systemänderung und kündigte eine »Sattelzeit« (Koselleck) an. So wie bisher konnte es nicht weitergehen.

Dem Blick in die erst werdende Geschichte erscheint die Sattelzeit als Wegscheide,[360] an der unterschiedliche Entwicklungspfade abzweigen. Dem späteren Rückblick auf die gewordene Geschichte wird der faktisch genommene Weg sich in seiner Determiniertheit zeigen. Hinterher ist man schlauer. Doch nachträgliche Schlauheit ist gerne blind für unverwirklicht gebliebene Alternativen. Der Historiker geht dann zurück auf den Moment der Unentschiedenheit des Prozesses. In unserem Fall stellt er sich dar als Erschöpfung des Wachstumspotenzials des von ›marktradikaler‹ Politik aus gesellschaftspolitischer Einhegung entlassenen Kapitalismus. »Wenn ein ›richtiger‹ Kapitalismus ohne Akkumulation nicht überlebensfähig ist«, sagt Karl Georg Zinn, »führt Stagnation zu irgendeinem postkapitalistischen Zustand.« (2008c, 27) »Postkapitalistisch« meint dabei eine Systemverfassung, die dem Privatkapital einen Steuerungsrahmen nach Kriterien gesellschaftlicher Erfordernisse vorgibt und die Aufgaben der Lebensvorsorge, die sich nur zum Schaden des Gemeinwesens der Profitlogik unterwerfen lassen, einem öffentlichen Sektor überträgt. Auf diesen möglichen Weg kommen wir gleich zurück. Wir müssen jedoch zuerst der Wahrscheinlichkeit das Wort geben, dass die Schwerkraft der Verhältnisse und das Beharrungsinteresse ihrer Herrschenden dazu führt, den Systemzustand

359 In dieselbe Richtung deutet der von Moishe Postone konstatierte wachsende Widerspruch zwischen »value production as the structurally defining feature of capitalism and the enormous use-value production capabilities generated by capitalism« (2007/10, 15; dt. 18).

360 »From here on in, we are living amidst the bifurcation of the systemic process. The question is no longer, how will the capitalist system mend itself, and renew its forward thrust? The question is what will replace this system?« (Wallerstein 2009)

im Rahmen der alten Verhältnisse imperialistisch nach außen, autoritär oder faschistoid nach innen umschlagen zu lassen.

Die historische Erinnerung an den Ausgang der Großen Krise des Fordismus ließ fürchten, dass nach einer Phase wachsend autoritärer Lösungsversuche, während die USA zu »einer mehr oder weniger unilateralen Imperialstrategie zur geoökonomischen und geopolitischen Kontrolle der Welt« zurückkehrten, nun aber »auf der Grundlage einer autoritären, ultranationalistischen Massenbewegung« (Solty 2010a, 50), das Imperium des transnationalen Hightech-Kapitalismus auseinanderbrechen und der Imperialismus wieder das Regiment übernehmen würde. Dieser weniger gewollte als resultierende Weg führte in David Harveys wirtschaftsgeschichtlich informierter Sicht (2009) zum »Auseinanderbrechen der globalen Wirtschaft in regionale Hegemonialstrukturen, die genau so leicht wild miteinander konkurrieren als in der elenden Frage zusammenarbeiten könnten, wer die Hauptlast der lang anhaltenden Depression tragen muss«. Die mögliche US-Hegemonie würde im Widerspruch zur globalen US-Militärpräsenz auf eine dieser regionalen Strukturen begrenzt. Dieser Widerspruch würde keine Ruhe geben. Mit der Weltwirtschaft wäre auch der schwach kosmopolitisch zivilisierte »Weltinnenraum des Kapitals« (Sloterdijk 2005) auseinandergebrochen. Dieser Weg würde in Harveys skeptisch-realistischer Sicht aus dem Versagen eines halbherzigen Keynesianismus in den USA folgen, begleitet von »verblassender US-Hegemonie«. Selbst in diesem Fall einer Regression vom Imperium des transnationalen Hightech-Kapitalismus zu rivalisierenden Imperialstrukturen aber würden die Regierungen wenigstens partiell den Kapitalismus überschreiten müssen, um Politik an dessen Grenze machen zu können. Widersetzten sie sich dieser Mindestnotwendigkeit der Rettung des Kapitalismus vor den Kapitalisten, entfesselten sie, ähnlich wie George W. Bush, nur eine sie hinterrücks einholende Krise, die jene Notwendigkeit katastrophenförmig aktualisieren würde. Denn alle Politik war inzwischen zur Politik an den Grenzen des Kapitalismus geworden.

Im Anschluss an Ernest Mandel erwartete auch Winfried Wolf (2009) für die »kommenden Jahre [...] nicht ein Weltmodell ›Kapitalismus‹, sondern einen modellhaften innerkapitalistischen Konkurrenzkrieg zwischen den drei Blöcken EU, Nordamerika und China – mit der Gefahr des Umschlags in reale Kriege, unter anderem in solche um die Ölressourcen und die Energietransporttrassen«. Der

Attac-Beirat (2011a) hielt es für möglich, dass die Entwicklung diese Richtung nehmen würde, ohne sie als beschlossene Sache darzustellen: »Die nächste Krisenetappe wäre eine globale Hegemoniekrise, wenn es zur Auseinandersetzung um die Frage kommt, welche der heutigen Währungen zur Weltwährung der Zukunft, zur Handels- und Reservewährung, zur Währung der Finanztransaktionen und vor allem zur Währung wird, in der der Lebenssaft des industriellen und postindustriellen Zeitalters, das Öl, fakturiert wird. [...] Ohne heftige politische Konflikte wird diese Frage nicht beantwortet.[361] Die Hegemonialkonflikte der 1930er Jahre, Nationalsozialistische Terrorherrschaft und Faschismus und der Zweite Weltkrieg kommen in Erinnerung [...]. Es geht heute also nicht nur um die Krise von Wirtschaft und Finanzen, es geht in der gegenwärtigen Krise wie vor 80 Jahren um den Frieden in der Welt.« Die Gefahr eines Großen Krieges als blinder Fluchtweg der Interessengegensätze aus der Großen Krise mochte auch Eric Hobsbawm »nicht ausschließen: einen Krieg, der dann zum Weltkrieg werden würde – zwischen den USA und China« (Hobsbawm 2009).

Die Begehbarkeit des in anderer Richtung abzweigenden Weges ›multipolarer‹ weltwirtschaftlicher Integration und damit die Möglichkeit tendenziell globaler US-Hegemonie bei der Anführung der anderen Nationen auf diesem Weg würde voraussetzen, dass die Politiker des Westens – noch einmal in Harveys Worten – sich endlich »daran machen zu tun, was getan werden muss, um den Kapitalismus vor den Kapitalisten und ihrer falschen neoliberalen Ideologie zu retten. Sollte das Sozialismus, Verstaatlichungen, starke staatliche Leitung bedeuten, die Formen internationaler Zusammenarbeit und eine neue, viel einbeziehendere [inclusive] (ich weiß nicht, ob ich sagen darf: ›demokratischere‹) internationale Finanzarchitektur, dann soll es so sein.« (Ebd.) Harvey bezweifelte, dass dieser Weg der »Rettung des Kapitalismus vor den Kapitalisten« beschritten würde, weil er die Regierenden nicht auf der Höhe der

361 »Zunehmend wird der US-Dollar als diejenige Währung, in der die Ölrechnungen fakturiert werden, in Frage gestellt. Angeblich, so ein Bericht des britischen Independent, auch durch die VR China. Allerdings hat die US-Regierung 2003, als der Irak einen solchen Abschied vom Öl-Dollar propagierte, unter anderem deshalb den Irak-Krieg vom Zaum gebrochen. Die aktuellen Kriegsdrohungen gegen den Iran, die auch unter der Administration des Friedensnobelpreisträgers Barack Obama verfolgt werden, haben auch diesen Hintergrund.« (Wolf 2009)

Aufgaben sah und für die nächsten Jahrzehnte eher »ein weiteres Interregnum multipolarer und konfligierender Interessen nebst globaler Instabilität« (ebd.) erwartete.

Eine reale Möglichkeit jenes alternativen Entwicklungspfades scheint nun in der Politik der Energiewende auf. Sie würde den Kapitalismus dadurch retten, dass sie ihn für die Rettung eines für die menschliche Gattung bewohnbaren Biotops auf Erden einspannt und ihn auf das Projekt des ökologischen Umbaus als Akkumulationsfeld lenkt. Eric Hobsbawm sah darin den einzigen Weg aus dem Dilemma, »der aber setzt eine fundamentale Bewusstseinsveränderung voraus, er ist ein internationales, ein Riesenprojekt: die Welt gegen die Umweltgefahr sicherer zu machen. Das würde helfen, die Wirtschaft anzukurbeln, aber es wäre auch ein Projekt, das man gegen die Marktkräfte durchsetzen müsste.« (2009) Ein bedeutendes Realereignis in dieser Perspektive war die unterm Eindruck der japanischen Nuklearkatastrophe von Fukushima beschlossene, damit freilich noch lange nicht vollzogene »Energiewende« der Bundesrepublik. Vergaß man einen Moment lang die Beschränkungen, welche die kapitalistische Form in ihrer krisenträchtigen Widersprüchlichkeit dem Inhalt dieses Prozesses auferlegte, schien klar, dass der ökologische Umbau der Produktionsweise als das letzte große zivilisatorische Werk des Kapitalismus riesige Akkumulationsfelder eröffnen würde, wenn durch staatliche Gesetze (Entnahme- und Immissionsbegrenzungen, Wiederverwertbarkeit, Energiesparsamkeit usw. usf.) die Rahmenbedingungen geschaffen würden. Der Austausch oder die Nachrüstung ganzer Generationen langlebiger Produktions- und Konsumtionsgüter gäbe reichlich Arbeit und Wachstum. Kapitalistisch betrieben nach dem Vorbild des mit speziellen Leistungssteigerungen einhergehenden raschen Generationswechsels der informations- und kommunikationstechnischen Geräte, würde eine derartige Wende einen neuen Akkumulationszyklus einleiten. Freilich würden dieser Möglichkeit, solange sie in die Schranken kapitalistischer Wachstumspolitik eingeschlossen blieb, Weltmarktkonkurrenz und Profitraten bei unablässiger kompetitiver Produktivkraftentwicklung und Produktinnovation die Bedingungen diktieren. Der Fall der Profitrate würde den Prozess irgendwann wieder stagnieren machen, und die Überakkumulation mit ihrem neuerlich sich auftürmenden Überbau des Anlage suchenden Geldkapitals würde ihm den Rest geben.

Dann wäre die Zeit für den Übergang zu einem dritten Entwicklungspfad gekommen. Dieser würde sich mit dem zweiten in der Ausrichtung auf die Ökologisierung der Produktionsweise und der Lebensweise berühren und diese um die Rekonstruktion öffentlicher Güter und sozialer Systeme in einer »mixed economy« öffentlicher und privater Produktionsweisen ergänzen. Er trüge den »endogenen Wachstumsgrenzen« (Zinn 2008c, 161) Rechnung und bräche mit der Ideologie und den Systemzwängen des grenzenlosen Wachstums[362] und der Dominanz des Kapitals über die Politik. »Die Lösung liegt in der richtigen Kombination aus Markt und Staat.« (Hobsbawm 2009) Sie hätte Schluss damit zu machen, dass »die Interessen der Menschen den Kapitalinteressen untergeordnet« (Geißler 2011) sind, hätte mit der »Ideologie der Privatisierung«[363] zu brechen und die Aufgaben der allgemeinen Daseinssicherung in öffentliche Zuständigkeit zurückzuholen. Mehr als jeder andere verlangt dieser Weg nach einer Reform der Lebensweise[364] und damit der sog. »Werteordnung«. Arbeit würde im allgemeinen Denken und Handeln aus der Verengung auf (für ein Kapital profitable) Lohnarbeit befreit, und die im Zeitbedarf menschlichen Maßverhältnissen gerecht werdende Teilhabe an Produktion, Reproduktion, kulturellen Selbstzweckpraxen und Vergesellschaftungshandeln (Politik im erneuerten Sinn) und damit die Verfügung über qualitative Zeit würde als selbstverständlich im Rahmen eines guten Lebens gelten.[365]

Während der zweite Weg einer des »qualitativen« Wachstums ist, steht der dritte vor der Aufgabe, eine politische Ökonomie zu

362 »Entweder hören wir mit der Ideologie des grenzenlosen Wachstums auf, oder es passiert eine schreckliche Katastrophe.« (Hobsbawm 2009)

363 Von den Ideologien der Privatisierung und des Wachstums sagt Ingo Schulze, dass sie »durch den Zusammenbruch des Ostblocks […] zu einer Hegemonie« gelangten, »die so unangefochten war, dass man sie schon als Selbstverständlichkeit empfand. […] Alles, was nicht privatisiert wurde […] und keinem privaten Gewinnstreben unterworfen wurde, galt als ineffektiv und kundenunfreundlich. So entstand eine öffentliche Atmosphäre, die […] zur Selbstentmachtung des Gemeinwesens führen musste « (2012). Er zitiert Merkels kapitalismusimmanent zutreffendes Diktum »Ohne Wachstum ist alles nichts«.

364 Wir müssen anerkennen, dass wir beim Versuch, unsere Lebensweise und unsere Methoden der Handhabung des Finanzwesens aufrechtzuerhalten, an den Grenzen des Möglichen angekommen sind.« (Touraine 2010)

365 Hier käme die Utopie der Vier-in-einem-Perspektive (Frigga Haug 2008) in der Wirklichkeit an.

entwickeln die den kapitalistischen Bann bricht, der eine wachstumslose Reproduktion[366] damit straft, dass er die Produktionsfaktoren auseinanderreißt und unbeschäftigtes Kapital und unbeschäftigte Arbeiterbevölkerung einander gegenüberstellt inmitten ungetaner Arbeiten. Um dem hierfür notwendigen kulturellen Paradigmenwechsel den Weg zu bereiten und den Bruch mit der konsumistischen Lebensweise kategorial vorzubereiten, müssen wir das Wohlstandsverständnis von der Fixierung an die Wachstumszahlen des BIP lösen[367] und versuchen, den Akzent vom Haben und Verbrauchen auf die Bedingungen zu verschieben, alle Individuen dazu zu befähigen, möglichst »lange, kreativ und gesund« ein sinnvolles und erfülltes Leben zu führen (Nussbaum 2011).

Objektiv ist es für ›reife‹ Kapitalismen an der geschichtlichen Zeit, zu einer nur mehr qualitativen, auf hochtechnologischen Bahnen wachsenden Reproduktionsökonomie überzugehen. Subjektiv sind sie noch nicht reif dafür. Und die »objektiven Faktoren der realen *Potenzialität* allein, so nötig sie sind, stellen eben keine Garantie des Gelingens«, wie Ernst Bloch sagt, »sie sind auf das Vermögen, die *Potenz* des realisierenden Subjekts angewiesen.« (*Experimentum Mundi*, 255, zit.n. Jung 2012) Wenn Krisen, wie es heißt, eine Chance darstellen, so umgekehrt die nicht genutzte Chance eine Krisenquelle. Dieser Widerspruch wird die Welt immer wieder das Fürchten lehren. Wie in der Geschichte vom Geist in der Flasche schlagen die latenten Potenziale, hilft man ihnen nicht ins Freie, ins Destruktive um.

366 Sablowski (2008, 23) ersetzt wie Becker 2002 Reproduktion durch Akkumulation. Damit verbaut er sich den Weg, intensive Reproduktion als wachstumslos zu denken. Zugleich desartikuliert er das kapitalismuskritische Argument, dass der Kapitalismus die Reproduktion an seine Akkumulation bindet, eine Bedürfnisdeckungswirtschaft mit ihm also nicht zu machen ist. Sodass seine Begrifflichkeit unbewusst an den Kapitalismus gebunden ist. Wobei er auf der Spur von Aglietta (1979) und Lipietz (1985) in die »intensive Akkumulation« außer der Produktivitätssteigerung auch die Hebung des Konsumniveaus der Lohnarbeitenden hineinnimmt.

367 Zur Prüfung der damit verbundenen Fragen hat der Bundestag im Dezember 2010 eine Enquete-Kommission »Wachstum, Wohlstand, Lebensqualität – Wege zu nachhaltigem Wirtschaften und gesellschaftlichem Fortschritt in der Sozialen Marktwirtschaft« eingesetzt.

Anhang

Drucknachweise

Zweites Kapitel: *Theoretisches Intermezzo: Marxsche Krisenbegriffe* – unter Verwendung von Elementen eines Vortrags vom 8. Februar 2002 im Rahmen der Reihe »Monopoly – die Spielregeln des Kapitalismus bei Arbeit und Leben/ Volksschule München, erschienen in *Das Argument* 245, 44. Jg., 2002, H. 2, 229-40; größere Teile gehen zurück auf einen Vortrag beim Kapitalismus-Kongress von ATTAC in der Technischen Universität Berlin im März 2009, erschienen unter dem Titel »Die wahre Schranke der kapitalistischen Produktion ist das Kapital selbst. Was Attacies vom *Kapital* von Marx wissen sollten, um die Krise zu begreifen«, in: *Sand im Getriebe. Internationaler deutschsprachiger Rundbrief der ATTAC-Bewegung*, Nr. 75, Juli 2009, 3-7; in veränderter Fassung vorgetragen beim studentischen »Bildungsstreik« an der Universität Stuttgart am 18. Juni 2009.

Siebtes Kapitel: *Imperium oder Imperialismus?* – eine Vorfassung des 1. Teils (unter Verwendung von Thesen zur gleichnamigen Tagung in Athen, 31. März bis 1. April 2006, sowie eines Vortrags an der Universität Wien am 20.3.2009), erschien in *Das Argument* 267, 48. Jg., 2006, H. 4, 512-21; eine weiter entwickelte Vorfassung erschien auf Englisch unter dem Titel »The Hegemonic Pradox of Transnational High-Tech-Capitalism« in: *boundary* 2, 38. Jg., 2011, Nr. 2, 1-22.

Achtes Kapitel: *Rekonstruktion der US-Hegemonie unter Obama?* – eine Vorfassung erschien auf Englisch unter dem Titel »The Question of Reconstruction of US-Hegemony under Obama« in: *boundary* 2, 38. Jg., 2011, Nr. 2, 22-38.

Siglen

13 Ver	Wolfgang Fritz Haug, *Dreizehn Versuche marxistisches Denken zu erneuern*, gefolgt von *Sondierungen zu Marx / Lenin / Luxemburg*, Hamburg 2005
EP	*El País*
FAS	*Frankfurter Allgemeine Sonntagszeitung*
FAZ	*Frankfurter Allgemeine Zeitung*
FR	*Frankfurter Rundschau*
FT	*Financial Times*
FTD	*Financial Times Deutschland*
Gef	Gramsci, Antonio, *Gefängnishefte*, kritische Ausgabe, hgg. v. Klaus Bochmann und Wolfgang Fritz Haug, unter Mitarbeit von Peter Jehle, 10 Bde., Hamburg 1991-2002 (zit.n. Band, Heft, Paragraph und Seitenzahl)
Gr	Karl Marx, *Grundrisse der Kritik der politischen* Ökonomie, zit.n. MEW 42, Berlin/DDR 1983
HKWM	*Historisch-kritisches Wörterbuch des Marxismus*, Bde. 1 bis 6/II, hgg. v. Wolfgang Fritz Haug; Bde. 7/I ff, hgg. v. Wolfgang Fritz Haug, Frigga Haug u. Peter Jehle; Hamburg 1994ff
HTK I	Wolfgang Fritz Haug, *High-Tech-Kapitalismus. Analysen zu Produktions*weise, *Arbeit, Sexualität, Krieg und Hegemonie*, Hamburg 2003, 2., unveränderte A. 2005
K I	Karl Marx, *Das Kapital. Kritik der politischen* Ökonomie Buch I, Der *Produk*tionsprozess des Kapitals, zit.n. MEW 23
KdWÄ	Wolfgang Fritz Haug, *Kritik der Warenästhetik*, überarb. Neuausgabe, gefolgt von *Warenästhetik im High-Tech-Kapitalismus*, Frankfurt/M 2009
KV I	Wolfgang Fritz Haug, *Vorlesungen zur Einführung ins »Kapital«*, Neufassung, Hamburg 2005
KV II	Wolfgang Fritz Haug, *Neue Vorlesungen zur Einführung ins »Kapital«*, Hamburg 2006
LW	Lenin, Wladimir Iljitsch, *Werke*, Berlin/DDR 1961ff
MEGA	Karl Marx und Friedrich Engels, *Gesamtausgabe* (MEGA²), Berlin 1975ff (zit röm. Bandnummer/Seitenzahl)
MEW	Karl Marx und Friedrich Engels, *Werke*, Berlin/DDR 1956ff (zit Bandnummer/Seitenzahl)

ND	*Neues Deutschland*
NLR	*New Left Review*
NYT	*New York Times*
PAQ	Projektgruppe Automation und Qualifikation
PhBG	Wolfgang Fritz Haug, *Philosophieren mit Brecht und Gramsci*, erw. Ausg., Hamburg 2006
PJ	Wolfgang Fritz Haug, *Versuch beim täglichen Verlieren des Bodens unter den Füßen neuen Grund zu gewinnen. Das Perestrojka-Journal*, Hamburg 1990
PRRP	Wolfgang Fritz Haug, *Politisch richtig oder richtig politisch. Linke Politik im transnationalen Hightech-Kapitalismus*, Hamburg 1998
RL	Rosa Luxemburg, *Gesammelte Werke*, 5 Bände, Berlin/DDR 1970-1975
SZ	*Süddeutsche Zeitung*
taz	*die tageszeitung*

Literaturverzeichnis

Achcar, Gilbert, »Theses on the Arab Spring«, in: Jadaliyya, 29.1.2012 <www.jadaliyya.com/pages/index/4184/theses-on-the-arab-spring>

Adolphi, Wolfram, »Chinas Planwirtschaft als dialektische Aufhebung der sowjetischen«, in: *Das Argument* 286, 52. Jg., 2010, H. 2, 159-69

ders., »Nagelprobe China. Plädoyer für ›Das eine Haus Welt‹-Politik«, in: *Das Argument* 296, 54. Jg., 2012, H. 1-2, *Großer Widerspruch China revisited*

Adorno, Theodor W., »Versuch, das Endspiel zu verstehen«, in: ders., *Noten zur Literatur II*, Frankfurt/M 1961, 188-236

ders., *Negative Dialektik,* Gesammelte Schriften, Bd. 6, Frankfurt/M 2003 (zit. GS)

Ahmad, Aijaz, »Imperialism of Our Time«, in: *Socialist Register 2004: The New Imperial Challenge*, London 2003, 43-62

Althusser, Louis, *Ideologie und ideologische Staatsapparate*, Hamburg 1977

Altvater, Elmar, »Der Kapitalismus in einer Formkrise. Überlegungen zum Krisenbegriff in der politischen Ökonomie und ihrer Kritik«, in: *Aktualisierung Marx'*, AS 100, Berlin/W 1983, 80-100

ders., »Die Währung des schwarzen Goldes«, Vortrag am Otto-Suhr-Institut, 12.2.2003 <www.zeit.de/politik/altvater_berlin>

ders. u. Birgit Mahnkopf, *Konkurrenz für das Empire. Die Zukunft der Europäischen Union in der globalisierten Welt*, Münster 2007

ders. u.a., *Krisen Analysen*, Hamburg 2009

ders., *Der große Krach. Oder die Jahrhundertkrise von Wirtschaft und Finanzen, von Politik und Natur*, Münster 2010

Amann, Melanie, »Flashmobs im Arbeitskampf«, in: FAZ, 19.8.2008

Amenábar, Alejandro, »Das Sklaventum von einst und heute«, Interview, in: FAZ, 11.3.2010, 36

Amin, Samir, François Houtard u. Ignacio Ramonet, »Das imperiale Projekt zum Scheitern bringen. Vier Bausteine für eine wirklich multipolare Welt«, in: *Sand im Getriebe* 48, Jan. 2006, 3f

ders., »Capitalisme transnational ou impérialisme collectif?«, in: *Recherches internationales*, Nr. 89, Paris, Jan.-März 2011, 63-76

Anderlini, Jamil, »Chinese investment in Europe to surge«, in: FT, 26.10.2011

Anderson, Jan Otto, »Imperialismus«, in: HKWM 6/I, 2004, 848-64

Anderson, Perry, »Force and Consent«, Editorial, in: NLR 17, Sept./Okt. 2002

ders., *Vortrag im Potsdamer Einstein-Forum über Hegemonie*, Oktober 2005 (zit.n. Bahners 2005)

ders., »Two Revolutions«, in: NLR 61, Jan.-Febr. 2010, 7-28

Arrighi, Giovanni, *The Long Twentieth Century: Money, Power, and the Origins of Our Times*, London-New York 1994

ders. u. Jason W. Moore, »Kapitalismus in welthistorischer Sicht«, in: *Das Argument* 239, 43. Jg., 2001, H. 1, 43-58

ders., »Die Weltgeschichte an einem neuen Wendepunkt?«, Interview von Peter Strotmann, in: *Sand im Getriebe* 54, Oktober 2006

ders., »Adam Smith in Beijing«, in: Kaindl u.a. 2007, 243-51

Artus, Patrick, u. Marie-Paule Virard, *Le capitalisme est en train de s'autodétruire*, Paris 2007

Ash, Timothy Garton, »Obama's grand narrative may unite his country but divide the world«, in: *The Guardian*, 22.1.2009

ders., »The years since 9/11 already look like a detour, not the main road of history«, in: *The Guardian*, 7.9.2011 <www.guardian.co.uk/commentisfree/2011/sep/07/9-11-september-11-us>

ders., »Germany's rendezvous with history will also put Cameron on the rack«, in: *The Guardian*, 9.11.2011b

Attac, Wissenschaftlicher Beirat, »Die Finanzmärkte kontrollieren statt die Bevölkerung von Schuldnerstaaten auszupressen. Zehn Argumente zum Umgang mit der europäischen Finanzkrise«, in: *Standpunkte* 35, hgg. v. Rosa-Luxemburg-Stiftung, Berlin 2011a

Attac, Wissenschaftlicher Beirat, *Vermögenskonzentration und Finanzkrise*, 2011b <www.vermoegensteuerjetzt.de/images/studien/Vermoegenskonzentration_und_Finanzkrise.pdf >

Attac, »Finanzmärkte regulieren und Einkommen gerecht verteilen«, Stellungnahme zur Krise von 50 Wissenschaftlern, 2011c <www.stellungnahme-zur-krisenpolitik.de/index.php?id=10228&L=2>

Badiou, Alain, »Das Reale dieses Krisenspektakels«, TAZ, 13.11.2008

Barciela, Fernando, »Y ahora, el oro«, in: EP, 23.11.2008, Negocios, 33

Barfuss, Thomas, *Konformität und bizarres Bewusstsein. Zur Verallgemeinerung und Veraltung von Lebensweisen in der Kultur des 20. Jahrhunderts*, AS 291, Hamburg 2002

Barrow, Clyde W., »Die Rückkehr des Staates. Globalisierung, Staatstheorie und der neue Imperialismus«, dt. v. Ingar Solty, in: *Sozialismus*, 32. Jg., 2005, H. 7-8, 40-50

Bassets, Lluís, »La gatomaquia del siglo XXI«, in: El País, 18.12.2008, 2f

Basterra, Francisco G., »Europa desde Nueva York«, in: EP, 10.12.2011, 8

Beck, Ulrich, »Eine neue kosmopolitische Realpolitik liegt in der Luft«, in: *FR-online.de*, 28.12.2008

Becker, Joachim, *Akkumulation, Regulation, Territorium. Zur kritischen Rekonstruktion der Regulationstheorie*, Marburg 2002

Bellofiore, Riccardo, »Il capitalismo dei fondi pensione«, in: *La revista del manifesto*, Nr. 10, 2000 <www.larivistadelmanifesto.it/archivio/10/10A20001011.html>

ders. u. Joseph Halevi, »A Minsky Moment? The Subprime Crisis and the New Capitalism«, in: Chris Gnos u. Louis-Philippe Rochon, *Credit, Money and Macroeconomic Policy: A Post-Keynesian Approach*, Cheltenham 2011, 13-32 (zit. 2011) <books.google.com/books?id=Uo_OyKsfjxoC&pg=PA13&source=gbs_toc_r&cad=4#v=onepage&q&f=false>

ders. u. Joseph Halevi, »It could be raining. The European Crisis after the Great Recession«, in: *International Journal of Political Economy*, 39. Jg., Winter 2010/11, H. 4, 5–30

Benjamin, Walter, »Geschichtsphilosophische Thesen«, in: ders., *Illuminationen. Ausgewählte Schriften*, hgg. v. Siegfried Unseld, Frankfurt/M 1961, 268-79

ders., »Über den Begriff der Geschichte«, in: Gesammelte Schriften, I/2, 691-704 (zit. GS)

ders., »Über Sprache überhaupt und die Sprache des Menschen« (1916), Gesammelte Schriften, II.1, 140-57 (zit. GS)

ders., *Passagenwerk*, Gesammelte Schriften, V, Frankfurt/M 1983 (zit. *Passagen*)

Berger, Jens, »Fabrik ohne Welt - China am Scheideweg«, 16.12.2008, in: Telepolis, www.heise.de/tp/, 16.12.2008
Bettelheim, Charles, *Fragen über China nach Mao Tse-Tungs Tod*, Berlin/W 1978
Bieling, Hans-Jürgen, »Die Europäische Union: eine neue Supermacht mit imperialen Ambitionen?«, in: *Prokla* 138, 35. Jg., 2005, H. 2, 247-66
ders., *Die Globalisierungs- und Weltordnungspolitik der Europäischen Union*, Wiesbaden 2010
Birnbaum, Norman, »Obama's Berlin Visit«, in: *The Nation*, 26.7.2008a
ders., »Obama y la historia abierta«, in: EP, 12.11.2008b, 31
ders., »Una larga lucha por delante«, in: EP, 25.4.2011a, 21f
ders., »Sorpresas nada sorprendentes«, in: EP, 26.7.2011b, 23f
ders., »Golpe de Estado en EE UU«, in: EP, 15.8.2011c
ders., »La crisis de Europa vista desde Tejas«, in: EP, 19.11.2011e, 39
Bivens, Josh, »Shifting Blame for Manufacturing Job Loss«, Briefing Papers Nr. 149, Economic Policy Institute, 8. April 2004 <www.epinet.org>
Blackburn, Robin, »The New Collectivism: Pension Reform, Grey Capitalism and Complex Socialism«, in: NLR 233, 40. Jg., 1999, 3-65
ders., »Investitionskontrolle«, in: HKWM 6/II, Hamburg 2004a, 1448-1500
ders., *Banking on Death, Or Investing in Life: The History and Future of Pensions*, London-New York 2004b
Bloch, Ernst, *Experimentum Mundi. Frage, Kategorien des Herausbringens, Praxis*, Gesamtausgabe in 16 Bde, Bd. 15, Frankfurt/M 1985
Bohnet, Michael, »Auf der Suche nach dem Pfad grüner Reformen«, in: FAZ, 26.5.2008, 8
Boris, Dieter, u. Ingo Malcher, »Argentinien am Ende der neoliberalen Sackgasse«, in: *Z. Zeitschrift marxistische Erneuerung* 48, Dez. 2001, 47-59
Botschaft der Bundesrepublik Deutschland Peking, »Wirtschaftsdaten kompakt«, 15.10.2011 <www.peking.diplo.de/contentblob/1574184/Daten/1816971/widaten_kompakt_download.pdf> (zit. Botschaft)
Brand, Ulrich, Gegen-Hegemonie. Perspektiven globalisierungskritischer Strategien, Hamburg 2005
Braunberger, Gerald, »Die Angst vor dem Crash«, in: FAZ, 18.3.2008, 1
Brecht, Bertolt, *Gesammelte Werke*, 20 Bde., Frankfurt/M 1967 (zit. GW)
ders., *Große kommentierte Berliner und Frankfurter Ausgabe*, Berlin-Weimar-Frankfurt/M 1989ff (zit. GA)
Brenner, Robert, »Neuer Boom oder neue Bubble?«, in: *Supplement der Zeitschrift Sozialismus*, 4/2004, 1-55
ders., Interview mit Seongjin Jeong in: Sozialismus, 36. Jg., 2009, H. 3, 5-12 <www.google.es/search?q=Brenner%2C+Robert+P.%2C+Interview+mit+Seongjin+Jeong&ie=utf-8&oe=utf-8&aq=t&rls=com.yahoo:de:official&client=-firefox>
Brown, Gordon, Felipe González u. Ernesto Zedillo, »The G-20 Must Get Serious«, in: *Global Viewpoint*, 20.9.2011 <www.tmsfeatures.com/columns/political/international/global-viewpoint/Global-Viewpoint-Network.html?articleURL=rss.tmsfeatures.com/websvc-bin/rss_story_read.cgi?resid=201109201130TMS_____GLOBLVEW_ts--r-a_20110920>
Bryan, Dick, u. Mike Rafferty, *Capitalism with derivatives: A political economy of financial derivatives, capital and class*, London 2006

ders., Randy Martin u. Mike Rafferty, »Financialization and Marx: Giving Labor and Capital a Financial Makeover«, in: *Review of Radical Political Economics* 2009, 41, 458-72 <rrp.sagepub.com/content/41/4/458.full.pdf+htm>

Buiter, Willem, »The end of American capitalism as we knew it«, in: *FT Blog*, 17.9.2008 <blogs.ft.com/maverecon/2008/09/the-end-of-american-capitalism-as-we-knew-it/#ixzz1V8RR2Vb1>

Busch, Ulrich, »Finanzmarktkrise und Finanzmarktkapitalismus«, in: *Utopie kreativ* 215, 804-17

Camacho, José Isidro, »Para superar una crisis hay que pasar por una etapa de sufrimiento«, Interview mit Alicia González, in: EP, 14.8.2011, Negocios, 17

Campbell, Ian, »Overheating China threatens global inflation«, in: *Reuters Breakingviews*, 15.4.2011 <blogs.reuters.com/columns/2011/04/15/overheating-china-threatens-global-inflation/>

Candeias, Mario, »Interregnum – Molekulare Verdichtung und organische Krise«, in: Alex Demirović u.a. (Hg.), *Vielfachkrise*, Hamburg 2011, 45-61

Caño, Antonio, »Obama abre la puerta a un nuevo mundo«, in: EP, 6.11.2008, 2

ders., »Final de idilio«, in: EP, Domingo, 17.1.2010, 4f

ders., »Y el ganador es: ninguno«, in: EP, 1.8.2011, 2f

Carillo, Santiago, »¿La guerra de Bush o la de Obama?«, in: EP, 18.12.2009, 27

Carreras, Ignasi, »Nuevo Gobierno y empresa del siglo XXI«, in: EP, 8.5.2004, 70

Carroll, William K., *The Making of a Transnational Capitalist Class: Corporate Power in the 21st Century*, London 2010

Castells, Manuel, *The Rise of the Network Society*, Bd. 1, Malden/Mass. 1997 (*Die Netzwerkgesellschaft. Das Informationszeitalter I*, dt. v. Reinhart Kößler, Opladen: Leske & Budrich 2001)

ders. u. Pekka Himanen, *The Information Society and the Welfare State: The Finnish Model*, New York 2002

Cebrián, Juan Luis, »América vuelve a ser América«, in: EP, 6.11.2008, 35

Chang, Leslie T., *Factory Girls. Voices from the Heart of Modern China*, London 2010

China Radio International, »Deng Xiaoping und Chinas Reform- und Öffnungspolitik«, 11.8.2004 <german.cri.cn/21/2004/08/11/1@16387.htm>

Cho, Hyekyung, »Chinas langer Marsch in die neoliberale Weltwirtschaft«, in: *ProKla* 141, 35. Jg., 2005, Dez., 601-18

dies., »Die USA – ein unbequemer Patron für Chinas Wirtschaftswunder«, in: *Das Argument* 268, 48. Jg., 2006, H. 5/6, *Großer Widerspruch China*, 40-51

Clairmont, Frédéric F., »Vivre à crédit ou le credo de la première puissance du monde«, in: LMD, April 2003, 20f

Clarke, John, *Changing Welfare, Changing States*, 2004

Colombani, Jean-Marie, »Un liderazgo creíble«, in: EP, 11.1.2008, 10

ders., »Diez años después«, in: EP, 5.9.2011, 8

Correspondents of the New York Times, *Class Matters*, New York 2005

Cox, Robert, *Production, Power and World Order*, 1987

ders., »Global Perestrojka«, in: *Socialist Register*, 1992

Crespo, Juan Ignacio, »Vientos fríos del Báltico«, in: EP, 14.12.2008

ders., »El origen de las crisis y su perpetuación«, in: EP, 5.9.2010, Negocios 21

Crouch, Colin, ›Privatised Keynesianism: An Unacknowledged Policy Regime‹, *British Journal of Politics and International Relations*, 11. Jg., 2009, H. 3

Dahrendorf, Ralf, »Wenn der Arbeitsgesellschaft die Arbeit ausgeht«, in: Matthes, Joachim (Hg.), *Krise der Arbeitsgesellschaft?* 21. Deutscher Soziologentag, Opladen 1983
ders., »Recht und Ordnung«, FAZ, 21.11.2001, 10
Davidoff, Steven M., »How to Deflate a Gold Bubble (That Might Not Even Exist)«, in: NYT, 30.8.2011 <dealbook.nytimes.com/2011/08/30/how-to-deflate-a-gold-bubble-that-might-not-even-exist/>
Davis, Mike, »Obama at Manassas«, in: NLR 56, März/April 2009, 5-40 (Editorial)
de la Dehesa, Guillermo, »Felicidad e ingresos«, in: EP, 19.1.2007, 15
Delgado Ramos, Gian Carlos, »China in der Hochtechnologie-Konkurrenz«, in: *Das Argument* 268, 48. Jg., 2006, H. 5/6, *Großer Widerspruch China*, 52-60
Delors, Jacques, Jacques Santer u.a., *Brief an José Manuel Barroso*, mitunterzeichnet von Hans Eichel, Lionel Jospin, Otto Graf Lambsdorff, Helmut Schmidt u.a., 19.5.2008
Demirović, Alex, »Ist der Neoliberalismus hegemonial?«, in: Ursula Filipic (Hg.), *Neoliberalismus und Globalisierung. Herausforderungen für Sozialpolitik und Demokratie, Arbeiterkammer Wien, Reihe Sozialpolitik in der Diskussion*, Nr. 2, 2005, 11-26
Deppe, Frank, »Anpassen oder untergehen? Widerstand, soziale Bewegungen und Gewerkschaften im Kapitalismus der Gegenwart«, in: *Z. Zeitschrift Marxistische Erneuerung*, März 2005
Derrida, Jacques, u. Jürgen Habermas, »Unsere Erneuerung«, in: FAZ, 31.5.2003, 33
Deutschmann, Christoph, »Der kollektive Buddenbrooks-Effekt. Die Finanzmärkte und die Mittelschichten«, Arbeitspapier 2008, online unter mpifg.de; zit.n. FAS, 2.11.2008, 36
Dieckmann, Sophie, »Renaissance des Klanwesens im ländlichen Raum«, in: *Das Argument* 296, 54. Jg., 2012, H. 1-2, *Großer Widerspruch China revisited*
Diogenes Laertios, Leben und Lehren der Philosophen, a. d. Griech. übers. u. hgg. v. Ernst Jürß, Stuttgart 1998
Dirlik, Arif, »Global Modernity, Spatial Reconfigurations and Global Health: Perspectives from the People's Republic of China«, in: *Boundary* 2, 33. Jg., 2006, H. 1, 99-122
ders., »Dialogue on Post-capitalism«, zus. m. Li Huibin, in: *Boundary* 2, 35. Jg., 2008, H. 3, 133-87
Dore, Ronald, »Financialization of the global economy«, in: *Industrial and Corporate Change*, 17. Jg., H. 6, 2008, 1097–1112
Dunning, Thomas Joseph, *Trade's Unions and Strikes*, London 1860
Durâo Barroso, José Manuel, »La velocidad de Europa«, EP, 11.11.2011, 35
Economic Democracy Manifesto Group (David van Arsdale, Michael McCabe, Costas Panayotakis, Jan Rehmann, Sohnya Sayres u. Richard D. Wolff), »Manifesto For Economic Democracy and Ecological Sanity«, 2011 <www.facebook.com/pages/Economic-Democracy-Manifesto/137414313037228>
Edwards, Jorge, »El árbol de la vida«, in: EP, 4.1.2012, 27
Eichengreen, Barry, »Die Parallelen zur Asien-Krise«, FAZ, 27.9.2008, 11
Endres, Andrea, »In der Solidarpaktfalle«, in: *Die Zeit*, 18.3.2010
Epikur, *Briefe, Sprüche, Werkfragmente*, Gr./dt., übers. u. hgg. v. Krautz, Stuttgart 1980

Erklärung der Europäischen Bildungsminister, »Der Europäische Hochschulraum«, Bologna 1999 (zit. Erklärung 1999)

Erklärung der Staats- und Regierungschefs – Londoner Gipfeltreffen der G 20, 2. April 2009 (zit. Erklärung 2009) <www.bundesregierung.de/nsc_true/Content/DE/StatischeSeiten/Breg/G8G20/Anlagen/G20-erklaerung-london-2009-de,property=publicationFile.pdf/G20-erklaerung-london-2009-de>

Escudero, Manuel, »G-20, muchas luces y alguna sombra«, in: EP, 18.11.2008, 35

ders., »Principios del multilateralismo en el siglo XXI«, in: EP, 26.4.2011, 31f

Europäischer Rat, »23. u. 24. März 2000. Lissabon. Schlussfolgerungen des Vorsitzes«, <www.europarl.europa.eu/summits/lis1_de.htm>

Fehr, Benedikt, »Der Weg in die Krise«, FAZ, 18.3.2008, 11

Ferguson, Niall, u. Moritz Schularick, »›Chimerica‹ and the Global Asset Market Boom«, in: *International Finance*, 10. Jg., H. 3, 2007, 215–39

ders., »Not two Countries, but one: Chimerica«, in: *Telegraph*, 4.3.2007 (www.telegraph.co.uk/comment/personal-view/3638174/Not-two-countries-but-one-Chimerica.html)

ders., »U.S.-China Cooperation is Critical to Global Economic Health«, in: *Washington Post*, 17.11.2008 <www.washingtonpost.com/wp-dyn/content/article/2008/11/16/AR2008111601736.html>

ders. u. Moritz Schularick, »The Great Wallop«, in: NYT, 15.11.2009 <www.nytimes.com/2009/11/16/opinion/16ferguson.html?pagewanted=all>

Fernández Ordoñez, Miguel Ángel, »›La desconfianza es total‹«, Interview, in: EP, 21.12.2008, 26

Fine, Ben, »Locating Financialization«, in: HM, 18. Jg., 2010, H. 2, 97-116

Fischer, Joschka, »La maldición del unilateralismo«, in: EP, 7.1.2007, 13

ders., »La deriva de las relaciones transatlanticas«, in: EP, 2.4.2009, 31

Flassbeck, Heiner, »Carry Trade – Der Devisenmarkt führt die Ökonomie ad absurdum und die Ökonomen schweigen«, in: FTD, 8.2.2007

Foster, John Bellamy, »The Financialization of Capitalism«, in: *Monthly Review* 58, Nr. 11 (April 2007), 8–10

ders. u. Fred Magdoff, *The Great Financial Crisis: Causes and Consequences*, New York 2009

dies., »Implosion des Finanzmarkts und Stagnation. Zurück zur Realwirtschaft«, in: *Supplement der Zeitschrift Sozialismus*, 2/2009b, 1-34 (Schlusskapitel von Foster/Magdoff 2009)

Frank, Andre Gunder, *Von der Neuen Welt zum Reich der Mitte. Orientierung im Weltsystem*, Wien 2005 (vgl. die Besprechung des Verfassers in *Das Argument* 268/2006, 304f)

Frank, Thomas, »Amerikanische Depesche«, in: *Das Argument* 257, 46. Jg., 2004, H. 5, 641-44

ders., *Pity the Billionaire. The Hard-Times Swindle and the Unlikely Comeback of the Right*, New York 2012

Frankenberger, Klaus-Dieter, »Die Welt partnerschaftlich gestalten«, in: FAZ, 19.3.2004, 1

ders., »Obama auf der Kanzel«, in: FAZ, 26.2.2009, 1

ders., »Härte nach dem ersten Lehrjahr«, in: FAZ, 20.1.2010, 1

ders., »Wieder die Wirtschaft«, in: FAZ, 18.8.2011 < www.faz.net/artikel/C31325/barack-obama-wieder-die-wirtschaft-30486893.html>

Fraser, Nancy, »Feminism, Capitalism and the Cunning of History«, in: NLR 56, März/April 2009, 97-117

Friedman, Edward, »Jiang Zemin's Successors and China's Growing Rich-Poor-Gap«, in: Tun-jen Cheng, Jacques deLisle, u. Deborah A. Brown (Hg.), *China Under Hu Jintao,* Singapore 2006

Fritz, Thomas, »Global verfasst. Die WTO garantiert den Bestand des hierarchischen Weltsystems«, in: *iz3w*, Nov./Dez. 2005, 20-23

Frum, David, u. Richard Perle, *An End to Evil*, New York-Toronto 2004

Fuentes, Carlos, »Obamanía«, in: EP, 19.4.2009, 33

ders., »El regreso de Obama«, in: EP, 15.9.2011, 27

Ganßmann, Heiner, »Demontage des Wohlfahrtsstaats in den USA?«, in: *Das Argument* 134, 24. Jg., 1982, 513-23

García-Margallo y Marfil, José Manuel, »¿›Quo vadis‹ Europa?«, in: EP, 7.9.2011, 217f

Gärtner, Markus, »Sinkende Löhne. USA werden zum China des Westens«, in: *Manager-Magazin*, 28.12.2011 <www.manager-magazin.de/politik/weltwirtschaft/0,2828,805363,00.html>

Geißler, Heiner, ZDF-Interview, 18.10.2011, zit.n. <www.unserebrd.de/2011/10/19/heiner-geisler-das-kapitalistische-wirtschaftssystem-hat-keine-zukunft-mehr/>

ders. u. Sahra Wagenknecht, »›Nächstenliebe ist knallharte Plicht‹«, Streitgespräch, in: *Die Zeit*, 16.12.2011 <www.zeit.de/2011/51/Streitgespraech-Wagenknecht-Geissler/>

Gelernter, David, »Kinderköpfe brauchen Ruhe«, in: FAZ, 20.10.2011, 27

Gemeinsame Erklärung zur Harmonisierung der Architektur der europäischen Hochschulbildung, Sorbonne 1998 (zit. Gemeinsame Erklärung)

Geyer, Christian, »Treuherzig. Wolfgang Schäuble schminkt der CDU das Völkerrecht ab«, FAZ, 30.4.2003, 37

ders., »Bushs Bilanz«, in: FAZ, 22.3.2004a, 31

ders., »Bumerang. Nach welchem Handbuch bricht Bush Recht?«, in: FAZ, 17.5.2004b

Gibson-Smith, Chris, »Why Britain Needs an Equity Culture«, 2005 <www.londonstockexchange.com/en-gb/about/Newsroom/Media_Resources/Speeches/equityculture.htm> (Zugang 17.10.2007)

Gil Calvo, Enrique, »Pirámides«, EP, 22.12.2008, 15

Gill, Steven, *Power and Resistance in the New World Order*, New York 2003

Gilley, Bruce, »Legitimacy and Institutional Change. The Case of China«, in: *Comparative Political Studies*, 3/2008, 259-84

ders. u. Heike Holbig, »The Debate on Party Legitimacy in China: A Mixed Quantitative/Qualitative Analysis«, in: *Journal of Contemporary China*, März 2009, 339-58

Gilpin, Robert, »War is Too Important to Be Left to Ideological Amateurs«, in: *International Relations*, 1/2005

Glennon, Michael J., »Der Traum«, FAZ, 25.6.2003, 7

Glombitza, Birgit, »Nichael Moores ›Sicko‹«, in: *Der Spiegel*, 9.10.2007 <www.spiegel.de/kultur/kino/0,1518,510082,00.html>

Gómez García, Luz, »Sechs Monate, die die Welt veränderten«, in: *Das Argument* 294, 53. Jg., 2011, H. 3, 648-50

Göbel, Heike, »In der Schuldengemeinschaft«, in: FAZ, 15.5.2010, 1

Gogoi, Pallawi, »Wal Mart's China Card«, in: *Business Week*, 26.7.2005 <www.businessweek.com/bwdaily/dnflash/jul2005/nf20050726_3613_db016.htm>
González, Felipe, »Y en ésto llegó Obama«, in: EP, 31.1.2009, 25
Görg, Christoph, »Enteignung oder Inwertsetzung? Zur Aktualität der ›ursprünglichen Akkumulation«, in: *Das Argument* 257, 46. Jg., 2004, H. 5, 721-31
Gowan, Peter, »Weltmarkt, Staatensystem und Weltordnungsfrage«, in: Kaindl u.a. 2007, 146-70
ders., »Crisis in the Heartland. Consequences of the Wall Street System«, in: NLR 55, Jan./Febr. 2009 (Editorial), 5-29
ders., »The Bush Turn and the Drive for Primacy«, in: A. Colás u. R. Saull (Hg.), The War on Terror and the American »Empire« After the Cold War, London-New York 2006, zit.n. Rilling 2008, 57, Fn. 96
Grabka, Markus Michael, Frick, Joachim R., »Vermögen in Deutschland wesentlich ungleicher verteilt als Einkommen«, in: *DIW-Wochenbericht* 74, (45), 2007, 665–72
Gramsci, Antonio, *Gefängnishefte*, kritische Ausgabe, hgg. v. Klaus Bochmann und Wolfgang Fritz Haug, unter Mitarbeit von Peter Jehle, 10 Bde., Hamburg 1991-2002 (zit.n. Band, Heft, Paragraph und Seitenzahl)
Gransow, Bettina, »Umsiedlerinnen. Warum Verarmungsrisiken bei unfreiwilliger Migration für Frauen (noch) größer sind als für Männer«, in: *Das Argument* 268, 48. Jg., 2006, H. 5/6, *Großer Widerspruch China*, 129-40
Gray, John, »A shattering moment in America's fall from power«, in: *The Observer*, 28.9.2008
Greffrath, Mathias, »Die neuen Barbaren«, in: *Die Zeit*, 28.9.2000 <www.zeit.de/2000/40/Die_neuen_Barbaren>
Gronow, Jukka, *Caviar with Champagne. Common Luxury and Ideals of Good Life in Stalin's Russia*, Oxford-New York 2003
Gutmann, Robert, *How Credit-Money Shapes the Economy. The United States in a Global System*, New York-London 1994
Habermas, Jürgen, »Was bedeutet der Denkmalsturz? Verschließen wir nicht die Augen vor der Revolution der Weltordnung: Die normative Autorität Amerikas liegt in Trümmern«, in: FAZ, 17.4.2003
ders., »Arbeit, Liebe, Anerkennung«, in: *Die Zeit*, 16.6.2009, 50
ders., »Rettet die Würde der Demokratie«, in: FAZ, 4.11.2011, 31
Hack, Lothar, »Die Inszenierung des Empire als neue Weltordnung«, in: *Das Argument* 252, 45. Jg., 2003, H. 4/5, 546-60
Haible, Wolfgang, »Impressionen aus Peking«, in: *Das Argument* 268, 48. Jg., 2006, H. 5/6, *Großer Widerspruch China*, 228-30
Hall, Stuart, »Eine permanente neoliberale Revolution?«, in: *Das Argument* 294, 53. Jg., 2011, H. 5, 651-71
Hardt, Michael, u. Antonio Negri (2000), *Empire. Die neue Weltordnung*, Frankfurt/M-New York 2002
Harris, Jerry, »Dialektik der Globalisierung«, in: *Das Argument* 257, 46. Jg., 2004, H. 5, 656-68
Hart-Landsberg, Martin, u. Paul Burkett, »China and the Dynamics of Transnational Accumulation«, in: *Historical Materialism*, 14. Jg., 2006, H. 3, 3-43
Harvey, David, *Der neue Imperialismus*, aus dem Amerikanischen von Britta Dutke, Hamburg 2005

ders., »Why the U.S. Stimulus Package is Bound to Fail«, in: *The Bullet. A Socialist Project e-bulletin*, Nr. 184, February 12, 2009
ders., »Den antikapitalistischen Übergang organisieren«, in: *Supplement der Zeitschrift Sozialismus*, 11/2010, 1-26
ders., *The Enigma of Capital and the Crises of Capitalism*, aktualisierte Paperbackausgabe, London 2011
Haug, Frigga »Das große I«, zweite Glosse, zuerst erschienen unter »Nachrichten aus dem Patriarchat« in: *Das Argument* 258, »Geschichtsmacht Sprache«, 46. Jg., 2004, H. 6, 787-90; wieder veröffentlicht in: dies. (Hg.), *Nachrichten aus dem Patriarchat*, Hamburg 2005, 156-61 <www.inkrit.de/argument/documents/DasGrosseI_II_.pdf>
dies., *Die Vier-in-Einem-Perspektive. Politik von Frauen für eine neue Linke*, Hamburg 2008
dies., »Feministische Initiative zurückgewinnen – eine Diskussion mit Nancy Fraser«, in: *Das Argument* 281, 51. Jg., 2009, H. 3, 393-408
Haug, Wolfgang Fritz, 1989, *Gorbatschow. Versuch über den Zusammenhang seiner Gedanken*, Hamburg, 2. Aufl. 1990
ders., *Versuch beim täglichen Verlieren des Bodens unter den Füßen neuen Grund zu gewinnen. Das Perestrojka-Journal*, Hamburg 1990 (zit. PJ)
ders., *Politisch richtig oder richtig politisch. Linke Politik im transnationalen Hightech-Kapitalismus*, Hamburg 1998 (zit. PRRP)
Haug, Wolfgang Fritz, »Über einige Lorianismen des Robert Kurz«, in: *Das Argument* 244, 44. Jg., 2002, H. 1, 85-90
ders., *High-Tech-Kapitalismus. Analysen zu Produktionsweise, Arbeit, Sexualität, Krieg und Hegemonie*, Hamburg 2003 (2. Auflage 2005) (zit. HTK I)
ders., »Theorie des Menschenrechtskrieges bei Preuß«, in: *Das Argument* 252, 45. Jg., 2003b, H. 4/5, 561-67
ders., 2005, *Dreizehn Versuche marxistisches Denken zu erneuern*, gefolgt von *Sondierungen zu Marx / Lenin / Luxemburg*, Hamburg 2005a
ders., »Globalization, High-Tech-Capitalism, and the Future(s) of Marxism«, Paper presented at the conference »Marxism and Social Development in China«, Renmin University of China, Beijing, June 18, 2005b <www.wolfgangfritzhaug.inkrit.de/documents/HTCandFuturesofMarxism2005.pdf>
ders., »Untergang der deutschen Linksregierung – Aufstieg der Linkspartei«, in: *Das Argument* 262, 47. Jg., 2005c, H. 4, 451-58
ders., 2006, *Neue Vorlesungen zur Einführung ins »Kapital«*, Hamburg 2006
ders., »Kategorie«, in: HKWM 7/I, 2007, 467-86
Hayek, Friedrich A. von, »Ergebnis menschlichen Handelns, aber nicht menschlichen Entwurfs«, in: ders., Studies in Philosophy, Politics & Economics, 1967
ders., *Missbrauch und Verfall der Vernunft*, München 1979
Heberer, Thomas, »Einige Überlegungen zur gegenwärtigen politischen und sozialen Lage in China«, in: *Das Argument* 296, 54. Jg., 2012, H. 1-2, *Großer Widerspruch China revisited*
Hegel, Georg Friedrich Wilhelm, *Werke in zwanzig Bänden*, Frankfurt/M 1971
Heidegger, Martin, *Sein und Zeit* (1927), 8. Aufl., Tübingen 1958 (zit. SuZ)
Heitmeyer, Wilhelm, »Krisen – Gesellschaftliche Auswirkungen, individuelle Verarbeitungen und Folgen für die Gruppenbezogene Menschenfeindlichkeit«, in: ders. (Hg.), *Deutsche Zustände*, Folge 8, edition suhrkamp, Frankfurt/M 2010, 13-46

Helten, Christian, »F**k dich, Washington!«, in: SZ, 25.07.2011
Hennessy, Rosemary, »Deregulierung des Lebens. Körper, Jeans und Gerechtigkeit«, in: Kaindl u.a. 2007, 278-304
Hickel, Rudolf, »Gespensterdebatte«, in: FR, 9.7.2004
Hirsch, Joachim, »Die Internationalisierung des Staates«, in: *Das Argument* 236, 42. Jg., 2000, H. 3, 325-40
ders., »Was bedeutet Imperialismus heute?«, in: *Das Argument* 257, 46. Jg., 2004, H. 5, 669-89
ders., »Die Krise des neoliberalen Kapitalismus: Welche Alternativen?«, in: Altvater u.a. 2009, 75-88
ders., »Die Krise des neoliberalen Kapitalismus: welche Alternativen?«, in: *Links-Netz*, Februar 2009b
Hobsbawm, Eric, »America's Neo-Conservative World Supremacists Will Fail«, in: *The Guardian*, 25.6.2005
ders., »›Es wird Blut fließen, viel Blut‹«, Interview von Arno Luik, in: *Der Stern*, H. 20, 13.5.2009 <www.stern.de/wirtschaft/news/maerkte/eric-hobsbawm-es-wird-blut-fliessen-viel-blut-700669.html>
Holm, Kerstin, »Können Sie es nicht in echtes Blattgold einwickeln?«, FAZ, 2.11.2006, 48
Holzschuh, Klaus, »›Anleger müssen alle paar Jahre richtig entscheiden‹, Gespräch mit Gerald Braunberger, in: FAZ, 18.6.10, 21
Hong, Tae-Hee, »Ahnenkult, Produktionsweise und Geschlechterverhältnisse im ›Neuen China‹ und in der ›Neuen Ära Chinas‹«, in: *Das Argument* 268, 48. Jg., 2006, H. 5/6, *Großer Widerspruch China*, 122-27
Hu, Angang, »The Polarization Trend of Regional Income Disparity in China«, in: *Globalview* 2010 <www.globalview.cn>
Huffschmid, Jörg, »Friedensfähigkeit des Kapitalismus und Imperialismustheorie«, in: IMSF 15, Rüstung – Abrüstung – Frieden. Tendenzen, Probleme Perspektiven für eine neue Friedensordnung, Frankfurt/M 1989, 83-103
ders., »Europäische Perspektiven im Kampf gegen die Wirtschafts- und Finanzkrise«, in: Altvater u.a. 2009, 105-18
ders., *Kapitalismuskritik heute. Zeitdiagnosen: Vom Staatsmonopolistischen zum Finanzmarktgetriebenen Kapitalismus*, hgg. v. Rudolf Hickel u. Axel Troost, Hamburg 2010
Husson, Michel, »The Debate on the Rate of Profit«, in: *International Viewpoint*, Juli 2010 <www.internationalviewpoint.org/spip.php?article1894>
Ignatieff, Michael, »The American Empire: The Burden«, in: NYT *Magazine*, 5.1.2003, 22-54
IMF (International Monetary Fund), *Global financial stability report*, April 2005 <www.imf.org/External/Pubs/FT/GFSR/2005/01/index.htm>
Jackson, Gabriel, »Obama, un futuro moderatamente positivo«, in: EP, 30.1.2009, 27
ders., »Una comparación entre dos depressiones«, in: EP, 2.9.2011, 27
Jäger, Lorenz, »Adieu, Kameraden, ich bin Gutmensch«, in: FAZ, 5.10.2011, 29
Jäger, Michael, »Das aufgeschlagene (B)logbuch. Individualität und Intellektualität im Internet«, in: *Das Argument* 286, 52. Jg., 2010, H. 2, 240-48
Jameson, Fredric, »Globalisation and Political Strategy«, in: NLR 4/2000, 49-68
Jarvis, Jeff, »How my message to Washington got taken over by the people«, 25.7.2011a, in: *buzzmachine*, Guardian Comment Network

ders., »No one owns a hashtag«, in: *BuzzMachine*, 27.7.2011b <www.buzzmachine.com/2011/07/27/no-one-owns-a-hashtag/>

ders., »#OccupyWallStreet & the failure of institutions«, 3.10.2011c <www.buzzmachine.com/2011/10/03/occupywallstreet-the-failure-of-institutions/>

Jung, Heinz, *Rüstung – Abrüstung – Frieden. Tendenzen, Probleme, Perspektiven für eine neue Friedensordnung*, IMSF, Frankfurt/M 1989

Jung, Werner, »Möglichkeit«, in: *Bloch-Wörterbuch. Leitbegriffe der Philosophie Ernst Blochs*, hgg. v. Beat Dietschy, Doris Zeilinger u. Rainer Zimmermann, Berlin-New York 2012

Kaindl, Christina, Christoph Lieber, Oliver Nachtwey, Rainer Rilling u. Tobias ten Brink (Hg.), *Kapitalismus Reloaded. Kontroversen zu Imperialismus, Empire und Hegemonie*, Hamburg 2007

Kamiya, Gary, »›An End to Evil‹ by David Frum and Richard Perle«, in: *Open Salon*, 30.1.2004 <www.salon.com/2004/01/30/frum_perle/>

Katz, Claudio, »Interpretations of the economic crisis«, in: *International Socialist Review* 75, Jan.-Febr. 2011 <www.isreview.org/issues/75/feat-katz.shtml>

Kaube, Jürgen, »Der Weltreichstagsbrand«, in: FAZ, 10.3.2004, N3

Kautsky, Karl, »Die Vivisektion des Proletariats«, in: *Der Sozialdemokrat* 39, 22.9.1881, abgedruckt MEGA I.25, 489-91

ders., »Zwei Schriften zum Umdenken«, in: *Die Neue Zeit*, 33. Jg., 1915, Bd. II, Nr. 4, 138-46

Kennedy, Paul, »Obama abroad: The return of soft power?«, in: *Int. Herald Tribune*, 13.11.2008

ders., »First Chose Your Future War, Then Chose Your Weapons«, in: *Foreign Policy*, Febr. 2010 <www.ihavenet.com/United-States-Needs-to-re-assess-global-position-global-future-PK.html>

Kessler, Oliver, »Einleitung«, in: Kessler u.a. 2011, 7-14

ders. (Hg.), *Die Internationale Politische Ökonomie der Weltfinanzkrise*, Wiesbaden 2011

Keynes, John Maynard, »Possibilities for our Grandchildren« (1930), in: *Collected Writings*, Bd. 9, London-Basingstoke 1972 (Reprint 1989), 321-32

Klingst, Martin, u. Jan Ross, »Held des Rückzugs«, in: *Die Zeit*, 14.1.2010, 5

Knop, Carsten, »Die IT braucht keine Aufbauprämie«, in: FAZ, 6.3.2010, 11

Köckritz, Angela, »Die Solar-Revolution«, in: *Die Zeit*, 8.12.2011 <www.zeit.de/2011/50/Solarenergie-China/>

Kohler, Berthold, »Kettenreaktion«, in: FAZ, 26.9.2008, 1

König, Helmut, Manfred Sicking (Hg.), *Der Irak-Krieg und die Zukunft Europas*, Bielefeld 2004

Krader, Lawrence, »Besitz/Eigentum«, in: HKWM 2, Hamburg 1995, 172-77

Krugman, Paul, »China se desvincula«, in: EP, 24.7.05, *Negocios*, 2

ders., »Franklin Delano Obama?«, in: NYT, 10.11.2008

ders., *The Return of Depression Economics and the Crisis of 2008*, New York 2009

ders., »Revenge of the Glut«, in: NYT, 2.3.2009a, A23

ders., »China's dollar trap«, in: *Pittsburgh Post-Gazette*, April 2009b

ders., »Goldman Sachs' profits prove that bad Wall Street habits die hard«, in: NYT, 17.7.2009c

ders., »El sufrimiento no desaparecera tan pronto«, in: EP, 23.1.2011a, 8

ders., »The President is missing«, in: NYT, 10.4.2011b

ders., »Centrism – the Cult that is Destroying America«, in: NYT, 26.7.2011c (etwas anders formulierte Kurzfassung von Krugman 2011d)

ders., »Escurrir el bulto con el centrismo«, in: EP, 31.7.2011d, Negocios 14

ders., »We are the 99,9 %«, in: NYT, 24.11.2011e <www.nytimes.com/2011/11/25/opinion/we-are-the-99-9.html>

ders., »Will China Break?«, in: NYT, 19.12.2011f, A29 <www.nytimes.com/2011/12/19/opinion/krugman-will-china-break.html>

ders., »Nobody Understands Debt«, in: NYT, 1.1.2012 <www.nytimes.com/2012/01/02/opinion/krugman-nobody-understands-debt.html?_r=1>

Krysmanski, Hans-Jürgen, 2011, »High-Tech-Anti-Kapitalismus: Ein Widerspruch in sich?« <www.uni-muenster.de/PeaCon/inkrit/inkrit-phtak.htm>

Kucinich, Dennis, »Why I Voted NO«, 7.11.2009 <www.tikkun.org/article.php/20091108074149870>

Kuczynski, Jürgen, »Kann die wissenschaftlich-technische Revolution unter den Bedingungen des staatsmonopolistischen Kapitalismus durchgeführt werden?«, in: *Wirtschaftswissenschaft*, 20. Jg., 1972, H. 11, 1691-99

Kurz, Robert, *Schwarzbuch Kapitalismus. Ein Abgesang auf die Marktwirtschaft* (1999), 2. Aufl., München 2002

Lapavitsas, Costas, »Financialised Capitalism: Crisis and Financial Expropriation«, in: *Historical Materialism*, 17. Jg., 2009, 114-48

Lederer, Emil, *Technischer Fortschritt und Arbeitslosigkeit. Eine Untersuchung der Hindernisse des ökonomischen Wachstums* (1938), m. Nachw. zur Neuausgabe v. Robert A. Dickler, Frankfurt/M 1981

Lefebvre, Henri, *De l'État*, 3. Bd.: *Le mode de production étatique*, Paris 1977

Lehming, Malte, »Bushs Junge Union«, in: *Der Tagesspiegel*, 27.9.2004, 3

Lembke, Judith, »Verdrängungskünstler in Berlin«, in: FAZ, 23.9.2006, 15

Lenin, Wladimir Iljitsch, *Hefte zum Imperialismus*, Berlin/DDR 1957 (zit. *Hefte*)

ders., *Werke*, Berlin/DDR 1961ff (zit. LW)

Leys, Colin, u. Leo Panitch, Vorwort zu *Socialist Register* 2004: *The New Imperial Challenge*, London-New York-Halifax 2003, VII-X

dies., Vorwort zu *Socialist Register* 2005: *The Empire Reloaded*, London-New York-Halifax 2004, VII-IX

Li, Minqi, »Der Aufstieg Chinas und das Zeitalter des Übergangs«, in: *Das Argument* 268, 48. Jg., 2006, H. 5/6, 105-12

ders., »The Rise of the Working Class and the Future of the Chinese Revolution«, in: *Monthly Review*, 63. Jg., 2011, H. 2 <http://monthlyreview.org/2011/06/01/the-rise-of-the-working-class-and-the-future-of-the-chinese-revolution>

Li, Quiang, »Einige Probleme der Veränderung und Entwicklung der Sozialstruktur Chinas« (2011), Interview von Shi Lingling, dt. v. Helmut Ettinger, in: *Das Argument* 296, 54. Jg., 2012, H.1/2: *Großer Widerspruch China revisited*

Li, Zhaoxing, »Die regionalisierte Welt«, in: *Handelsblatt*, 3.1.2012, 56

Liedman, Sven-Eric, »Neoliberalismus und Neokonservatismus«, in: *Das Argument* 134, 24. Jg., 1982, 495-503

ders., *Das Spiel der Gegensätze. Friedrich Engels' Philosophie und die Wissenschaften des 19. Jahrhunderts*, Frankfurt/M-New York 1986

Lin, Kuang Hua, »›China ist neuer Windenergie-Weltmeister‹«, Interview, geführt von Mario Brück, in: *Welt-Woche*, 14.4.2011 <www.wiwo.de/unternehmen/energiepolitik-china-ist-neuer-windenergie-weltmeister/5260202.html>

Liu, Yimeng, *Income Disparities in China: Status quo and Prospects*, 16.6.2010 <www.instituteofideas.com/documents/Income%20Disparity%20in%20China.pdf>
Löhr, Isabelle, *Die Globalisierung geistiger Eigentumsrechte. Neue Strukturen der internationalen Zusammenarbeit 1886-1952*, Göttingen: Vandenhoeck & Ruprecht 2010
Looman, Volker, »Angst vor Inflation und Verlust treibt die Anleger zur Verzweiflung«, in: FAZ, 15.5.2010, 22
López Garrido, Diego, »Obama busca un entendimiento con Europa«, in: EP, 11.1.2008, 31f
Lozano, Irene, »El imperativo del acreedor«, in: EP, 7.9.2011, 29
Luxemburg, Rosa, *Gesammelte Werke*, 5 Bände, Berlin/DDR 1970-1975 (zit. RL)
Magdoff, Harry, u. Paul M. Sweezy, *Stagnation and the Financial Explosion*, New York 1987
Mandel, Ernest, *Der Sturz des Dollars – Eine marxistische Analyse der Währungskrise*, Berlin/W 1973
Mandeville, Bernard de, *The fable of the bees: or, private vices, publick benefits*, London 1714
Mann, Geoff, »Value after Lehman«, in: *Historical Materialism*, 18. Jg., 2010, H. 4, 172-88
Mann, Michael, *Die ohnmächtige Supermacht*, Frankfurt/M-New York 2003
Mariña Flores, Abelardo, u. Sergio Cámara Izquierdo, »The current crisis outbreak and development«, Beitrag zum Congrès Marx International VI, Paris, Sept. 2010 <http://actuelmarx.u-paris10.fr/cm6/com/MI6_Eco_Camara-Izquierdo_Sergio+Marina-Flores_Abelardo.pdf>
Marx, Karl, »Bericht des der Internationalen Arbeiter-Assoziation an den IV. allgemeinen Kongress in Basel«, MEW 16, 370-82
ders., *Resultate des unmittelbaren Produktionsprozesses*, Frankfurt/M 1969 (zit. Res)
ders. u. Friedrich Engels, *Werke*, Berlin/DDR 1958ff (zit. MEW)
Mattelart, Armand, *Kleine Geschichte der Informationsgesellschaft* (2001), a. d. Frz. v. Stefan Leitner, Berlin 2003
McNally, David, »Von der Finanzkrise zur Weltwirtschaftskrise«, in: *Das Argument* 279, 50. Jg., 2008, H. 6, 796-804
Mejias, Jordan, »Die Bankräuber haben eine Bank gegründet. Schlimmer als der 11. September: Wie der Enron-Skandal Amerikas Wirtschaft und die politische Elite in den Abgrund reißt«, in: FAZ, 31.1.2002, 43
Merkel, Angela, Rede zur Europa-Politik im Deutschen Bundestag, September 2011, zit.n. Deutschlandfunk <http://ondemand-mp3.dradio.de/file/dradio/2011/09/01/dlf_20110901_1822_a7746d5b.mp3>
Meyerson, Gregory, u. Michael Joseph Roberto, »Obama‘s New New Deal and the Irreversible Crisis«, in: *Socialism and Democracy*, 23. Jg., Juli 2009, H. 2, 55-69
Minsky, Hyman, *Can ›It‹ Happen Again? Essays on Instability and Finance*, Armonk/NY 1982
ders., *John Maynard Keynes - Finanzierungsprozesse, Investition und Instabilität des Kapitalismus*, Marburg 1990
ders., »Uncertainty and the Institutional Structure of Capitalist Economies«, in: *Journal of Economic Issues*, 30. Jg., 1996, H. 2, 357-68
ders., *John Maynard Keynes*, New York 2008
Mohr, Daniel, »Das Beste aus zwei Börsenwelten«, in: FAZ, 9.3.2010a, 11

ders., »Die Krise ist vorbei, es lebe die Krise!«, in: FAZ, 15.5.2010b, 21

Moore, Charles, in: »I'm starting to think that the Left might actually be right«, in: *Daily Telegraph*, 22.7.2011a

ders., »9/11: what have we learnt?«, in: *The Telegraph*, 4.9.2011b

Morris, Ian, *Why the West Rules – for Now. The Patterns of History, and What They Reveal About the Future*, New York 2010

Münkler, Herfried, *Imperien. Die Logik der Weltherrschaft – vom Alten Rom bis zu den Vereinigten Staaten*, Berlin 2005

Naïr, Sami, »Qué queda del 11 de septiembre«, in: EP, 13.9.2004, 13f

ders., »¿Adonde va la izquierda europea?«, in: EP, 14.7.2011, 29

Napoleoni, Loretta, »La feria de las vanidades de la globalización«, in: EP, 29.1.2009, 25f

Negt, Oskar, *Arbeit und menschliche Würde*, Göttingen 2001

ders., »Das größte Gesellschaftsexperiment der Gegenwart«, in: *Das Argument* 268, 448. Jg., 2006, H. 5/6, 11-29

Nies, Susanne, Rezension von Soros 1999, in: *Das Argument* 231, 41. Jg., 1999, H. 4, 624ff

Novy, Andreas, »Die Rückkehr des Entwicklungsstaates in Brasilien«, in: *Das Argument* 276, 50. Jg., 2008, H. 3, 361-73

ders., »Preliminary reflections on an eco-social civilization model for the 21st century«, in: J.-L.Klein (Hg.), *Pour une nouvelle mondialisation: Le défi d'innover*, Montreal 2012 (im Erscheinen)

Nussbaum, Martha, »Ein alternatives Modell zur Messung von Lebensqualität«, Vortrag vor der Enquete-Kommission »Wachstum, Wohlstand, Lebensqualität« des Deutschen Bundestags am 14.12.2011 <www.bundestag.de/Mediathek/index.jsp?categorie=Ausschusssitzungen&action=search&mask=search&contentArea=common&instance=m18>

Nye, Joseph S., »¿Como lidera Obama?«, in: EP, 12.2.2009, 25

Obama, Barack, Rede in Kairo vom Juni 2009 <www.wz-newsline.de/home/politik/barack-obamas-kairo-rede-in-deutscher-ueberrsetzung-1.128921>

ders., »Address On Jobs To Joint Session of Congress«, 8.9.2011 <tpmdc.talkingpointsmemo.com/2011/09/full-text-of-president-obamas-address-on-jobs-to-joint-session-of-congress.php>

Ohmae, Kenichi, *The End of the Nation State: The Rise of Regional Economies. How Capital, Corporations, Consumers and Communication Are Reshaping the Global Markets*, New York 1995

O'Neill, Brendan, »Leaking Self-Doubt«, in: *spiked*, 13.5.2004

Ortega Carcelén, Martín, »Un parto difícil en Europa«, in: EP, 11.1.2012, 27

Panitch, Leo, u. Sam Gindin, »Global Capitalism and American Empire«, in: *Socialist Register* 2004: The New Imperial Challenge, London 2003, 1-42

ders., u. Sam Gindin, *Globaler Kapitalismus und amerikanisches Imperium*, Hamburg 2004

ders., Sam Gindin u. Greg Albo, *In and Out of Crisis. The Global Financial Meltdown and Left Alternatives*, Oakland/CA 2010

ders., »The Left's Crisis«, in: *The Bullet* 536, 15.8.2011 <www.socialistproject.ca/bullet/536.php>

ders., »American Crisis – Global Crisis«, York University, Toronto, Vortragsvideo, <http://vimeo.com/35045502>

PBS Frontline, »Is Wal Mart Good for America«, 4.11.2004 </www.pbs.org/wgbh/pages/frontline/shows/walmart/china/>
Pease, Donald E., »States of Fantasy: Barack Obama versus the Tea Party Movement«, in: *Boundary 2*, 37. Jg., 2010, H. 2, 89-105
Pei, Minxin, Interview, in: EP, 18.12.2008, 3
Plickert, Philip, »Starker Staat, schwacher Staat«, FAZ, 5.11.2008, 11
Plotke, David, »Wohin führt der Reaganismus?«, in: *Das Argument* 134, 24. Jg., 1982, 504-12
Postone, Moishe, *Time, Labor, and Social Domination*, Cambridge-New York, 2003
ders., »Theorizing the Contemporary World: Robert Brenner, Giovanni Arrighi, David Harvey«, in: Rob Albritton, Bob Jessop, Richard Westra (Hg.), *Political Economy of the Present and Possible Global Future(s)* (2007), London 2010, 7-23
ders., »History and Helplessness: Mass Mobilization and Contemporary Forms of Anticapitalism«, in: Public Culture, 18. Jg., 2006, H. 1, 93-110
ders., dt. »Kritische Kapitalismustheorie heute. Brenner, Arrighi, Harvey und antikapitalistische Strategien«, dt. v. Britta Dutke, in: *Supplement der Zeitschrift Sozialismus*, 5/2008
Predöhl, Andreas, *Das Ende der Weltwirtschaftskrise. Eine Einführung in die Probleme der Weltwirtschaft*, Reinbek 1962
Preuß, Ulrich K., *Krieg, Verbrechen, Blasphemie. Zum Wandel bewaffneter Gewalt*, Berlin 2002
ders., *Nachwort zur Taschenbuchausgabe von Preuß* 2002, Berlin 2003a
ders., »Das Recht muss den Verhältnissen folgen«, in: *Das Argument* 252, 45. Jg., 2003b, H. 4/5, 568-70
Pringle, Tim, »Chine: Les grèves chez le constructeur Honda sont le résultat d'un long processus«, in: *L'Humanité*, 14.10.2011 <www.humanite.fr/monde/chine-les-greves-chez-le-constructeur-honda-sont-le-resultat-d%E2%80%99un-long-processus-481566>
Projektgruppe Automation und Qualifikation (PAQ), *Automation in der BRD* (1975), 3., verb. Aufl., Berlin/W 1979
Projektgruppe Automation und Qualifikation (PAQ), *Bildungsökonomie und Bildungsreform*, SH 37, Berlin/W 1980
Projektgruppe Automation und Qualifikation (PAQ), *Widersprüche der Automationsarbeit. Ein Handbuch*, Hamburg 1987
Projekt Ideologietheorie (PIT), *Faschismus und Ideologie* (2 Bde., AS 60 und AS 62, 1980), neu hgg. in einem Band von Klaus Weber, Hamburg 2007
Randeria, Shalini, u. Andreas Eckert (Hg.), *Vom Imperialismus zum Empire*, Frankfurt/M 2008
Rehfeld, Nina, »Die vierte Gewalt gibt ihre Macht ab«, in: FAZ, 27.2.2007, 36
Reid, Jim, »A Trillion-Dollar Mean Reversion?«, Deutsche Bank, July 14, 2008 <www.nuclearphynance.com/User%20Files/85/thought_of_jim_14july.pdf>
Reinoso, José, »China teme el contagio«, in: EP, 14.8.2011a, Negocios, 7
ders., »China y Japón estrechan lazos financieros«, in: EP, 28.12.2011b, 20
Rifkin, Jeremy, *Access. Das Verschwinden des Eigentums. Warum wir weniger besitzen und mehr ausgeben werden*, Frankfurt/M-New York 2000
Rilling, Rainer, »Es gab viele 68…«, in: *Utopie kreativ* 209, März 2008, 197-201
ders., »Imperialität. US-amerikanische Diskurse seit 9/11«, in: Michael Brie (Hg.), *Schöne neue Demokratie – Elemente totaler Herrschaft*, Rosa-Luxemburg-Stiftung Texte 39, Berlin 2007, 141-207

ders., »We don't do empire«, <www.rainer-rilling.de/texte/wedontdoempire.pdf> (zit. 2008a)
ders., *Risse im Empire*, Rosa-Luxemburg-Stiftung Texte 50, Berlin 2008b
ders., »Neues vom Eigentum?«, in: Wolfgang Gehrcke (Hg.), *»Alle Verhältnisse umzuwerfen...«. Eine Streitschrift zum Programm der LINKEN*, Köln 2011, 83-98
RLS (Rosa Luxemburg-Stiftung), »Finanzmarktgetriebener Kapitalismus – Begriff für eine neue Konstellation«, Berlin o.J. <www.rosalux.de/gesellschaftsanalyse/specials/wirtschaft/wirtschaftspolitik/arbeitshilfe-finanzmarktkrise-hintergruende-und-ursachen-folgen-und-widerstand/finanzmarktgetriebener-kapitalismus-begriff-fuer-eine-neue-konstellation.html>
Robinson, William I., »Social Theory and Globalization. The rise of transnational state«, in: *Theory and Society*, 30. Jg., 2001, 157-200
ders., *A Theory of Global Capitalism*, Baltimore 2004
Rocard, Michel, u. Pierre Larrouturou, »Una Europa al servicio de los ciudadanos«, in: EP, 6.1.2012, 25
Röschert, Nicolai, »Amerikas Weltausnahmezustand«, in: *Das Argument* 264, 48. Jg., 2006, H. 1, 36-46
Rogoff, Kenneth, »Die zweite große Kontraktion«, 2.8.2011 <www.project-syndicate.org/commentary/rogoff83/German>
Rolland, Romain, *Au desuss de la mêlée*, 1915 (dt. *Über den Schlachten*, 1950)
Roth, Karl-Heinz, *Der Zustand der Welt. Gegen-Perspektiven*, Hamburg 2005
ders., *Die globale Krise*, Hamburg 2009
Roubini, Nouriel, »Karl Marx Had It Right«, in: *Nouriel Roubini Blog*, 5.10.2011 <http://nourielroubiniblog.blogspot.com/2011/10/karl-marx-had-it-right.html>
Rüb, Matthias, »Horrorszenarium oder Realismus«, in: FAZ, 24.3.2004, 12
Ruhkamp, Stefan, »Rein in die Kartoffeln«, FAZ, 28.2.09, 13
Ruiz, José Juan, »Wal-Mart con ejército«, EP, 31.7.2005, Negocios, 2
Ruoff, Karen, »Das Enron-Ranking-Paradigma«, in: *Das Argument* 272, 49. Jg., 2007, H. 4, 488-90
Sablowski, Thomas, »Intensive/extensive Akkumulation«, in: HKWM 6/II, 1317-23
ders., »Das globale, finanzdominierte Akkumulationsregime, in: *Z. Zeitschrift für marxistische Erneuerung* 73, 19. Jg., 2008, 23-35
ders., »Die Ursachen der neuen Weltwirtschaftskrise«, in: *Kritische Justiz*, H. 2, 2009, 116-31
ders., »Krise und Kontinuität des finanzdominierten Akkumulationsregimes«, in: *Zeitschrift für Wirtschaftsgeographie*, 55. Jg., H. 1-2, 50-64
Sachs, Jeffrey, »Interview mit Claudi Pérez«, in: EP, 4.1.2009, 7
Salomon, David, »West-östlicher Marxismus. Entgegnung auf Chenshan Tian«, in: *Das Argument* 268, 448. Jg., 2006, H. 5/6, 193-94
Samuelson, Paul A., »La transición europea«, EP, 28.8.2005, 2 Negocios
ders., »¿Podría EE UU sufrir ›décadas perdidas‹ como las de Japón?«, in: EP, 29.3.2009, 16
Sanguinetti, Julio, »Estados Unidos como problema«, in: EP, 31.8.2011, 21
Sarney, José, »Unos, en globo; otros, plantando patatas«, EP, 15.11.2011, 35
Saxe-Fernández, John, *Terror e imperio. La hegemonía política y económica de Estados Unidos*, Mexiko D.F. 2006
Scharping, Thomas, »Der chinesische WTO-Beitritt: Thesen zu seinem wirtschaftlichen, gesellschaftlichen und politischen Folgen«, in: *Kölner China-Studien Online*, Nr. 2, 2000 <www.china.uni-koeln.de/papers/No%202000-2.pdf>

Scheer, André, »USA: Millionen hungern«, in: *junge Welt*, 20.12.2011 <www.jungewelt.de/2011/12-20/020.php>
Schell, Orville, »The Final Conflict«, Rezension von Morris 2010, in: NYT, Sunday Book Review, 10.12.2010 <www.nytimes.com/2010/12/12/books/review/Schell-t.html?ref=books&src=mv&pagewanted=1>
Scherrer, Christoph, »New Economy: Wachstumsschub durch Produktivitätsrevolution?«, in: *ProKla* 122, 30. Jg., 2001, H. 1, 7-30
Schirrmacher, Frank, »Nehmen Sie die embryonale Stellung ein!«, in: FAZ, 4.10.2008a, 31
ders., »Gehen Sie jetzt nach Hause!«, in: FAZ, 24.11.2008b, 33
ders., »Bürgerliche Werte. ›Ich beginne zu glauben, dass die Linke recht hat‹«, in: FAS, 14.8.2011a <www.faz.net/-0229sx>
ders., »Demokratie ist Ramsch«, in: FAZ, 1.11.2011b <www.faz.net/aktuell/feuilleton/der-griechische-weg-demokratie-ist-ramsch-11514358.html>
Schlesinger Jr., Arthur, »The American Empire? Not So Fast«, in: World Policy Journal, 1/2005
Schmalz, Stefan, »Ein Entwicklungsland als werdende Weltmacht«, in: *Das Argument* 268, 48. Jg., 2006, H. 5/6: *Großer Widerspruch China*, 30-39
Schmidt, Holger, »Handy-Spiele werden zum Milliardengeschäft«, in: FAZ, 20.10.2003, 20
ders., »Werbung in Echtzeit«, in: FAZ, 28.9.2010a, 17
ders., »Alles in Echtzeit«, in: FAZ, 28.9.2010b, 18
Schmitt, Bernard, *L'or, le dollar et la monnaie supranationale*, Paris 1977
Schubert, Gunter, »One-Party Rule and the Question of Legitimacy in Contemporary China: preliminary thoughts on setting up a new research agenda«, in: *Journal of Contemporary China*, Febr. 2008, 191-204
Schulmeister, Stephan, »Die große Krise im Kontext des ›langen Zyklus‹ der Nachkriegszeit«, in: Manfred Oberlercher u. Gerhard Hetfleisch (Hg.), *Integration, Rassismen und Weltwirtschaftskrise*, Wien 2010, 1-34
Schulze, Ingo, »›Kapitalismus braucht keine Demokratie‹. Thesen zur Ausplünderung der Gesellschaft«, in: SZ, 12.1.2012
Schümer, Dirk, »Die Krimkriegssituation«, in: FAZ, 12.12.2001, 43
Schütte, Hans-Dieter, »Freiheit heißt Herrschaft?«, in: ND, 18.5.2004, 11
Seitz, Konrad, *China. Eine Weltmacht kehrt zurück*, Berlin 2000
Sen, Amartya, »Adam Smith wäre schockiert«, in: FTD, 19.3.2009, 24
Sennett, Richard, »›An der Schwelle zum Zerfall‹. Die US-Gesellschaft in der Passivitätskrise«, Gespräch mit Ingar Solty, in: *Das Argument* 264, 48. Jg., 2006, H. 1, 27-35
Seuß, Wilhelm, »Vom Ursprung des Glaubens an die Machbarkeit« (Rez. v. Hayek 1979), in: FAZ, 31.1.1980
Sève, Lucien, »Der Mensch im Kapitalismus«, in: *Le Monde Diplomatique*, 11.11.2011, 20f
Siemons, Mark, »Welt-Wahl«, in: FAZ, 26.10.2004, 39
ders., »Die tödliche Stunde Null«, in: FAZ, 25.10.2006, 48
ders., »Chinas Blick auf Europa. Fürchtet euch nicht, wir sind bei euch«, in: FAZ, 10.3.2009a <www.faz.net/artikel/C31315/chinas-blick-auf-europa-fuerchtet-euch-nicht-wir-sind-bei-euch-30214121.html>
ders., »Unser Marsch in die chinesische Welt«, in: FAZ, 1.4.2009b <logisticslog.blogspot.com/2009/04/unser-marsch-in-die-chinesische-welt.html>

ders., »Der wandlungsfähige Herr Ma in Peking«, in: FAZ, 3.8.2010, 27
Sieren, Frank, *Angst vor China. Wie die neue Weltmacht unsere Krise nutzt*, 2011
ders., »Wahlen können warten«, in: *Handelsblatt*, 16.1.2012, 9
Silver, Beverley J., *Forces of Labor. Arbeiterbewegung und Globalisierung seit 1870*, a.d. Amerik. v. Wildcat & Friends, Berlin-Hamburg: Assoziation A 2005
Sirkin, Harold L., Michael Zinser u. Douglas Hohner, *Made in America, Again*, The Boston Consulting Group, August 2011 <www.bcg.com/documents/file84471.pdf>
Sklair, Leslie, The transnational Capitalist Class, London 2001
Sloterdijk, Peter, *Im Weltinnenraum des Kapitals*, Frankfurt/M 2005
Solana, Javier, »Austeridad contra Europa«, in: EP, 1.2.2012, 27f
Solé, Albert, »La democracia permanente«, in: EP, 19.1.12, 27
Solty, Ingar, »Das Obama-Projekt. Krise und charismatische Herrschaft«, in: *Supplement der Zeitschrift Sozialismus*, H. 10, 2008
ders., »Die Tea Party und der hilflose Antifaschismus des Blocks an der Macht«, in: *Sozialismus* 347, 37. Jg., 2010a, H. 11, 45-50
ders., »Die Tea-Party-Quittung. Das Scheitern des Obama-Projekts und die US-Zwischenwahlen 2010«, in: *Sozialismus* 348, 37. Jg., 2010b, H. 12, 42-47
ders., »Interregnum der Protestbewegungen. Thesen zur politischen Artikulation der Krise«, in: *LuXemburg*, 3. Jg., 2011, H. 4, 146-53
Sotelo, Ignacio, »El nuevo escenario internacional«, in: EP, 11.11.2008, 4
ders., »Obama en Europa«, in: EP, 3.4.2009, 8
Spakowski, Nicola, »›Die Welt besteht nicht nur aus einem Dorf‹ – Feminismus in China zwischen westlicher Dominanz und chinesischer Selbstbestimmung«, in: *Das Argument* 268, 48. Jg., 2006, H. 5/6, *Großer Widerspruch China*, 151-62
Spillers, Hortense J., »Wie nach dem Reichstagsbrand«, in: *Das Argument* 252, 45. Jg., 2003, H. 4/5, 522-28
Steltzner, Holger, »Die Krise und die Folgen«, in: FAZ, 10.10.2008, 1 (Editorial)
Stiglitz, Joseph, *Making Globalisation Work*, 2004
ders., »The Triumphant Return of John Maynard Keynes' Theories«, 8.12.2008, dt.: »Zurück aus der Wildnis«, in: FTD, 13.12.2008
ders., »La manera de no recuperarse«, in: EP, 29.3.2009, 18f
ders., »Inequality. Of the 1%, by the 1%, for the 1%«, in: *Vanity Fair*, Mai 2011 <www.vanityfair.com/society/features/2011/05/top-one-percent-201105?mbid=social_retweet#gotopage1>
Story, Louise, u. Graham Bowley, »Market Swings Are Becoming New Standard«, in: NYT, 11.9.2011 <www.nytimes.com/2011/09/12/business/economy/stock-markets-sharp-swings-grow-more-frequent.html?_r=3&hp=&pagewanted=print>
Streeck, Wolfgang, »Taking Capitalism Seriously. Toward an Institutionalist Approach to Contemporary Political Economy«, MPIfG Discussion Paper 10/15, Köln 2010 <www.mpifg.de/pu/dp_abstracts/dp10-15.asp>
ders., »The Crisis of Democratic Capitalism«, in: NLR 71, Sept./Okt. 2011, 5-29
Strobl, Thomas, »Das Herzkammerflimmern der Börse«, in: FAZ, 18.5.2010, 29
Sturbeck, Werner, »Chinas Stahlbedarf stört die Rohstoffversorgung in Deutschland«, in: FAZ, 25.3.2004, 16
Suffa-Friedel, Frank, »China: Der Große Sprung zurück?«, in: *Das Argument* 114, 21. Jg., 1979, 215-23

Tian, Chenshan, »Chinesische Dialektik: die historische Entwicklung des Marxismus in China«, in: *Das Argument* 268, 448. Jg., 2006, H. 5/6, 195-92

Tigges, Claus, »Seit 1980 ging es stetig bergab«, in: FAZ, 14.7.1999, 3

Tönnies, Sibylle, »Träumender Realismus«, in: FAZ, 24.3.2004, N3

Tokatlian, Juan Gabriel, »El ocaso democrático«, in: EP, 2.1.2012, 27f

Torreblanca, José Ignacio, »El auge de la geoeconomía«, in: EP, 27.1.2012, 4

Touraine, Alain, »Las tres crisis«, in: EP, 6.1.2010, 23

Tyson, Laura, »Über Asien braut sich ein Sturm zusammen«, in: Handelsblatt, 6.1.2012 <www.handelsblatt.com/meinung/gastbeitraege/ueber-asien-braut-sich-ein-sturm-zusammen/6025930.html>

Urban, Hans-Jürgen, »›Der Finanzmarktkapitalismus ist stabiler, als wir dachten‹«, in: *Sozialismus*, H. 9, 2009, 31-36

Vallès, Josep M., »Del déficit democrático a la bancarrota política«, in: EP, 12.1.2012, 27

van der Pijl, Kees, The Making of an Atlantic Ruling Class, London 1984

ders., »Internationale Klassenverhältnisse«, in: Bader, Veit M., Albert Benschop, Michael Krätke u. Werner van Treeck, *Die Wiederentdeckung der Klassen*, AS 247, 1998, 212-31

ders., »Globale Rivalitäten und Aussichten auf Veränderung«, in: Kaindl u.a. 2007, 33-52

Verzola, Roberto, »Cyberlords: The Rentier Class of the Information Sector«, 1998, <www.igc.org/trac/internet/corpspeech/cyberlords.html>

Vester, Michael, »Postindustrielle oder industrielle Dienstleistungsgesellschaft: Wohin treibt die gesellschaftliche Arbeitsteilung?«, in: *WSI-Mitteilungen* 12/2011, 629-39

Wackernagel, Mathis, u. Bert Beyers, *Der Ecological Footprint. Die Welt neu vermessen*, Hamburg 2010

Wagenknecht, Sahra, *Wahnsinn mit Methode. Finanzcrash und Weltwirtschaft* (2008), 5. Aufl., Berlin 2009

dies., *Freiheit statt Kapitalismus*, Frankfurt/M 2011

dies., »Die Bundesregierung ist die devote Vollstreckerin des organisierten Geldes«, Rede im Deutschen Bundestag, 27. Januar 2012 <www.youtube.com/watch?v=BqOciqnYu4E&feature=uploademail>

Wahl, Peter, »PR-Show oder Weltregierung? Die Bedeutung der G8-Gipfel in der globalisierten Welt«, in: *Sand im Getriebe* 51, 12.6.2006, 3-7

ders., »Von wegen Entkopplung!«, in: *Sozialismus* 11/2008, 20

Wallerstein, Immanuel, *Crisis of the Capitalist System: Where do we go from Here?*, Vortrag vom 5. Nov. 2009 an der Universität KwaZulu-Natal <www.ukzn.ac.za/ccs/files/Wallerstein%20November%202009%20Wolpe%20Lecture.pdf>; dt.: »Krise des kapitalistischen Systems – und was jetzt?«, in: *Supplement der Zeitschrift Sozialismus*, 4/2010, 1-16

Wang, Hui, »Depoliticized Politics, From East to West«, in: NLR 41, Neue Serie, Sep.-Okt. 2006, 29-45

Weber, Max, *Wirtschaft und Gesellschaft*, 2 Bde., Tübingen 1956 (zit. WuG)

Wehr, Andreas, *Griechenland, die Krise und der Euro*, Köln 2010

Weizenbaum, Joseph, *Die Macht der Computer und die Ohnmacht der Vernunft*, Frankfurt/M 1980

Welter, Patrick, »Abgewirtschaftet«, in: FAZ 8.6.2011, 9

Wichterich, Christa, »Die Wiedererfindung von Geschlechterungleichheiten im roten Neoliberalismus«, in: *Das Argument* 268, 48. Jg., 2006, H. 5/6, *Großer Widerspruch China*, 143-50

Wimmer, Barbara, »#OccupyWallStreet: Hashtag-Revolte in den USA«, 5.10.2011 <http://futurezone.at/netzpolitik/5286-occupywallstreet-hashtag-revolte-in-den-usa.php>

Wissel, Jens, »Die neue Imperialismusdebatte«, in: *Das Argument* 257, 46. Jg., 2004, H. 5, 690-700

ders., »Kräfteverhältnis«, in: HKWM 7/II, 2010, 1941-55

Wolf, Dieter, »Gesellschaftliche Praxis und das Problem der Geldware«, in: A.Knolle-Grothusen, S.Krüger u. D.Wolf, Geldware, *Geld und Währung*, Hamburg 2009, 7-115

Wolf, Winfried, »Die Hegemoniekrise«, in: *junge Welt*, 19.10.2009, 10 <www.meinpolitikblog.de/die-hegemoniekrise>

Wolff, Edward N. (Hg.), *International Perspectives on Household Wealth*, Cheltenham 2006

Wolff, Rick, »Capitalist Crisis, Marx's Shadow«, in: *MR Zine*, 26.9.2008, <mrzine.monthlyreview.org/wolff260908.html>

World Bank, *Averting the Old Age Crisis: Policies to Protect the Old and Promote Growth*, 1994

Xing, Yuqing, »China's High-Tech Exports: Myth and Reality«, in: EAI-Background Brief, Nr. 506, Februar 2010 <www.eai.nus.edu.sg/BB506.pdf>

Yang, Jia Lynn, »Payroll tax cut raises worries about Social Security's future funding«, in: *Washington Post*, 30.12.2011

Zastrow, Volker, »Das Für der Folter«, in: FAZ, 19.5.2004, 1

Zhang, Jun, »El rompecabezas del tipo de cambio chino«, in: EP, 23.7.2005, 56

Zinn, Karl Georg, »Der Misstrauensindex«, in: *Sozialismus* 11/2008a, 24

ders., »Zwischenbilanz: Beschleunigte Talfahrt der Realwirtschaft«, in: *Supplement der Zeitschrift Sozialismus*, 12/2008b, 1-18

ders., »Krisenerklärung, Drei verlorene Jahrzehnte«, in: Altvater u.a. 2009, 119-145

Žižek, Slavoj, »›Lasst euch nicht umarmen!‹, in: SZ, 27.10.2011 <www.sueddeutsche.de/kultur/occupy-wall-street-streit-lasst-euch-nicht-umarmen-1.1174532>

Namensregister

Weitere Schriften von W.F. Haug bei Argument

Die kulturelle Unterscheidung
Elemente einer Philosophie des Kulturellen. 2011

Einführung in marxistisches Philosophieren
Die Abschiedsvorlesung. 2006

Philosophieren mit Brecht und Gramsci
1996, um zwei Kapitel erweiterte Neuausgabe 2006

Neue Vorlesungen zur Einführung ins »Kapital«
2006

Vorlesungen zur Einführung ins »Kapital«
Neufassung 2005

Dreizehn Versuche marxistisches Denken zu erneuern
gefolgt von
Sondierungen zu Marx / Lenin / Luxemburg. 2005

High-Tech-Kapitalismus
Analysen zu Produktionsweise, Arbeit, Sexualität, Krieg und Hegemonie
Argument-Sonderband AS 294. 2003, ^{2}2005

Politisch richtig oder Richtig politisch
Linke Politik im transnationalen High-Tech-Kapitalismus. 1999

Elemente einer Theorie des Ideologischen
Argument-Sonderband AS 203. 1993

Jean-Paul Sartre und die Konstruktion des Absurden
1966, ^{2}1974. Veränderte Neuausgabe 1991

Das Perestrojka-Journal
Versuch, beim täglichen Verlieren des Bodens unter den Füßen
neuen Grund zu gewinnen. 1990

Gorbatschow
Versuch über den Zusammenhang seiner Gedanken. 1989, ^{2}1990

Pluraler Marxismus
Beiträge zur politischen Kultur. Zwei Bände. 1985/ 87

Vom hilflosen Antifaschismus zur Gnade der späten Geburt
1987, 2., erw. Auflage 1993

Die Faschisierung des bürgerlichen Subjekts

Argument-Sonderband AS 80. 1986, [2]1987

»Werbung« und »Konsum«

Warenästhetik und kapitalistische Massenkultur. 1980

Gemeinsam mit anderen

Unterhaltungen über den Sozialismus nach seinem Verschwinden

2002

Deutsche Philosophen 1933

Argument-Sonderband AS 165. 1989

Die Camera obscura der Ideologie

Argument-Sonderband AS 70. 1984

Faschismus und Ideologie

Argument-Sonderband AS 60 und AS 62. 1980
Neuauflage in einem Band 2007

Theorien über Ideologie

Argument-Sonderband AS 40. 1979, [3]1986

Als Herausgeber

Historisch-kritisches Wörterbuch des Marxismus

in fünfzehn Bänden. 1994ff

Antonio Gramsci

Gefängnishefte

Kritische Ausgabe in 10 Bänden. 1991-2001

Bei anderen Verlagen

Kritik der Warenästhetik

gefolgt von
Warenästhetik im High-Tech-Kapitalismus
edition suhrkamp, 2009

Weitere Schriften und Vorträge online

www.wolfgangfritzhaug.inkrit.de